U0450046

本书是国家语保工程 2016 年度课题"濒危语言调查·防城港京语"成果，出版受广西民族大学中国语言文学一流学科建设经费资助。

国家社会科学基金重点项目（批准号06AYY002）
中央民族大学"985"工程 中国少数民族语言参考语法研究系列丛书

总主编 戴庆厦

广西东兴京语参考语法

GUANGXI DONGXING JINGYU CANKAO YUFA

康忠德 著

中国社会科学出版社

图书在版编目（CIP）数据

广西东兴京语参考语法 / 康忠德著. —北京：中国社会科学出版社，2019.10
ISBN 978-7-5203-5107-2

Ⅰ．①广… Ⅱ．①康… Ⅲ．①京语–语法–研究 Ⅳ．①H282.4

中国版本图书馆 CIP 数据核字（2019）第 209283 号

出 版 人	赵剑英
责任编辑	任　明
责任校对	赵雪姣
责任印制	郝美娜

出　　版	中国社会科学出版社
社　　址	北京鼓楼西大街甲 158 号
邮　　编	100720
网　　址	http://www.csspw.cn
发 行 部	010-84083685
门 市 部	010-84029450
经　　销	新华书店及其他书店

印刷装订	北京君升印刷有限公司
版　　次	2019 年 10 月第 1 版
印　　次	2019 年 10 月第 1 次印刷

开　　本	710×1000　1/16
印　　张	16.25
插　　页	4
字　　数	300 千字
定　　价	95.00 元

凡购买中国社会科学出版社图书，如有质量问题请与本社营销中心联系调换
电话：010-84083683
版权所有　侵权必究

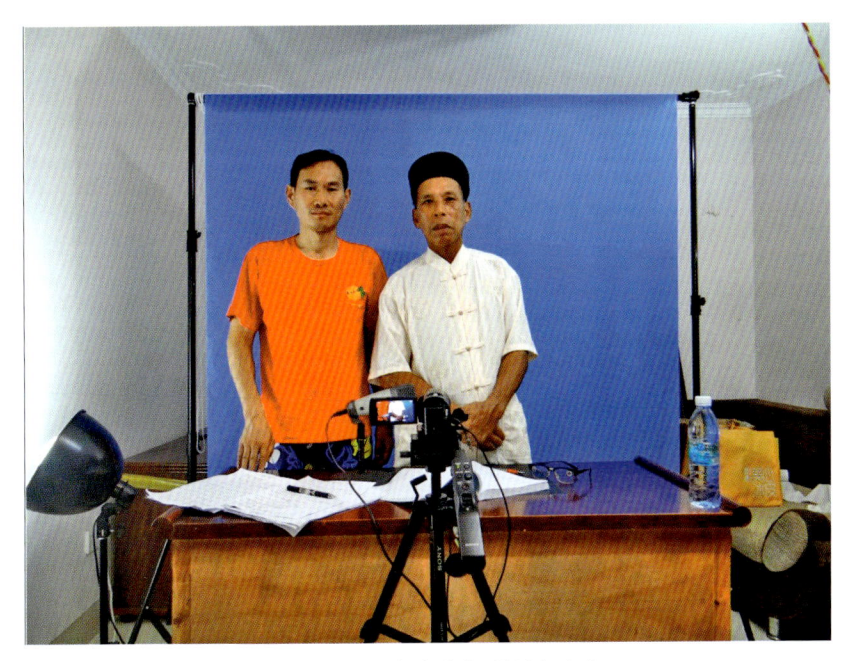

照片1　京语发音人与课题负责人
东兴市江平镇/2017.8.22/樊飞摄

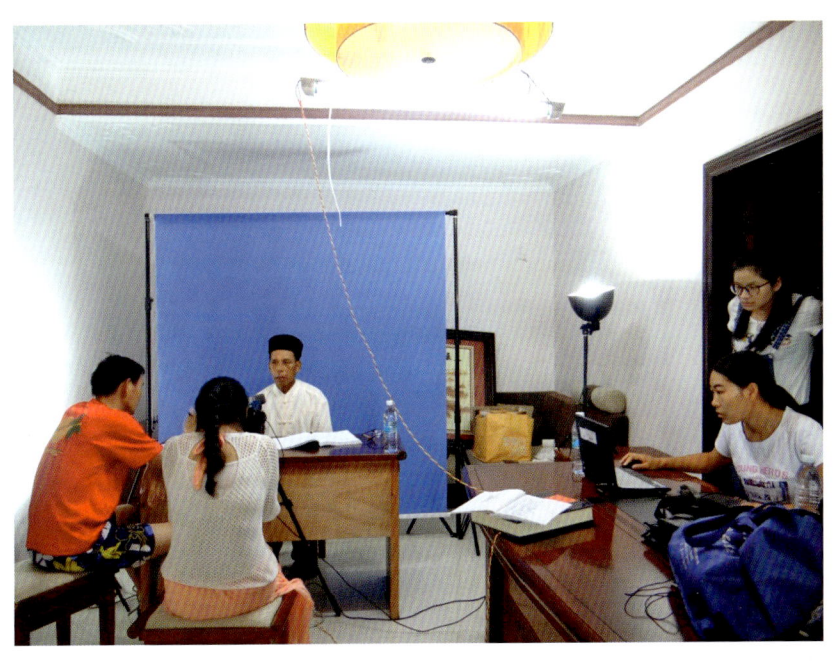

照片2　京语摄录场景一
东兴市江平镇/2017.8.22/岳茜茜摄

照片 3　京语摄录场景二
东兴市江平镇/2017.8.22/康忠德摄

照片 4　万尾村委会
东兴市江平镇/2017.8.22/樊飞摄

照片 5 万尾哈亭
东兴市江平镇/2017.8.22/樊飞摄

照片 6 万尾村文艺表演场所
东兴市江平镇/2017.8.22/樊飞摄

照片 7　三岛同辉榕树
东兴市江平镇/2017.8.22/樊飞摄

照片 8　万尾村一景
东兴市江平镇/2017.8.22/樊飞摄

目录

第一章 导论 ·· 1
  第一节 调查点概况 ·· 1
  第二节 京语的濒危状况 ···································· 2
  第三节 京语的系属及研究概况 ······························ 4
    一 京语的系属 ·· 4
    二 京语研究概况 ·· 4
  第四节 调查说明 ·· 5

第二章 语音 ·· 7
  第一节 声韵调系统 ·· 7
    一 声母 ·· 7
    二 韵母 ·· 8
    三 声调 ·· 12
  第二节 音节与音变 ·· 12
    一 音节 ·· 12
    二 音变 ·· 13
  第三节 京族文字 ·· 14

第三章 词汇 ·· 15
  第一节 词汇特点 ·· 15
    一 词的音节数量特征 ···································· 15
    二 存在一定数量的词头 ·································· 16
    三 借词众多 ·· 16
  第二节 构词法 ·· 17
    一 派生法 ·· 17
    二 合成法 ·· 18
    三 重叠法 ·· 22
    四 拟声法 ·· 22
    五 四音格构词法 ·· 22
  第三节 词汇的构成 ·· 24

一　京语中的新越南语借词·································· 24
　　二　京语中汉语借词层次分析······························ 24
　　三　京语中汉语借词借入方式······························ 25
第四节　民俗文化词·· 25
　　一　mək²¹ŋəŋ³⁵（鱿鱼）、kɔn⁵⁵ruok³⁵（八爪鱼）······ 25
　　二　ŋəu⁵⁵rət³⁵（车螺）、ok³⁵hɯəŋ⁵⁵（香螺）和 ha²¹（生蚝）··· 26
　　三　ɣe²¹tha:u⁵⁵（花蟹）··· 27
　　四　tha:m⁵⁵（鲨）··· 28
　　五　ba²¹³ba²¹³（皮皮虾）和 tom⁵⁵hwa⁵⁵（花虾）······ 28
　　六　jo:n⁵⁵（沙虫）·· 28
　　七　ka³⁵bo²¹ɕiu³⁵（老虎鱼）和 ka³⁵ra:m³⁵（小鲨鱼）··· 29
　　八　ɲa²¹（房子）·· 30
　　九　tɕɯ³¹⁵na:m⁵⁵（喃字）······································ 31
　　十　bai³⁵（海）、bai²¹³ka:t³⁵（金滩）和 thi:n²¹ka³⁵（船）··· 32

第四章　分类词表·· 34
第一节　《中国语言资源调查手册·民族语言（侗台语族、
　　　　南亚语系》通用词···································· 34
　　一　天文地理··· 34
　　二　时间方位··· 35
　　三　植物··· 36
　　四　动物··· 38
　　五　房舍器具··· 39
　　六　服饰饮食··· 40
　　七　身体医疗··· 41
　　八　婚丧信仰··· 42
　　九　人品称谓··· 43
　　十　农工商文··· 44
　　十一　动作行为··· 45
　　十二　性质状态··· 48
　　十三　数量··· 50
　　十四　代副介连词··· 50
第二节　《中国语言资源调查手册·民族语言（侗台语族、
　　　　南亚语系》扩展词···································· 52
　　一　天文地理··· 52
　　二　时间方位··· 53

三	植物	54
四	动物	56
五	房舍器具	57
六	服饰饮食	60
七	身体医疗	62
八	婚丧信仰	63
九	人品称谓	64
十	农工商文	65
十一	动作行为	67
十二	性质状态	74
十三	数量	76
十四	代副介连词	77

第三节 其他词 ································· 78
    一 名词 ································· 78
    二 形容词 ································· 80
    三 动词 ································· 81

第五章 语法 ································· 82
第一节 词类 ································· 82
    一 名词 ································· 82
    二 代词 ································· 88
    三 数词 ································· 105
    四 量词 ································· 108
    五 动词 ································· 112
    六 形容词 ································· 118
    七 副词 ································· 122
    八 结构助词 ································· 126
    九 连词 ································· 128
    十 语气词 ································· 131
    十一 叹词 ································· 134

第二节 短语 ································· 137
    一 短语的结构类型 ································· 137
    二 短语的功能类型 ································· 141

第三节 句子 ································· 143
    一 句子成分 ································· 143
    二 句型 ································· 155

三　句式 …………………………………………………… 160
　　四　复句 …………………………………………………… 179
第六章　语料 ……………………………………………………… 185
　第一节　语法例句 ……………………………………………… 185
　第二节　话语材料 ……………………………………………… 195
　　一　俗语 …………………………………………………… 195
　　二　歌谣 …………………………………………………… 197
　　三　故事 …………………………………………………… 201
参考文献 …………………………………………………………… 248
调查手记 …………………………………………………………… 250
后记 ………………………………………………………………… 255

第一章　导论

第一节　调查点概况

京族是我国人口较少的少数民族之一。

据 2000 年第五次人口普查统计，京族总人口为 22517 人，分布在全国 21 个省、自治区及直辖市，但主体民族分布在广西壮族自治区；广西壮族自治区的京族又集中分布在防城港市东兴市江平镇山心、巫头、万尾三个岛屿（俗称"京族三岛"，三个岛屿各为一个行政村），还有少部分分布在恒望、竹山、潭吉、红坎等村寨里。本课题调查点为万尾村。万尾面积较大，有 13.7 平方千米，海拔不足 10 米。周建新、吕俊彪（2007）指出，万尾村分万东、万西、万尾三个自然村，共有 23 个村民小组，总人口 4263 人，其中京族人口占 70.02%。万尾村具有特殊的地理位置及优越的自然资源，有着平缓而较长的海岸线，沙滩金黄、细腻、干净，因而被誉为"金滩"，是广西 5A 级旅游景点。

京族不仅以人口较少民族闻名，而且被誉为最富的少数民族。万尾村民过去以打渔为业，自从旅游业发展起来以后，基本上全部弃渔从事旅游观光业，收入甚为可观。村里路面全部实现了硬化，各种级别的酒店数十家。在七八月份旅游旺季，酒店一晚的收入少说都有几千块。村里各种饭店也有几十家，大都有来料加工业务，游客从海鲜市场购买海鲜来店里加工，饭店赚取加工费，旅游旺季生意特别火爆。村里还有房产商进驻，建有十几层的高楼供出售。村民大多独门独户，有自己独立的小别墅，生活水平较高。

京族最重要的民族传统节日是"哈节"。"哈"即"唱"的意思。京族三岛哈节的日期不同，据说是因为三岛京族来到三岛的时间不一样。万尾哈节的日期是农历六月初九至六月十五，活动的主要场所为"哈亭"，"哈亭"日常有人值班。哈节祭祀活动整个过程分为四个部分：迎神、祭神、入席和送神。入席指各家煮好饭菜拿来祭拜神后，与大家一起聚餐。现在的"哈节"非常隆重，把祭祀人员分为 8 个方队，其中最重要的是"哈哥"

"哈妹",承担着驱鬼的重任。主祭人员的作用也很重要,请求神灵保佑全村平安,保护大家发财。除此之外,京族也与汉族一样一起过春节、三月三、端午节和中秋节等传统节日。

京族人婚姻在中华人民共和国成立前以岛内通婚与族内通婚为主(但同姓之间不能结婚),以父母包办为主。当前京族与其他民族通婚已很普遍,实行恋爱自由。京族婚姻女方对男方的彩礼要求很少,男方最多也就是给2万块人民币,以感谢岳父岳母养育自己的妻子。相反,女方送的嫁妆倒是非常丰厚,包括各种电器与财物,富有的家庭甚至送汽车。

第二节 京语的濒危状况

京语是濒危语言,由于京族的主要居住地万尾是旅游景区,本身就是京汉杂居,京语深受普通话和汉语方言粤语的影响,呈现衰退的趋势。京汉通婚也对京语造成了很大的影响,据万尾村民阮志成陈述,由于他媳妇是汉族,所以家庭之间交流也改用汉语交流。万尾20岁以上的京族人大都会说京语,但40岁以上的人说京语才相对纯正,20岁到40岁的人群半京半汉,20岁以下的已经有很大一部分不会说京语了,都改说粤语和普通话了。万尾京语使用人口仅900人左右,语言处于濒危之中。

为更好地了解京语的濒危程度及语言使用情况,笔者参照联合国教科文组织2003年颁布的《语言活力与语言濒危》(Language Vitality and Endangerment)这一文件,根据其中的语言代际传承、语言使用者绝对人数、语言使用人口在总人口中所占比例、使用范围和功能、对新语域和媒体的反应、语言教育材料和读写材料、政府和机构语言态度和政策、语言族群成员对母语态度、语言材料的数量与质量9项指标及各项指标评估标准,对京语活力及其濒危程度进行调查与评估,其中最具决定性的因素是"语言代际传承"和"语言使用者绝对人数"。具体情况如下:

表 1–1   京语的活力和濒危程度

指标	京语使用状况	语言活力和濒危状况	级次
语言代际传承	京语最年轻的使用者为父辈一代,儿童在家庭中不再把京语当母语习得,父母可能仍对孩子使用京语,但孩子并不一定使用京语应答	确有危险	3
语言使用者绝对人数	只有900人左右在使用京语,该语言群体极有可能被周边汉语方言群体所吞并	确有危险	3
语言使用人口在总人口中所占比例	通常只有较年老的人使用该语言	确有危险	3

续表

指标	京语使用状况	语言活力和濒危状况	级次
使用范围和功能	京语使用范围不断缩小，家庭交流开始使用强势语言粤语和普通话。子女成为京语的半使用者（被动接受型），甚至不再使用京语，父母和族群老辈人成为京语和粤语的活跃使用者，能听懂且能讲多种话	正在收缩的语域	3
对新语域和媒体的反应	京语不再使用于任何新的语域和媒体，京语越来越与现代脱节	无活力	0
语言教育材料和读写材料	京语有可用的拼写符号，有文字系统，有可用的教育材料与读写材料，但使用程度很低	书面材料的可接触度低	1
政府和机构语言态度和政策	我国保障少数民族使用和发展本民族语言文字的权利，京语是非强势语言，与强势语言普通话和粤语相比使用场合有别，政府鼓励使用京语	区别性支持	4
语言族群成员对母语的态度	大多数京族人都热爱他们自己的民族语言，都支持他们的母语发展	族群成员对母语支持度较高	4
语言材料的数量与质量	京语仅有少量语法描写，缺乏系统的描写和注释，无声像记录材料	不充分	1

以上评估表中的 1—6 项指标是关于语言活力和濒危状况评估参考标准，其中 1—3 项指标将语言安全状况由高到低分为 5—0 共 6 个等级，分别表示：安全、不安全、濒危、严重濒危、垂危、消亡，4—6 项指标也分为同样的 6 个等级；指标 7—8 用于评估语言政策和语言态度；指标 9 用于记录濒危语言紧迫性的评估。

从以上调查结果来看，指标 1—6 表明京语受到威胁，语言没有活力，处于濒危之中；指标 7—9 显示，京语在政策上得到的支持度较高，国家政策保护与支持少数民族语言发展，大多数京族人都支持京语的保持和发展，但是关于京语的描写不充分，迫切需要进行详细、系统的描写。

造成京语濒危的原因是多方面的，主要有商品经济的发展、民族之间的交流增多、民族杂居与通婚、少数民族语言使用人口日益减少等。李锦芳（2005）认为，中国有 120 多种语言，不少语言处于濒危的状态。语言濒危与消亡是人类传统文化失传的重要表现，抢救记录和保护濒危语言、维护语言生态多样性对学术研究、维护我国民族文化的多元化格局至关重要。

第三节 京语的系属及研究概况

一 京语的系属

京语是中国京族使用的语言,现在一般认为属于南亚语系,主要分布在广西壮族自治区防城港市东兴市。京语的系属过去存在两种主要观点。

一种认为属于壮侗语族,理由是:

1. 有相当一部分基本词来源于壮侗语族;
2. 和壮侗语族有相同的声调系统,而孟高棉语没有声调;
3. 孟高棉语有发达的附加成分(前加成分和中加成分),而京语没有这种附加成分;
4. 量词比较发达,量词的用法与壮侗语族相同;
5. 语音系统与壮侗语族比较接近,如元音分长短,有-m、-n、-ŋ、-p、-t、-k 6个辅音韵尾,没有-s、-h、-l、-r等韵尾。

另一种观点认为京语属南亚语系,理由是:

1. 词汇中有不少来源于孟高棉语,如某些基本词及数词来自高棉语;
2. 某些方言里的复辅音声母有古代前加成分的痕迹。

本书持京语属南亚语系的观点。

东兴市京语内部存在地域差异,主要表现在语音方面。造成差异的原因是多方面的,一是因为民族的来源地不一样;二是因为过去三个岛屿相互隔绝,语言有着各自的发展方向;三是语言接触的影响,万尾京族全部为京——汉双语人,通行汉语方言为粤语。万尾京族自称自己的语言为"三不准"语言,京语不标准,粤语不标准,汉语普通话不标准,由此可见语言的变异与复杂性。

二 京语研究概况

京语的研究成果较少,在民族语言研究里面算是一个很薄弱的环节,已有的成果不多。下面主要从本体研究和非本体研究两个方面来加以简要综述。

(一)京语的本体研究

这方面的成果主要有:欧阳觉亚、程方、喻翠容编著的《京语简志》(1984),王连清的《京语和越南语虚词的比较》(1983)、《三岛京语和河内京语语音初步比较》(1984),广西壮族自治区地方志编纂委员会编的《广西通志·少数民族语言志》(京语部分)(2000)、韦树关的《京语研究》

（2009）等。其中，《京语简志》以山心京语为代表，对京语的语音、词汇和语法进行了简要的描写，是研究京语的第一本专著；《广西通志·少数民族语言志》则以万尾京语为代表描写了京语的内部结构；《中国少数民族语言》对京语也有简单的介绍；《京语研究》则对京语进行了较为全面的研究，涉及语音、词汇与语法、文字等，《京语词典》则是京语首部工具书，收词丰富，详细解释了各种喃字字词，并标注了国际音标。

此外，王连清的《京语和越南语虚词的比较》（1983）、《三岛京语和河内京语语音初步比较》（1984）对京语的语音和部分语法现象进行了比较；颜其香、周植志著《中国孟高棉语族语言与南亚语系》（1995）对京语有简单的介绍，着重讨论了京语的归属问题，认为京语属南亚语系；韦树关的《中国京语的变异》（2006）论述了京语与越南语的差异。

（二）对京语的非本体研究

这个方面的成果更少。陈增瑜主编的《京族喃字史歌集》（2007）主要以收集京族喃字文学作品为主，标注采用莱比锡标注法，喃字、国际音标、直译、意译隔行标注，因而具有研究京语和京族文化的价值；程方的《京族双语制考察纪实》（1982），韦家朝、韦盛年的《京族语言使用与教育情况调查报告》（2003）均对京族语言使用情况进行了考察。

从以上成果来看，中国京语研究的广度与深度均有待加强。在民族语言日益受到重视的今天，我们认为，应该从以下四个方面加强对京语的研究：一是缺乏京语与越南语的系统比较研究；二是缺乏三岛京语之间的差异研究；三是缺乏对京语全面系统的语言描写；四是缺乏京语深入的专题研究。

第四节 调查说明

本课题调查过程分两个阶段，第一个阶段从 2016 年 7 月 15 日至 8 月 5 日，进行了为期 20 天的实地调查工作，主要完成了濒危语言数据的采集任务。第二个阶段从 2017 年 4 月 18 日至 30 日，进行了为期 12 天的长篇话语材料采集与语法例句调查工作。

本研究调查团队庞大，参与研究生主要如下：

樊　飞，女，广西民族大学文学院硕士研究生
岳茜茜，女，广西民族大学文学院硕士研究生
陈慧玲，女，广西民族大学文学院硕士研究生
余　姣，女，广西民族大学文学院硕士研究生
宋苗佳，女，广西民族大学文学院硕士研究生

陆世初，男，广西民族大学文学院硕士研究生
江　莹，女，广西民族大学文学院硕士研究生
俸娟秀，女，广西民族大学文学院硕士研究生
李健宁，女，广西民族大学文学院硕士研究生
罗永腾，男，广西民族大学文学院硕士研究生

　　本课题调查时间紧、任务重。特别是语保摄录工作，因为特定参数的要求，摄录过程非常艰辛，但整个调查团队都尽职尽责，采取流水线作业，按时圆满地完成了调研任务。

　　本研究发音人主要为吴永就，1951年12月出生，小学文化，防城港市东兴市江平镇万尾村村民。吴老先生是土生土长的京族人，一直居住在万尾，过去以打渔为生，精通京语和白话，日常生活中用京语或白话与当地京族和汉族交流，也熟练掌握普通话，但是一直说自己的普通话水平不高。吴老先生还会读写京族的喃字，会说唱京族歌曲，是京族的文艺骨干。在整个调查过程中，他尽职尽责地履行发音人的职责，尽管条件非常有限，他均努力进行克服。吴永就说："要不我就不来给你们工作，来了我就一定要把这个工作做好，你们需要怎么做，我都听你们的安排。"有时一个音摄录完了，他会主动提出有哪些缺点，再进行重录。这种敬业精神其实在我们的田野调查中很常见，反映了老百姓的朴实与真诚。有时还主动要求加班，他说："我知道你们学校里还有很多事啊，肯定是越早做完越好。"真诚的话语让人感动。

第二章 语音

第一节 声韵调系统

一 声母

京语共有28个声母,列表如下。

表2-1　　　　　　　　　　京语声母表

发音方法		发音部位	双唇	唇齿	舌尖前	舌尖中	舌面前	舌面中	舌根音		喉门音	
									非唇化	圆唇化	非唇化	圆唇化
塞音	清	不送气	p			t			k	kw	ʔ	
		送气	ph			th			kh	khw		
	浊	不送气	b			d						
塞擦音	清	不送气					tɕ					
		送气					tɕh					
	浊	不送气										
鼻音	浊		m			n	ɲ		ŋ	ŋw		
边音	浊					l						
颤音	浊					r						
擦音	清			f	s		ɕ				h	hw
	浊			v					ɣ			
半元音	浊							j				

声母例词:

p	pau^{55}包(袱)	pi:n^{55}筒电~	pak^{55}草~药
ph	pha:u^{35}炮	phi:u^{55}漂	
b	bɔ:p^{35}捏	bət^{21}撑~伞	ba^{55}三
m	mɛu^{35}扁	mot^{21}一	me:m^{21}软
f	fuŋ^{55}喷	foi^{55}锯花	fa:p^{35}法

v	və²¹老婆	va:i³⁵撒	vi:t³⁵写
t	ti:n²¹钱	to²¹戏	toŋ³⁵鼓
th	tha:ŋ²¹筛	tha:u³⁵芦笙	tha⁵⁵放
d	dot³⁵叮	dan³⁵打	dəm⁵⁵舂
n	nɯək³⁵水	nɔi³⁵说	nom⁵⁵望
l	lɔm³¹⁵凹	lɔi²¹凸	li²¹³理
k	kɛu⁵⁵响	kən⁵⁵秤	kan³⁵咬
kh	khoŋ⁵⁵不	khɔ³⁵难	khɔk³⁵哭
h	ha:n²¹货	hɛp²¹窄	ha:i⁵⁵二
ɣ	ɣəm²¹吼	ɣɔi²¹³唤	ɣa:n⁵⁵钢
ɕ	ɕit³⁵bɔ²¹~臭大姐	ɕon⁵⁵寨子	ɕe⁵⁵车
ŋ	ŋɯəi²¹人	ŋen²¹碾	ŋam²¹叼
s	sok²¹缩小	sə²¹³可怕	sai⁵⁵拧
tɕ	tɕo³⁵狗	tɕɯɯ²¹城	tɕe²¹茶
tɕh	tɕhau³⁵炒	tɕha:n²¹, la:n²¹壁虎	tɕha:u³⁵丑
ȵ	ȵa²¹家	ȵam³⁵敢	ȵən²¹³认
kw	kwe:n³⁵笛子	kwa:i³⁵怪	kwa⁵⁵过
khw	khwɛt³⁵剜	khwa³⁵锁	khwa:i⁵⁵薯
hw	hwa⁵⁵花（名词）	hwa:n²¹³阉	hwa:ŋ⁵⁵皇
ŋw	ŋwa:i²¹外	ŋwa:n⁵⁵, lam⁵⁵乖	ŋwa:i³⁵去~年
r	ro:ŋ³⁵脐带	ra⁵⁵出	rəɯ²¹绳
j	jo³¹⁵吐	jəɯ⁵⁵伸	jon⁵⁵推
ʔ	ʔə³¹⁵在	ʔoi⁵⁵馊	ʔa:i⁵⁵谁

声母说明：

1. 声母 tɕ 部分声母发音似为 tʃ，但不区分对立，统一记为 tɕ。
2. 声母 ɕ 部分声母发音似为 ʃ，但不区分对立，统一记为 ɕ。
3. 声母 j 前面通常有一个喉塞音ʔ。
4. 声母 ph 和 hw 一般用来拼汉语借词。

二　韵母

京语共有 101 个韵母，可分为如下五类。

（一）单元韵母共 9 个，单元音等单独作韵母时，都读为长音。如下：
a、o、e、ɛ、i、ɔ、ə、u、ɯ
例词：

a	ȵa²¹家	ra⁵⁵出	da³⁵石头

o	so⁵⁵辫	vo⁵⁵揉~面	ko³⁵颈
e	re³¹⁵容易	je⁵⁵羊	tɕe²¹茶
ɛ	thɛ³⁵斟	dɛ³⁵生	mɛ²¹³母亲
i	bi³⁵瓜	ɕi⁵⁵把尿	tɕi³⁵指
ɔ	dɔ³⁵红	tɕɔ³⁵狗	khɔ³⁵难
ə	mə³¹⁵开（车）	ə³¹⁵在	və³¹⁵破
u	ʔu³¹⁵沤	hu³⁵壶	thu⁵⁵收；秋
ɯ	nɯ³¹⁵女	thɯ³¹⁵试	tɕɯ³¹⁵字

（二）复元韵母共20个，韵母a系和ə系有长短对立，如下：

a:i	la:i²¹³来	ɣa:i⁵⁵刺	ka:i³⁵个
ai	rai³¹⁵跳	dai²¹³盖	kai²¹犁（名词）
a:u	va:u²¹进	ɣa:u²¹³米	ja:u⁵⁵刀
au	tau³⁵苹果	hau²¹角	dau⁵⁵疼
oi	doi⁵¹对	moi⁵⁵唇	roi²¹了
ou	jou³⁵哄	khou³⁵渡口	ɕou³⁵粗糙
eu	deu²¹都	neu³⁵如果	leu²¹棚子
ei	vei⁵⁵围	lei⁵⁵传染	lei³⁵嫁
ɛu	kɛu³⁵剪刀	thɛu²¹³疤	bɛu³⁵肥
iə	tɕiə⁵⁵分	diə²¹地方	miə³⁵甘蔗
iu	n̩iu²¹多	biu³¹⁵表~兄	tɕiu²¹³赊
ɔi	nɔi³⁵说	hɔi³¹⁵问	ɣɔi²¹喊
ə:i	fə:i⁵⁵晾	rə:i⁵⁵落	mə:i²¹请
əi	thəi³⁵看	dəi²¹满	məi⁵⁵云
əu	kəu²¹求	rəu⁵⁵嫂子	ləu⁵⁵长~时间
əɯ	jəɯ⁵⁵伸	ləɯ²¹赖	tɕəɯ²¹³城
uə	thuə⁵⁵输	duə³⁵筷子	muə⁵⁵买
ui	jui²¹锥子	vui⁵⁵高兴	mui²¹气味
ɯə	lɯə²¹哄	mɯə⁵⁵雨	lɯə³¹⁵火
ɯi	tɕɯi³¹⁵骂	ŋɯi³⁵闻	

（三）三合元音韵母共2个，如下：

ieu	kieu²¹³轿	rieu²¹³酒	ieu⁵⁵爱
ɯəi	tɯəi³⁵浇	jɯəi³⁵下~雨	mɯəi²¹十

（四）带鼻音韵尾-m、-n、-ŋ的韵母共34个，韵母a系和ə系有长短对立，其中ɯəm的配词很少。如下：

a:m	tɕa:m²¹铡	la:m²¹做	fa:m²¹³犯

am	ɲam³⁵ 敢	kam²¹ 下巴	nam²¹ 趴
aːn	kaːn³⁵ 把儿	ɣaːn³⁵ 挑	tɕaːn³⁵ 挪
an	han²¹³ 杏	man²¹³ 咸	tan⁵⁵ 腥
aːŋ	maːŋ⁵⁵ 笋	haːŋ²¹ 排	thaːŋ³⁵ 明亮
aŋ	baŋ²¹ 平	hwaŋ²¹ 磺	thaŋ³⁵ 赢
om	ʔom⁵⁵ 抱	tom²¹³ 偷	nom⁵⁵ 望
on	ton⁵⁵ 肛门	lon²¹ 女阴	hon⁵⁵ 亲嘴
oŋ	doŋ²¹ 元	ʔoŋ⁵⁵ 公	khoŋ⁵⁵ 不
em	mem²¹ 软	nem³⁵ 尝	dem⁵⁵ 带
en	ŋen²¹ 千	len⁵⁵ 涨	ten⁵⁵ 上
ɛm	kɛm⁵⁵ 冰棍儿	nɛm³⁵ 抛	ɛm⁵⁵ 姐妹
ɛn	ŋɛn²¹³ 噎	thɛn⁵⁵ 闩	kwɛn⁵⁵ 熟
im	rim³⁵ 豪猪	tɕim⁵⁵ 鸟	kim⁵⁵ 刺
in	din⁵⁵ 钉	tin⁵⁵ 相信	tɕin³⁵ 九
iem	kiem²¹ 钳子	kiem³⁵ 挣	
ien	vien⁵⁵ 片~药	tien⁵⁵（神）仙	jien²¹ 苋菜
ieŋ	tieŋ³¹⁵ 名声	rieŋ³⁵ 私生子	
ɔm	lɔm³¹⁵ 凹	hɔm²¹ 箱子	bɔm⁵⁵ 炸
ɔn	kɔn⁵⁵ 男孩	jɔn²¹ 脆	nɔn⁵⁵ 嫩
ɔːŋ	lɔːŋ²¹ 心	ŋɔːŋ³⁵ 指甲	
ɔŋ	thɔŋ³⁵ 鼻	tɔŋ²¹（药）丸	lɔŋ⁵⁵ 龙~王
əːm	ʔəːm²¹³ 捂	əːm⁵⁵ 暗	nəːm²¹³ 瓶子
əm	kəm²¹ 揪	thəm²¹ 抿	ŋəm²¹ 淌
əːn	thəːn²¹³ 顺	təːn⁵⁵ 滑	dəːn⁵⁵ 单
ən	ŋən²¹ 停	jən⁵⁵ 该	bən⁵⁵ 蒙
əŋ	ɕəŋ⁵⁵ 烤	dəŋ²¹³ 装~粮食	təŋ²¹ 层
um	tɕum⁵⁵ 缸	tɕum²¹ 梗	
un	hun⁵⁵ 熏	dun²¹ 填	kun²¹³ 盘
uŋ	thuŋ²¹ 桶	kuŋ⁵⁵ 弓	thuŋ³⁵ 枪
ɯəm	bɯəm³⁵ 蝴蝶		
ɯən	mɯən⁵⁵ 水沟	hɯən⁵⁵ 乡	thɯən⁵⁵ 雪
ɯəŋ	fɯəŋ⁵⁵ 地方	lɯəŋ⁵⁵ 梁	hɯəŋ³⁵ 向
ɯŋ	ɣɯŋ²¹ 姜	tɯŋ³⁵ 蛋	

（五）带塞音韵尾-p、-t、-k 的韵母共 36 个，韵母 a 系和 ə 系有长短对立，其中 iət、uot 和 ɯt 的配词很少。如下：

第二章 语音

a:p	ŋa:p^{35}打哈欠	fa:p^{35}法术	tha:p^{35}塔
ap	bap^{35}玉米	nap^{35}塞子	tap^{21}秃
a:t	fa:t^{35}发	fa:t^{21}罚	ta:t^{35}拍
at	dat^{35}贵	mat^{35}眼	kat^{35}裁
a:k	ra:k^{35}垃圾	va:k^{35}扛	ba:k^{21}银圆
ak	ɣak^{21}砖	mak^{21}麦	ʔjak^{21}贼
op	tɕop^{21}罩	bop^{35}捏	hop^{21}盒
ot	kot^{21}桩	tɕot^{35}楔子	hot^{21}砂
ok	mok^{35}盛	kwok^{35}国	fok^{21}伏
ep	nep^{35}糯	bep^{35}吹；灶	dep^{21}撞
et	met^{21}累	ɣet^{35}锈	jet^{21}织
εp	hεp^{21}窄	dεp^{21}漂亮	kεp^{21}夹
εt	thεt^{35}嚷	kwεt^{35}扫，刮	ȵεt^{35}堵住
ip	ȵip^{35}塞	kip^{35}急	tɕip^{35}鲤鱼
it	thit^{35}理睬	vit^{21}鸭	dit^{35}屁股
iət	biət^{35}知道		
ɔp	thɔp^{35}dau^{21}囟门	mɔp^{21}生疮	kɔp^{35}癞蛤蟆
ɔt	ɣɔt^{35}后跟~鞋	ŋɔt^{21}甜	ɣɔt^{21}削
ɔk	ʔɔk^{35}脑髓	mɔk^{35}钩子	dɔk^{21}读
ə:p	hə:p^{21}合（动）	kə:p^{21}兜	də:p^{21}弹
əp	jəp^{21}熄	təp^{21}练	thəp^{35}低
ə:t	və:t^{21}捞网	ɣə:t^{21}点头	fə:t^{35}招手
ət	dət^{35}土	mət^{21}胆	fət^{21}佛
ə:k	və:k^{21}挽	ɕə:k^{35}淘气	thə:k^{21}日食
ək	lək^{21}滚	bək^{35}北	ək^{35}噎
up	jup^{35}帮助	kup^{35}收	
ut	dut^{21}腰鱼篓	kut^{21}内~裤	
uk	duk^{21}凿子	luk^{35}一会儿；阵	suk^{35}捞
uət	ruət^{21}肠子	tɕuət^{21}鼠~松	thuət^{21}魔术
uot	nuot^{35}吞		
uok	thuok^{21}熟	thuok^{315}药	
ɯəp	mɯəp^{35}丝瓜	kɯəp^{35}抢	
ɯət	ɯət^{35}淋；湿	khɯət^{35}蝎子	
ɯək	nɯək^{35}水	tɯək^{35}前边	lɯək^{21}梳子
ɯt	kɯt^{35}屎		

ɯk	dɯk²¹公	lɯk²¹力	jɯk³⁵闹

三　声调

京语共有 7 个声调。

调类	调值	例词	例词	例词
1	55	ʔoŋ⁵⁵公	mɯə⁵⁵雨	əm⁵阴
2	21	buːn²¹泥	mu²¹雾	ve²¹回
3	315	lɯə³¹⁵火	rɯə³¹⁵洗	bo³¹⁵破
4	35	thəm³⁵雷	khɔi³⁵烟	thaːm³⁵坛
5	213	han²¹³旱	zoŋ²¹³坝	ʔəːm²¹³捂
6	35	dət³⁵土	kaːt³⁵沙子	ɯət³⁵淋
7	21	n̪at²¹日	hat²¹辣	vit²¹鸭

声调说明：

1. 京语共 7 个声调，5 个舒声调，2 个入声调。
2. [21]调实际读音应为[211]。
3. 第 4 调[315]为中间似有断裂的曲折调。

第二节　音节与音变

一　音节

京语是孤立语，音节是京语最容易被感知的自然语音单位，按照构成成分，它可以分为声母、韵母和声调三个部分。声母主要由单辅音（C）充当，少数声母由辅音加唇化的 w 构成（CV）式充当，少数音节没有声母（零声母），还有一个半元音声母 j。韵母由元音（V）或者元音与辅音的组合（VC）、（VVC）式构成，可分为韵头（V1）、韵腹（V2）和韵尾（V3）三个部分。韵尾中的辅音不仅有一套鼻辅音韵尾，而且有一套塞音韵尾。声调（T）作为超音段音位，贯穿于整个音节。一个音节可以没有声母、韵头、韵尾，但韵腹和声调却是一个音节中不可缺少的重要部分。根据声韵调的组合规律，可以把京语的音节结构划分为以下 12 种类型：

表 2–2　　　　　　　　　音节结构类型

结构类型	例词			
V2+V3+T	iːu⁵⁵爱	iːu³⁵弱	ɛu⁵⁵腰	au³⁵衣服
V2+C+T	əm⁵⁵阴	aːn³⁵山谷	it³⁵少	ok³⁵箕指纹

续表

结构类型	例词			
V1+V2+C+T	ɯət³⁵淋			
C+V2+T	khe⁵⁵溪	ko³¹⁵草	ka³⁵鱼	di⁵⁵去
C+V2+C+T	vo:n³⁵湖	tom⁵⁵虾	vit²¹鸭	ɣɔk³⁵角儿
C+V1+V2+T	ŋɯə²¹马	duə³¹⁵	lɯə³¹⁵火	diə²¹地方
C+V2+V3+T	ɕau⁵⁵串	roi²¹了	də:i²¹代	neu³⁵路
C+V1+V2+C+T	nɯək³⁵水	huən⁵⁵乡	tɕɯək³⁵前	juən³⁵井
C+V1+V2+V3+T	thua:i²¹³痛	muəi⁵⁵勺子	nuoi³⁵养	mɯəi²¹十
C+C+V2+T	kwa³⁵果	kwe²¹瘸	kwi²¹跪	kwa⁵⁵过
C+C+V2+V3+T	kwai⁵⁵回~头	khwai⁵⁵薯	ŋwa:i²¹外	kwa:i³¹⁵怪
C+C+V2+C+T	kwet³⁵扫	kwən²¹裤子	khwet³⁵剜	hwa:n²¹阉

二 音变

京语的音变与变音表现在词变调与语流音变两个方面。

（一）词变调

词变调，是指相对于该词的固有声调而言，不是因语流前后因素影响而产生的变化，该词在一定的语言环境中改变了它的声调形式而意义与语法功能不变，这类现象并不是太普遍。例如：

1. 表现基数的"十"，在"二十"以下的数字中，"十"读 mɯəi²¹，超过"二十"（包含"二十"）的数字中，mɯəi²¹要变调读成 mɯəi⁵⁵。

2. 基数词"一"读 mot²¹，在基数词"二十一"中，"一"要变读升调 35，"二十一"读成 ha:i⁵⁵mɯəi⁵⁵mot³⁵。

（二）语流音变

京语的音变现象主要表现在语流音变，并且规律性不是太强。

1. 两个 315 调连读时，前一个往往变调为 21 调，如：jiə³¹⁵kɯə³¹⁵→jiə²¹kɯə³¹⁵看门；məɯ³¹⁵kɯə³¹⁵→məɯ²¹kɯə³¹⁵开门。

2. 部分词语前一个音节是 315 调，后一个音节是入声³⁵调时，前一个音节变读为 21 调。例如：

tɕəɯ³¹⁵khak³⁵mi:n²¹→tɕəɯ²¹khak³⁵mi:n²¹骂自己   thuə³¹⁵tot³⁵→thuə²¹tot³⁵修好

3. 在句子中，指示代词"这"通常读 nai²¹，可能受前面语音的影响而读成高平调⁵55，例如：

kai³⁵ the³⁵kwet³⁵ nai²¹ wən³⁵la²¹ to⁵⁵, jɯ⁵⁵ma²¹ khoŋ⁵⁵ ba⁵⁵ɲiu⁵⁵ ŋot²¹.
些　橘子　这　虽然　大　但是　不　多少　甜

这些橘子虽然大，但不是很甜。

hoŋ^{55}nai^{55}	khoŋ^{55}	mɯə^{55}	dei^{35}.
今天	不	下雨	的

今天不会下雨的。

上述句子中，第一句的 nai^{21}（这）读本调，在第二句中，nai^{21}（这）由于受到前面高平调的影响变读 nai^{55}。

第三节　京族文字

京族人迁来京族三岛时，越南京族还没有使用现代的越南文，使用的是传统的京族喃字，所以现代三岛京族使用的仍然是传统的京族喃字。喃字是一种类汉字，关于喃字的造字法，王力先生认为："越字（即喃字）可以说是根据'六书'而造的。……'六书'之中，就只有'三书'是越字所采用的，即 1.假借；2.会意；3.形声。"[①]特别是会意和形声，是中国京族喃字最主要的造字方法。韦树关在此基础上进一步归纳了喃字的造字方法，中国京族喃字的造字方法有以下 9 种：1. 意符+音符；2. 意符+意符；3. 音符+音符；4.（意符+音符）+意符；5. 意符/音符+记号；6.（意符+音符）+记号；7. 意符兼音符+记号；8. 独体记号；9. 合体记号。结合上面王力先生提出的假借字，京族三岛的京族喃字共有 10 种造字方法。京族喃字虽然在京族民间仍然使用，但目前已局限于少部分京族传统文化传承人，绝大部分人已经不能认读京族的喃字。即使在部分建筑物上标有京族喃字，但年轻人已然熟视无睹，并不知道这是京族喃字，比如万尾的"哈亭"、山心的"吃亭"，其中的"哈、吃"均为喃字，但年轻人通常并不知晓。目前三岛通晓喃字的主要传承人有苏维芳、龚振兴、阮成豪、吴永就等。他们编印有京族喃字手抄本，定期举办喃字培训班，传承京族喃字文化。苏维芳、阮成豪等还积极投入京族喃字文献的整理工作，目前收集成册或出版的喃字文献有《京族哈节唱词》《京族史歌》《京族传统叙事歌集》《京族喃字史歌集》等。

中国京族喃字是京族传统文化的重要组成部分，承载着京族的历史和京族人民的智慧。鉴于京语和喃字的濒危状况，除了对京语和喃字进行研究之外，对喃字的收集整理与保护应该提上日程，这是一项系统工程，单靠学者个人或民间力量均难以达到保护与传承的目的，需要政府各级部门、社会各方力量联合起来，做好喃字的研究、保护与传承工作。

[①] 韦树关：《京语研究》，广西人民出版社 2009 年版，第 199—200 页。

第三章 词汇

京语属于濒危语言，而且属于跨境语言，因此京语词汇具有特殊性，一方面受汉语方言和普通话的影响，借入了大量的汉语借词；另一方面又受越南语的影响，借入了部分越南语借词。京族人常常自嘲自己的语言"三不准"就是这一局面的反映，其实这里的"不准"主要还是指的词汇的借用。

第一节 词汇特点

一 词的音节数量特征

京语的词目前呈现单音节、双音节和多音节并存的局面，数量上以双音节为主，单音节次之，多音节词数量最少。

（一）单音节词

kəi^{55}树　　　toi^{55}我　　　tɕet^{35}死　　　thit^{21}肉

khoŋ^{55}不　　kɯa^{55}锯　　ja:i^{21}鞋　　　bat^{35}碗

（二）双音节词

hoŋ^{55} kwa^{55}昨天　　kwən^{21} au^{35}衣服　　thə^{21} kəi^{55}木匠
天　过　　　　　　裤　衣　　　　　　匠　木

ŋɯəi^{21} mu^{21}瞎子　　ɣa^{21} dək^{21}公鸡　　bo^{21} ka:i^{35}母牛
人　瞎　　　　　　鸡　公　　　　　　牛　母

（三）多音节词

thə^{21} ha:ŋ^{213} tɕau^{35}补锅匠　　ja:i^{21}ja:i^{21} jo:i^{35}jo:i^{35}马马虎虎
匠　补　锅　　　　　　　　马　马　　虎　虎

nɯək^{35} bəp^{21}baŋ^{55}水坑　　tɕɯək^{35} nam^{55} kwa^{55}往年
水　　坑　　　　　　　　　个　年　过

tet^{35} muŋ^{21} mot^{21}大年初一　　tɕim^{55} bo^{21}kəu^{55}鸽子
节　初　一　　　　　　　　鸟　鸽

整体上看，目前的京语，其语素以单音节为主，但词汇以双音节为主，这一方面是语言自身演变的需要，另一方面是大量外来双音节词借入的结果。

二　存在一定数量的词头

名词前存在表事物类别的词头是南方民族语言的特点之一，但是京语仅有部分名词存在词头，这一词头在前加数词时往往兼做量词，部分名词的词头业已脱落。词头加在名词前面，具有表示词性或标记事物性质的功能。

1. $kɔn^{55}$（只）

加在表动物名词前。例如：

$kɔn^{55}kwa^{21}$乌鸦　　　　　$kɔn^{55}tɕuɐt^{21}$老鼠　　　　　$kɔn^{55}ran^{35}$蛇

$kɔn^{55}khi^{35}$猴子　　　　　$kɔn^{55}thəu^{55}$虫子　　　　　$kɔn^{55}ki:n^{35}$蚂蚁

2. $kɔn^{55}$（只）

加在表人的名词前。例如：

$kɔn^{55}tɕau^{35}$子孙　　　　$kɔn^{55}bo^{21}koi^{55}$孤儿　　　$kɔn^{55}ʔut^{35}$小儿子

$kɔn^{55}ɣai^{35}ka^{315}$大女儿　$kɔn^{55}ɣai^{35}ʔut^{35}$小女儿　$kɔn^{55}ja:i^{55}$男孩

3. $tɕim^{55}$（鸟）

$tɕim^{55}thɛ^{35}$麻雀　　　　　$tɕim^{55}khak^{35}$喜鹊　　　　$tɕim^{55}jɯŋ^{55}$老鹰

$tɕim^{55}ɲa:n^{21}$燕子　　　　$tɕim^{55}vət^{21}$鹦鹉　　　　　$tɕim^{55}dok^{21}$啄木鸟

上述 $kɔn^{55}$ 和 $tɕim^{55}$，只有 $kɔn^{55}$ 的词头功能较明显，且兼具量词功能，$tɕim^{55}$ 则只表示"鸟类"，不具有量词功能。

$kɔn^{55}$ 这个词头兼具量词功能。

三　借词众多

借词数量庞大是京语词汇的一个重要特点。从关涉对象来讲，京语的借词涉及社会生活的方方面面；从来源上讲，京语借词有多种来源（第三节专门论述）；从词类范围来讲，各个词类均有借入。下面以词类为例：

（一）名词

$mɛu^{21}$猫　　　　le^{55}梨　　　　　　$duə^{315}$筷　　　　　$tɕuəŋ^{21}$场

$çon^{55}$村　　　　$bi:ŋ^{213}$病　　　　　$bi:n^{55}$边　　　　　$thən^{55}thit^{35}$亲戚

（二）动词

$ba:i^{21}$摆　　　　$kha:m^{35}$看　　　　lai^{21}来　　　　　$joŋ^{21}$种

$ça:n^{55}ja^{55}$参加　$lai^{21}və^{21}$回来　　ban^{35}放　　　　　deu^{55}戴

（三）形容词

hwa^{55}花　　　　$ka:u^{55}$高　　　　　to^{55}大　　　　　　han^{21}闲

əm⁵⁵阴　　　han²¹³旱　　　kha:t³⁵渴　　　ɣən²¹近

（四）副词

tɕi³¹⁵只　　　thɯaŋ²¹³常　　　ni:n²¹宁可①　　　ku³⁵ʔi³⁵故意
khaŋ²¹din²¹肯定　nən⁵⁵la:i⁵⁵原来　　thən⁵⁵趁

（五）数词

len⁵⁵零　　　va:n²¹万　　　ʔək³⁵亿

（六）量词

boŋ²¹³群　　　jəŋ²¹床　　　tɕiək³⁵件　　　doi⁵⁵双
to³⁵朵　　　ho:t²¹颗　　　ha:ŋ²¹行　　　tit³⁵点

（七）介词

doi³⁵对　　　hɯ:ŋ³⁵向　　　thai⁵⁵替　　　bi²¹³被
jou²¹³由

（八）连词

va²¹或　　　　　　na:n⁵⁵ve²¹…thi³⁵ve²¹…因为……所以……
bət³⁵n̩in⁵⁵不然　　te³⁵jen⁵⁵…thi²¹…既然……就……

（九）助词

dɯək²¹得　　　　　　kwa⁵⁵过

（十）叹词

ai⁵⁵oi⁵⁵哎唷　　　ai³⁵je³⁵哎呀　　　ha⁵⁵ha⁵⁵哈哈
o³⁵哦　　　　　həŋ³⁵哼　　　　　əŋ³⁵嗯

（十一）语气词

a³⁵啊　　　ni³⁵呢　　　va⁵⁵哇　　　ma²¹嘛

（十二）拟声词

wu²¹wu²¹呼呼　　　wo³⁵wo³⁵汪汪　　　koŋ²¹³koŋ²¹³咚咚
ha²¹ha²¹哈哈　　　hi³⁵hi³⁵嘻嘻　　　toŋ²¹toŋ²¹咚咚

第二节　构词法

一　派生法

派生构词法就是在词根加上词缀构成新词的方法。

（一）前缀+词根

1. kɔn⁵⁵作名词时是"子女"的意思，作前缀时表示细小或轻蔑的意义。

---

① 汉语借词的后鼻音韵尾 ŋ 在元音 i 和 e 后变为前鼻音韵尾 n。

例如：

kɔn⁵⁵ ɣa:i³⁵ be:u³⁵小胖女
小　　　　　　女　　　　　　胖

2. muŋ²¹（初）+基数词

muŋ²¹mot⁵⁴初一　　muŋ²¹hai⁵⁵初二　　muŋ²¹ba⁵⁵初三　　muŋ²¹mɯəi²¹初十

3. de²¹（第）+基数词

de²¹ŋat⁵⁴第一　　de³⁵ha:i⁵⁵第二　　de²¹tɕi:n³¹⁵第九　　de²¹bet³⁵第末

4. ka:i³⁵原是汉语的"个"，作前缀时用于非生物或者小生物前，表示细小。例如：

ka:i³⁵lɯək²¹梳子　　　　ka:i³⁵kwa³⁵水果　　　　ka:i³⁵ba:n²¹ra:i²¹案子
ka:i³⁵ye³⁵椅子　　　　　ka:i³⁵mu³⁵帽子　　　　　ka:i³⁵hɔp²¹盒子

（二）词根＋后缀

最典型的是"词根+kɔn⁵⁵（指小后缀）"的情况。例如：

lən²¹ kɔn⁵⁵猪崽　　　　tɕa:i³⁵ kɔn⁵⁵小孩　　　　ŋɯə²¹ kɔn⁵⁵马驹（小马）
猪　　崽　　　　　　　孩子　仔　　　　　　　　马　　崽

bɔ²¹ kɔn⁵⁵黄牛犊　　　je⁵⁵ kɔn⁵⁵羔羊　　　　　ɣa²¹ kɔn⁵⁵小鸡
黄牛　崽　　　　　　　羊　　崽　　　　　　　　鸡　　崽

（三）谓词性词根＋描述性后缀

这种形式一般为三音节词形式，由一个词根和一个叠音后缀构成 ABB 式，通常成分 A 为本民族语形式，BB 则为汉语借词形式，是半民半汉的派生词。例如：

kɯ²¹³ mi²¹³mi²¹³笑眯眯　　　　　　kɯ²¹³ hi⁵⁵hi⁵⁵笑嘻嘻
笑　　眯眯　　　　　　　　　　　笑　　嘻嘻

kɯ²¹³ ha²¹ha²¹笑哈哈
笑　　哈哈

二　合成法

合成法就是把两个或者两个以上的词根语素组合成词的方法，即所构成的词其每个音节对应的都是实词词素。

（一）修饰式

组成词的两个词根是修饰和被修饰的关系，一个充当中心词成分，另一个起修饰作用。

1. 修饰成分+中心成分（中心语素在后）

（1）名修饰语素+名词性中心语素　例如：

dau²¹ so:n⁵⁵ 村头　　　　dau²¹ vən²¹ 地头　　　　dau²¹ jə:ŋ²¹³ 床头
头　村　　　　　　　　头　地　　　　　　　　头　床

tɕɔ:n⁵⁵ rən²¹³ 山脚　　　　　　　ju:n³⁵ lɯə³¹⁵ 火种
脚　山　　　　　　　　　　　　种　火

（2）名词性修饰语素+动词性中心语素　例如：
nɯək³⁵ rak²¹ 退潮　　nɯək³⁵ len⁵⁵ 涨潮　　mɛ²¹ noi⁵⁵ 养母　　mɛ²¹ ȵən²¹ 干妈
水　下　　　　　　　水　上　　　　　　　母　养　　　　　　妈　认

（3）动词性修饰语素+动词性中心语素　例如：
bi²¹³ tɕɯ³¹⁵ 挨骂
被　骂

（4）通称+专称
① kəi⁵⁵+N　例如：
kəi⁵⁵ suŋ⁵⁵ 松树　　　　　kəi⁵⁵ bat³⁵ 柏树　　　　　kəi⁵⁵ li:u⁵⁵ 柳树
树　松　　　　　　　　　树　柏　　　　　　　　　树　柳

② hua⁵⁵+N　例如：
hua⁵⁵ ma:i⁵⁵ 梅花　　　　hua⁵⁵ thɛn⁵⁵ 荷花
花　梅　　　　　　　　　花　荷

③ kwa²¹+N　例如：
kwa²¹tau³⁵ 苹果　　　　　kwa²¹le⁵⁵ 李果　　　　　kwa²¹kwit³⁵ 句橘子
果　苹果　　　　　　　　果　李　　　　　　　　　果　橘

④ dau²¹+N　例如：
dau²¹mɛu²¹ 蚕豆　　　　　dau²¹van³⁵ 豌豆　　　　　dau²¹van²¹ 黄豆
豆　猫　　　　　　　　　豆　豌　　　　　　　　　豆　黄

⑤ rau⁵⁵+N　例如：
rau⁵⁵ kup³⁵ 包心菜　　　　rau⁵⁵ bɔ³⁵ 菠菜　　　　　rau⁵⁵ kən²¹ 芹菜
菜　卷　　　　　　　　　菜　菠　　　　　　　　　菜　芹

⑥ ka³⁵+N　例如：
ka³⁵tɕip³⁵ 鲤鱼　　　　　ka³⁵ to⁵⁵ dau²¹ 鳙鱼　　　　ka³⁵ ŋən²¹ 鲫鱼
鱼　鲤　　　　　　　　　鱼　大　头　　　　　　　鱼　鲫

⑦ khwa:i⁵⁵+N　例如：
khwa:i⁵⁵la:ŋ⁵⁵ 红薯　　　khwa:i⁵⁵təi⁵⁵ 马铃薯　　　khwa:i⁵⁵bon⁵⁵ 芋头

⑧ tɕim⁵⁵+N　例如：
tɕim⁵⁵ thɛ³⁵ 麻雀　　　　tɕim⁵⁵ khak³⁵ 喜鹊　　　　tɕim⁵⁵ bip²¹ 鹧鸪
鸟　麻雀　　　　　　　　鸟　喜鹊　　　　　　　　鸟　鹧鸪

（5）形修饰语素+动词中心语素　例如：

tot³⁵ a:n⁵⁵好吃　　　　　tot³⁵ wu:ŋ³⁵好喝　　　　tot³⁵ tən⁵⁵好看
好　　吃　　　　　　　　好　　喝　　　　　　　　好　　看
khɔ³⁵ an⁵⁵难吃　　　　　khɔ³⁵ ŋɛ⁵⁵难听　　　　　khɔ³⁵ ŋɯi³¹⁵难闻
难　　吃　　　　　　　　难　　听　　　　　　　　难　　闻

2. 中心词+修饰成分

（1）名词性中心成分+形容词性修饰语素　例如：

mɛu²¹ dɯk²¹公猫　　　　tɕɔ³⁵ ka:i³⁵母狗　　　　kɔn⁵⁵ mot²¹独子
猫　　公　　　　　　　　狗　　母　　　　　　　　子　　独
mɛ²¹ çau⁵⁵后妈　　　　　ka³⁵ ɲit²¹ ta:n³⁵白鳝　　ok³⁵ mi:u²¹田螺
妈　　后　　　　　　　　鱼　　鳝　　白　　　　　螺　　田
ka³⁵ moi²¹黄鱼　　　　　nɯək³⁵ noŋ³⁵热水　　　　da³⁵ la:n²¹冰雹
鱼　　黄　　　　　　　　水　　热　　　　　　　　石　　冷
ra:u²¹ nep³⁵糯米　　　　dɯəŋ²¹ dɔ³⁵红糖　　　　ba:n²¹ ton²¹圆桌子
米　　糯　　　　　　　　糖　　红　　　　　　　　桌子　圆

（2）名词性中心成分+名词性修饰语素　例如：

ok³⁵ ŋək²¹珍珠蚌　　　　tom⁵⁵ rə:ŋ²¹龙虾　　　　ra:n³⁵ bai³⁵海蛇　　　tən³⁵ ɣa²¹鸡蛋
蚌　　珍珠　　　　　　　虾　　龙　　　　　　　　蛇　　海　　　　　　蛋　　鸡
nɯək³⁵ mu²¹露　　　　　vəŋ²¹ nɯək³⁵水田　　　　rəu²¹ lən²¹猪油　　　ma:i⁵⁵ rən²¹野草莓
水　　雾　　　　　　　　水　　田　　　　　　　　油　　猪　　　　　　莓　　山

3. 动词性语素+虚词性语素　例如：

doi³⁵ ɲa:u⁵⁵互相追逐　　i:u⁵⁵ ɲa:u⁵⁵相爱　　　hu:n⁵⁵ ɲa:u⁵⁵相吻　　da³⁵ ɲa:u⁵⁵相踢
追　　互　　　　　　　　爱　　相　　　　　　　　吻　　相　　　　　　踢　　相

（二）联合式

组成词的两个词根之间是平等的并列关系，且前后词根的意义是相近、相关或者相对。

1. 名词性语素+名词性语素　例如：

kwən²¹ au³⁵衣服　　　　li:n⁵⁵ hon²¹魂魄　　　　thən²¹ tien⁵⁵神仙
裤子　上衣　　　　　　　灵　　魂　　　　　　　　神　　仙
tɕi²¹ ʔɛm⁵⁵姐妹　　　　ʔan⁵⁵ ʔɛm⁵⁵兄弟　　　　kwok³⁵ ja⁵⁵国家
姐　　妹　　　　　　　　哥　　弟　　　　　　　　国　　家

2. 动词性语素+动词性语素　例如：

ʔo:m⁵⁵ əp⁵⁴拥抱　　　　bu:n⁵⁵ ba:n³⁵买卖　　　bi:n²¹³ lən²¹³辩论
拥　　抱　　　　　　　　贩　　卖　　　　　　　　辩　　论
thi:u⁵⁵ bot²¹挑拨　　　　tha²¹ mo²¹抚摸　　　　ŋi³¹⁵ ŋə:i⁵⁵休息
挑　　拨　　　　　　　　抚　　摸　　　　　　　　休　　息

3. 形容词语素+形容词语素　例如：

hoŋ⁵⁵ ŋit²¹凶恶	bau⁵⁵ ȵiu⁵⁵多少	ha:ŋ³⁵ hɔi⁵⁵清楚
凶　恶	多　少	清　楚
ɕou⁵⁵ sau⁵⁵粗糙	bi⁵⁵ ʔa:i⁵⁵悲哀	kho⁵⁵ no³⁵干枯
粗　糙	悲　哀	干　枯

（三）主谓式

组成词的两个语素是陈述和被陈述关系，被陈述语素在前，陈述语素在后。例如：

tai⁵⁵ khoŋ⁵⁵空手　　　doŋ⁵⁵ tɕi³⁵冬至
手　空　　　　　　　冬　至

（四）支配式

支配式复合词由谓词性词根语素和名词性词根语素复合而成，谓词性词根语素在前，名词性词根语素在后。

1. 动+名=动　例如：

nu:i⁵⁵ lən²¹养猪	the³⁵ mat²¹见面	bat³⁵ mək²¹把脉
养　猪	见　面	把　脉
kha:m³⁵ bɛŋ²¹看病	jiə²¹ kɯə³¹⁵看门	da:u⁵⁵ ra:n⁵⁵牙疼
看　病	守　门	疼　牙齿
joŋ²¹ ra:u⁵⁵种菜	a:n²¹ kən⁵⁵吃饭	sa:i⁵⁵ ɣa:u²¹³磨米
种　菜	吃　饭	磨　米

2. 动+名=形　例如：

tha:ŋ²¹　　　ta:i²¹成才
成　　　　　才

（五）补充式

组成词的两个词根语素中，后一个词根语素补充说明前一个词根语素，通常是前一个词根语素表示动作行为，后一个词根语素表示动作行为的结果。例如：

ton⁵⁵ the³⁵看见	ra⁵⁵ di⁵⁵出去	dan³⁵ do³¹⁵打倒
看　见	出　去	打　倒
a:n⁵⁵ het³⁵吃掉	bon⁵⁵ tɕa:i²¹放走	ən²¹³ dɯək²¹认得
吃　完	放　走	认　得
ŋe⁵⁵ the³⁵听见	dan³⁵ və³¹⁵打坏	ɣap²¹ the³⁵遇见
听　见	打　坏	遇　见

三 重叠法

（一）双音节重叠

1. 形容词重叠

双音词重叠式形容词一般表示程度加深。例如：

| ro:i³⁵ ro:i³⁵乱乱 | ŋu⁵⁵ ŋu⁵⁵呆呆 | ŋa:n⁵⁵ ŋa:n⁵⁵快快 |
| 乱 乱 | 呆 呆 | 快 快 |

2. 动词重叠

| di⁵⁵ di⁵⁵去去 | ŋe:i³¹ ŋe:i³⁵闻闻 | çen⁵⁵ çen⁵⁵看看 |
| 去 去 | 闻 闻 | 看 看 |

（二）三音节后附加重叠式

三音节后附加重叠式主要是 ABB 式。例如：

te:n⁵⁵ thi²¹thi²¹黑麻麻	ta:n³⁵ fet³⁵fet³⁵白皙皙	do³⁵ ŋa:u²¹ŋa:u²¹红彤彤
黑 麻麻	白 皙皙	红 彤彤
be:u³⁵ lok²¹lok²¹胖乎乎	ret³⁵ e³⁵e³⁵冷飕飕	ça:n³⁵ re⁵⁵re⁵⁵绿油油
胖 乎乎	冷 飕飕	绿 油油
lə:ŋ³⁵ kəp²¹kəp²¹毛茸茸	lon⁵⁵ çət²¹çət²¹水汪汪	roi³⁵ boŋ²¹³boŋ²¹³乱蓬蓬
毛 茸茸	水 汪汪	乱 蓬蓬

四 拟声法

京语的拟声词主要见于声音有关的单纯词中，模拟人声音或自然声音状态形成的词。例如：

baŋ²¹ baŋ²¹咚咚	lop²¹ lop²¹滴滴	dop²¹ dop²¹滴滴答答
咚 咚	滴 滴	答 答
toŋ²¹vu⁵⁵锣鼓声	bi²¹bi³⁵bəŋ²¹³bəŋ²¹³鞭炮声	
tçhiaŋ⁵⁵钹声	fət³⁵fət³⁵fəi³⁵fəi³⁵哗啦哗啦	

五 四音格构词法

四音格词是由四个音节按照一定的规律搭配起来的词。京语的四音格词可以从两个方面对其进行分析。

（一）语音分析

四音格词的一个显著的特点就是语音和谐。语音和谐指的是构成四音格的四个词按照一定的语音规则进行组合，它不是任意拼合的。语音和谐主要有双声、叠音、叠韵或平仄相对等几种形式。

1. AABB 式

由两个或四个词性相同、语义相关的词构成。例如：

ha:ŋ²¹ha:ŋ³⁵ hɔi⁵⁵hɔi⁵⁵清清楚楚	tha:n⁵⁵tha:n⁵⁵ bat²¹bat²¹仔仔细细
清清 楚楚	仔仔 细细
that²¹that²¹ the²¹the³⁵干干净净	ti:n⁵⁵ti:n⁵⁵ wan³⁵wan³⁵安安静静
干干 净净	安安 静静
vu:i⁵⁵vu:i⁵⁵ mən²¹mən²¹高高兴兴	a:n⁵⁵a:n⁵⁵ wu:ŋ³⁵wu:ŋ³⁵吃吃喝喝
高高 兴兴	吃吃 喝喝
ha:i²¹ha:i³⁵ ŋən²¹ŋən²¹慌慌张张	ra:i²¹ra:i²¹ rot³⁵rot³⁵蹦蹦跳跳
慌慌 张张	蹦蹦 跳跳
di⁵⁵di⁵⁵ lai²¹lai²¹去去来来	a:m²¹³ram²¹³ ŋet²¹ŋet²¹密密麻麻
去去 来来	密密 麻麻
rnun⁵⁵nun⁵⁵ ton⁵⁵ton⁵⁵匆匆忙忙	lak³⁵lak³⁵ lɯə⁵⁵lɯə⁵⁵摇摇晃晃
匆匆 忙忙	摇摇 晃晃

2. ABAC 式

tɕa:i²¹ di⁵⁵ tɕa:i²¹ lai²¹³跑去跑来　　nɔi³⁵ di⁵⁵ nɔi³⁵ la:i²¹³唠叨
跑　去　跑　来　　　　　　　　说　去　说　来

（二）构词分析

京语的四音格词在构词中，主要采取复合式的构词形式。

1. 动词重叠式

由两个或四个词性相同、语义相关的动词按照 AABB 式重叠构成，加强动作的描绘性效果。例如：

a:n⁵⁵a:n⁵⁵ wu:ŋ³⁵wu:ŋ³⁵吃吃喝喝	di⁵⁵di⁵⁵ lai²¹lai²¹来来往往
吃吃 喝喝	去去 来来
ra:i²¹ra:i²¹ rot³⁵rot³⁵蹦蹦跳跳	lak³⁵lak³⁵ lɯə⁵⁵lɯə⁵⁵摇摇晃晃
蹦蹦 跳跳	摇摇 晃晃

动词重叠式中，A 或 B 既可以单用，又可以组成 AB 式单用，通常 AA 式或 BB 式也可以单独使用，且语义没有太大变化。

2. 形容词重叠式

由形容词按照 AABB 式重叠构成，表示程度加深。例如：

nun⁵⁵nun⁵⁵ ton⁵⁵ton⁵⁵匆匆忙忙	tha:n⁵⁵tha:n⁵⁵bat²¹bat²¹仔仔细细
匆匆 忙忙	仔仔 细细
that²¹that²¹ the²¹the³⁵干干净净	ti:n⁵⁵ti:n⁵⁵ wan³⁵wan³⁵安安静静
干干 净净	安安 静静

形容词重叠式是 AB 式的扩展，单独的 AA 或 BB 大都不能单独使用，

即使能够单独使用，意思也有些许变化。

第三节　词汇的构成

词汇的构成体现了一种语言的整体面貌，语言变化最直接的表现就是词汇的变化。京语词汇构成比较复杂。从来源看，有汉语借词，也有借自越南语的借词；从时间看，汉语借词中既有古汉语借词，又有现代汉语借词。

一　京语中的新越南语借词

尽管京语与越南语大体上为同一种语言，但是还是具有不少差异。京族邻近越南，与越南人民接触频繁，语言接触较多，不可避免受到越南语的影响。京语一方面从越南语中借入一些词，另一方面，由于语言相似度高，京族人在语言使用中有时不自觉地使用越南语的词汇，有些越南语词汇甚至与京语的固有形式处于共存共用状态中（见下表）。

表 3-1　　越南语词汇与京语共存共用状态情况举例

词目	越南语	京语
假如	neu^{35}la^{21}	neu^{35}ma^{21}
杯	kok^{35}	tɕeŋ^{35}
又	vuə^{21}	lai^{213}
我	to:i^{55}	ta:u^{55}
你	mi:n^{21}	ma:i^{21}

二　京语中汉语借词层次分析

京语与国内其他南方少数民族语言一样，具有一批外来借词，特别是汉语借词很丰富。从来源上看，可以大体上分为古汉语借词和现代汉语借词。例如：

（一）古汉语借词

民族语言与汉语长期的接触过程中，在历史上借入了很多的汉语词汇，并融入其语言之中，京语中也存在很多古汉语借词。例如：

dɯək^{21} 得　　　　　　tha:t^{35} 铁　　　　　　tɕuəŋ^{21} 场

kha:m^{35} 看　　　　　 bai^{55} 飞　　　　　　 thən^{55}thit^{35} 亲戚

ti:n^{213} 钱　　　　　　kwa^{55} 过　　　　　　 kəu^{21} 桥

（二）粤语借词　例如：

tho²¹³兔　　　　　　　bət³⁵不　　　　　　　ŋən⁵⁵ha:ŋ²¹银行

kən⁵⁵斤　　　　　　　kho⁵⁵干　　　　　　　tɕhon⁵⁵tɕɯən²¹³村长

三　京语中汉语借词借入方式

京语吸收汉语借词主要有以下几种方式：

（一）音译

即按所借语言的读音借入，有以下两种情况。

1. 读音和语法结构都借自汉语的词。例如：

（1）单音节借词　例如：

ʔoŋ⁵⁵翁　　　　　　　tɕəɯ²¹³街　　　　　　dau²¹头

tit³⁵点　　　　　　　kwa³⁵过　　　　　　　lai²¹³来

（2）多音节借词　例如：

de²¹tɕi³⁵地址　　　　hwa:ŋ²¹de³⁵皇帝　　　təp²¹kwan³⁵习惯

fu²¹nɯ³¹⁵妇女　　　　dok²¹kin⁵⁵念经　　　　kin⁵⁵thəɯŋ²¹经常

2. 读音借用汉语，语法结构使用京语的固有结构，这类借词少见。例如：

ʔoŋ⁵⁵ tho³⁵　　　　　kɔŋ⁵⁵土地爷　　　　　tet³⁵ than⁵⁵ min⁵⁵清明节

翁　土　　　　　　　公　节　　　　　　　清　明

（二）半音译半意译　例如：

vəŋ²¹ han²¹³旱地　　　rou²¹ təi⁵⁵煤油　　　thə:n⁵⁵ fən²¹灰尘

地　旱　　　　　　　油　煤　　　　　　　尘　粉

（三）音译加注式　例如：

kɔŋ⁵⁵ ȵan²¹³苍蝇　　　rən⁵⁵ tok²¹　　　　　kin⁵⁵京族

只　蝇　　　　　　　民　族　　　　　　　京

第四节　民俗文化词

京族是一个世居岛上的民族，世代以打渔为业，只是近期随着旅游业的兴起而出现职业转型的情况。因此，京语的民俗文化词多与渔业有关。

一　mək²¹ŋəŋ³⁵（鱿鱼）、kɔŋ⁵⁵ruok³⁵（八爪鱼）

鱿鱼和八爪鱼在京语中分别叫作 mək²¹ŋəŋ³⁵和 kɔŋ⁵⁵ruok³⁵，是海洋中常见的海产品。这两种鱼有一个墨囊，遇到敌害会喷墨，迷住敌人的方向，从而脱身逃走。鱿鱼和八爪鱼的味道非常鲜美，一般用来白灼，蘸点生抽就可以了。小鱿鱼可以用来做鱿鱼筒，里面可以填入各种其他食材作馅。

照片1 鱿鱼
东兴市江平镇/2017.8.22/樊飞摄

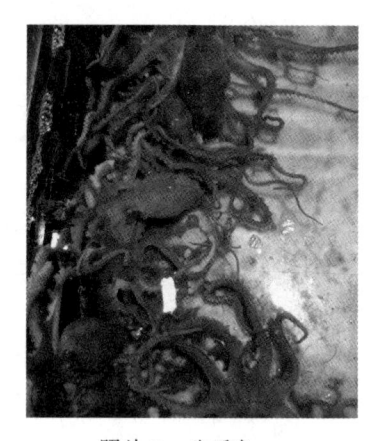

照片2 八爪鱼
东兴市江平镇/2017.8.22/樊飞摄

二　ŋəu⁵⁵rət³⁵（车螺）、ok³⁵hɯəŋ⁵⁵（香螺）和 ha²¹（生蚝）

车螺、香螺和生蚝在京语中分别叫作 ŋəu⁵⁵rət³⁵、ok³⁵hɯəŋ⁵⁵和 ha²¹，均是常见的螺类，营养丰富，车螺通常用来与芥菜煮汤，味道鲜美。香螺直接白灼，蘸点调味品吃。生蚝富含锌，通常用蒜蓉与粉丝蒸熟了吃，也有烤着吃的。

照片3 车螺
东兴市江平镇/2017.8.22/樊飞摄

照片 4　香螺　　　　　　　　　　　照片 5　生蚝
东兴市江平镇/2017.8.22/樊飞摄　　　东兴市江平镇/2017.8.22/樊飞摄

三　ɣe²¹tha:u⁵⁵（花蟹）

花蟹在京语中叫作 ɣe²¹tha:u⁵⁵，有野生的和养殖的之分，是海洋经济作物之一，清蒸或用来煮粥，味道鲜美。因为蟹性寒凉，因此在蒸吃时常要拌上姜去寒性。

照片 6　花蟹　　　　　　　　　　　照片 7　青蟹
东兴市江平镇/2017.8.22/樊飞摄　　　东兴市江平镇/2017.8.22/樊飞摄

四 tha:m⁵⁵（鲎）

鲎在京语中叫作 tha:m⁵⁵，属于国家二级保护动物，禁止捕捞。鲎的形状较为奇特，有一前一后两个盔状硬壳，拖着一条长长的尾巴。鲎的生命力很强，把它埋在地里，个把月都能存活。人们捕捞鲎，据说是因为鲎的血液有很高的药用价值，鲎的血为透明无色液体，不法商贩常用注射器抽出鲎里面的血液，再拿到市场去出售。

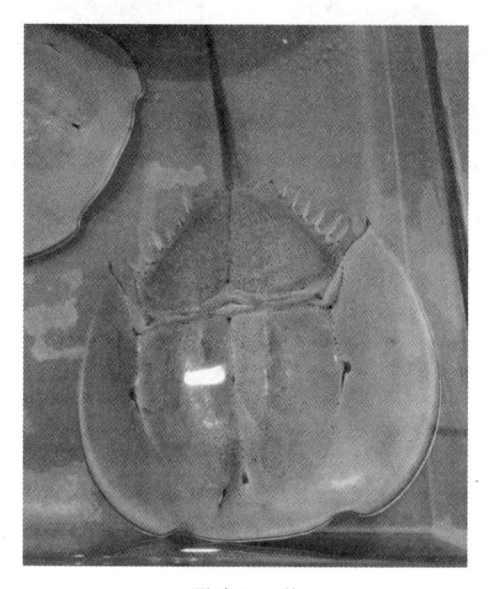

照片 8　鲎
东兴市江平镇/2017.8.22/樊飞摄

五 ba²¹³ba²¹³（皮皮虾）和 tom⁵⁵hwa⁵⁵（花虾）

皮皮虾和花虾在京语中分别叫作 ba²¹³ba²¹³ 和 tom⁵⁵hwa⁵⁵，皮皮虾壳坚硬且有刺，但肉质鲜嫩，只是非常容易死亡，运输不易。皮皮虾别名濑尿虾，壳坚硬且两边有刺，常见的吃法有清蒸和椒盐两种，花虾则一般是用来白灼。

六 jo:n⁵⁵（沙虫）

沙虫在京语中叫作 jo:n⁵⁵。沙虫汉语又叫泥丁，对生活环境的要求较高，营养丰富，是纯野生的海产品，不能养殖，如果环境受到污染，沙虫就会死亡。

照片 9　皮皮虾
东兴市江平镇/2017.8.22/樊飞摄

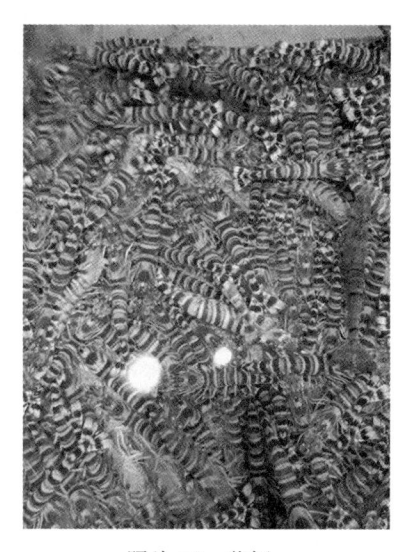

照片 10　花虾
东兴市江平镇/2017.8.22/樊飞摄

照片 11　沙虫
东兴市江平镇/2017.8.22/樊飞摄

七　ka³⁵bo²¹ɕiu³⁵（老虎鱼）和 ka³⁵ra:m³⁵（小鲨鱼）

老虎鱼和小鲨鱼在京语中分别叫作 ka³⁵bo²¹ɕiu³⁵ 和 ka³⁵ra:m³⁵，老虎鱼常用来煮汤，与其他小鱼一起合称杂鱼汤，味道鲜美。小鲨鱼长不大，一般两三斤左右，烹调方法通常以酸焖为主。

照片 12　老虎鱼
东兴市江平镇/2017.8.22/樊飞摄

照片 13　小鲨鱼
东兴市江平镇/2017.8.22/樊飞摄

八　ȵa²¹（房子）

房子在京语中叫作 ȵa²¹，京族经济条件较好，住宅一般建为三层以上的小别墅，因为是旅游景点，很多人家也兼开家庭旅馆。

照片 14　文艺表演台
东兴市江平镇/2017.8.22/樊飞摄

照片 15　万尾村委会
东兴市江平镇/2017.8.22/樊飞摄

九　tɕɯ³¹⁵na:m⁵⁵（喃字）

喃字在京语中叫作 tɕɯ³¹⁵na:m⁵⁵，是古老的方块字，万尾有京族喃字传承基地，目前已经出版了很多喃字的文献，但是懂喃字的人还是越来越少。

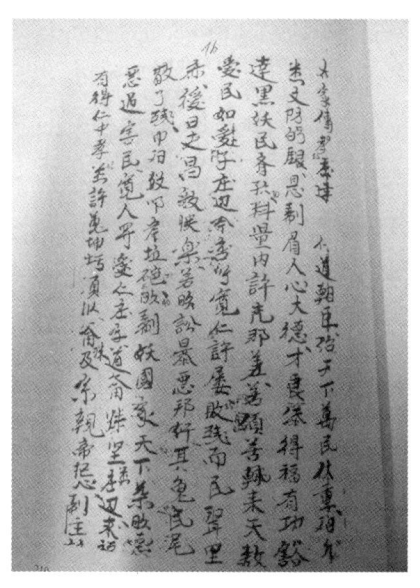

照片 16　喃字
广西民族大学文学院/2017.8.22/樊飞摄

照片 17　喃字广场
东兴市江平镇/2017.8.22/樊飞摄

十　bai³⁵（海）、bai²¹³ka:t³⁵（金滩）和 thi:n²¹ka³⁵（船）

海、金滩和船在东兴京语中分别叫作 bai³⁵、bai²¹³ka:t³⁵ 和 thi:n²¹ka³⁵，东兴的海岸线较长，海平面较平缓，沙子以金黄而著名，称为金滩。京族以打渔为业，渔船是主要的生产劳动工具，只是目前打渔的人少了，船也主要用作观光旅游。

照片 18　海
东兴市江平镇/2018.4.30/康忠德摄

照片 19　沙滩
东兴市江平镇/2018.4.30/康忠德摄

照片 20　渔船
东兴市江平镇/2018.4.30/康忠德摄

第四章 分类词表

说明：

1. 本章第一、二两节收录《中国语言资源调查手册·民族语言（侗台语族、南亚语系）》"调查表"中"叁　词汇"的词条（原表1200词），标记"（无）"的词条不收录。第一节为通用词，是语保工程调查中汉语方言与少数民族语言共有的调查词表。第二节为扩展词（原表1800词），是专家学者根据各个语族的实际情况制定的调查词表。这两节皆分为如下22类：

一	天文地理	六	服饰饮食	十一	动作行为
二	时间方位	七	身体医疗	十二	性质状态
三	植物	八	婚丧信仰	十三	数量
四	动物	九	人品称谓	十四	代副介连词
五	房舍器具	十	农工商文		

2. 第三节为其他词，收录京语里有特色的一些词语。
3. 词音后面的"～"表示该词的汉语意，一个词有多个词音的，各词音及注释之间用分号隔开。

第一节 《中国语言资源调查手册·民族语言（侗台语族、南亚语系）》通用词

一　天文地理

太阳~下山了 $mat^{21}tɕə:i^{21}$
月亮~出来了 $ʔoŋ^{55}tɕa:ŋ^{55}$
星星 $ʔoŋ^{55}sau^{55}$
云 $məi^{55}$
风 $ʔjo^{35}$
台风 $ʔjo^{35}ba:u^{315}$
闪电名词 $thəm^{55}tsə:p^{35}$

雷 $thəm^{35}$
雨 $mɯə^{55}$
下雨 $mɯə^{55}roi^{21}$
淋衣服被雨~湿了 $ɯət^{35}$
晒~粮食 $fə:i^{55}$
雪 $thɯən^{55}$
冰 $da^{35}la:ŋ^{21}$
冰雹 $mɯə^{55}da^{35}$
霜 $thɯəŋ^{55}$

雾 mu²¹
露 nɯək³⁵mu²¹
虹统称 kəu²¹vaŋ²¹
日食 ȵat²¹thək²¹
月食 ŋiət²¹thək²¹
天气 tɕə:i²¹tiət³⁵
晴天~ la:ŋ³⁵
阴天~ əm⁵⁵
旱天~ han²¹³
涝天~ lut²¹
天亮 jə:i²¹tha:ŋ³⁵
水田 vəŋ²¹nɯək³⁵
旱地浇不上水的耕地 vəŋ²¹han²¹³
田埂 vəŋ²¹daŋ²¹
路野外的 neu³⁵
山 nui³⁵
山谷 a:n³⁵
江大的河 thoŋ⁵⁵
溪小的河 khɛ⁵⁵
水沟儿较小的水道 mɯən⁵⁵
湖 vo:n³⁵
池塘 vo:n³⁵ʔau⁵⁵
水坑儿地面上有积水的小洼儿 nɯək³⁵bəpbaŋ⁵⁵
洪水 nɯək³⁵lu³⁵
淹被水~了 ŋəm⁵⁵
河岸 ben⁵⁵thoŋ⁵⁵
坝拦河修筑拦水的 roŋ²¹³
地震 doŋ²¹dət³⁵
窟窿小的 lo³¹⁵
缝儿统称 ɕe³⁵
石头统称 hon²¹da³⁵
土统称 dət³⁵
泥湿的 bun²¹
水泥旧称 ɕi⁵⁵ma:ŋ⁵⁵
沙子 ka:t³⁵

砖整块的 ɣak²¹
瓦整块的 ŋɔi³⁵
煤 than⁵⁵
煤油 rou²¹təi⁵⁵
炭木炭 than⁵⁵
灰烧成的 ʔjɔ⁵⁵
灰尘桌面上的 thə:n⁵⁵fən²¹
火 lɯə³¹⁵
烟烧火形成的 khɔi³⁵
失火 thət³⁵lɯə³¹⁵
水 nɯək³⁵
凉水 nɯək³⁵la:n²¹
热水如洗脸的热水,不是指喝的开水 nɯək³⁵noŋ³⁵
开水喝的 nɯək³⁵thoi⁵⁵
磁铁 ləm⁵⁵tsəm⁵⁵

二 时间方位

时候吃饭的~ khi⁵⁵na:u²¹
什么时候 khoŋ⁵⁵bi:t³⁵khi⁵⁵na:u²¹
现在 bəi⁵⁵jə²¹
以前十年~ tɕɯək³⁵kə⁵⁵
以后十年~ tha:u⁵⁵nai²¹
一辈子 ka³⁵də:i²¹
今年 nam⁵⁵nai⁵⁵
明年 tha:ŋ⁵⁵nam⁵⁵
后年 tha:ŋ⁵⁵nam⁵⁵nɯə³⁵
去年 nam⁵⁵ŋwa:i³⁵
前年 nam⁵⁵kiə⁵⁵
往年过去的年份 tɕɯək³⁵nam⁵⁵kwa⁵⁵
年初 dəu²¹nam⁵⁵
年底 ku:i³⁵nam⁵⁵
今天 hom⁵⁵nai⁵⁵
明天 ŋai²¹ma:i⁵⁵
后天 ŋai²¹kiə⁵⁵
大后天 ŋai²¹kiə²¹³

昨天 hom⁵⁵kwa⁵⁵
前天 hom⁵⁵kiə⁵⁵
大前天 hom⁵⁵kiə²¹
整天 ka³¹⁵ŋai²¹
每天 moi³¹⁵ŋai²¹
早晨 tha:ŋ³⁵thə:m³⁵
上午 bu:i²¹³sa:ŋ³⁵
中午 bu:i³¹⁵tɯə⁵⁵
下午 bu:i³¹⁵tɕi:u²¹
傍晚 bu:i²¹³toi³⁵
白天 ba:t³⁵ŋai²¹
夜晚 与白天相对, 统称 ba:t³⁵dem⁵⁵
半夜 nɯə³⁵dem⁵⁵
正月 农历 tha:ŋ³⁵jəŋ⁵⁵
大年初一 农历 tet³⁵muŋ²¹mot²¹
元宵节 tet³⁵ra:m²¹tha:ŋ³⁵jəŋ⁵⁵
清明 thɛŋ⁵⁵miŋ⁵⁵
端午 tet³⁵muŋ²¹na:m⁵⁵
七月十五 农历, 节日名 tet⁵⁵ra:m²¹tha:ŋ³⁵bai²¹³
中秋 tet³⁵tɕuŋ⁵⁵thu⁵⁵
冬至 doŋ⁵⁵tɕi³⁵
腊月 农历十二月 tha:ŋ³⁵tɕa:p²¹
除夕 农历 tet³⁵ba⁵⁵mɯəi⁵⁵
历书 that³⁵lək²¹
阴历 ʔəm⁵⁵lək²¹
阳历 jəŋ⁵⁵lək²¹
星期天 tɕu³¹⁵nət²¹
地方 diə²¹fɯəŋ⁵⁵
什么地方 diə²¹fɯəŋ⁵⁵nau²¹
家里 tɕɔŋ⁵⁵na²¹
城里 tɕɔŋ⁵⁵tha:n²¹lfo³⁵
乡下 hɯən⁵⁵ha²¹
上面从~滚下来 lən²¹tsen⁵⁵
下面从~爬上去 lən²¹jɯəi³⁵
左边 bi:n⁵⁵ta:i³⁵
右边 bi:n⁵⁵mat²¹
中间排队排在~ tɕɔŋ⁵⁵jɯə²¹³
前面排队排在~ bi:n⁵⁵tɕɯək³⁵
后面排队排在~ bi:n⁵⁵tha:u⁵⁵
末尾排队排在~ ku:i³⁵kuŋ²¹
对面 doi⁵⁵bi:n⁵⁵
面前 tɕɯək³⁵mat²¹
背后 tha:u⁵⁵lɯŋ⁵⁵
里面躲在~ mat²¹tɕɔŋ⁵⁵
外面衣服晒在~ mat²¹ŋwai²¹
旁边 bi:n⁵⁵kan²¹
上碗在桌子~ te:n⁵⁵
下凳子在桌子~ jɯəi³⁵
边儿桌子的~ bi:n⁵⁵
角儿桌子的~ ɣɔk³⁵
上去他~了 len⁵⁵tse:n⁵⁵
下来他~了 su:ŋ³⁵jɯəi³⁵
进去他~了 di⁵⁵vau²¹
出来他~了 ra⁵⁵roi²¹
出去他~了 ra⁵⁵di⁵⁵
回来他~了 lai²¹ve²¹
起来天冷~了 len⁵⁵roi²¹

三　植物

树 kəi⁵⁵
木头 ɣok³⁵kəi⁵⁵
松树统称 kəi⁵⁵suŋ⁵⁵
柏树统称 kəi⁵⁵bat³⁵
杉树 kəi⁵⁵suŋ⁵⁵lau⁵⁵
柳树 kəi⁵⁵li:u⁵⁵
竹子统称 kəi⁵⁵tɛ⁵⁵
笋 ma:ŋ⁵⁵
叶子 la³⁵kəi⁵⁵
花 hua⁵⁵

花蕾花骨朵儿 hua⁵⁵loi³⁵
梅花 hua⁵⁵ma:i⁵⁵
牡丹 mu³⁵də:n⁵⁵
荷花 hua⁵⁵thɛn⁵⁵
草 ko³¹⁵
藤 jəi⁵⁵kəi⁵⁵
刺名词 ɣa:i⁵⁵
水果 ka:i³⁵kwa³⁵
苹果 kwa²¹tau³⁵
桃子 dau²¹
梨 kwa³⁵le⁵⁵
李子 kwa²¹tau³⁵
杏 kwa³⁵han²¹
橘子 kwa²¹kwit³⁵
柚子 kwa³⁵baŋ²¹³
柿子 kwa³⁵hoŋ²¹
石榴 kwa³⁵li:u⁵⁵
枣 kwa³⁵tɕa:u²¹
核桃 hak²¹dau²¹
银杏白果 ŋən⁵⁵han²¹
甘蔗 miə³⁵
木耳 mok²¹ɲi³⁵
蘑菇野生的 nəm³⁵
香菇 nəm³⁵thə:m⁵⁵
稻指植物 luə³⁵
稻谷指籽实（脱粒后是大米）thok³⁵
稻草脱粒后的 rə:m⁵⁵ra²¹
大麦指植物 da:i²¹mak²¹
小麦指植物 ti:u³⁵mak²¹
麦秸脱粒后的 mak²¹ra²¹
谷子指植物(籽实脱粒后是小米)thok³⁵
高粱指植物 kau⁵⁵lɯəŋ⁵⁵
玉米指成株的植物 bap³⁵
棉花指植物 boŋ⁵⁵

油菜油料作物，不是蔬菜 kai³⁵rau²¹
芝麻 dau²¹vəŋ²¹
向日葵指植物 hua⁵⁵hwəŋ³⁵ŋat²¹
蚕豆 dau²¹mɛu²¹
豌豆 dau²¹van³⁵
花生指果实，注意婉称 dau²¹bau⁵⁵
黄豆 dau²¹van²¹
绿豆 dau²¹tɕe²¹
豇豆长条形的 dau²¹duə³¹⁵
大白菜东北~rau⁵⁵kai³⁵tau²¹
包心菜卷心菜，圆白菜，球形的 rau⁵⁵kup³⁵
菠菜 rau⁵⁵bɔ³⁵
芹菜 rau⁵⁵kən²¹
莴笋 rau⁵⁵di:p³⁵ŋo:i²¹
韭菜 rau⁵⁵hɛŋ²¹
香菜芫荽 rau⁵⁵thə:m⁵⁵
葱 han²¹
蒜 tɔ:i³⁵
姜 ɣɯŋ²¹
洋葱 han²¹təi⁵⁵
辣椒统称 hat²¹ti:u⁵⁵
茄子统称 ka²¹təi⁵⁵
西红柿 kwa³⁵ka²¹
萝卜统称 ku²¹³ka:i³⁵
胡萝卜 ku²¹³ka:i²¹do³⁵
黄瓜 kwa³⁵rɯə⁵⁵tɕuət²¹
丝瓜无棱的 mɯəp³⁵
南瓜扁圆形或梨形，成熟时赤褐色 bi³⁵dɔ³¹⁵
荸荠 ku³⁵ma:n⁵⁵ŋət²¹
红薯统称 khwa:i⁵⁵la:ŋ⁵⁵
马铃薯 khwa:i⁵⁵təi⁵⁵
芋头 khwa:i⁵⁵bon⁵⁵
山药圆柱形的 ku²¹³than³⁵
藕 ku³⁵thɛn⁵⁵

四　动物

老虎 kɔn⁵⁵hom²¹³
猴子 kɔn⁵⁵khi³⁵
蛇 统称 kɔn⁵⁵ran³⁵
老鼠 家里的 kɔn⁵⁵tɕuət²¹
蝙蝠 kɔn⁵⁵tɕim⁵⁵jə:i⁵⁵
鸟儿 飞鸟，统称 kɔn⁵⁵tɕim³⁵
麻雀 tɕim⁵⁵thɛ³⁵
喜鹊 tɕim⁵⁵khak³⁵
乌鸦 kɔn⁵⁵kwa²¹
鸽子 tɕim⁵⁵bo²¹kəu⁵⁵
翅膀 鸟的，统称 ka:n³⁵
爪子 鸟的，统称 ka:u²¹
尾巴 do:i⁵⁵
窝 鸟的 to³⁵tɕim⁵⁵
虫子 统称 kɔn⁵⁵thəu⁵⁵
蝴蝶 统称 kɔn⁵⁵bɯəm³⁵bɯəm³⁵
蜻蜓 统称 kɔn⁵⁵tɕu:n²¹tɕu:n²¹
蜜蜂 kɔn⁵⁵mat²¹ʔɔŋ⁵⁵
蜂蜜 ʔɔŋ⁵⁵mat²¹
知了 统称 kɔn⁵⁵vɛ⁵⁵
蚂蚁 kɔn⁵⁵ki:n³⁵
蚯蚓 kɔn⁵⁵ju:n⁵⁵dət³⁵
蚕 kɔn⁵⁵tam²¹
蜘蛛 会结网的 kɔn⁵⁵re:n²¹³
蚊子 统称 kɔn⁵⁵bo²¹³
苍蝇 统称 kɔn⁵⁵ŋa:n²¹³
跳蚤 咬人的 kɔn⁵⁵bɔ²¹tɕɔ³⁵
虱子 kɔn⁵⁵rən²¹³
鱼 ka³⁵
鲤鱼 ka³⁵tɕip³⁵
鳙鱼 胖头鱼 ka³⁵to⁵⁵dau²¹
鲫鱼 ka³⁵ŋən²¹
甲鱼 ka³⁵ruə²¹

鳞 鱼的 vei²¹ka³⁵
虾 统称 tom⁵⁵
螃蟹 统称 ɣe²¹
青蛙 统称 kɔn⁵⁵ʔət³⁵
癞蛤蟆 表皮多疙瘩 kɔn⁵⁵kɔp³⁵
马 ŋɯə²¹
驴 kɔn⁵⁵rɯə²¹
骡 ŋɯə²¹
牛 bɔ²¹
公牛 统称 bɔ²¹dɯk²¹
母牛 统称 bɔ²¹ka:i³⁵
放牛 tha³⁵bɔ²¹
羊 je⁵⁵
猪 lən²¹
种猪 配种用的公猪 lən²¹dɯk²¹jɔŋ³⁵
公猪 成年的，已阉 lən²¹dɯk²¹
母猪 成年的，未阉 lən²¹ka:i³⁵
猪崽 lən²¹kɔn⁵⁵
猪圈 tɕu:ŋ²¹lən²¹
养猪 nu:i⁵⁵lən²¹
猫 mɛu²¹
公猫 mɛu²¹dɯk²¹
母猫 mɛu²¹ka:i³⁵
狗 统称 tɕɔ³⁵
公狗 tɕɔ³⁵dɯk²¹
母狗 tɕɔ³⁵ka:i³⁵
叫 狗~ keu⁵⁵
兔子 thɔ²¹³
鸡 ɣa²¹
公鸡 成年的，未阉 ɣa²¹dɯk²¹
母鸡 已下过蛋的 ɣa²¹ka:i³⁵
叫 公鸡~（即打鸣儿）ɣa:i³⁵
下 鸡~蛋 dɛ²¹³
孵 ~小鸡 ʔəp³⁵
鸭 vit²¹

鹅 ŋoŋ²¹³
猪~公的猪 hwa:n²¹
猪~母的猪 hwa:n²¹
猪~鸡 hwa:n²¹
喂~猪 tɕɔ⁵⁵
杀猪统称，注意婉称 ʔi:t³⁵lən²¹
杀~鱼 ʔi:t³⁵

五　房舍器具

村庄一个~ ɕom³⁵
胡同统称：一条~ ŋɔ³¹⁵
街道 duɯŋ²¹tɕɔ²¹
盖房子 la:m²¹ɳa²¹
房子整座的，不包括院子 ɳa²¹
屋子房子里分隔而成的，统称 fɔŋ²¹
卧室 fɔŋ²¹ŋə³⁵
茅屋茅草等盖的 ɳa²¹ja:n⁵⁵
厨房 ɳa²¹bep³⁵
灶统称 bep³⁵
锅统称 tɕa:u³⁵
饭锅煮饭的 tɕa:u²¹nəu³⁵kəm⁵⁵
菜锅炒菜的 tɕa:n³⁵ɕa:u²¹ɳa:m²¹
厕所旧式的，统称 ɳa²¹ɕi⁵⁵
檩左右方向的 dɔn²¹tai⁵⁵
柱子 kot²¹
大门 kɯə²¹³
门槛儿 ŋɯə²¹
窗旧式的 kɯə²¹tho³⁵
梯子可移动的 tha:ŋ⁵⁵
扫帚统称 tɕoi³¹⁵
扫地 kɯet³⁵thə:n⁵⁵
垃圾 ra:k³⁵
家具统称 do²¹tɕɔŋ⁵⁵ɳa²¹
东西我的~ do²¹
炕土、砖砌的，睡觉用 jɯəŋ²¹dot³⁵
床木制的，睡觉用 jɯəŋ²¹

枕头 ɣoi³⁵dau²¹
被子 tɕa:n⁵⁵
棉絮 boŋ⁵⁵
床单 ja⁵⁵jɯəŋ²¹
褥子 dem²¹jɯəŋ²¹
席子 tɕi:u³⁵
蚊帐 ma:n²¹
桌子统称 ba:n²¹
柜子统称 tu²¹³
抽屉桌子的 tu²¹³kɛu³⁵
案子长条形的 ka:i³⁵ba:n²¹ra:i²¹
椅子统称 ka:i³⁵ɣe³⁵
凳子统称 da:ŋ³⁵
马桶有盖的 thoŋ²¹ʔi:ə³⁵
菜刀 ja:u⁵⁵ba:u²¹
瓢舀水的 ɣau³⁵
缸 tɕu:ŋ⁵⁵
坛子装酒的~ tha:m³⁵
瓶子装酒的~ nə:m²¹³
盖子杯子的~ na:p³⁵
碗统称 ba:t³⁵
筷子 duə³¹⁵
汤匙 muəm³⁵
柴火统称 kui²¹³lɯə³¹⁵
火柴 riəm⁵⁵
锁 hua³⁵
钥匙 tɕiu²¹hua³⁵
暖水瓶 fet³⁵
脸盆 tɕəu²¹mat²¹
洗脸水 nɯək³⁵rɯə³¹⁵mat²¹
毛巾洗脸用 kha:n⁵⁵mat²¹
手绢 kha:n⁵⁵tai²¹
肥皂洗衣服用 sa²¹fɔŋ²¹
梳子旧式的，不是篦子 ka:i³⁵lɯək²¹
缝衣针 kim⁵⁵
剪子 kɛu³⁵

蜡烛 lɛn³⁵
手电筒 dɛn²¹pin⁵⁵
雨伞 挡雨的，统称 ru²¹
自行车 ɕɛ⁵⁵da:p²¹

六 服饰饮食

衣服 统称 kwən²¹ʔau³⁵
穿~衣服 mak²¹
脱~衣服 kə:i³⁵
系~鞋带 that³⁵
衬衫 ʔau³⁵su⁵⁵mi⁵⁵
背心 带两条杠的，内衣 ʔau³⁵lot²¹
毛衣 ʔau³⁵lɛn⁵⁵
棉衣 ʔau³⁵boŋ⁵⁵
袖子 tai⁵⁵ʔau⁵⁵
口袋 衣服上的 tui³⁵ʔau³⁵
裤子 kwən²¹
短裤 外穿的 kwən²¹kut²¹
裤腿 tɕen⁵⁵kwən²¹
帽子 统称 ka:i³⁵mu³⁵
鞋子 jai²¹
袜子 miət²¹
围巾 kha:n⁵⁵ve⁵⁵
围裙 ka:p²¹kwən²¹
尿布 va:i²¹da³⁵
扣子 nu²¹ʔau³⁵
扣~扣子 da:ŋ³⁵
戒指 ȵən³⁵
手镯 va:ŋ²¹tai³⁵
理发 kat³⁵tɔk³⁵
梳头 tɕa:i³⁵dau²¹
米饭 kə:m⁵⁵
稀饭 用米熬的，统称 tɕau³⁵
面粉 麦子磨的，统称 bot²¹mi²¹
面条 统称 kon²¹mi²¹

面儿 玉米~，辣椒~ bot²¹bap²¹
馒头 无馅的，统称 baŋ³⁵mi²¹
包子 baŋ³⁵bau⁵⁵
馄饨 baŋ³⁵toi⁵⁵nuək³⁵
馅儿 ȵa:n⁵⁵baŋ³⁵
油条 长条形的，旧称 rəu²¹kwi²¹³
豆浆 thɯə³¹⁵dəu²¹³
豆腐脑 dəu²¹³hua⁵⁵
元宵 食品 baŋ³⁵toi⁵⁵
粽子 baŋ³⁵tɕɯŋ⁵⁵
年糕 用有黏性大的米或米粉做的 baŋ³⁵ȵi:n⁵⁵kau⁵⁵
点心 统称 di:m³¹⁵təm⁵⁵
菜 吃饭时吃的，统称 ra:u⁵⁵
干菜 统称 ra:u⁵⁵kho⁵⁵
豆腐 dəu²¹³fu²¹
猪血 当菜的 tiət³⁵lən²¹
猪蹄 当菜的 mɔn³⁵tɕen⁵⁵lən²¹
猪舌头 当菜的，注意婉称 lɯ:i³⁵lən²¹
猪肝 当菜的，注意婉称 ɣa:n⁵⁵lən²¹
下水 猪牛羊的内脏 la:n²¹lən²¹
鸡蛋 tɯŋ³⁵ɣa²¹
松花蛋 tɯŋ³⁵mu:i³⁵
猪油 rəu²¹lən²¹
香油 rəu²¹thə:m⁵⁵
酱油 rəu²¹tɯəŋ⁵⁵
盐 名词 mu:i³⁵
醋 注意婉称 jəm³⁵
香烟 thok³⁵ku:n³⁵
旱烟 thok³⁵ti:u³⁵
白酒 rɯ:u²¹ta:ŋ³⁵
黄酒 rɯ:u²¹va:ŋ²¹
江米酒 酒酿，醪糟 rɯ:u²¹va:u²¹
茶叶 la³⁵tɕe²¹
沏~茶 fa⁵⁵
冰棍儿 kɛm⁵⁵

做饭 统称 nəu³⁵kə:m⁵⁵
炒菜 统称，和做饭相对 tɕhau²¹ŋa:m³⁵
煮 ~带壳的鸡蛋 nəu³⁵
煎 ~鸡蛋 ra:n³⁵
炸 ~油条 tɕa:u⁵⁵
蒸 ~鱼 həp³⁵
揉 ~面做馒头等 vo⁵⁵
擀 ~面，~皮儿 ɣa:t²¹
吃早饭 an⁵⁵kə:m⁵⁵tha:ŋ³⁵
吃午饭 an⁵⁵kə:m⁵⁵tɯə⁵⁵
吃晚饭 an⁵⁵kə:m⁵⁵toi³⁵
吃 ~饭 an⁵⁵
喝 ~酒 ʔu:ŋ³⁵
喝 ~茶 ʔu:ŋ³⁵
抽 ~烟 hut³⁵
盛 ~饭 mok³⁵
夹 用筷子~菜 ɣap³⁵
尌 ~酒 thɛ³⁵
渴 口~ kha:t³⁵
饿 肚子~ dɔ:i³⁵
噎 吃饭~着了 ŋɛn²¹

七　身体医疗

头 人的，统称 dau²¹
头发 tɔk³⁵
辫子 doi⁵⁵so⁵⁵
旋 ~儿 ti:n²¹³
额头 ta:n³⁵
相貌 tɯəŋ³⁵
脸 洗~ mat²¹
眼睛 mat³⁵
眼珠 统称 kɔn⁵⁵ŋɯəi⁵⁵
眼泪 哭的时候流出来的 nɯək³⁵mat³⁵
眉毛 mu⁵⁵mat³⁵
耳朵 ta:i⁵⁵

鼻子 mu:i³¹⁵
鼻涕 统称 nɯək³⁵mu:i³¹⁵
擤 ~鼻涕 hat³⁵
嘴巴 人的，统称 mi:ŋ²¹mom²¹
嘴唇 moi⁵⁵
口水 ~流出来 nɯək³⁵mi:ŋ²¹
舌头 lɯəi³⁵
牙齿 raŋ⁵⁵
下巴 kam²¹
胡子 嘴周围的 rau⁵⁵
脖子 ko³⁵
喉咙 ko³⁵ha:n²¹
肩膀 va:i⁵⁵
胳膊 ko³⁵tai⁵⁵
手 方言指(打√)：只指手；包括臂：他的~摔断了 tai⁵⁵
左手 tai⁵⁵ta:i⁵⁵
右手 tai⁵⁵mat²¹
拳头 dəm³⁵
手指 ŋɔ:n³⁵tai⁵⁵
大拇指 ŋɔ:n³⁵tai⁵⁵ka:i⁵⁵
中指 ŋɔ:n³⁵tai⁵⁵jɯə³⁵
小拇指 ŋɔ:n³⁵tai⁵⁵ʔut³⁵
指甲 mɔ:ŋ³⁵tai⁵⁵
腿 du:i²¹
脚 方言指(打√)：只指脚：他的~压断了 tɕən⁵⁵
膝盖 指部位 dəu²¹ɣoi³⁵
背 名词 lɯŋ⁵⁵
肚子 腹部 buŋ²¹
肚脐 lo²¹ron³⁵
乳房 女性的 vu³⁵
屁股 dit³⁵
肛门 to:n⁵⁵
阴茎 成人的 bu:i²¹
女阴 成人的 lon²¹
精液 tɕi:n³⁵

来月经注意婉称 lai²¹ŋiət²¹kin⁵⁵
拉屎 ʔiə²¹kət³⁵
撒尿 di⁵⁵da:i³⁵
放屁 ba:n³⁵ram³⁵
病了 bɛŋ²¹roi²¹
着凉 bi²¹ka:n³⁵
咳嗽 ho⁵⁵
发烧 fat³⁵la:n³⁵
发抖 fat³⁵rət⁵⁵
肚子疼 da:u⁵⁵buŋ²¹
拉肚子 da:u⁵⁵bu:ŋ²¹ʔiə³⁵
患疟疾 pɛŋ²¹la:n⁵⁵rət³⁵
中暑 thai⁵⁵naŋ³⁵
肿 ɣa:n²¹³
化脓 hua³⁵mu³⁵
疤好了的 thɛu²¹³
癣 ti:n³⁵
痣凸起的 mun²¹ru:i²¹
疙瘩蚊子咬后形成的 no:i³⁵khok²¹
狐臭 thoi³⁵lat³⁵
看病 kha:m³⁵bɛŋ²¹
诊脉 bat³⁵mək²¹
针灸 kim⁵⁵kɯɯ³⁵
打针 ti:m⁵⁵
打吊针 ta:n³⁵kim⁵⁵te:u⁵⁵
吃药统称 an⁵⁵thu:k³⁵
汤药 nəu³⁵thu:k³⁵
病轻了 bɛŋ²¹rə²¹³roi²¹

八　婚丧信仰

说媒 la:m²¹moi³⁵
媒人 ŋɯəi²¹moi³⁵
相亲 kɔi⁵⁵tɕa:n²¹
订婚 din²¹kə:i³⁵
嫁妆 kwən²¹ʔau³⁵kə:i³⁵
结婚统称 kə:i³⁵
娶妻子男子~,动宾 ləi³⁵və²¹
出嫁女子~ ra⁵⁵kɯə³⁵
拜堂 bai³⁵dɯəŋ²¹
新郎 tɕon²¹məi³⁵
新娘子 rəu⁵⁵məi³⁵
孕妇 ŋɯəi²¹ma:n⁵⁵
怀孕 kɔ³⁵ma:n⁵⁵
害喜妊娠反应 ʔom⁵⁵rəɯ³⁵
分娩 de³⁵kɔ:n⁵⁵
流产 li:u⁵⁵ɕan³⁵
双胞胎 thi:n⁵⁵do:i³⁵
坐月子 ŋo:i²¹bɛp³⁵
吃奶 bu³⁵thɯə³¹⁵
断奶 kai⁵⁵thɯə³¹⁵
满月 dəi²¹tha:ŋ³⁵
生日统称 ŋa:i²¹dɛ³⁵
做寿 la:m²¹thɔ²¹
死统称 tɕet³⁵
死婉称,指老人：他~了 mət³⁵ro:i²¹
自杀 tɯ²¹tha:t³⁵
咽气 tət³⁵hə:i⁵⁵
入殓 va:u²¹ʔau³⁵ke:u³⁵
棺材 ʔau³⁵kwa:n⁵⁵
出殡 ra⁵⁵doŋ²¹
灵位 bai²¹bi²¹
坟墓单个的,老人的 fən²¹mo²¹³
上坟 kwet³⁵ma³⁵
纸钱 ti:n²¹rəi³⁵
老天爷 ʔoŋ⁵⁵jə:i²¹
菩萨统称 bo²¹ta:t³⁵
观音 kwa:n⁵⁵ʔəm⁵⁵
灶神口头的叫法 ʔoŋ⁵⁵ta:u³⁵
寺庙 mi:u³⁵ma:u²¹³
祠堂 tɯ²¹dɯəŋ²¹
和尚 hua²¹thɯəŋ²¹

尼姑 ko⁵⁵tu⁵⁵
道士 dau²¹ɕi³⁵
算命 统称 bɔi³⁵
运气 vən⁵⁵meŋ²¹
保佑 pau³¹⁵ho²¹

九 人品称谓

人 一个~ ŋɯəi²¹
男人 成年的，统称 ŋɯəi²¹la:m⁵⁵
女人 三四十岁已婚的，统称 ŋɯəi²¹nɯ³¹⁵
单身汉 ŋɯəi²¹dən⁵⁵thən⁵⁵
老姑娘 ko⁵⁵ɣai³⁵ja²¹
婴儿 tɕa:i³⁵thəɯ⁵⁵
小孩 三四岁的，统称 tɕa:i³⁵kɔn⁵⁵
男孩 统称：外面有个~在哭 kɔn⁵⁵ja:i⁵⁵
女孩 统称：外面有个~在哭 kɔn⁵⁵ɣa:i³⁵
老人 七八十岁的，统称 ŋɯəi²¹ja²¹
亲戚 统称 thən⁵⁵thit³⁵
朋友 统称 ba:n²¹bɛ²¹
邻居 统称 lən⁵⁵kən²¹
客人 ŋɯəi²¹khak³⁵
农民 nɔŋ⁵⁵rən⁵⁵
商人 ŋɯəi²¹bu:n⁵⁵
手艺人 统称 ŋɯəi²¹kɔ³⁵ŋə²¹
泥水匠 thə²¹la:m²¹n̥a²¹
木匠 thə²¹mok²¹
裁缝 thə²¹mai⁵⁵
理发师 thə²¹kat³⁵tɔk³⁵
厨师 thə²¹bep³⁵
师傅 thɯ⁵⁵fu²¹
徒弟 do²¹de²¹
乞丐 统称，非贬称(无统称则记成年男的) an⁵⁵mai²¹
妓女 ɣa:i³⁵di³⁵
流氓 mət³⁵ja:i²¹
贼 ʔjak²¹
瞎子 统称，非贬称(无统称则记成年男的) ŋɯəi²¹mu²¹

聋子 统称，非贬称(无统称则记成年男的) ŋɯəi²¹diək³⁵
哑巴 统称，非贬称(无统称则记成年男的) ŋɯəi²¹ŋa:n²¹
驼子 统称，非贬称(无统称则记成年男的) khu²¹lən⁵⁵
瘸子 统称，非贬称(无统称则记成年男的) ŋɯəi²¹kwɛ²¹
疯子 统称，非贬称(无统称则记成年男的) ŋɯəi²¹di:n⁵⁵
傻子 统称，非贬称(无统称则记成年男的) ŋɯəi²¹ŋu⁵⁵
笨蛋 蠢的人 ŋɯəi²¹rai²¹
爷爷 呼称，最通用的 ʔoŋ⁵⁵
奶奶 呼称，最通用的 ba²¹
外祖父 叙称 ʔoŋ⁵⁵ŋwa:i²¹
外祖母 叙称 ba²¹ŋwa:i²¹
父母 合称 bo³⁵mɛ²¹
父亲 叙称 bo³⁵
母亲 叙称 mɛ²¹
爸爸 呼称，最通用的 bo³⁵
妈妈 呼称，最通用的 mɛ²¹
继父 叙称 bo³⁵ɣe³⁵
继母 叙称 mɛ²¹ɣe³⁵
岳父 叙称 bo³⁵ŋwa:i²¹
岳母 叙称 mɛ²¹ŋwa:i²¹
公公 叙称 ʔoŋ⁵⁵
婆婆 叙称 ba²¹
伯父 呼称，统称 bak³⁵
伯母 呼称，统称 ba³⁵
叔父 呼称，统称 tɕu³⁵
排行最小的叔父 呼称，如"幺叔" tɕu³⁵ʔut³⁵
叔母 呼称，统称 thim³⁵
姑 统称，呼称 ko⁵⁵
姑父 呼称，统称 jɯ:ŋ²¹³
舅舅 呼称 kəu²¹
舅妈 呼称 mə²¹
姨 统称，呼称 ri²¹

姨父呼称，统称 jɯ:ŋ²¹³
弟兄合称 an⁵⁵ʔɛm⁵⁵
姊妹合称，注明是否可包括男性 tɕi²¹ʔɛm⁵⁵
哥哥呼称，统称 an⁵⁵ja:i⁵⁵
嫂子呼称，统称 tɕi²¹rəu⁵⁵
弟弟叙称 ʔɛm⁵⁵ja:i⁵⁵
弟媳叙称 ʔɛm⁵⁵rəu⁵⁵
姐姐呼称，统称 tɕi²¹ɣa:i³⁵
姐夫呼称 an⁵⁵re²¹³
妹妹叙称 ʔɛm⁵⁵ɣa:i³⁵
妹夫叙称 ʔɛm⁵⁵re³⁵
堂兄弟叙称，统称 an⁵⁵ʔɛm⁵⁵ho²¹
表兄弟叙称，统称 an⁵⁵ʔɛm⁵⁵bi:u³⁵
妯娌弟兄妻子的合称 tɕi²¹ʔɛm⁵⁵rəu⁵⁵
连襟姊妹丈夫的关系，叙称 an⁵⁵ʔɛm⁵⁵re³⁵
儿子叙称：我的～ kon⁵⁵ja:i⁵⁵
儿媳妇叙称：我的～ kon⁵⁵rəu⁵⁵
女儿叙称：我的～ kon⁵⁵ɣa:i³⁵
女婿叙称：我的～ kon⁵⁵re³⁵
孙子儿子之子 tɕa:u³⁵
重孙子儿子之孙 tɕa:u³⁵ja:i⁵⁵
侄子弟兄之子 tɕa:u³⁵
外甥姐妹之子 tɕa:u³⁵ja:i⁵⁵ŋwa:i²¹
外孙女儿之子 tɕa:u³⁵ŋwa:i²¹
夫妻合称 və²¹tɕoŋ²¹
丈夫叙称，最通用的，非贬称：她的～ tɕoŋ²¹
妻子叙称，最通用的，非贬称：他的～ və²¹
名字 ten⁵⁵
绰号 biət²¹hau²¹

十　农工商文

干活儿统称：在地里～ la:m²¹viək²¹
事情一件～ viək²¹
插秧 kəi³⁵ma²¹
割稻 ɣat²¹thau³⁵
种菜 joŋ²¹ra:u⁵⁵

犁名词 kai²¹
锄头 ku:k³⁵
镰刀 ha:i³⁵
把儿刀～ ka:n³⁵
扁担 don²¹ɣa:n³⁵
箩筐 kai³⁵bo²¹
筛子统称 kai³⁵ja:ŋ²¹
簸箕农具，有梁的 kai³⁵than²¹
簸箕簸米用 kai³⁵ŋiə⁵⁵
独轮车 ɕɛ⁵⁵mot²¹ban³⁵
轮子旧式的，如独轮车上的 ba:n³⁵ɕɛ⁵⁵
碓整体 koi³⁵kok²¹kən³⁵
臼 koi³⁵
磨名词 koi³⁵sai⁵⁵
年成 dɯək²¹muə²¹
走江湖统称 ra⁵⁵ja:ŋ⁵⁵ho²¹
打工 la:m²¹the⁵⁵
斧子 muə³¹⁵
钳子 kiem²¹
螺丝刀 tu⁵⁵vit³⁵
锤子 kai³⁵vo²¹
钉子 kai³⁵din³⁵
绳子 rəɯ²¹
棍子 ɣəi²¹
做买卖 bu:n⁵⁵ba:n³⁵
商店 kɯə²¹³ha:ŋ²¹
饭馆 kwan⁵⁵kəm⁵⁵
旅馆旧称 ŋa²¹tɕoi²¹
贵 dat³⁵
便宜 rɛ³¹⁵
合算 da:ŋ³⁵
折扣 rɛ³⁵tit³⁵
亏本 lo²¹von³⁵
钱统称 ti:n²¹
零钱 ti:n²¹lɛ²¹³
硬币 ti:n²¹su⁵⁵

本钱 ti:n²¹von³⁵
工钱 ti:n²¹koŋ⁵⁵
路费 fi³⁵dɯəŋ²¹
花~钱 ti:u⁵⁵
赚卖一斤能~一毛钱 la:i³⁵
挣打工~了一千块钱 kiem³⁵
欠~他十块钱 thi:u³⁵
算盘 ba:n²¹tiŋ³⁵
秤统称 kən⁵⁵
称用秆秤~ kən⁵⁵
赶集 di⁵⁵tɕə²¹
集市 tɕə²¹
庙会 mi:u³⁵
学校 tɕɯ:ŋ²¹hɔk²¹
教室 fɔŋ²¹hɔk²¹
上学 di⁵⁵hɔk²¹
放学 boŋ⁵⁵hɔk²¹
考试 khau²¹thə³⁵
书包 toi³⁵that³⁵
本子 ko:n⁵⁵tho³⁵
铅笔 but³⁵tɕi²¹
钢笔 but³⁵mɯk²¹
圆珠笔 but³⁵bi⁵⁵
毛笔 but³⁵loŋ⁵⁵
墨 mɯk²¹
砚台 diə³¹⁵mɯk²¹
信一封~ thɯ⁵⁵
连环画 that³⁵li:n⁵⁵hua²¹
捉迷藏 to²¹tɕəi⁵⁵
跳绳 ra:i³⁵rɯɯ²¹
毽子 kwa²¹³kəu⁵⁵
风筝 kai³⁵ri:u²¹
舞狮 muə³⁵tə⁵⁵
鞭炮统称 pha:u³⁵
唱歌 ha:t³⁵
演戏 la:m²¹to²¹
锣鼓统称 toŋ³⁵fat³⁵
二胡 ko²¹kə⁵⁵
笛子 kwe:n³⁵
下棋 tɕai²¹kə²¹
打扑克 dan³⁵ba:i²¹
变魔术 la:m²¹la:u²¹³thuət²¹
讲故事 no:i³⁵ku²¹tit³⁵
猜谜语 do³⁵mi⁵⁵ŋuə³⁵
玩儿游玩：到城里~ tɕə:i⁵⁵
串门儿 di⁵⁵tɕə:i⁵⁵
走亲戚 di⁵⁵thə:n⁵⁵thit³⁵

十一　动作行为

看~电视 ɕɛn⁵⁵
听用耳朵~ ŋɛ⁵⁵
闻嗅：用鼻子~ ŋɯi²¹³
吸~气 mu:t³⁵
睁~眼 mə²¹³
闭~眼 ra:p³⁵
眨~眼 tɕə:p³⁵
张~嘴 məɯ³⁵
闭~嘴 mi:m³¹⁵
咬狗~人 kan³⁵
嚼把肉~碎 ra:i⁵⁵
咽~下去 nu:t³⁵
舔人用舌头~ li:m³⁵
含~在嘴里 ŋəm²¹
亲嘴 hon⁵⁵
吮吸用嘴唇聚拢吸取液体，如吃奶时 mut³⁵
吐上声，把果核儿~掉 jo³¹⁵
吐去声，呕吐：喝酒喝~了 mɯə³¹⁵
打喷嚏 mu:i³¹⁵
拿用手把苹果~过来 kəm²¹
给他~我一个苹果 tɕɔ⁵⁵
摸~头 tha²¹
伸~手 jəɯ⁵⁵

挠 ~痒痒 ɣa:i³¹⁵
掐 用拇指和食指的指甲~皮肉 bɔ:p³⁵
拧 ~螺丝 sai⁵⁵
拧 ~毛巾 vat³⁵
捻 用拇指和食指来回~碎 vo⁵⁵
掰 把橘子~开，把馒头~开 bɯ:n³¹⁵
剥 ~花生 bɔp³⁵
撕 把纸~了 sɛ³⁵
折 把树枝~断 bɛ³¹⁵
拔 ~萝卜 ro³¹⁵
摘 ~花 ha:i³⁵
站 站立：~起来 dɯŋ³⁵
倚 斜靠：~在墙上 tɯə²¹
蹲 ~下 ŋoi²¹som²¹³
坐 ~下 ŋoi²¹
跳 青蛙~起来 rai²¹³
迈 跨过高物：从门槛上~过去 bɯk³⁵
踩 脚~在牛粪上 da:p²¹
翘 ~腿 ven⁵⁵tɕən⁵⁵
弯 ~腰 ku:i³⁵
挺 ~胸 ʔɯ:n⁵⁵
趴 ~着睡 nam²¹
爬 小孩在地上~ bɔ²¹
走 慢慢儿~ di⁵⁵
跑 慢慢儿走，别~ tɕai²¹
逃 逃跑：小偷~走了 ku:t³⁵
追 追赶：~小偷 du:i³¹⁵
抓 ~小偷 bat³⁵
抱 把小孩~在怀里 ʔom³⁵
背 ~孩子 kɔŋ³¹⁵
搀 ~老人 vək²¹
推 几个人一起~汽车 jon⁵⁵
摔 跌：小孩~倒了 ŋa³¹⁵
撞 人~到电线杆上 dəp²¹
挡 你~住我了，我看不见 tɕɛ⁵⁵
躲 躲藏：他~在床底下 nəp³⁵

藏 藏放，收藏：钱~在枕头下面 ju³⁵
放 把碗~在桌子上 de³¹⁵
摞 把砖~起来 ɕep³⁵
埋 ~在地下 tɕon⁵⁵
盖 ~茶杯~上 dai²¹
压 用石头~住 ʔe:p³⁵
摁 用手指按：~图钉 ʔən³⁵
捅 用棍子~鸟窝 dəm⁵⁵
插 把香~到香炉里 tha:p³⁵
戳 ~个洞 tɕau²¹
砍 ~树 tɕe:m³⁵
剁 把肉~碎做馅儿 bam⁵⁵
削 ~苹果 ɣɔt²¹
裂 木板~开了 ŋiət³⁵
皱 皮~起来 ŋa:u⁵⁵
腐烂 死鱼~了 thoi³⁵ra:t³⁵
擦 用毛巾~手 la:u⁵⁵
倒 把碗里的剩饭~掉 do³¹⁵
扔 丢弃：这个东西坏了，~了它 vət³⁵
扔 投掷：比一比谁~得远 nɛm³⁵
掉 掉落，坠落：树上~下一个梨 rəi⁵⁵
滴 水~下来 hot²¹
丢 丢失：钥匙~了 mət³⁵
找 寻找：钥匙~到 ti:m²¹
捡 ~到十块钱 ŋat²¹
提 用手把篮子~起来 ɕat³⁵
挑 ~担 ɣa:n³⁵
扛 káng，把锄头~在肩上 va:k³⁵
抬 ~轿 khɛn⁵⁵
举 ~旗子 jəɯ⁵⁵
撑 ~伞 bət²¹
撬 ~把门~开 kheu⁵⁵
挑 挑选，选择：你自己~一个 ɣa:n³⁵
收拾 ~东西 thu⁵⁵thəp²¹
挽 ~袖子 ɕan⁵⁵
涮 把杯子~一下 ɕa:t³⁵

洗~衣服 jat²¹
捞~鱼 suk³⁵
拴~牛 bu:k²¹
捆~起来 bo³⁵
解~绳子 tha:u³⁵
挪~桌子 tɕa:n³⁵
端~碗 be³⁵
摔碗~碎了 vət³⁵
掺~水 ja:n⁵⁵
烧~柴 dot³¹⁵
拆~房子 rəɯ³¹⁵
转~圈儿 tɕi:n³¹⁵
捶用拳头~ dəm³⁵
打统称：他~了我一下 dan³⁵
打架动手：两个人在~ dan³⁵ŋa:u⁵⁵
休息 ŋi³¹⁵ŋə:i⁵⁵
打哈欠 ŋa:p³⁵
打瞌睡 ŋu³¹⁵ɣat²¹
睡他已经~了 ŋu³¹⁵
打呼噜 ŋai³⁵
做梦 lam²¹mə⁵⁵
起床 thɯk³⁵ɣəi²¹
刷牙 ɕat³⁵raŋ⁵⁵
洗澡 tam³⁵tap³⁵
想思索：让我~一下 ŋi³¹⁵
想想念：我很~他 ŋɛ³⁵
打算我~开个店 jɯ²¹tin³⁵
记得 nə³⁵
忘记 kwen⁵⁵
怕害怕：你别~ ɕo²¹³
相信我~你 tin⁵⁵
发愁 bu:n²¹
小心过马路要~ tiu²¹³tən⁵⁵
喜欢~看电视 thit³⁵
讨厌~这个人 ɣe:t³⁵
舒服凉风吹来很~ that²¹mat³⁵

难受生理的 khɔ³⁵tɕiu²¹
难过心理的 khɔ²¹³kwa³⁵
高兴 vui⁵⁵
生气 jən²¹
责怪 tɕat³⁵bop³⁵
后悔 ŋiə⁵⁵fei²¹³
忌妒 ɣen⁵⁵ti²¹
害羞 hai²¹səu³⁵
丢脸 mət³⁵mat²¹
欺负 bat³⁵nat²¹
装~病 ja³¹⁵
疼~小孩儿 thɯŋ⁵⁵
要我~这个 lei33
有我~一个孩子 kɔ³⁵
没有他~孩子 khoŋ⁵⁵kɔ³⁵
是我~老师 la²¹
不是他~老师 khoŋ⁵⁵la²¹
在他~家 ʔə²¹³
不在他~家 khoŋ⁵⁵ʔə²¹³
知道我~这件事 bi:t³⁵
不知道我~这件事 khoŋ⁵⁵bi:t³⁵
懂我~英语 bi:t³⁵
不懂我~英语 khoŋ⁵⁵bi:t³⁵
会我~开车 bi:t³⁵
不会我~开车 khoŋ⁵⁵bi:t³⁵
认识我~他 kwɛn⁵⁵
不认识我~他 khoŋ⁵⁵kwɛn⁵⁵
行应答语 dɯək²¹
不行应答语 khoŋ⁵⁵dɯək²¹
肯~来 tɕiu²¹³
应该~去 ka:n²¹fa:i²¹³
可以~去 kɔ³⁵the²¹³
说~话 nɔi³⁵
话说~ ti:n²¹³
聊天儿 kə:i³⁵ti:n²¹³
叫~他一声儿 ɣoi²¹

吆喝 大声喊 ra:u⁵⁵
哭 小孩~ khɔk³⁵
骂 当面~人 tɕɯi³¹⁵
吵架 动嘴：两个人在~ ka:i³¹⁵ŋa:u⁵⁵
骗 ~人 lɯə²¹
哄 ~小孩 jou³⁵
撒谎 nɔi³⁵joi³⁵
吹牛 nɔi³⁵fət³⁵
开玩笑 nɔi³⁵tɔ²¹kɯəi²¹³
告诉 ~他 nɔi³⁵tɕɔ⁵⁵bi:t³⁵
谢谢 致谢语 ka:m³⁵ə:n⁵⁵
对不起 致歉语 ɕin⁵⁵loi³¹⁵
再见 告别语 ta:m²¹bi:t²¹

十二　性质状态

大 苹果~ to⁵⁵
小 苹果~ ŋɔ²¹³
粗 绳子~ to⁵⁵
细 绳子~ bɛ³⁵
长 ~线 ra:i²¹
短 线~ ŋan³⁵
长 时间~ ləu⁵⁵
短 时间~ ŋan³⁵
宽 路~ rɔŋ²¹
宽敞 房子~ rɔŋ²¹ ra:i³¹⁵
窄 路~ hɛp²¹
高 飞机飞得~ ka:u⁵⁵
低 鸟飞得~ thəp³⁵
高 他比我~ ka:u⁵⁵
矮 他比我~ thəp³⁵
远 路~ sa⁵⁵
近 路~ ɣən²¹
深 水~ thəu⁵⁵
浅 水~ nən⁵⁵
清 水~ ta:ŋ⁵⁵
浑 水~ duk²¹

圆 tɔn²¹
扁 mɛu³⁵
方 vu:ŋ⁵⁵
尖 rɔn²¹
平 baŋ²¹
肥 ~肉 bɛu³⁵
瘦 ~肉 ɣəi²¹
肥 形容猪等动物 bɛu³⁵
胖 形容人 bɛu³⁵
瘦 形容人、动物 ɣəi²¹
黑 黑板的颜色 dɛn⁵⁵
白 雪的颜色 taŋ³⁵
红 中国国旗的主颜色，统称 dɔ²¹³
黄 中国国旗上五星的颜色 va:ŋ²¹
蓝 蓝天的颜色 ɕa:n⁵⁵
绿 绿叶的颜色 ɕa:n⁵⁵
紫 紫药水的颜色 tim³⁵
灰 草木灰的颜色 bat²¹
多 东西~ ŋi:u²¹
少 东西~ it³⁵
重 担子~ naŋ²¹
轻 担子~ rɛ²¹
直 线~ thaŋ²¹³
陡 坡~，楼梯~ jok³⁵
弯 弯曲：这条路是~的 kwa:n⁵⁵
歪 帽子戴~了 ŋi:ŋ³⁵
厚 木板~ jai²¹
薄 木板~ mɔŋ²¹³
稠 稀饭~ dak²¹
稀 稀饭~ lua:ŋ³¹⁵
密 菜种得~ rat²¹
稀 稀疏：菜种得~ thɯə⁵⁵
亮 指光线，明亮 tha:ŋ³⁵
黑 指光线，完全看不见 toi³⁵
热 天气 nɔŋ³⁵
暖和 天气 ʔəm³⁵

凉天气 la:n²¹
冷天气 rit³⁵
热水 nɔŋ³⁵
凉水 la:n²¹
干干燥：衣服晒~了 kho⁵⁵
湿潮湿：衣服淋~了 ɯət³⁵
干净衣服~ that²¹
脏肮脏，不干净，统称：衣服~ bən³¹⁵
快锋利：刀子~ thak³⁵
钝刀~ kun²¹
快坐车比走路~ ŋa:n⁵⁵
慢走路比坐车~ tɕəm²¹
早来得~ thə:m³¹⁵
晚来~了 tha:u⁵⁵
晚天色~ toi³⁵
松捆得~ lɔŋ³¹⁵
紧捆得~ tɕat²¹
容易这道题~ re³¹⁵
难这道题~ khɔ³⁵
新衣服~ mə:i³⁵
旧衣服~ ku³¹⁵
老人~ ja²¹
年轻人~ tɕ²¹³
软糖~ mem²¹
硬骨头~ kɯŋ³⁵
烂肉煮得~ na:t³⁵
煳饭烧~了 khe⁵⁵
结实家具~ tɕak³⁵
破衣服~ rak³⁵
富他家很~ ja:u²¹
穷他家很~ ŋɛu²¹
忙最近很~ bən²¹³
闲最近比较~ han²¹
累走路走得很~ met²¹
疼摔~了 dau⁵⁵

痒皮肤~ ŋɯ³¹⁵
热闹看戏的地方很~ na:n³⁵ȵiət²¹
熟悉这个地方我很~ kwɛn⁵⁵thuək²¹
陌生这个地方我很~ la²¹³
味道尝尝~ mi²¹
气味闻闻~ mui²¹
咸菜~ man²¹³
淡菜~ ŋa:t²¹
酸 tɕuə⁵⁵
甜 ŋot²¹
苦 daŋ³⁵
辣 kai⁵⁵
鲜鱼汤~ tɯəi⁵⁵
香 thə:m⁵⁵
臭 thoi³⁵
馋饭~ ʔoi⁵⁵
腥鱼~ tan⁵⁵
好人~ tot³⁵
坏人~ hə⁵⁵
差东西质量~ kɛm³⁵
对账算~了 duŋ³⁵
错账算~了 tha:i³⁵
漂亮形容年轻女性的长相：她很~ dɛp²¹
丑形容人的长相：猪八戒很~ ɕɛu³⁵
勤快 lə:ŋ⁵⁵la:m⁵⁵
懒 lɯəi²¹
乖 ŋwa:n⁵⁵
顽皮 ȵit²¹
老实 thət²¹tha²¹
傻痴呆 ŋu⁵⁵
笨蠢 ŋot³⁵
大方不吝啬 tai²¹fuŋ⁵⁵
小气吝啬 hɛp²¹hɔi²¹
直爽性格~ than³⁵that²¹
犟脾气~ tɕəp³⁵

十三　数量

一 ~二三四五……，下同 mot²¹
二 ha:i⁵⁵
三 ba⁵⁵
四 bon³⁵
五 nam⁵⁵
六 tha:u³⁵
七 bai²¹³
八 ta:m³⁵
九 tɕin³⁵
十 mɯəi²¹
二十 有无合音 ha:i⁵⁵mɯəi⁵⁵
三十 有无合音 ba⁵⁵mɯəi⁵⁵
一百 mot²¹tam⁵⁵
一千 mot²¹ŋe:n²¹
一万 mot²¹wa:n²¹³
一百零五 mot²¹tɕam⁵⁵lem⁵⁵nam⁵⁵
一百五十 mot²¹tam⁵⁵nam⁵⁵mɯəi⁵⁵
第一~，第二 tɯ²¹n̪at³⁵
二两 重量 ha:i⁵⁵la:n²¹
几个 你有~孩子？məi³⁵kɔn⁵⁵
俩 你们~ha:i⁵⁵
仨 你们~ba⁵⁵
个把 hən⁵⁵tit³⁵
个一~人 kɔn⁵⁵
匹一~马 kɔn⁵⁵
头一~牛 kɔn⁵⁵
头一~猪 kɔn⁵⁵
只一~狗 kɔn⁵⁵
只一~鸡 kɔn⁵⁵
只一~蚊子 kɔn⁵⁵
条一~鱼 kɔn⁵⁵
条一~蛇 kɔn⁵⁵
张一~嘴 ka:i³⁵
张一~桌子 tɕiək³⁵
床一~被子 jən²¹
领一~席子 tɕiək³⁵
双一~鞋 doi⁵⁵
把一~刀 ka:i³⁵
把一~锁 ka:i³⁵
根一~绳子 ka:i³⁵
支一~毛笔 ka:i³⁵
副一~眼镜 doi⁵⁵
面一~镜子 ka:i³⁵
块一~香皂 miən³⁵
辆一~车 tɕiək³⁵
座一~房子 ka:i³⁵
座一~桥 ka:i³⁵
条一~河 kɔn⁵⁵
条一~路 kɔn⁵⁵
棵一~树 ka:i³⁵
朵一~花 to³⁵
颗一~珠子 ho:t²¹
粒一~米 ho:t²¹
顿一~饭 bɯə³¹⁵
剂一~中药 viəm⁵⁵
股一~香味 mui²¹
行一~字 ha:ŋ²¹
块一~钱 dɔŋ²¹
毛 角：一~钱 hau²¹
件一~事情 ka:i³⁵
点儿一~东西 tit³⁵
些一~东西 va:i²¹
下 打一~，动量，不是时量 mɛ³⁵
会儿 坐了一~luk³⁵
顿 打一~tən²¹³
阵 下了一~雨 luk³⁵
趟 去了一~lən²¹

十四　代副介连词

我 ~姓王 toi⁵⁵

第四章　分类词表

你~也姓王 mi:n²¹
他~姓张 ma:i²¹
我们不包括听话人：你们别去，~去 tɕuŋ³⁵toi⁵⁵
咱们包括听话人：他们不去，~去吧 tɕuŋ³⁵toi⁵⁵
你们~去 tɕuŋ³⁵mi:n²¹
他们~去 tɕuŋ³⁵no³⁵
大家~一起干 koŋ²¹ŋau⁵⁵
自己我~做的 kha:k³⁵mi:n²¹
别人这是~的 ko³⁵ŋɯəi²¹
我爸~今年八十岁 bo³⁵toi⁵⁵
你爸~在家吗? bo³⁵mi:n²¹
他爸~去世了 bo³⁵no³⁵
这个我要~，不要那个 ka:i³⁵nai²¹
那个我要这个，不要~ ka:i³⁵kiə⁵⁵
哪个你要~杯子? ka:i³⁵nau²¹
谁你找~? ʔa:i⁵⁵
这里在~，不在那里 nə:i⁵⁵nai²¹
那里在这里，不在~ tɕo²¹de³⁵
哪里你到~去? dau⁵⁵
这样事情是~的，不是那样的 the³⁵vəi²¹³
那样事情是这样的，不是~ the³⁵nai²¹
怎样什么样：你要~的? the³⁵nau²¹
这么~贵啊 ha:n²¹tha:u⁵⁵
怎么这个字~写? ha:n²¹tha:u⁵⁵
什么这个是~字? ji²¹
什么你找~? ji²¹
为什么你~不去? ha:n²¹sa:u⁵⁵
干什么你在~? la:m²¹ji²¹
多少这个村有~人? bau⁵⁵ŋiu⁵⁵
很今天~热 ŋət³⁵
非常比上条程度深：今天~热 ŋət³⁵la²¹
更今天比昨天~热 ka:n²¹
太这个东西~贵，买不起 lam³⁵
最弟兄三个中他~高 ŋət³⁵
都大家~来了 deu²¹

一共~多少钱? koŋ²¹³
一起我和你~去 koŋ²¹ŋa:u⁵⁵
只我~去过一趟 tɕi³¹⁵
刚这双鞋我穿着~好 vɯə²¹
刚我~到 vɯə²¹
才你怎么~来啊? mə:i³⁵
就我吃了饭~去 thi²¹
经常我~去 thɯəŋ²¹
又他~来了 lai²¹
还他~没回家 tɕɯə²¹³
再你明天~来 lai²¹
也我~去；我~是老师 kuŋ³¹⁵
反正不用急，~还来得及 ju²¹tha:u⁵⁵
没有昨天我~去 khoŋ⁵⁵
不明天我~去 khoŋ⁵⁵
别你~去 dɯŋ²¹
甭不用，不必：你~客气 khoŋ⁵⁵kən²¹
快天~亮了 thəp³⁵
差点儿~摔倒了 ti³⁵nɯə³¹⁵
宁可~买贵的 ɲi:n²¹
故意~打破的 ku³⁵ʔi³⁵
随便~弄一下 tui²¹ʔi³⁵
白~跑一趟 wan³⁵koŋ⁵⁵
肯定~是他干的 khaŋ²¹³din²¹
可能~是他干的 ko³⁵the²¹³
一边~走，~说 vɯə²¹
和我~他都姓王 vəi³⁵
和我昨天~他去城里了 vəi³⁵
对他~我很好 doi³⁵
往~东走 hɯ:ŋ³⁵
向~他借一本书 hɯ:ŋ³⁵
按~他的要求做 thɛu⁵⁵
替~他写信 thai⁵⁵
如果~忙你就别来了 neu³⁵
不管~怎么劝他都不听 khoŋ⁵⁵kwa:n³¹⁵

第二节 《中国语言资源调查手册·民族语言（侗台语族、南亚语系》扩展词

一　天文地理

天~空 jəi²¹
天河 银河 thi:n⁵⁵ha²¹
天上 tɕem⁵⁵jəi²¹
霹雷 thəm³⁵thep³⁵
彗星 扫帚星 tha:u⁵⁵kɔi³⁵
北斗星 tha:u⁵⁵bə:k³⁵dəu³¹⁵
流星 tha:u⁵⁵rət³⁵
乌云 məi⁵⁵dɛn⁵⁵
狂风 jɔ³⁵to⁵⁵
旋风 jɔ³⁵kwun³⁵
暴风雨 mɯə⁵⁵ba:u³¹⁵
毛毛雨 mɯə⁵⁵bui⁵⁵
阵雨 mɯə⁵⁵kə⁵⁵
打雷 thəm³⁵tɕəp³⁵
瘴气 tɕɯəŋ⁵⁵khi³⁵
打闪 tɕəp³⁵
刮~风 kwɛt³⁵
结冰 kiət³⁵da³⁵
日晕 ȵat²¹vən⁵⁵
月晕 ȵiət²¹vən⁵⁵
涨~大水 len⁵⁵
消退 大水~ rak²¹
地 总称 dət³⁵
荒地 未开垦过的地 dət³⁵hwa:ŋ⁵⁵
平坝子 don²¹baŋ²¹
平地 dət³⁵baŋ²¹
岭 nui³⁵
山坳 khɛ⁵⁵nui³⁵

山顶 dəu²¹nui³⁵
山洞 ha:ŋ⁵⁵nu:i³⁵
山峰 din²¹³nui³⁵
山脚 tɕən⁵⁵nui³⁵
山坡 dɛu²¹nui³⁵
山下 jɯ:i³⁵nui³⁵
山腰 ləŋ⁵⁵nui³⁵
潭 dəm²¹
海 bi:n²¹³
悬崖 vat²¹da³⁵
沙滩 bai²¹³ka:t³⁵
渡口 do²¹khau³⁵
鹅卵石 da³⁵ten³⁵ŋon³⁵
泥巴 bun²¹
土 干~ dət³⁵
石灰 voi⁵⁵da³⁵
金子 va:ŋ²¹
铁 that³⁵
铜 doŋ²¹
钢 ɣa:n⁵⁵
锡 thiə³⁵
硝~石 ti:u⁵⁵
汞 水银 thi³⁵ŋən⁵⁵
硫黄 li:u⁵⁵hwaŋ²¹
铅 tɕi²¹
光 tha:ŋ³⁵
火焰 火苗 ŋon²¹lɯə³¹⁵
火花 火星子 hwa⁵⁵lɯə³¹⁵
火种 moi²¹lɯə³¹⁵
溶洞 ha:ŋ⁵⁵

阴河 溶洞下的河流 thoŋ⁵⁵ŋəm²¹
煤烟子 粘在厨房墙壁上的 moi²¹khɔi³⁵
锅煤烟 粘在锅底的 ɳɔ²¹tɕaːu³⁵
浪 thɔŋ³⁵
漩涡 voŋ²¹nɯək³⁵khaːi³⁵
瀑布 thaːk³⁵nɯək³⁵
泉 ~水 sui³⁵
蒸气 həːi⁵⁵nɯək³⁵
污垢 ɣɛt³⁵
锯花 foi⁵⁵
锯末 baːt²¹kɯə⁵⁵
陷阱 lo³⁵həm²¹
锈 ɣet³⁵
渣滓 ba³¹⁵
痕迹 lot³⁵

二　时间方位

时间 thəːi²¹jaːn⁵⁵
从前 tɕɯək³⁵khəi⁵⁵
原来 ~的地方 luk³⁵nai²¹
将来 tɯːŋ⁵⁵laːi⁵⁵
最后 kuːi³⁵kuŋ²¹
后来 thau⁵⁵nai²¹
古代 ko²¹³dai²¹
平时 thɯːŋ²¹ŋai²¹
子 鼠 tɯ³¹⁵
丑 牛 thiːu²¹³
寅 虎 rən²¹
卯 兔 mau²¹³
辰 龙 thən²¹³
巳 蛇 kə³⁵
午 马 ʔu³⁵
未 羊 mat²¹
申 猴 thən⁵⁵

酉 鸡 heu²¹
戌 狗 tət³⁵
亥 猪 hoi²¹
春 sən⁵⁵
夏 ha²¹³
秋 thu⁵⁵
冬 doŋ⁵⁵
一月 thaːŋ³⁵jən⁵⁵
二月 thaːŋ³⁵haːi⁵⁵
三月 thaːŋ³⁵ba⁵⁵
四月 thaːŋ³⁵tɯ⁵⁵
五月 thaːŋ³⁵nam⁵⁵
六月 thaːŋ³⁵thau³⁵
七月 thaːŋ³⁵bai²¹³
八月 thaːŋ³⁵taːm²¹³
十月 thaːŋ³⁵mɯəi²¹
十一月 冬月 thaːŋ³⁵mɯəi²¹mot²¹
十二月 thaːŋ³⁵tɕap²¹
月初 dəu²¹thaːŋ³⁵
月底 kuːi³⁵thaːŋ³⁵
月中 jɯə²¹thaːŋ³⁵
初一 muŋ²¹mot²¹
初二 muŋ²¹hai⁵⁵
初三 muŋ²¹ba⁵⁵
初四 muŋ²¹bon³⁵
初五 muŋ²¹nam⁵⁵
初十 muŋ²¹mɯəi²¹
十一 农历 mɯəi²¹mot²¹
十五 农历 ŋai²¹ram²¹
三十 农历 ba⁵⁵mɯəi⁵⁵
黎明 le⁵⁵miŋ⁵⁵
今晚 toi³⁵nai⁵⁵
明晚 toi³⁵mai⁵⁵
昨晚 toi³⁵kwa⁵⁵

一昼夜 ŋai²¹dɛm⁵⁵
两天以后 hai⁵⁵ŋai²¹thau⁵⁵
三年以前 ba⁵⁵nam⁵⁵tɕɯ³⁵
工夫 空闲 roi²¹han²¹
过 ~了两年 kwa⁵⁵
重阳 tuŋ²¹rɯəŋ⁵⁵
中元 农历七月十五 ram²¹thaːŋ³⁵bai²¹³
方向 fɯːŋ⁵⁵hɯːŋ³⁵
东 doŋ⁵⁵
东方 fɯːŋ⁵⁵doŋ⁵⁵
西 təi⁵⁵
西方 fɯːŋ⁵⁵təi⁵⁵
南 naːm⁵⁵
南方 fɯːŋ⁵⁵naːm⁵⁵
北 bək³⁵
北方 fɯːŋ⁵⁵bək³⁵
当中 几个人~tɕɔŋ⁵⁵
中间 两棵树~tɕɔŋ⁵⁵
房子后 thau⁵⁵n̩a²¹
房子前 tɕɯək³⁵n̩a²¹
房子外边 bin⁵⁵n̩a²¹
门口 tɕɯək³⁵kɯə³⁵
周围 luːn²¹kwan⁵⁵
附近 ɣən²¹dəi⁵⁵
隔壁 kak³⁵vat³⁵
树林里 tɕɔŋ⁵⁵rɯŋ²¹
河边 bin⁵⁵thoŋ⁵⁵
角落 ɣɔk³⁵
墙上 tɛn⁵⁵tɯːŋ²¹
桶底 doŋ⁵⁵thuŋ²¹
正面 布、纸等的~tɯək³⁵mat²¹
背面 布、纸等的~mat²¹thau⁵⁵
半路 nɯə³¹⁵dɯːŋ²¹

三　植物

树干 kan²¹kəi⁵⁵
树根 rɛ³¹⁵kəi⁵⁵
树墩 砍伐后剩下的树桩 ɣok³⁵kəi⁵⁵
树皮 vɔ²¹³kəi⁵⁵
树梢 ŋɔn²¹kəi⁵⁵
树叶 la³⁵kəi⁵⁵
树枝 tɕoi²¹kəi⁵⁵
树林 rɯŋ²¹kəi⁵⁵
梨树 kəi⁵⁵le⁵⁵
李树 kəi⁵⁵li³⁵
桃树 kəi⁵⁵dau²¹
枣树 kəi⁵⁵taːu³⁵
漆树 kəi⁵⁵thəːn⁵⁵
桐子树 kəi⁵⁵rəu²¹thuŋ²¹
大叶榕 kəi⁵⁵thi⁵⁵to⁵⁵la³⁵
小叶榕 kəi⁵⁵thi⁵⁵ɲo²¹la³⁵
茶子树 hot²¹tɕɛ²¹
枫树 kəi⁵⁵fɔŋ⁵⁵
竹节 khok3⁵⁵tɛ⁵⁵
竹林 rɯŋ²¹tɛ⁵⁵
竹膜 maːŋ²¹tɛ⁵⁵
笋壳 mo⁵⁵tɛ⁵⁵
毛竹 tɛ⁵⁵thau²¹
楠竹 tɛ⁵⁵bɛ²¹
花瓣 la³⁵hwa⁵⁵
花蒂 voŋ³¹⁵hwa⁵⁵
金银花 hwa⁵⁵kim⁵⁵ŋən⁵⁵
茅草 ko³⁵thən⁵⁵thəp³⁵
艾草 ko²¹ŋaːi²¹³
巴芒草 ko³⁵thən⁵⁵kau⁵⁵
狗尾草 莠 ko³⁵duːi³⁵tɕo⁵⁵
蓝靛草 ko³⁵sɛn⁵⁵

鱼腥草折耳根，凉拌吃 ra:u⁵⁵ri:p³⁵
茴香 hoi²¹hən⁵⁵
八角大料 tai⁵⁵hoi²¹
莲子 ho:t²¹thɛn⁵⁵
薄荷 ba:k²¹ha²¹
香蕉 tɕu:i³⁵lun²¹
芭蕉 tɕu:i³⁵
杨梅 ma:i⁵⁵
椰子 rɯə²¹
菠萝 juə³⁵kwe⁵⁵
菠萝蜜 mit³⁵
荔枝 va:i²¹³
草莓 rəu⁵⁵ma:i⁵⁵
葡萄 ɲɔ⁵⁵
西瓜 rɯə⁵⁵
橙子俗名"广柑" ka:m⁵⁵
核果~ho:t²¹
仁儿 nən⁵⁵
籽棉 ho:t²¹boŋ⁵⁵
浮萍 bɛu²¹
芦苇 ko³⁵tha:n⁵⁵
黄麻 kəi⁵⁵dai⁵⁵
青苔 reu⁵⁵ɕan⁵⁵
水稻 thak³⁵
旱稻泛指旱地上种的稻 thak³⁵han²¹
早稻 thak³⁵tɕi:m⁵⁵
晚稻 thak³⁵muə²¹
粳稻 thak³⁵tɛ²¹³
糯稻 thak³⁵nep³⁵
籼稻 thak³⁵lən⁵⁵
穗儿 boŋ⁵⁵thak³⁵
米 ɣa:u²¹
粳米 ɣa:u²¹tɛ²¹³
糙米 ɣa:u²¹səu³⁵

细糠 ka:m³⁵ɲo³⁵
粗糠 təm³⁵ɣa:u²¹
米糠 ka:m³⁵ɣa:u²¹
秕子 thɔk³⁵lɛp³⁵
稗子 kɔ³⁵bon⁵⁵
稻糯草芯 rot²¹thak³⁵
麦子 mak²¹
玉米秸包谷秆 kai⁵⁵bap³⁵
玉米芯 kui²¹bap³⁵
蓖麻 kəi⁵⁵rəu²¹tai⁵⁵
豆子 dəu²¹
豆荚 vɔ³⁵
豆秸 kəi⁵⁵dəu²¹
豆芽 ra:n⁵⁵dəu²¹
豆芽菜 moŋ²¹
扁豆青扁 dəu²¹van³¹⁵
黑豆乌豆 dəu²¹den⁵⁵
青菜 rau⁵⁵san⁵⁵
芥菜 rau⁵⁵ka:i³⁵
白菜 rau⁵⁵ka:i²¹ta:ŋ³⁵
苋菜 rau⁵⁵jen²¹
茼蒿菜 rau⁵⁵kai²¹kuk³⁵
空心菜藤菜 rau⁵⁵mu:ŋ³⁵
黄花菜金针菜 rau⁵⁵hwa⁵⁵vaŋ²¹
蒜薹 kəi⁵⁵toi³⁵
瓜 bi³⁵
瓜蔓儿 rəu²¹bi³⁵
瓜皮 vɔ²¹³bi³⁵
瓜子 hot²¹bi³⁵
瓜瓢 la:ŋ²¹bi³⁵
葫芦 bo²¹lu⁵⁵
冬瓜 bi³⁵ta:n³⁵
苦瓜 bi³⁵da:n³⁵
红薯秧 rəu²¹khwa:i⁵⁵

花椒 hot²¹tiu⁵⁵bak³⁵
桑树 kəi⁵⁵jəu⁵⁵
桑叶 la³⁵jəu⁵⁵
烟叶 la³⁵thuːk³⁵

四　动物

象_大~_ vɔi⁵⁵
狮子 kɔn⁵⁵tɯ⁵⁵
豹子 bɛu⁵⁵
熊 kɔn⁵⁵rəu³⁵
狗熊 tɕɔ³⁵rəu³⁵
麂_黄獠_ kɔn⁵⁵lai⁵⁵
鹿 kɔn⁵⁵huːu⁵⁵
豪猪 kɔn⁵⁵rim³⁵
狼 laːŋ⁵⁵
狐狸 kɔn⁵⁵kaːu³⁵
黄鼠狼 laːŋ⁵⁵tɕuət²¹
松鼠 tɕuət²¹thut³⁵
穿山甲 ke²¹da²¹
刺猬 kɔn⁵⁵rim³⁵
壁虎 tɕhaːn²¹laːn²¹
野猪_山猪_ lən²¹rɯŋ²¹
野鸡_雉_ ɣa²¹rɯŋ²¹
野鸭 vit²¹rɯŋ²¹
野猫 mɛu²¹rɯŋ²¹
水蛇 ran³⁵nɯək³⁵
草蛇_红头、无毒、常吃青蛙老鼠_ ran³⁵kɔ²¹³
四脚蛇_蜥蜴_ ran³⁵tɕən⁵⁵
蟒_蚺蛇_ ran³⁵fu³⁵maːn³⁵
老鹰 tɕim⁵⁵jɯŋ⁵⁵
猫头鹰 tɕim⁵⁵mat²¹mɛu²¹
白鹤 kɔ²¹tɕaːŋ³⁵
大雁_天鹅_ ŋɔn³⁵jəi²¹
布谷鸟 kɔn⁵⁵kop²¹kop²¹

斑鸠 bo²¹ku⁵⁵
鹧鸪 tɕim²¹bɛp²¹
秧鸡 ɣa²¹voŋ²¹
鹦鹉 tɕim⁵⁵vət²¹
八哥 lo³⁵ko³⁵
鹭鸶 ko²¹kau⁵⁵tɕən⁵⁵
燕子 tɕim⁵⁵ɲaːn²¹
啄木鸟 tɕim⁵⁵dok²¹
鸟蛋 tɯŋ³⁵tɕim⁵⁵
鸟窝 to²¹³tɕim⁵⁵
羽毛 loŋ⁵⁵tɕim⁵⁵
蝎子 kɔn⁵⁵khuət³⁵
萤火虫 kɔn⁵⁵dɔm³⁵dɔm³⁵
蚱蜢_蝗虫、蚂蚱_ lau²¹kaːu²¹
蟑螂 kɔn⁵⁵jaːn³⁵
蜘蛛网 lɯːi³⁵ren²¹³
蛀虫_啃蚀木头、衣服等的小虫_ kɔn⁵⁵thəu⁵⁵dok²¹
瓢虫_半球形，背上有花纹_ kɔn⁵⁵bo²¹aːu³⁵
蜈蚣 kɔn⁵⁵then⁵⁵
蟋蟀 kɔn⁵⁵ɲen²¹
螳螂 kɔn⁵⁵laːu²¹kaːu²¹
臭虫 kɔn⁵⁵thau⁵⁵thoi³⁵
牛虻 kɔn⁵⁵roi²¹hwa⁵⁵
臭大姐_臭屁虫_ bo²¹ɕit³⁵
蜣螂_屎壳郎_ kɔn⁵⁵bɔ²¹huŋ⁵⁵
蛔虫 kɔn⁵⁵juːn⁵⁵
蝼蛄 kau³⁵kuŋ⁵⁵
蠓_黑色小飞虫_ bo²¹mat³⁵
虱子_衣服上的_ kɔn⁵⁵ran²¹³
头虱_头上的_ kɔn⁵⁵tɕəi³⁵
虮子_虱子的卵_ tɯŋ⁵⁵tɕəi³⁵
鸡虱_鸡身上的_ mat³⁵ɣa²¹
牛虱_牛身上的_ rən²¹bo²¹
孑孓_蚊子的幼虫_ təm³⁵bo²¹

蛆_{蝇类的幼虫} kɔn⁵⁵jɔi²¹
蛹 kɔn⁵⁵roŋ²¹
蜗牛 ʔok³⁵bo²¹
白蚁 kɔn⁵⁵moi³⁵
蛾子 bɯːŋ³⁵thəu⁵⁵
蚂蚁洞 lo²¹moi³⁵
黄蜂_{黄色细腰} ɔŋ⁵⁵vaːŋ²¹
刺_{蜜蜂的} kim⁵⁵
蜂王 ʔɔŋ⁵⁵tɕuə³⁵
鱼刺 ɕɯəŋ⁵⁵ka³⁵
鱼泡 bɔŋ³⁵ka³⁵
鱼鳍 vəi⁵⁵ka³⁵
鱼子_{鱼卵} tɯŋ³⁵
鳃 maːŋ⁵⁵
金鱼 ka³⁵vaːŋ²¹
鳝鱼_{黄鳝} ka³⁵n̩it²¹
泥鳅 ka³⁵tɕaːt²¹
乌龟 ruə²¹
螺蛳 ok³⁵miːu⁵⁵
蚌 ŋaːu⁵⁵
壳_{蚌的~} vɔ³⁵
水蚂蟥 kɔn⁵⁵diə³¹⁵
旱蚂蟥 diə³¹⁵rən²¹
田鸡_{蛙类} ət³⁵
青蛙_{长腿的} ŋwɛ³⁵
蝌蚪 don²¹dan³¹⁵
螯_{螃蟹~} ɣəːŋ²¹³
畜牲 thuk²¹³vat²¹
公马 ŋɯə²¹dɯk²¹
母马_{未下子的} ŋɯə²¹kaːi³⁵
马驹 ŋɯə²¹kɔn⁵⁵
马鬃 ləŋ⁵⁵ŋɯə²¹
公牛_{阉过的} bɔ²¹dɯk²¹
水牛 təu⁵⁵

牛角 thəŋ²¹bɔ²¹
牛皮 ja⁵⁵bɔ²¹
公水牛 təu⁵⁵dɯk²¹
母水牛_{未下子的} təu⁵⁵kaːi³⁵
水牛犊 bɔ²¹mɛ⁵⁵kaːi³⁵
水牛角 then²¹təu⁵⁵
水牛皮 ja⁵⁵təu⁵⁵
水牛蹄 tɕɔːn⁵⁵təu⁵⁵
水牛绳 rəɯ²¹təu⁵⁵
黄牛 bɔ²¹vaːŋ²¹
公黄牛 bɔ²¹dɯk²¹
母黄牛_{未下子的} bɔ²¹kaːi³⁵
黄牛犊 bɔ²¹kɔn⁵⁵
绵羊 je⁵⁵taːn³⁵
山羊 je⁵⁵ruŋ²¹
羔羊 je⁵⁵kɔn⁵⁵
母猪_{未下子的} lən²¹kaːi³⁵
猪食 lən²¹an⁵⁵
下_{母猪~小猪} dɛ³⁵
母狗_{未下子的} tɕo³⁵kaːi³⁵
猎狗 tɕo³⁵doi³⁵ruŋ²¹
疯狗 tɕo³⁵diːn⁵⁵
母鸡_{未下蛋的} ɣa²¹maːi³⁵
小鸡 ɣa²¹kɔn⁵⁵
骟鸡_{阉鸡} ɣa²¹lat²¹
鸡冠 maːu²¹ɣa²¹
鸡嗉子 jiːu²¹ɣa²¹
鸡尾 doi⁵⁵ɣa²¹
寡蛋_{孵不出小鸡的蛋} tən³⁵ʔoːŋ⁵⁵
鸡窝 ʔo³⁵ɣa²¹
鸬鹚_{家养，用来捕鱼} kɔn⁵⁵kok³⁵

五　房舍器具

寨子 soːm³⁵

寨门 kɯə²¹³ soːm³⁵
城 tɕəɯ²¹
城市 thaːn²¹ fo³⁵
椽子 ruːi⁵⁵
房顶 diːn³⁵ ɲa²¹
房檐 maːi³⁵ ɲa²¹
井 jɯəŋ³⁵
牢监狱 ɲa²¹ tu²¹
篱笆 vat³⁵
梁 lɯəŋ⁵⁵
楼 ɣaːk³⁵
门 kɯə³¹⁵
门扣 khui⁵⁵ kɯə³¹⁵
门框 khwan⁵⁵ kɯə³¹⁵
门柱子 kot²¹ kɯə³¹⁵
门闩 thɛn⁵⁵ kɯə³¹⁵
门板 vaːn³⁵ kɯə³¹⁵
门斗 lo³⁵ kɯə³¹⁵
墙壁 tɯəŋ²¹
人家住家 ŋɯəi²¹ ta⁵⁵
水牛圈水牛栏 ɕuːŋ²¹ təu⁵⁵
烟囱 ʔoŋ³⁵ khɔi³⁵
走廊 maːi³⁵ ɲa²¹
楼梯 bək²¹ thaːŋ⁵⁵
堡坎石头砌的坎子 tɯəŋ²¹ vei⁵⁵
桥 kəu²¹
被面 mat²¹ tɕaːn⁵⁵
被里被单 mat²¹ taːi³⁵
毯子 thaːn²¹³
箱子 hɔm²¹
皮箱 hɔm²¹ ja⁵⁵
灯 dɛn²¹
灯芯 bək³⁵ dɛn²¹
灯罩 tɕop²¹ dɛn²¹

电灯 dɛn²¹ diːn²¹
工具 koŋ⁵⁵ ku²¹
匕首 jaːu⁵⁵ khiːm³⁵
刀 jaːu⁵⁵
刀把儿 kaːn³⁵ jaːu⁵⁵
刀背 thoŋ³⁵ jaːu⁵⁵
刀鞘 vɔ³⁵ jaːu⁵⁵
刀刃 lɯːi³⁵ jaːu⁵⁵
尖刀 jaːu⁵⁵ ron²¹
柴刀 jaːu⁵⁵ liəm²¹
剃头刀 jaːu⁵⁵ kaːu²¹
桶水〜 thuŋ²¹
木桶 thuŋ²¹ kəi⁵⁵
铁桶 thuŋ²¹ that³⁵
水烟筒 diːu³⁵
箍儿 khu³⁵
水缸 tɕum⁵⁵ nɯək³⁵
叉子 iə³¹⁵
铲子 ɕen³¹⁵
罐子 thaːm³⁵
杯子 tɕeːn³⁵
茶杯 tɕeːn³⁵ tɕe²¹
酒杯 tɕeːn³⁵ reu²¹³
壶 hu³⁵
茶壶 hu³⁵ tɕe²¹
酒壶 hu³⁵ reu²¹³
塞子瓶〜 nap³⁵
铁锅 tɕau²¹ that³⁵
炒菜锅 tɕau³⁵ ɕaːu²¹ ɲaːm³⁵
锅铲 vək²¹ ɕan²¹
锅耳 taːi⁵⁵ tɕaːu³⁵
锅盖 von⁵⁵ tɕaːu³⁵
盒子 kaːi³⁵ hɔp²¹
蒸笼 loŋ²¹ həp³⁵

饭碗 ba:t³⁵
饭甑 thuŋ²¹vat²¹
盘子 kha:i⁵⁵
碟子 diə²¹³
勺子 muəi⁵⁵
笊篱 ka:i³⁵la:u²¹
漏斗 tɕo:n³⁵
筲箕_{洗菜盛物用} ra³⁵
筛子_{细孔的} jən²¹
筛子_{大孔的} tha:ŋ²¹
箩斗_{筛米粉用的} rəi⁵⁵
晒席_{晒谷子用的} ma:n³¹⁵
木槽_{喂牲口用} ma:n³¹⁵kəi⁵⁵
石槽_{喂牲口用} ma:n³¹⁵da³⁵
洗锅刷_{丝瓜瓤} ɕau⁵⁵mɯ:p³⁵
抹布 va:i³⁵kwɛt³⁵
筷筒 taŋ²¹duə³⁵
盆 tɕəu²¹
木盆 tɕəu²¹kəi⁵⁵
炉子 kɯən²¹
风箱 fəp²¹fo²¹
吹火筒 ʔoŋ⁵⁵bep³⁵
火石 lɯə²¹da³⁵
火把 do:m³⁵
灯笼 dɛn²¹lɔŋ²¹
火笼_{烤火用} lɔŋ²¹lɯə³¹⁵
火盆 tɕəu²¹lɯə³¹⁵
火钳 kim²¹lɯə³¹⁵
火塘 do:ŋ³¹⁵lɯə³¹⁵
三脚架 kɯm²¹ba⁵⁵tɕan⁵⁵
篮子 jo³⁵
杆子 tha:u²¹
竹竿 tha:u²¹tɛ⁵⁵
竹筒 ʔoŋ³¹⁵tɛ⁵⁵

鼓槌 kəi⁵⁵ɣo²¹tən³⁵
桩子_{钉在地上的木棍或石柱} kot²¹
钩子 mɔk³⁵
草绳 rɯ²¹rəŋ⁵⁵
麻绳 rɯ²¹dai⁵⁵
缰绳 rɯ²¹
链子 liən⁵⁵
杵_{春~} tɕa:i²¹
包袱 pau⁵⁵fok²¹
麻袋 pau⁵⁵ta:i⁵⁵
钟 doŋ²¹ho²¹
玻璃 hɯəŋ⁵⁵
镜子 hɯəŋ⁵⁵thɔi⁵⁵
箧子 lɯək²¹rat²¹
扇子 kwat²¹
楔子 tɕot³⁵
木板_{板子} van³⁵kəi⁵⁵
漆 tha:n⁵⁵
颜料 məu²¹
斗_{名词} dau³⁵
尺子 thɯək³⁵
曲尺 thɯək³⁵ba⁵⁵ɣak³⁵
钓竿 kan²¹kəu⁵⁵
网 lɯ:i³⁵
拦河网 lɯ:i³⁵kwa⁵⁵thən⁵⁵
抛网_{撒网,名词} lɯ:i³⁵lɛm³⁵
捞网_{名词} və:t²¹
罾 lɯ:i³⁵də:n⁵⁵
渔叉 i:ə³¹⁵
腰鱼篓 dut²¹
鱼篓_{捕鱼具} ba:ŋ³⁵ka³⁵
熨斗 thaŋ⁵⁵
锯_{工具} kɯə⁵⁵
凿子 duk²¹

锉 jau⁵⁵kɯə⁵⁵
锥子 jui²¹
钻子 duk²¹khwa:i³⁵
刨子 ba:u²¹
墨斗 mək²¹dau³⁵
墨盒 həp²¹mək²¹
铡刀 ja:u⁵⁵tɕa:m²¹
弓 kuŋ⁵⁵
弩 no³⁵
箭 tɕin³⁵
剑 khi:m³⁵
枪 thuŋ³⁵
炮 pha:u³⁵
炸弹 bɔm⁵⁵dan²¹³
子弹 dan²¹³
火药 thok³⁵lɯə³¹⁵
铁砂 hot²¹that³⁵
织布机 ma:i³⁵jet²¹
顶针 kim⁵⁵jo:n⁵⁵
轿子 kieu²¹
车 ɕɛ⁵⁵
牛车 ɕɛ⁵⁵bɔ²¹
船 thi:n²¹
船桨 tɕɛu²¹
舵 la:i³⁵
篙子 撑船用的竹竿 tha:u²¹
木筏 bɛ²¹
飞机 mai³⁵bai⁵⁵
烟斗 旱~di:u³⁵thuək²¹
拐杖 ɣəi²¹³

六　服饰饮食

布 va:i³⁵
丝 təɯ⁵⁵
线 tɕi³⁵
衣 上~a:u³⁵
衣袋 tui⁵⁵a:u³⁵
衣襟 va:t²¹a:u³⁵
衣领 ko²¹a:u³⁵
腰带 rəɯ²¹lən⁵⁵
裤裆 duŋ³¹⁵kwən²¹
裙子 ɕon³⁵
花边 hwa⁵⁵bi:n⁵⁵
夹袄 a:u³⁵boŋ⁵⁵
纽子 ləu²¹a:u³⁵
扣眼儿 lo³⁵ləu²¹a:u³⁵
内衣 a:u³⁵tɔŋ⁵⁵
内裤 kwən²¹kut²¹
头巾 女的 a:u³⁵tə:i⁵⁵
帕子 男的 kha:n⁵⁵ma:t²¹
围腰帕 一种服饰，多有绣花图案 kha:n⁵⁵lən⁵⁵
手套 miət²¹ta:i⁵⁵
裹腿 bok²¹doi²¹
鞋样 məu³⁵ja:i²¹
鞋楦子 做鞋用的木模型 khwa:n⁵⁵la:m²¹ja:i²¹
鞋帮 鞋面 bi:n⁵⁵ja:i²¹
鞋底 dɛ³⁵ja:i²¹
鞋后跟 ɣɔt³⁵ja:i²¹
草鞋 ja:i²¹rə:m⁵⁵
胶鞋 jɛp³⁵ʔo:ŋ³⁵
木拖鞋 vo:k³⁵
布鞋 ja:i²¹va:i³⁵
皮鞋 ja:i²¹ja⁵⁵
球鞋 ja:i²¹bo:n³⁵
背带 diu²¹³
斗笠 non³⁵
蓑衣 a:u³⁵fo:n²¹
簪子 kim⁵⁵tɔk³⁵

耳环 khwen⁵⁵ta:i⁵⁵
项圈 vɔŋ²¹ko³⁵
手表 doŋ²¹ho²¹tai⁵⁵
眼镜儿 kin³⁵
发髻 bui³⁵tɔk³⁵
行李 ha:n²¹li³⁵
白米 ɣau²¹taŋ³⁵
夹生饭 kə:m⁵⁵thoŋ³⁵
米汤 nɯək³⁵tɕau³⁵
酸汤 kan⁵⁵tɕuə⁵⁵
锅巴 kə:m⁵⁵tɕai³⁵
米粉 fə³⁵
糍粑 ban³⁵ɣau²¹nep³⁵
米花糖 ban³⁵hwa⁵⁵
糕 ban³⁵kau⁵⁵
糖 dɯəŋ²¹
红糖 dɯəŋ²¹dɔ³⁵
白糖 dɯəŋ²¹taŋ³⁵
饼 ban³⁵
果子 kwa³⁵
红薯干儿 khwa:i⁵⁵la:ŋ⁵⁵kho⁵⁵
酸菜 jɯə⁵⁵
臭豆腐 dəu²¹hu²¹³thoi³⁵
豆腐干 dəu²¹fu²¹kho⁵⁵
豆豉 dəu²¹thi²¹
肉_食用_ thit²¹
猪肉 thit²¹lən²¹
羊肉 thit²¹je⁵⁵
鸡肉 thit²¹ɣa²¹
腊肉 thit²¹liəp²¹
黄牛蹄 tɕən⁵⁵bɔ²¹
鸡爪子 tɕən⁵⁵ɣa²¹
鸡肫_胃_ me²¹ɣa²¹
鲜鱼 ka³⁵tɯ:i⁵⁵

咸鱼 ka³⁵man²¹
干鱼 ka³⁵kho⁵⁵
蛋 tɯŋ³⁵
蛋黄 lɔŋ²¹dɔ²¹³
蛋壳 vɔ²¹³tɯŋ³⁵
蛋清 lɔŋ²¹taŋ³⁵
臭蛋 tɯŋ³⁵thoi³⁵
鸭蛋 tɯŋ³⁵vit²¹
咸鸭蛋 tɯŋ³⁵vit²¹man²¹³
鹅蛋 tɯŋ³⁵ŋɔŋ³¹⁵
油 rəu²¹
油渣 rəu²¹mə³⁵
菜油 rəu²¹ra:u⁵⁵
豆油 rəu²¹dəu²¹
玉米油 rəu²¹bap³⁵
鸡油 rəu²¹ɣa²¹
牛油 rəu²¹bɔ²¹
酱 tɯ:ŋ⁵⁵
淀粉 bot²¹tin⁵⁵
碱水 nɯək³⁵ki:m²¹
烟卷儿 thu:k³⁵kun³⁵
烟丝 thu:k³⁵la³⁵rə:i²¹
酒 rɯ:u²¹
红薯酒 rɯ:u²¹khwa:i⁵⁵
酒曲 rɯ:u²¹khuk³⁵
牛奶 thɯə³¹⁵bɔ²¹
早饭 kə:m⁵⁵tha:ŋ³⁵
午饭 kə:m⁵⁵tɯə⁵⁵
晚饭 kə:m⁵⁵toi³⁵
熏_~肉_ hun⁵⁵
腌_~鱼_ mu:i³⁵
煮_~肉_ nəu³⁵
滋味 mui²¹

七　身体医疗

身体 mi:n²¹mei³⁵
花瓣 hwa⁵⁵ɕo⁵⁵
脑髓 ʔok³⁵
太阳穴 ta:n³¹⁵
囟门 thɔp³⁵dau²¹
瞳仁 kɔn⁵⁵ŋɯəi⁵⁵
睫毛 lɔŋ⁵⁵mat³⁵
眼屎 kɯt³⁵mat³⁵
耳屎 kɯt³⁵ta:i⁵⁵
耳垂 ja:i³⁵ta:i⁵⁵
鼻孔 lo²¹mui³¹⁵
鼻梁 thɔŋ³⁵mui³¹⁵
人中 ɳəŋ⁵⁵tɕuŋ⁵⁵
颧骨 ɕɯəŋ⁵⁵ma³⁵
腮 ha:m²¹ra:n⁵⁵
上颚 ha:m²¹ten⁵⁵
酒窝儿 dɔŋ²¹ti:n²¹
小舌 lɯ:i³¹⁵ʔut³⁵
牙龈 tɕən⁵⁵ra:n⁵⁵
门齿 ra:n⁵⁵kɯə²¹³
臼齿 ra:n⁵⁵ha:m²¹
犬齿 ra:n⁵⁵tɕo³⁵
虎牙 暴牙 ra:n⁵⁵kɯu²¹³
喉结 ko²¹³ha:n²¹³
后颈窝 ko²¹³ɣa:i³⁵
胳肢窝 lo²¹nat³⁵
手掌 ba:n²¹tai⁵⁵
手心 lɔŋ²¹tai⁵⁵
手背 lən⁵⁵tai⁵⁵
手茧 khu²¹tai⁵⁵
手腕子 ko²¹³tai⁵⁵
手脉 mək²¹

六指 thəu⁵⁵ʔoŋ³⁵
指纹 jəu³⁵tai⁵⁵
斗 圆形指纹 tɔn²¹
箕 长形指纹 kɔn⁵⁵ok³⁵
虎口 大拇指、食指间的手叉 ho³¹⁵
肘 ɣo:i³⁵tai⁵⁵
奶头 dəu²¹vu³⁵
奶汁 thɯə³¹⁵
胸脯 ŋək²¹
心脏 心 təm⁵⁵tan²¹³
肺 foi³⁵
胃 肚子 ja:i²¹ja:i⁵⁵
腰 ɛu⁵⁵
肝 ɣa:n⁵⁵
胆 苦胆 mət²¹
脾 la³⁵miə³⁵
肾 腰子 kət²¹
肠子 ruət²¹
盲肠 岔肠 ruət²¹thɯə²¹
膀胱 尿泡 bon²¹ta:i³⁵
大腿 dui²¹
小腿 ka:n³⁵tɕən⁵⁵
腿肚子 ja:i³⁵tɕən⁵⁵
脚趾 ŋon³⁵tɕən⁵⁵
脚后跟 ɣot³⁵tɕən⁵⁵
脚踝 脚上两旁突起的骨头 mat³⁵ka³⁵tɕən⁵⁵
脚背 lən⁵⁵tɕən⁵⁵
脚心 lɔŋ²¹tɕən⁵⁵
茧 khok²¹tɕən⁵⁵
脚印 lot³⁵tɕən⁵⁵
睾丸 hɔn²¹thi:n⁵⁵
骨头 ɕɯəŋ⁵⁵
骨节 关节 dot³⁵ɕɯəŋ⁵⁵
脊椎骨 ɕɯəŋ⁵⁵thoŋ³⁵

肋骨 ɕɯəŋ⁵⁵thɯːn²¹
软骨 ɕɯəŋ⁵⁵mem²¹
筋 ɣən⁵⁵
脉搏 mək²¹bak³⁵
血 maːu³⁵
肉人体 thit²¹
肌肉 thit²¹kɯə³⁵
皮肤 ja⁵⁵
毛 loŋ⁵⁵
寒毛汗毛 loŋ⁵⁵
汗 bo²¹hoi⁵⁵
鸡皮疙瘩人寒冷时皮肤上起的疙瘩 ɕəːn³¹⁵jaɣa²¹⁵⁵
雀斑皮肤上的黑色细点 loi³⁵ban⁵⁵
尿 nɯək³⁵daːi³⁵
屎 kɯːt³⁵
屁 raːm³¹⁵
洋子淋巴结 keːt³⁵hat²¹
印记婴儿臀部青印 jeu³⁵
皱纹 nep³⁵jaːu⁵⁵
力气 thɯk³⁵lɯk²¹
晕头~vaːŋ³¹⁵
酸腿~bon²¹
花眼~了 hwa⁵⁵
瞎~眼睛 mo²¹
出~水痘 ra⁵⁵
泻~肚子 tɛ³⁵
抽筋 rut³⁵ɣən⁵⁵
瘫~了 kwɛ²¹
传染 lei⁵⁵
疮 roːt²¹
痱子 thaːi³⁵
疖 keːn³⁵
痰 dəːm²¹

脓 mu³¹⁵
水泡皮肤因摩擦而起的泡 boːn³⁵nɯək³⁵
结巴 nɔi³⁵lap³⁵
治~病 tɕɯə³¹⁵
抹~药 boi⁵⁵
药 thuok³⁵
草药 thuok³⁵bak³⁵
毒药 thuok³⁵dok²¹
药丸 thuok³⁵tɔŋ²¹
药末 bot²¹thuok³⁵
药片 thuok³⁵vien⁵⁵

八　婚丧信仰

抢婚 kɯəp³⁵khun⁵⁵
离婚 liə²¹khun⁵⁵
回门出嫁女子第一次回娘家 ve²¹kɯə³¹⁵
招赘招女婿 tiːm²¹re³¹⁵
入赘上门女婿 vəu²¹³re³¹⁵
爱人 ŋɯəi²¹jiːu⁵⁵
胞衣胎盘 rəu⁵⁵
脐带 roːŋ³⁵
生~孩子 dɛ³⁵
喂~奶 dut³⁵
摇篮 vaːn³¹⁵
敬香 kin³⁵hɯəŋ⁵⁵
祖坟 ma²¹to³¹⁵
扫墓 kwɛt³⁵ma³⁵
墓碑 biə⁵⁵ma³⁵
忌日 ŋai²¹ki²¹
祭拜 baːi³⁵ti³⁵
拜~菩萨 baːi³⁵
法术 faːp³⁵
佛 fət²¹
鬼 ma⁵⁵

魂魄 liːn⁵⁵hon²¹
神仙 thən²¹tien⁵⁵
雷公 ʔoŋ⁵⁵loi⁵⁵
龙 roŋ²¹
龙王 loŋ⁵⁵vuəŋ⁵⁵
上帝 玉帝 thuəŋ²¹de³⁵
土地爷 ʔoŋ⁵⁵tho³⁵koŋ⁵⁵
巫师 鬼师 ʔoŋ⁵⁵mo⁵⁵
巫婆 ba²¹mo⁵⁵
算命先生 thəi²¹doŋ²¹³
命 men²¹
念经 dok²¹kin⁵⁵
塔 thaːp³⁵
八字 生辰~ baːt³⁵tɯ³¹⁵
合~八字 həːp²¹
供神 kuŋ³⁵thən²¹
驱鬼 dui³⁵ma⁵⁵
放蛊 kəm³⁵

九　人品称谓

本事 baːn³¹⁵thə²¹
名声 tieŋ³¹⁵
好人 ŋɯəi²¹tot³⁵
坏人 ŋɯəi²¹hə⁵⁵
大人 ŋɯəi²¹ɲɯːŋ³⁵
老太太 ba²¹lau³¹⁵
老头儿 ʔoŋ⁵⁵lau³¹⁵
妇女 女人 fu²¹nɯ³¹⁵
青年男子 小伙子 jaːi⁵⁵thaːŋ⁵⁵niən⁵⁵
青年女子 姑娘 ko⁵⁵thaːŋ⁵⁵niən⁵⁵
子孙 kɔn⁵⁵tɕaːu³⁵
独子 kɔn⁵⁵mot²¹
孤儿 kɔn⁵⁵bo²¹koi⁵⁵
寡妇 ŋɯəi²¹that³⁵tɕoŋ²¹

鳏夫 老而无妻的人 ŋɯəi²¹that³⁵və²¹
皇帝 hwaːŋ²¹de³⁵
土司 tho³⁵thɯə⁵⁵
官 kwaːn⁵⁵
兵 lin³⁵
头人 寨老 ŋɯəi²¹dau²¹
牧童 te³⁵tɕan⁵⁵
医生 baːk³⁵ɕi³¹⁵
老师 thə²¹jaːu³⁵
学生 hɔk²¹ɕin⁵⁵
船夫 ŋɯəi²¹thin²¹
篾匠 thə²¹daːn⁵⁵
石匠 thə²¹da³⁵
铁匠 thə²¹that³⁵
渔夫 ŋɯəi²¹daːn³⁵ka³⁵
骗子 ŋɯəi²¹lɯə²¹
强盗 jak²¹kɯəp³⁵
土匪 jak²¹rən²¹
生人 ŋɯəi²¹la²¹³
熟人 ŋɯəi²¹kwɛn⁵⁵
同伴 ko³⁵ban²¹
老乡 doŋ²¹laːn²¹
外国人 ŋɯəi²¹nɯək³⁵ŋwaːi³⁵
异乡人 ŋɯəi²¹laːn²¹khaːk³⁵
矮子 ŋɯəi²¹thəp³⁵
麻子 ro³⁵mat²¹
秃子 tap²¹dau²¹
斜眼子 liəp³⁵mat³⁵
独眼龙 dən⁵⁵ɲaːn³⁵
歪嘴子 miən²¹ŋen⁵⁵
豁嘴子 baːŋ³⁵moi⁵⁵
瘫子 ŋɯəi²¹kwɛ²¹
祖宗 to²¹³tɕoŋ⁵⁵
曾外祖父 ʔoŋ⁵⁵ku²¹ŋwaːi²¹

曾外祖母 ba²¹ku²¹ŋwa:i²¹
曾祖父 ʔoŋ⁵⁵ku³¹⁵
曾祖母 ba²¹ku³¹⁵
大伯子夫之兄 ʔan⁵⁵
小叔子夫之弟 tɕu³¹⁵
小姑子夫之妹 ko⁵⁵
姐妹 tɕi²¹ʔɛm⁵⁵
兄弟 ʔan⁵⁵ʔɛm⁵⁵
内兄妻之兄 bak³⁵və²¹
内弟妻之弟 kəu²¹³
堂哥 ʔan⁵⁵hɔ²¹³
堂弟 ʔɛm⁵⁵hɔ²¹³
堂姐 tɕi²¹hɔ²¹³
堂妹 ʔɛm⁵⁵hɔ²¹³
表哥 ʔan⁵⁵bi:u³¹⁵
表弟 ʔɛm⁵⁵biu³¹⁵
表姐 tɕi²¹bi:u³¹⁵
表妹 ʔɛm⁵⁵bi:u³¹⁵
大儿子长子 kɔn⁵⁵ja:i⁵⁵ɳə:n³¹⁵
小儿子 kɔn⁵⁵ʔut³⁵
大女儿 kɔn⁵⁵ɣa:i³⁵ka³¹⁵
小女儿 kɔn⁵⁵ɣa:i³⁵ʔut³⁵
私生子 kɔn⁵⁵rieŋ⁵⁵
侄女儿 tɕa:u³⁵ɣa:i³⁵
孙女儿 tɕa:u³⁵ɣa:i³⁵
前妻 və²¹tɯək³⁵
后妻 və²¹tha:u⁵⁵
大老婆 və²¹ka³¹⁵
小老婆 və²¹bɛ³⁵
男情人 ŋɯəi²¹tin²¹na:m⁵⁵
女情人 ŋɯə:i²¹tiŋ²¹nɯ³¹⁵
亲家 thoŋ⁵⁵ja⁵⁵
亲家公 ʔoŋ⁵⁵thoŋ⁵⁵ja⁵⁵
亲家母 ba²¹thoŋ⁵⁵ja⁵⁵

干爹 bo³⁵ɳa:n²¹
干妈 mɛ²¹ɳa:n²¹

十　农工商文

旱田 vən²¹han²¹³
园子菜地 vən²¹ra:u⁵⁵
庄稼 mo²¹ma:n²¹
种子 joŋ³⁵
芽儿 məm²¹
秧 ma²¹³
禾苗 thak³⁵non⁵⁵
粮食 lɯəŋ⁵⁵thɯk²¹
谷仓 khɔ⁵⁵thɔk³⁵
蜜蜂房 foŋ²¹³ʔɔŋ⁵⁵
蜂箱 hom²¹ʔɔŋ⁵⁵
耙 bɯə²¹
耙齿 raŋ⁵⁵bɯə²¹
木耙 bɯə²¹kəi⁵⁵
铁耙 bɯə²¹that³⁵
木犁 kai²¹kəi⁵⁵
铁犁 kai²¹that³⁵
铁锹 ma:i⁵⁵that³⁵
牛轭 ʔat³⁵bo²¹
牛鼻环 thɛu²¹³bo²¹
鞭子 rɔi⁵⁵
粪箕 fən⁵⁵ki³⁵
风车扬谷糠用 fən⁵⁵ɕe⁵⁵
棚子瓜棚 leu²¹
水碾 koi³⁵nɯək³⁵
竹笕引水工具 ʔoŋ³⁵rən³¹⁵nɯək³⁵
肥料 fən⁵⁵
选~种子 tɕon²¹
耙~田 bɯə²¹
耕~田 kai²¹

撒~种子 va:i³⁵
保~苗 ba:u³⁵
守~庄稼 jəɯ³¹⁵
收~稻子 ɣa:t²¹
扬~麦子 re⁵⁵
结~果子 ket³⁵
出这儿~水果 ra⁵⁵
碾~米 ŋen²¹
筛~米 tha:ŋ²¹
货 ha:ŋ²¹
价钱 ja³⁵tɕi²¹³
生意 bon⁵⁵ba:n³⁵
债务 nə²¹nən²¹
借钱 mɯən²¹³ti:n²¹
还债 ja²¹³nə²¹
赊~账 tɕiu²¹
交~钱 jau⁵⁵
利息 lai³⁵
税 thei³⁵
买~菜 muə⁵⁵
卖~菜 ba:n³⁵
赔偿 boi²¹thɯəŋ²¹
银圆 ŋən⁵⁵vɯən⁵⁵
银子 ba:k²¹
铜钱 ti:n²¹doŋ²¹
铁丝 rə²¹that³⁵
秤杆 kəi⁵⁵kən⁵⁵
秤纽 khəu⁵⁵kən⁵⁵
秤砣 ja:i³⁵kən⁵⁵
秤星 mat³⁵kən⁵⁵
教~书 ja:i²¹³
考~学校 khau³¹⁵
黑板 ba:n²¹³dɛn⁵⁵
字 tɕɯ³¹⁵

书本 kwon²¹³that³⁵
笔 but³⁵
糨糊 ho²¹
公章 kon⁵⁵jəu³⁵
私章 tɯ⁵⁵jəu³⁵
风俗 fɔŋ⁵⁵tuk²¹
歌 ha:t³⁵
山歌 ha:t³⁵rən²¹³
戏 to²¹
鼓 toŋ³⁵
铜鼓 toŋ³⁵doŋ²¹
锣 tɕi:ŋ⁵⁵
钹 ma³⁵la⁵⁵
芦笙 tha:u³⁵
唢呐 kɛn²¹
喇叭 la⁵⁵
箫 kwen³¹⁵
哨子 kai³⁵kɔi²¹
球 bɔŋ³⁵
陀螺 kwa²¹vu³¹⁵
相片 a:n³¹⁵
对联 ko⁵⁵doi³⁵
棋盘 ba:n²¹kə²¹
棋子 kɔn⁵⁵kə²¹
谜语 kəu⁵⁵do³⁵
散步 ɕa:n²¹³bo²¹³
打~球 dan³⁵
踢~球 da³⁵
弹~琴 ɣa:i²¹³
跳~舞 ra:i³⁵
贴~标语 ja:n³⁵
投~球 do²¹
写 vi:t³⁵
学 hɔk²¹

游泳 bə:i⁵⁵
蘸 ~墨水 tɕəm³⁵
传说 名词 tɕi:n²¹nɔi³⁵
国家 kwok³⁵ja⁵⁵
省 tin³⁵
场 集 təp²¹

十一 动作行为

竖 ~起来 jɯŋ²¹³
开 水~了 thoi⁵⁵
褪 ~色 fa:i⁵⁵
靠拢 kap²¹ɣən²¹
着 ~火了 tɕa:i³⁵
冒 ~烟 fu:n⁵⁵
破 ~篾 tɕe³¹⁵
漂 ~在水面上 to:i⁵⁵
浮 ~在水上 noi³¹⁵
鼓 ~起肚子 ko³¹⁵
盘 把辫子~在头上 kun³¹⁵
焙 把谷子~干 ɕən⁵⁵
接 把两根绳子~起来 noi³⁵
放 把鸟~了 tha⁵⁵
摆 桌上~着许多东西 bai³¹⁵
封 把信~好 ja:n³⁵
翻 把衣服~过来穿 lək²¹
漏 房子~雨 jot²¹
把 给婴儿~屎 ɕi⁵⁵
跟 孩子~着妈妈 thɛu⁵⁵
飘 红旗~ fət³⁵
晒 人~太阳 fəi⁵⁵
散 人都~了 ta:n⁵⁵
崩 山~了 thut²¹
缠 蛇~树 ku:n³⁵
蜕 蛇~皮 lot²¹
下 太阳~山 su:ŋ³⁵

砸 碗~破了 nɛm³⁵
叮 蚊子~人 dot³⁵
用 我~铅笔 ruŋ²¹³
闹 小孩~ jɯk³⁵
游 鸭子在河里~ bəi⁵⁵
夹 腋下~着一本书 kɛp²¹
砸 用锤~石头 dəp²¹
照 用灯~ tɕi:u³⁵
剐 用尖刀~ khwɛt³⁵
撑 用木头~住 tɕoŋ³⁵
按 用手~住 ʔən³⁵
捧 用手~起来 be³¹⁵
冲 用水~ thən⁵⁵
兜 用衣服~着 bap²¹
钻 用钻子~洞 ju:i²¹
拱 猪~土 ka:i²¹
塞 ~老鼠洞 ɲip³⁵
开 走~ ɕa⁵⁵
挨 ~打 bi²¹
挨 ~近 kap²¹
安 ~抽水机 an⁵⁵
熬 ~粥 nəu³⁵
拔 ~火罐 ruk³⁵
霸占 ba³⁵tɕi:m³⁵
摆 ~动 luɯ⁵⁵
搬 ~凳子 va:k³⁵
搬 ~家 jɔn²¹
拌 ~农药 ta:n⁵⁵
帮助 jup³⁵də³¹⁵
绑 tɔi³⁵
包 ~药 ba:p²¹
背 ~书 boi²¹
逼 ~他交出来 bək³⁵
编 ~辫子 tiət³⁵
编 ~篮子 da:n⁵⁵

变 biːn³⁵
剥~牛皮 lot²¹
剥~甘蔗皮 ɣot²¹
剥~红薯皮 bɔːp³⁵
补~锅 haːn²¹
补~衣服 va³⁵
缺~了一大块 khiət³⁵
缺~了一小口子 khiət³⁵
裁~纸 kat³⁵
操练 liən⁵⁵təp²¹
查~账 tɕa⁵⁵
尝~味道 thə³⁵
抄~书 thaːu⁵⁵
炒~菜 ɕau²¹
车~水 dap²¹
沉 tɕim²¹
冲~在前边 ɕon⁵⁵
舂~米 dəm⁵⁵
抽~出刀来 rut³⁵
出~汗 ra⁵⁵
锄~草 kwok³⁵
穿~鞋 deu⁵⁵
穿~针 so³¹⁵
吹~喇叭 thoi³¹⁵
捶~衣服 dəm³⁵
凑~钱买书 tɕaːn³⁵
搓~绳子 ɕa⁵⁵
搭~车 daːp³⁵
搭~棚子 laːm²¹
箍~木桶 khu³¹⁵
打~枪 ban³⁵
打~人 dan³⁵
打扮 fən³⁵
打倒 dan³⁵do³¹⁵

打赌 dan³⁵do³⁵
打仗 dan³⁵dən²¹
带~孩子 jɯə³¹⁵
带~领红军 deu⁵⁵
带~路 dem⁵⁵
带~钱 dem⁵⁵
待~一会儿 dəːi²¹³
戴~帽子 doi²¹³
戴~手镯 dɛu⁵⁵
戴~项圈 dɛu⁵⁵
弹~棉花 dan³⁵
当~兵 laːm²¹
挡~风 tɕan³⁵
倒~过来 ŋɯək²¹
到~了家 den³⁵
等~人 tɕəɯ²¹
低~头 ɣok²¹
点~头 ɣət²¹
垫~桌子 ke⁵⁵
叼~烟卷儿 ŋəm²¹
吊~在梁上 tɛu⁵⁵
钓~鱼 kəu⁵⁵
跌倒 ŋa³⁵
叠~被子 ɣəp²¹
钉~钉子 diːŋ³⁵
动 doŋ²¹
动身 doŋ²¹miːn²¹
震动 doŋ²¹
读~书 dɔk²¹
堵~漏洞 nɛt²¹
赌~钱 dan³⁵bak²¹
渡~河 do²¹
断~气 dət³⁵
断线~了 dət³⁵

第四章 分类词表

断~棍子~了 ɣa:i³¹⁵
堆~稻草 doŋ³⁵
对~笔迹 doi³⁵
炖~鸡 boŋ⁵⁵
夺 diət²¹
跺~脚 dən³⁵
发~信 fa:t³⁵
发芽 ra⁵⁵məm²¹
罚款 fa:t²¹ti:n²¹
翻~身 lək²¹
防~野猪 fɔŋ²¹
纺~棉花 jet²¹
放~手 bu:ŋ⁵⁵
放~田水 tɕo⁵⁵
放~盐 tɕo⁵⁵
飞 bai⁵⁵
分~粮食 tɕiə⁵⁵
缝~衣服 mai⁵⁵
敷~药 ta⁵⁵
伏~在桌子上 fok²¹
扶~起来 lən⁵⁵
扶~着栏杆走 kəm²¹
赶~鸟 du:i³¹⁵
搁~在桌子上 ɣak³⁵
割~肉 kat³⁵
给~钱 tɕo⁵⁵
钩 mɔk³⁵
刮~掉毛 ka:u²¹
挂~在墙上 tɛu⁵⁵
关~门 dɔŋ³⁵
关~牛 dɔŋ³⁵
灌~水 thɛ³⁵
跪 kwi²¹
滚 lək²¹

过~河 kwa⁵⁵
过~桥 kwa⁵⁵
还~钢笔 ja³⁵
还~账 ja³⁵
喊~人开会 ɣɔi²¹³
焊~管子 ha:n²¹
和~泥 lui²¹³
烘~衣服 ɕən⁵⁵
哄~骗 lɯə²¹
划~船 tɕɛu²¹
画~图 vɛ³¹⁵
换 doi³¹⁵
回~家 ve²¹
回~头 kwai⁵⁵
回去 di⁵⁵ve²¹
挤~过去 ɛn⁵⁵
挤~奶 bop³⁵
加 them⁵⁵
酿酒 vət²¹reu²¹³
剪 kat³⁵
浇~水 tɯəi³⁵
搅 ton²¹³
揭~锅盖 məɯ³⁵
盖~被子 dap³⁵
解~疙瘩 koi³⁵
解~衣扣 koi³⁵
借~钢笔写字 mɯən²¹
借~钱 mɯən²¹
进~屋 vau²¹
敬~酒 kin³⁵
揪~住 kəm²¹
卷~布 ke:n²¹³
掘~树根 dau²¹
开~车 mə³¹⁵

开~门 mə³¹⁵
揩 tɕui²¹
看见 rɛn²¹thɛ³⁵
烤~干衣服 ɕəŋ⁵⁵
烤~火 thɯəi³¹⁵
靠~墙 tɯə²¹
磕~头 lei²¹³
刻用刀~ ɕɔ:i³⁵
啃~骨头 ɣam²¹
抠用手指挖 mɔk³⁵
跨~一步 bɯək³⁵
拉~犁 kɛu³⁵
拉~绳子 kɛu³⁵
来 la:i²¹³
拦~住 tɕɛ⁵⁵
粘~住了 ji:n³⁵
烙~饼 nɯəŋ³⁵
勒~死 riət³⁵
离开 liə²¹khəi²¹³
量~布 do⁵⁵
晾~衣服 fə:i⁵⁵
留~种子 dɛ³¹⁵
流~水 tɕai³⁵
搂~在怀里 ʔom⁵⁵
落~下来 rə:i⁵⁵
买~鱼 mɯə⁵⁵
眯~眼 mai³⁵
瞄~准 ŋam³⁵
抿~着嘴笑 thəm²¹
摸~东西 tha²¹
摸~鱼 mo²¹
摸瞎~ tha²¹
磨~刀 mai²¹
磨~面 sai⁵⁵
拈~一块糖 kəm²¹

捏~手 bop³⁵
沤~烂了 ʔu³¹⁵
爬~山 tɛu²¹
爬~树 tɛu²¹
拍~桌子 ta:t³⁵
排~队 ha:ŋ²¹
刨~光一点 ba:u²¹
泡~茶 fa⁵⁵
泡~衣服 ŋəm⁵⁵
陪~客人 bu:i²¹
喷~水 fu:n⁵⁵
碰~桌子 va⁵⁵
披~衣 kwa:n²¹
劈~柴 bo³¹⁵
漂~布 phi:u⁵⁵
泼~水 tat³⁵
破~肚子 mo³¹⁵
铺~被子 ja:i³¹⁵
骑~马 kɯəi³¹⁵
起来 thək³⁵la:i²¹³
牵~牛 jat³⁵
前进 ti:n³⁵lɛn⁵⁵
抢 kɯəp³⁵
敲~门 ɣɔ³¹⁵
切~菜 tha:i³⁵
亲~小孩 hon⁵⁵
取~款 lei³¹⁵
去 di⁵⁵
劝 hɯən⁵⁵
染~布 rom²¹³
绕~弯儿 lɯən²¹
热~一下再吃 nɔŋ³⁵
洒~水 fət³⁵
杀~人 ji:t³⁵

纱 vaːi³¹⁵
晒~衣服 fəːi⁵⁵
扇~风 kwaːt²¹
骟~牛 kɛp²¹
伤~了手 thɯəŋ⁵⁵
上~楼 len⁵⁵
烧~茶 nəu³⁵
烧~山 dot³⁵
射~箭 dan³⁵
伸~懒腰 jəɯ⁵⁵
生~疮 mɔp²¹
收~信 thu⁵⁵
收拾~房子 thu⁵⁵thək²¹
吸收 həp³⁵thu⁵⁵
数~数目 dem³⁵
漱~口 thuk³⁵
甩~手榴弹 ȵem³⁵
闩~门 ɣaːi²¹
睡着 ŋu³¹⁵meːi⁵⁵
松土 thən⁵⁵dət³⁵
送~你一支笔 tɕɔ⁵⁵
送~他回去 duə⁵⁵
搜~山 thɛu⁵⁵tim²¹
锁~箱子 khwa³⁵
塌~下去 ɕo⁵⁵
踏~上一只脚 dap²¹
淌~眼泪 ŋəm²¹
躺~在床上 nam²¹
掏~出来 mɔk³⁵
淘~米 vo⁵⁵
套~上一件衣服 mak²¹
剃~头 kat³⁵
填~坑 dun²¹
停 ŋən²¹

通 thoŋ⁵⁵
偷 tom²¹³
涂~油 boi⁵⁵
退 lui⁵⁵
吞 nuot³⁵
拖~木头 kɛu³⁵
脱~鞋 thaːu³⁵
脱落 rəi⁵⁵roi²¹
挖~地 dau²¹
煨~红薯 nɯːn³¹⁵
围~敌人 vei⁵⁵
问 hɔi³¹⁵
握~手 bat³⁵
抓住 bat³⁵duək²¹
捂~着嘴 ʔəːm²¹³
熄~灯 jəp²¹
洗~碗 rɯə³¹⁵
洗~澡，~手 tam³⁵
洗~伤口 rɯə³¹⁵
漂洗 ŋəm⁵⁵
下~楼 ɕuːŋ³⁵
吓唬 duə²¹
掀~开帘子 lən⁵⁵
陷~下去 thut²¹
醒 ɣei²¹³
笑 kɯəi²¹
微笑 kɯəi²¹thəm²¹
修~机器 thɯə³¹⁵
修~路 thɯə³¹⁵
绣~花 thiːu⁵⁵
淹~死 ŋəm⁵⁵
养~鱼 nuoi⁵⁵
摇~木桩 lak³⁵
摇~头 lak³⁵

摇摇晃晃 lak³⁵lak³⁵lɯə⁵⁵lɯə⁵⁵
移 dəi²¹
栽~树 jon²¹
攒~钱 la:i³⁵
糟蹋~粮食 la:m²¹haŋ³¹⁵
凿 duk²¹
扎用针~dəm⁵⁵
扎猛子 jai²¹nɯək³⁵
轧~棉花 εp³⁵
炸~开石头 no³¹⁵
榨~油 εp³⁵
摘~下帽子 koi³¹⁵
招~手 fət³⁵
找~零钱 bu²¹³
照~镜子 thoi⁵⁵
争~地盘 tɕan⁵⁵
织~布 jet²¹
指~方向 tɕi³¹⁵
拄~拐棍 ɣɯi²¹
转~动 kwa:i⁵⁵
转~身 kwa:i⁵⁵
装~粮食 dəŋ²¹
捉~鸡 bat³⁵
挖~洞 dau²¹
灭火~了 tat³⁵
燃火~了 tɕai³⁵
啄鸡~米 mo³⁵
扑老虎~羊 bok²¹
钻老鼠~洞 tɕin³⁵
驮马~货 tho²¹
蜇马蜂~人 dot³⁵
接你扔,我~tiəp³⁵
蹭牛在树上~kɔ²¹³
倒墙~了 ɕo⁵⁵
熏烟~眼 vat²¹

呛辣椒味儿~鼻子 tɕat²¹
扭脚~了 vai³¹⁵
嗑~瓜子 rəm³⁵
吹~口哨 thoi³¹⁵
打嗝连续不断地发出~~声音 dan³⁵ək³⁵
避~雨 tu³⁵
戒~烟 ka:i⁵⁵
叉~腰 tɕoŋ³⁵εu⁵⁵
抚摸~孩子的头 tha²¹mo²¹
甩把蔬菜上的水~掉 vat³⁵
消肿~了 ti:u⁵⁵
上来 len⁵⁵roi²¹
下去 di⁵⁵ɕu:ŋ³⁵
气别~我 hə:i⁵⁵
该不~讲 jən⁵⁵
松放~lɔŋ³¹⁵
想我~进城 mo:n³⁵
要我~去北京 fa:i³¹⁵
传一代~一代 tɕi:n²¹
爱~她 i:u⁵⁵
败 ba:i²¹³
悲哀 bi⁵⁵ʔa:i⁵⁵
进~出来了 fu:n⁵⁵
比 bi³⁵
馋~嘴 ɕa:m²¹
催~促 thoi⁵⁵
代替 ta:i²¹the³⁵
耽误 noi³¹⁵n̩am²¹
当然~可以 thau⁵⁵kon²¹
得到 kon²¹dɯək²¹
懂~事 biət³⁵
犯~法 fa:m²¹³
放~心 i:n⁵⁵
分~家 tɕiə⁵⁵

分开 tɕiə⁵⁵ra⁵⁵
区别 khi⁵⁵biət²¹
改 ka:i³¹⁵
估计 ku²¹ke³⁵
怪~他 kwa:i³⁵
管~事情 kwa:n³⁵
恨 ɣet³⁵
回忆 ŋe³⁵lai²¹³
会~客 ti:p³⁵
会~来 fa:i²¹³
继续 ki³⁵tuk²¹
减 kim³⁵
禁止 kəm³⁵
救~命 kɯu³⁵
开~会 kha:i⁵⁵
开始 bat³⁵dəu²¹
赖~我 ləɯ²¹
理睬 thit³⁵
练~武艺 təp²¹
蒙~住 bən⁵⁵
明白~你的意思 min⁵⁵bat²¹
能~做 na:n⁵⁵
弄~坏了 luə²¹
派~人 fa:i³⁵
拼~命 bɔk³⁵
请 mə:i²¹
求~人帮忙 kəu²¹
让~我去 tɕo⁵⁵
认~字 ɲən²¹³
认得 ɲən²¹³dɯək²¹
赏~给他一些东西 thɯəŋ²¹³
舍~不得 the³¹⁵
省~钱 ki:m²¹
剩~下 rɯ⁵⁵

试试 thɯ³¹⁵
算~账 ti:n³¹⁵
缩~小 sok²¹
讨饭 an⁵⁵ɕin⁵⁵
挑拨 thi:u⁵⁵bot²¹
听见 ŋɛ⁵⁵the³⁵
托~人办事 ɲəɯ²¹
望 nom⁵⁵
希望 khi⁵⁵vɔŋ²¹
信相~ tin⁵⁵
要~下雨了 tɯ:n³⁵
隐瞒 jiu³⁵jim³⁵
迎接 ŋen⁵⁵tiəp³⁵
赢 thaŋ³⁵
遇见 ɣap²¹the³⁵
约~时间 hɛn²¹³
允许 tɕo⁵⁵fɛp³⁵
长~大 ɲən³⁵
值得 da:ŋ³⁵dɯək²¹
住~在哪儿 ə³¹⁵
准备 tɕən²¹bi²¹
做~事情 la:m²¹
反悔 fa:n²¹³foi²¹
敢 ɲam³⁵
辩论 bi:n²¹³lən²¹³
称赞 khen⁵⁵
澄清 ke³¹⁵ŋa:i⁵⁵
答应 da:p³⁵ŋə:n³⁵
告状 kau³⁵ta:ŋ²¹
哼~呻吟 ren⁵⁵
吼 ɣɔm²¹
唤~狗 ɣɔi²¹
唠叨 nɔi³⁵di⁵⁵nɔi³⁵la:i²¹³
回声 ti:n³⁵ve²¹

嚷 thɛt³⁵
笑话 ti:n²¹kɯəi²¹
谎话 nɔi³⁵joi³⁵
道理 dau²¹li³⁵

肥 地~be:u³⁵
瘦 地~ɣei²¹
干 河水~了 kho⁵⁵
干枯 树木~了 kho⁵⁵no⁵⁵
蔫 晒~了 ra:u²¹
粗糙 米很~ɕou⁵⁵sau⁵⁵
粗糙 桌面很~ra:p³⁵
粗 布很~thuo⁵⁵
细~小 ɲo³¹⁵
细 面粉很~ɲo³¹⁵
稀 布织得很~thɯə⁵⁵
密 布织得很~rat²¹
土~布 tho³⁵
新鲜 tɯəi⁵⁵
活 thoŋ³⁵
精神 tin⁵⁵thən²¹
麻 手发~te⁵⁵
木 脚~了 te⁵⁵
松~软 thon⁵⁵
暗 əm⁵⁵
明亮 tha:ŋ³⁵
清楚 tha:ŋ⁵⁵bat²¹
模糊 mon²¹
花~衣服 hwa⁵⁵
嫩 菜很~nɔn⁵⁵
饥饿 dɔi³⁵
饱 nɔ⁵⁵
脆 形容词 jɔn²¹
浓~茶 dak²¹
淡~茶 na:t²¹
臊 kha:i⁵⁵
膻 羊~hoi⁵⁵
够 du³¹⁵
破 竹竿~了 və³¹⁵

十二 性质状态

秃 光头 tɔk²¹
凹 lɔm³¹⁵
凸 loi²¹
美 风景~dɛp²¹
漂亮 形容男性 dɛp²¹
正 不歪 ŋa:i⁵⁵
反 fa:ŋ³¹⁵
偏 bin⁵⁵
斜 ɕe⁵⁵
横 ŋan⁵⁵
壮 khwɛ³⁵
强 man²¹
弱 i:u³⁵
黏 i:n³⁵
僵 冻~了 kɯŋ⁵⁵
冻 re:t³⁵
烫~手 ra:t³⁵
胀 肚子~tɕɯəŋ⁵⁵
涩 da:ŋ³⁵
生 瓜~的 thə:n³⁵
生~肉 thə:n³⁵
生~面人 la²¹³
夹生~饭 thə:n³⁵
熟~饭 tɕin³⁵
熟~肉 tɕin³⁵
熟 果子~了 tɕin³⁵
熟~人 thuok²¹
老~菜~ja²¹

霉衣服~mok³⁵
糟衣服太旧而变得不结实了 rə:i²¹
腐朽 ra:t³⁵
困倦 bu:n²¹
空箱子是~的 khoŋ⁵⁵
空手箱子是~的 tai⁵⁵khoŋ⁵⁵
空心树~了 lo³¹⁵
糠心萝卜~了 lɔŋ²¹khoŋ⁵⁵
满 dəi²¹
闷 bu:n²¹
绵 lu:ŋ⁵⁵
齐 ban²¹
乱东西~ro:i³⁵
乱头发~ro:i³⁵
顺 thən²¹³
滑 tə:n⁵⁵
慌 hwa:ŋ⁵⁵
真 thət²¹
假 ja³¹⁵
输 thuə⁵⁵
褶衣服~tɕiət³⁵
醉~酒 tha:i⁵⁵
合衣服~身 vuə²¹
好吃 tot³⁵an⁵⁵
好看 tot³⁵ɕɛn⁵⁵
好听 tot³⁵ŋɛ⁵⁵
好闻 tot³⁵ŋɯi³¹⁵
难吃 khɔ³⁵an⁵⁵
难看 khɔ³⁵ɕɛn⁵⁵
难听 khɔ³⁵ŋɛ⁵⁵
难闻 khɔ³⁵ŋɯi³¹⁵
灵验 li:n⁵⁵
响 kɛu⁵⁵
安静 ji:n⁵⁵laŋ²¹

平安 bin²¹ji:n⁵⁵
太平 tha:i³⁵bin²¹
平等 bin²¹da:ŋ³¹⁵
幸福 han²¹fok³⁵
像~他哥哥 joŋ³⁵
成做~了 than²¹
尽好话说~kon²¹
紧急 kən²¹kip³⁵
经验 kin⁵⁵ɲi:m²¹³
可怜 da:ŋ³⁵thɯəŋ⁵⁵
可怕 sə²¹³
可惜 tiək³⁵
亲热 thən⁵⁵ɲiət²¹
忍耐 ɲa:n³¹⁵
痛苦 da:u⁵⁵kho³⁵
痛快 thua:i²¹³ma:i³⁵
危险 ŋe⁵⁵ɣem³⁵
辛苦 vət³⁵va²¹³
快~来,动词词干 ma:u⁵⁵
干脆~回答,动词词干 ɲa:n⁵⁵tɕa:i⁵⁵
胡乱地~写,动词词干 lu:ŋ⁵⁵tu:ŋ⁵⁵
持续地走路时胳膊~摇摆,动词词干 tiəp³⁵
随便地~洗,动词词干 bi:n²¹³
蠢 bən²¹
聪明 thoŋ⁵⁵min⁵⁵
粗鲁 thu⁵⁵lo³¹⁵
恶 ʔa:k³⁵
凶恶 hoŋ⁵⁵ŋit²¹
和气 hwa²¹hə:i⁵⁵
狠毒 ha:ŋ²¹dok²¹
糊涂 tho²¹do²¹
机灵 ki⁵⁵lin⁵⁵
急 kit³⁵
狡猾 tɕa:u²¹kwet²¹

贪心 tha:m⁵⁵təm⁵⁵
客气 kha:t³⁵khɯə³⁵
啰嗦 ləɯ⁵⁵thəɯ³⁵
马虎 joi³⁵ja³⁵
细心 ti:u³⁵təm⁵⁵
能干 na:n⁵⁵kəŋ²¹
勇敢 ruŋ³¹⁵ka:n³¹⁵
公正 koŋ⁵⁵tɕin³⁵
节俭 tɕi:t³⁵ki:m²¹
努力 ko³⁵ɣaŋ³⁵
巧 kheu³¹⁵
淘气 sək³⁵lak³⁵
习惯 təp²¹kwan³⁵
有名 ko³⁵ti:ŋ³⁵
脾气 tiŋ³⁵let³⁵
胆量 ɣa:n⁵⁵to⁵⁵
古怪 ku²¹³kwa:i³¹⁵

十三　数量

十一 mɯəi²¹mot²¹
十二 mɯəi²¹hai⁵⁵
十三 mɯəi²¹ba⁵⁵
十四 mɯəi²¹bon³⁵
十五 mɯəi²¹lam⁵⁵
十六 mɯəi²¹thau³⁵
十七 mɯəi²¹bai²¹³
十八 mɯəi²¹ta:m³⁵
十九 mɯəi²¹tɕin³⁵
四十 bon³⁵mɯəi⁵⁵
五十 lam⁵⁵mɯə:i⁵⁵
六十 thau³⁵mɯə:i⁵⁵
七十 bai³¹⁵mɯəi⁵⁵
八十 ta:m³⁵mɯəi⁵⁵
九十 tɕin³⁵mɯəi⁵⁵

千 ŋen²¹
万 va:n²¹
亿 ʔək³⁵
零 khoŋ⁵⁵
一百零一 mot²¹tam⁵⁵len⁵⁵mot²¹
三千零五十
　　ba⁵⁵ŋen²¹len⁵⁵lam⁵⁵mɯəi⁵⁵
第二 de³⁵hai⁵⁵
第三 de³⁵ba⁵⁵
第十 de³⁵mɯəi²¹
第十一 de³⁵mɯəi²¹mot²¹
甲 天干第一 ja:p³⁵
乙 天干第二 iəp³⁵
丙 天干第三 biŋ²¹³
丁 天干第四 din⁵⁵
戊 天干第五 tɕat³⁵
己 天干第六 ki³⁵
庚 天干第七 tha:n⁵⁵
辛 天干第八 tə:n⁵⁵
壬 天干第九 ȵam²¹
癸 天干第十 kwi³⁵
以上 十个以上 jəɯ³¹⁵len³⁵
以下 十个以下 jəɯ²¹ɕu:ŋ³⁵
第末 dɛ²¹bet³⁵
单 不成双 də:n⁵⁵
双 成~成对 doi⁵⁵
大半 ~个 kwa³⁵nɯə³¹⁵
半斤 nɯə²¹³kən⁵⁵
个 一~鸡蛋 ka:i³⁵
个 一~月 tha:ŋ³⁵
位 一~客 vi²¹
只 一~鸟 kɔn⁵⁵
把 一~韭菜 bo³⁵
把 一~米 nam³⁵

把一~扫帚 ka:i³⁵
包一~东西 bau⁵⁵
称一~花生 kən⁵⁵
串一~辣椒 ɕau⁵⁵
代一~人 də:i²¹
担一~行李 ɣa:n³⁵
滴一~油 hot²¹
点一~钟 jɤɯ²¹
蔸一~禾 bəɯ²¹
段一~路 dən³¹⁵
堆一~粪 doŋ³⁵
对一~兔子 doi⁵⁵
封一~信 la³⁵
根一~扁担 ka:i³⁵
行一~麦子 ha:ŋ²¹
盒一~药 həp²¹
间一~房 ja:n⁵⁵
件一~衣 tɕiək³⁵
丈一 dɯəŋ²¹
尺一 thɯək³⁵
寸一 tɯk³⁵
分一~钱 fən⁵⁵
庹 成人两臂左右平伸时两手之间的距离 tha:i³⁵
拃 张开的大拇指和中指(或小指)两端间的距离 ɣa:ŋ⁵⁵
里一 so³¹⁵
斤一~酒 kən⁵⁵
两一~酒 la:n²¹
钱一~银子 ti:n²¹
亩一 məu³¹⁵
分一~地 fən⁵⁵
句一~话 kəu⁵⁵
张一~纸 təɯ²¹
片一~树叶 ma:n³⁵
块一~地 təm³⁵
块一~石头 kha:u²¹

面一~旗 mat²¹
年一~ nam⁵⁵
岁一~ tui³⁵
天一~ ŋai²¹
夜一~ dem⁵⁵
批一~东西 lo⁵⁵
群一~羊 da:n²¹
筒一~米 ʔo:ŋ³⁵
升一~米 tha:n⁵⁵
斗一~米 la²¹
石一~谷子 ɣa:n³⁵
桶一~水 thuŋ²¹
碗一~饭 ba:t³⁵
瓶一~酒 nəm²¹³
个个 ŋɯəi²¹³ŋɯəi²¹
天天 ŋai²¹ŋai²¹
摊一~泥 von³⁵
本一~书 kwi:n³⁵
层一~楼 təŋ²¹
成一~ tha:n²¹
盏一~灯 ka:i³⁵
泡一~尿 ba:i³⁵
样一~东西 ɕəɯ³⁵
遍 说一~ lən²¹
回 来一~ lən²¹
次 去一~ lən²¹
脚 踢一~ tɕən⁵⁵
口 咬一~ mien²¹³

十四 代副介连词

我俩 tɕuŋ³⁵ta⁵⁵
你俩 tɕuŋ³⁵mi:n²¹
他俩 tɕuŋ³⁵no³⁵
它 称代植物或无生命物件 no³⁵
这 dei⁵⁵

这边 bi:n^{55}dei^{55}
这些 ka:i^{35}dei^{55}
那$_{较远指}$ kiə^{55}
那$_{最远指}$ kiə^{21}
那边 bi:n^{55}dei^{35}
那些 ka:i^{35}dei^{35}
极$_{好~了}$ kwa^{35}
常常$_{他~来}$ thɯəŋ^{21}
大概$_{~是这}^{13}_{样}$ khwa:ŋ^{2}
到底$_{~是怎么回事}$ kon^{21}
的确$_{~冷}$ thət^{21}
赶快$_{~去}$ ma:u^{55}
必须 kwiət^{35}
根本$_{~不对}$ kən^{55}ban^{35}
光$_{~说不行}$ tɔn^{21}
还$_{~有很多}$ kɔn^{21}
好像$_{~是他}$ jon^{35}jɯ^{55}
忽然$_{~来了一个人}$ fət^{35}ȵɛn^{55}
轮流 lən^{55}li:u^{55}
马上$_{~走}$ ȵa:n^{55}
慢慢$_{~说}$ thɔ:n^{55}tha^{35}
亲自$_{~去}$ thən^{55}tɯ^{213}
全$_{~是我们的}$ tɔn^{21}
太$_{~大}$ kwa^{35}
一……就……$_{~看~懂}$ mot^{21}…ti:u^{21}…
一定$_{~去}$ ȵət^{35}din^{213}
已经$_{~晚了}$ da^{35}kə^{55}

永远$_{~是这样}$ ma:i^{21}ma:i^{315}
原来$_{~是你}$ ȵən^{55}la:i^{55}
越……越……$_{~走~远}$ ka:n^{21}…ka:n^{21}…
真$_{~好}$ thət^{21}
先$_{你~走}$ tɯək^{35}
或者$_{三天~四天}$ va^{21}
把$_{~猪卖了}$ dem^{55}
被$_{~同志们挡住了}$ bi^{213}
比$_{~月亮大}$ bi^{315}
不但……而且…… khoŋ^{55}khiən^{35}…ma^{21}kon^{21}…
朝$_{~南开}$ hɯən^{35}
从……到……$_{~去年~现在}$ tɯ^{21}…den^{35}…
隔$_{~一条河}$ kat^{35}
给$_{~他写信}$ tɕo^{55}
同$_{~他去}$ vei^{35}
为了$_{~祖国}$ vi^{21}
向$_{~上爬}$ hɯəŋ^{35}
沿$_{~河走}$ theu^{55}
因为……所以…… ȵa:n^{55}vi^{21}…thi^{55}vi^{35}…
在 ʔə^{213}
趁$_{~热吃}$ thən^{55}
归$_{~你管}$ thuok^{21}
由$_{~我负责}$ jou^{213}

第三节　其他词

一　名词

柑果 kwa^{35}ka:m^{55}
水瓜 mɯək^{35}
红豆（相思豆）hot^{21}tɕi^{55}tɕi^{55}

油桐果 kwa^{35}rəu^{21}thun^{21}
酒饼 ban^{315}reu^{21}
铁砂粒 hot^{21}tha:t^{35}
灶王爷 ʔoŋ^{55}ta:u^{35}lo^{21}
阉猪者 tha:n^{21}hwaŋ^{21}lən^{213}

瓦匠 thə²¹ŋoi³⁵
塘角鱼 ka³⁵te⁵⁵
鲇鱼 ka³⁵tɕa:t²¹
泥丁 jo:n⁵⁵
白鳝 ka³⁵ɲit²¹ta:n³⁵
鲨 tha:m⁵⁵
香螺 ok³⁵huɯəŋ⁵⁵
田螺 ok³⁵mi:u⁵⁵
皮皮虾 ba²¹³ba²¹³
草鱼 ka³⁵ko³⁵
马鲛鱼 ka³⁵thu⁵⁵
鲨鱼 ka³⁵ra:m³⁵
黄鱼 ka³⁵moi²¹
沙丁鱼 ka³⁵dok²¹
鱿鱼 mək²¹ŋəŋ³⁵
石斑鱼 ka³⁵tha:n⁵⁵
生蚝 ha²¹
花甲螺 ok³⁵hwa⁵⁵
青口螺 ok³⁵
带子螺 diəp²¹diəp²¹
辣螺 ok³⁵ka:i⁵⁵
车螺 ŋəu⁵⁵rət³⁵
海螺 tu²¹wa²¹
丁螺 ok³⁵ro:ŋ²¹³
珍珠蚌 ok³⁵ŋək²¹
水母 roi⁵⁵
海蜇 thuɯə³¹⁵
沙滩 kat³⁵
鲈鱼 ka³⁵voŋ²¹³
黄花鱼 ka³⁵hwa⁵⁵va:ŋ²¹³
秋刀鱼 ka³⁵riə²¹³
明虾 tom⁵⁵he⁵⁵
花虾 tom⁵⁵hwa⁵⁵
龙虾 tom⁵⁵rə:ŋ²¹

老虎鱼 ka³⁵bo²¹ɕiu³⁵
花蟹 ɣe²¹tha:u⁵⁵
螃蟹 kuə⁵⁵
海蛇 ra:n³⁵bai³⁵
糯米 ra:u²¹nep³⁵
糯米饭 kəm⁵⁵nep³⁵
养子 kɔn⁵⁵noi⁵⁵
养女 ɣa:i³⁵noi⁵⁵
独子 kɔn⁵⁵mot²¹
大娘 ba³⁵
后妈、前母 mɛ²¹ɕau⁵⁵（thau⁵⁵）
养母 mɛ²¹noi⁵⁵
门槛 min²¹kuɯə³¹⁵
铜板 ɕou⁵⁵
轿子 keu²¹³dəu⁵⁵
面子 tiən³⁵ta:m⁵⁵
女方 bin⁵⁵nɯ³¹⁵
男方 bin⁵⁵na:m⁵⁵
总价值 kon²¹da:n³⁵
其他物品 kai³⁵vat²¹
饭店 kwan³⁵an⁵⁵
宾馆 khat³⁵ɕa²¹³
京族 rən⁵⁵tok²¹kin⁵⁵
开头 bat³⁵dəu²¹
祖先 to³¹⁵tin⁵⁵
队长 doi²¹³tɕuɯəŋ³¹⁵
会计 kei³⁵doŋ³⁵
机关 kəɯ⁵⁵kwan²¹
领导 liŋ²¹dau²¹³
老板 ʔoŋ⁵⁵tɕu³⁵
客舍 khat³⁵ɕa³⁵
花果 hwa⁵⁵kwa³⁵
群众 kwən²¹tɕun³⁵
锣鼓 ton⁵⁵fat³⁵

海边 mat²¹bai³⁵
方队 fuəŋ⁵⁵doi²¹³
海螺 ʔok³⁵
阴阳 əm⁵⁵riən⁵⁵
同胞 ton²¹bau²¹³
钹 ma³⁵la⁵⁵toŋ²¹faŋ²¹³
圣卦 əm⁵⁵riən⁵⁵
本地 ban²¹diə²¹³
祭文 dɛ³⁵vən⁵⁵
官员 kwan⁵⁵viən⁵⁵
全体 ton²¹the³⁵
白薯 khwai⁵⁵la:ŋ⁵⁵
八成 ta:m³⁵tha:ŋ²¹
老人、老人家 ku²¹ja²¹
工分 kon⁵⁵fən⁵⁵
木洞 mo²¹ret²¹
小伙子 tha:ŋ²¹ja:i⁵⁵
哈妹 ko⁵⁵da:u²¹³
歌舞 hat³⁵mu³⁵
野鬼 ma⁵⁵kwe³⁵
圣神 thən²¹thən³⁵
春河 thən⁵⁵ha²¹
钟头 doŋ²¹ho²¹
任务 ɲa:m²¹mu³⁵
海龙王 hai³⁵la:ŋ⁵⁵vəŋ⁵⁵
鲭鱼 ka³¹⁵doi³⁵
老虎 bo²¹ɕiu³⁵
水鲭 doi³⁵nuət²¹
墨鱼 mək²¹
鳎鱼 ka³¹⁵tɛ⁵⁵
手臂 ko³⁵ta:i⁵⁵
帆鱼 ka³¹⁵ro:i²¹³
公婆 və²¹³tɕən²¹
多宝鱼 ka³¹⁵bən⁵⁵

口琴 kɛn²¹
顺口溜 kɛn²¹
越南 viət²¹na:m⁵⁵
现代 heŋ²¹³dai³⁵
中国 tɕuŋ⁵⁵kwok³⁵
故乡 kwe⁵⁵ɲa²¹
祖国 to²¹kwok³⁵
家乡 kwe⁵⁵ɲa²¹
酒窝 doŋ²¹tiən²¹
笛子 kwen²¹³
声音 kai³⁵tiən³⁵
小伙子 kɔn⁵⁵ja:i⁵⁵
长老 ku²¹ja²¹
礼拜 tən²¹
民族 rən⁵⁵tok²¹
欢心 vu:i⁵⁵lɔ:ŋ²¹
竹排 man³⁵
民歌 rən⁵⁵ka⁵⁵
以前 ŋa:i²¹tɯək³⁵

二 形容词

长寿 thɯən³¹⁵thɔ³⁵
愉快 vu:i⁵⁵ve³⁵
快乐 vu:i⁵⁵ve³⁵
特别 dak²¹biət²¹
闪亮 nɔn³⁵nan³⁵
深切 thəm⁵⁵thit³⁵
老×× (太老了) ja²¹ku³⁵ku²¹
嫩×× (很嫩) non⁵⁵ɕət²¹ɕət²¹
人山人海 ŋɯəi²¹rən²¹ŋɯəi²¹bɛ³⁵
小声 bɛ³⁵tiən³⁵
欢喜 vu:i⁵⁵ve³⁵
烂醉 bɛ⁵⁵bɛt³⁵
主要 tɕu²¹iu³⁵

肿大 thən⁵⁵to⁵⁵
软绵绵 thit²¹thit²¹
甩脚甩手、大手大脚
　　fat³⁵tɕa:n⁵⁵fat³⁵ta:i⁵⁵
烂兮兮、稀巴烂 ra:t³⁵ta:n²¹
健康 ma:n²¹khui³⁵
隆重 na:ŋ⁵⁵tɕoŋ²¹³
富有 ja:u²¹³ko³⁵
静悄悄 iŋ⁵⁵iŋ⁵⁵thit³⁵thit³⁵
黑麻麻 te:n⁵⁵thi²¹thi²¹
白皙皙 ta:n³⁵fet³⁵fet³⁵
长×× ra:i²¹fa²¹fa²¹
细小小 be³⁵ȵo²¹ȵo³⁵
红彤彤 do³⁵ŋa:u²¹ŋa:u²¹
高×× ka:u⁵⁵ra:n²¹ra:n³⁵
大×× to⁵⁵kwa³⁵kwa³⁵
胖乎乎 be:u³⁵lok²¹lok²¹
深×× thau⁵⁵khwa:i³⁵khwa:i³⁵
宽×× rən²¹ra:i²¹ra:i³⁵
远×× sa:n⁵⁵ŋet²¹ŋet²¹
冷飕飕 ret³⁵e³⁵e³⁵
矮××（很矮）thap³⁵dɛt²¹dɛt²¹

　　三　动词

感恩 ka:m³⁵ən⁵⁵
主持 tɯ³⁵thɯ²¹³
退潮 nɯək³⁵rak²¹
涨潮 nɯək³⁵len⁵⁵
养育 noi⁵⁵rɯən²¹
报答 bau³⁵dap³⁵
分配 fən⁵⁵foi³⁵
浪费 laŋ⁵⁵fei³⁵

集中 təp²¹tɕoŋ⁵⁵
讨论 thau²¹lən²¹³
服务 fok²¹mu²¹³
接待 tiəp³⁵dai³⁵
吃喝 an⁵⁵wuŋ³⁵
敲鼓 ɣo²¹toŋ³⁵
祈求 kəu²¹khən³⁵
发财 fat³⁵ta:i²¹³
上轿 len⁵⁵keu²¹³
抬轿 khen⁵⁵keu²¹
放炮 ban⁵⁵fau³⁵
迎神 ŋen⁵⁵thən²¹
烧炮 dot³⁵fau³⁵
接神 tiəp³⁵thən²¹
欢迎 hwan⁵⁵ŋen⁵⁵
祭神 tɛ³⁵thən²¹
做生意 la:m²¹an⁵⁵
谢神 dɛ³⁵thən²¹
尊敬 ken³⁵thɯə⁵⁵
织笼猪、浸猪笼 da:n⁵⁵loŋ²¹nən²¹³
趴定 ep³⁵iŋ⁵⁵
供拜 koŋ³⁵nəi³⁵
舞花棍 muə³⁵bəŋ⁵⁵ne³⁵
行走 di⁵⁵dou⁵⁵
解散 ja:i²¹tan³⁵
开会 khai⁵⁵hoi²¹³
喝酒 ʔuŋ³⁵reu²¹³
说话 nɔi³⁵tiən²¹³
创作 sa:ŋ³⁵tak³⁵
美丽 diəp²¹
动听 ha:i⁵⁵ho:ŋ³⁵
提前 tɯək³⁵həŋ⁵⁵

第五章　语法

京语属南亚语系，属分析性语言，但其语法特点与汉藏语系语言具有极大的相似性。京语词类根据语法特点与功能涵盖 11 个方面，句法关系主要的语法手段是语序和虚词，基本的语序类型为 SVO 型。本章主要对京语的词类划分、短语类型和句子类型进行系统分析。

第一节　词类

京语的词根据其语法特点及语法功能可分成 11 类，其中名词、动词和形容词是开放类。其他的，像副词、代词、数词、量词、连词、叹词等为封闭词类。

一　名词

（一）名词的性

京语的名词没有性的范畴，但名词有表示自然界生物性别的区别性特征，表示自然界生物性别的区别性特征有两种方式，一是通过后加限定性成分来实现，二是通过不同的词语形式来表现生物名词性的区别。

1. 部分动物性的区别，通过附加限定性语素来表示，男性或雄性动物类加限定性语素 dɯk^{21}；女性或阴性均统一后加限定性语素 kaːi^{35}。例如：

bɔ^{21} dɯk^{21} 公牛　　　　　　　　bɔ^{21} kaːi^{35} 母牛
牛　公　　　　　　　　　　　牛　母

ŋɯə^{21} dɯk^{21} 公马　　　　　　　ŋɯə^{21} kaːi^{35} 母马
马　公　　　　　　　　　　　马　母

mɛu^{21} dɯk^{21} 公猫　　　　　　　mɛu^{21} kaːi^{35} 母猫
猫　公　　　　　　　　　　　猫　母

2. 京语不太区分人的性别。表职业的通常加 ʔoŋ^{55} 或 thə^{21}（公、匠），它们通常表示男性。如果要表示女性，则用表女性的词根 ba^{21} 表示。例如：

ʔoŋ^{55} loi^{55} 雷公　　　　　　　　ʔoŋ^{55} tho^{35} kon^{55} 土地爷
公　雷　　　　　　　　　　　公　土　公

ba²¹ mo⁵⁵ 巫婆　　　　　　　　　thə²¹ that³⁵ 铁匠
婆　鬼　　　　　　　　　　　　匠　铁
ʔoŋ⁵⁵ mo⁵⁵ 巫师　　　　　　　thə²¹ da:n⁵⁵ 篾匠
公　鬼　　　　　　　　　　　　匠　篾

（二）名词的数量表达

1. 在名词前面或后面加数量短语表示，表示事物的具体数量，形成"数+量+名"格式。例如：

mot²¹ kɔn⁵⁵ ŋɯəi²¹ 一个人　　　ha:i⁵⁵ kɔn⁵⁵ ŋɯəi²¹ 两个人
一　个　人　　　　　　　　　　两　个　人
ba⁵⁵ kɔn⁵⁵ ŋɯəi²¹ 三个人　　　ha:i⁵⁵ tɕiək³⁵ de:ŋ²¹ 两盏灯
三　个　人　　　　　　　　　　两　盏　灯

2. 部分普通名词表示双数时，直接使用"数+量+名"的格式，量词随名词的不同而变换，数词则固定为 ha:i⁵⁵（两、二）。例如：

ha:i⁵⁵ kɔn⁵⁵ ɣa²¹ ka:i³⁵ 两只母鸡　　ha:i⁵⁵ ŋɯəi²¹ ɛm⁵⁵ ɣa:i³⁵ 两个妹妹
两　只　鸡　母　　　　　　　　两　个　妹妹
ha:i³⁵ kɔn⁵⁵ noŋ²¹ 两只老虎　　　　ha:i⁵⁵ doŋ²¹ tin²¹ 两块钱
两　只　虎　　　　　　　　　　两　块　钱

3. 表示多数时，有如下几种表示方法。

（1）使用一些集合量词来表示名词的复数。例如：

mot²¹ ŋan²¹³ tɕim⁵⁵ 一群鸟　　　boŋ²¹³ ko⁵⁵ɣa:i³⁵ 一群姑娘
一　群　鸟　　　　　　　　　　群　姑娘

（2）使用 kai³⁵（些）+名词+dei³⁵（这）格式。例如：

kai³⁵ ɳa:m³⁵ dei³⁵ 这些菜　　　kai³⁵ kɔ³⁵ dei³⁵ 这些草
些　菜　这　　　　　　　　　　些　草　这
thɯ³¹⁵ kai⁵⁵ dei³⁵ 这些树
些　树　这

（3）名词复数的表示方法有些采用"boŋ²¹+名词"的形式，有些采用"mot²¹ŋan²¹+名词"的形式。例如：

① boŋ²¹³ ko⁵⁵ɣa:i³⁵ da:n⁵⁵ ə³⁵ bi:n⁵⁵ ɕon⁵⁵ hat³⁵.
　　群　姑娘　　正　在　边　村　唱
姑娘们正在村边唱歌。

② mot²¹ ŋan²¹ tɕim⁵⁵ ə³⁵ len⁵⁵ jəi²¹ be⁵⁵lai²¹be⁵⁵di⁵⁵.
　一　群　鸟　在　上　天　飞来飞去
一群鸟在天空中飞来飞去。

③ na²¹ toi⁵⁵ noi⁵⁵ dɯək²¹ mot²¹ ŋan²¹ vit²¹.
   家 我 养 得   一   群   鸭
   我家养了一些鸭子。

④ boŋ²¹³ tɛ³⁵kɔn⁵⁵ di⁵⁵ hak²¹ roi²¹.
   群   孩子   去 学   了
   孩子们上学去了。

⑤ boŋ²¹ doŋ²¹tɕi³⁵ kon²¹ lai²¹³ toŋ⁵⁵ no³⁵.
   群   同志   都   来   看   他
   同志们都来看望他。

（三）名词的重叠

1. 京语中有少量的名词可重叠。重叠后形式倾向于表达周遍意义。例如：

① kəi⁵⁵ kəi⁵⁵ dei²¹³ rəŋ²¹³, rəŋ²¹³ rəŋ²¹³ dei²¹³ kəi⁵⁵.
   树   树   满   山   山   山   满   树
   树树满山，山山有树。

② ra²¹ ra²¹ vit²¹ vit²¹ kon²¹ ko³⁵.
   鸡   鸡   鸭   鸭   都   有
   鸡鸡鸭鸭都有。

③ reu²¹³ reu²¹³ thit²¹ thit²¹ ba:i²¹ de:i²¹ mot²¹ ban²¹³.
   酒   酒   肉   肉   摆   满   一   桌
   酒酒肉肉摆了一桌。

2. 京语名词一般不能重叠，但少数带有量词性质的名词可以重叠，表示"每一"。例如：

① me³⁵ nai²¹ dei⁵⁵ ŋai²¹ ŋai²¹ kon²¹ mɯə⁵⁵.
   几   天   这   天   天   都   下雨
   这几天，天天下雨。

② na²¹ tɕɯɯn³⁵toi⁵⁵ la:m²¹ la:m⁵⁵ kon²¹ joŋ²¹ bap³⁵.
   家   我们   年   年   都   种   玉米
   我们家年年都种玉米。

（四）名词的指大与指小

京语表示事物的大小时都是通过附加指大或指小的词素来实现，表示大的事物时，通常在名词后面加 to⁵⁵，to⁵⁵ 位于被修饰成分的后面为本民族固有形式；表示小的事物时，在名词后面加 bɛ³⁵、no³⁵来实现。例如：

ka³⁵ to⁵⁵ 大鱼　　　　　　　　　　neu²¹ bɛ³⁵ 小路
鱼   大　　　　　　　　　　　　　路   小

ɣa:n⁵⁵ ɕim⁵⁵ ɳo³⁵小钢钎　　　　　　　ja:i⁵⁵ be:u³⁵ ɳo³⁵小胖子
钢　钎　小　　　　　　　　　　　　　子　胖　小

（五）名词的句法功能

1. 作主语

名词作主语时通常位于句首。例如：

① ɣən²¹ ban²¹diə²¹³ khoŋ⁵⁵ ka:i⁵⁵.
　姜　本地　　不　辣
　本地姜不辣。

② thə²¹ ha:ŋ²¹³ tɕau³⁵ lai²¹den³⁵ ɕon⁵⁵ tɕun³⁵toi⁵⁵ roi²¹.
　匠　补　　锅　来到　　村　我们　　　了
　补锅匠到我们村子来了。

③ bak³⁵ɕi³⁵ ve³⁵ ɳo³⁵ kha:m³⁵bi:ŋ²¹³.
　医生　　给　他　看病
　医生给他看病。

④ kwən²¹au³⁵ kon²¹ fəi⁵⁵ ə²¹³ ɳa²¹ ŋwa:i²¹ fəi⁵⁵ la:n³⁵.
　衣服　　　都　　晒　在　屋　外　　晒　太阳
　衣服都晒在太阳下。

⑤ te³⁵kɔn⁵⁵ bi²¹³ ɳo³⁵ nɔi³⁵ dɯək²¹ khoŋ⁵⁵biət³⁵ han²¹ɕau⁵⁵ ban²¹³.
　小孩子　　被　　他　说　得　　　不　知道　　　怎么办
　小孩子被他说得不知道怎么办。

⑥ thəp³⁵toi³⁵ mat²¹jəi²¹ do³⁵vən²¹vən²¹, thət²¹ la²¹ dɛp²¹.
　霞晚　　　太阳　红彤彤　　　实　是　美
　晚霞红彤彤的，真的很美。

2. 作宾语

名词做宾语通常位于主语和谓语的后面。例如：

① toi⁵⁵ khoŋ⁵⁵a:n⁵⁵ thit²¹nən²¹³.
　我　不吃　　肉猪
　我不吃猪肉。

② ko⁵⁵ɣa:i³⁵ mɯəi²¹ta:m³⁵ doi³⁵ thit³⁵ deu⁵⁵ hwa⁵⁵.
　姑娘　　　十八　　　　岁　爱　　戴　　花
　十八岁的姑娘爱戴花。

③ toi⁵⁵ la²¹ koŋ⁵⁵ɳa:n⁵⁵ mi:n²¹ la²¹ noŋ⁵⁵rəŋ⁵⁵ ɳo³⁵ la²¹ hak²¹ɕin⁵⁵.
　我　是　工人　　　你　是　农民　　　他　是　学生
　我是工人，你是农民，他是学生。

④ n̪a²¹ toi⁵⁵ noi⁵⁵ dɯək²¹ mot²¹ kɔn⁵⁵ tɕo³⁵ hwa⁵⁵ kɔn⁵⁵.
　家　我　养　得　　一　只　狗　花　仔
我家养了一只小花狗。

3. 作定语

京语名词作定语有本民族固有的形式，表现如下：

（1）京语方位名词受名词修饰时，通常名词位于方位词的后面作定语。例如：

① nɔk³⁵n̪a²¹ bi²¹³ thɯən⁵⁵ dap³⁵ kwa⁵⁵ roi²¹.
　顶屋　被　雪　　盖　过　了
屋顶被雪盖住了。

② ta:m⁵⁵n̪a²¹ ko³⁵ ŋɯəi²¹ noi³⁵ tin²¹³.
　里屋　　有　人　　说　话
房子里有人说话。

③ ten⁵⁵ban²¹ ko³⁵ mot²¹ kwen²¹ that³⁵.
　上桌　　有　一　　本　　书
桌子上有一本书。

④ n̪a²¹ dek³⁵mat²¹ ko³⁵ mot²¹ kɔn⁵⁵ thən⁵⁵, thau⁵⁵ n̪a²¹ ko³⁵ mot²¹ kai³⁵ nui³⁵.
　屋　前面　　　有　一　　条　河，　后　房　有　一　　座　山
房子前面有一条河，房子后面有一座山。

⑤ jəɯ³¹⁵ n̪a²¹ de³⁵ ko³⁵ mot²¹ tɕəuk³⁵ ban²¹ vəŋ⁵⁵.
　当中　屋　放　有　一　　张　　桌　　方
屋子当中放着一张小方桌。

（2）京语方位名词修饰名词、量词时，方位名词可以位于被修饰名词或量词的前面或者后面。例如：

① bi:n⁵⁵ten⁵⁵ ha:i⁵⁵ təm³⁵ vəŋ²¹ dei³⁵ joŋ²¹ bap³, bi:n⁵⁵jəi³⁵ ba⁵⁵ təm³⁵ vəŋ²¹
　边上　　　两　　块　地　这　种　玉米　边下　　三　块　地
dei³⁵ joŋ²¹ dau²¹bau⁵⁵.
这　种　豆包
上面那两块地种玉米，下面这三块地种花生。

② nui³⁵bi:n⁵⁵ doŋ³⁵ ka:u³⁵ hən⁵⁵ nui³⁵bi:n⁵⁵ te:i⁵⁵.
　山边　　　东　　高　　过　　山边　　　西
东边的山比西边的山高。

③ kwən²¹au³⁵ mat²¹ ta:ŋ⁵⁵ hep²¹, mat²¹ ŋwa:i²¹ rəŋ²¹³.
　衣服　　　面　里　窄　　面　　外　宽
里面的衣服窄，外面的衣服宽。

④ kai³⁵n̩a²¹ dek³⁵mat²¹ la²¹ ko²¹ bak³⁵ toi⁵⁵, kai³⁵ n̩a²¹ den²¹thau⁵⁵
　座屋　　前面　　　是　的　伯　我　　座　屋　　后面
la²¹ ko²¹ tɕu³⁵ toi³⁵.
　是　的　叔　我

前面的房子是我伯父的，后面的房子是我叔叔的。

以上第一句是方位名词位于被修饰词前面，第二句到第四局是方位名词位于被修饰词后面。

（3）名词修饰名词表示领属关系时，不管中间有没有结构助词"的"连接，修饰性成分都位于被修饰成分的后面。例如：

① ha:ŋ²¹³ ko²¹ bat³⁵hwa³⁵koŋ⁵⁵ti⁵⁵ hət²¹ n̩iu²¹, meu²¹ hoŋ²¹, məu²¹ ɕa:n⁵⁵, kon²¹ ko³⁵.
　货　　的　　百货公司　　　　实　多　　色　红　色　蓝　　都　有

百货公司的货真多，红的、蓝的都有。

② ba⁵⁵tɕiək³⁵ me³⁵ka:i²¹ ko²¹ koŋ⁵⁵ti⁵⁵ tɕun³⁵ta⁵⁵ that²¹ tot³⁵.
　三辆　　　拖拉机　　的　公司　　我们　　实　好

咱们公司的那三辆新拖拉机真好。

③ ŋɯə²¹ ko²¹ ɕon⁵⁵ hoŋ⁵⁵kwa⁵⁵ de³⁵ ŋɯə²¹ kon⁵⁵ roi²¹.
　马　的　村　　昨天　　生　马　小　了

社里的马昨天下小驹了。

④ n̩a²¹ ko²¹ bak³⁵ toi⁵⁵ da³⁵ thɯə³⁵ tot³⁵ roi²¹.
　屋　的　伯　我　已　修　　好　了

伯父的房子已经修好了。

⑤ kɔn⁵⁵ ko²¹ bi³⁵thɯ⁵⁵ lai²¹ və²¹ ɕa:n⁵⁵ja⁵⁵ ɕa:n²¹ɕot³⁵ roi²¹.
　儿　的　支书　　来　回　参加　　　生产　　了

支书的儿子回来参加生产了。

（4）名词修饰名词表示来源、出处、年龄等关系时，修饰词位于被修饰词的后面，中间一般不需要结构助词连接。例如：

① ɣən²¹ ban²¹diə²¹³ khoŋ⁵⁵ ka:i⁵⁵.
　姜　　本地　　　不　　辣

本地姜不辣。

② tɛ³⁵kɔn⁵⁵ la:m⁵⁵ doi³⁵ thit³⁵ ban³⁵pha:u³⁵
　孩子　　　五　岁　爱　放炮

五岁的孩子爱放鞭炮。

③ ko⁵⁵ɣa:i³⁵ mɯəi²¹ta:m³⁵ doi³⁵ thit³⁵ deu⁵⁵ hwa⁵⁵.
　姑娘　　　十八岁　　　　爱　戴　　花

十八岁的姑娘爱戴花。

④ the²¹ ko²¹ tɕun³⁵ta⁵⁵ la²¹ ŋɯəi²¹ bak³⁵kin⁵⁵.
　　师　　的　　我们　　　是　人　　北京

我们的老师是北京人。

4. 作状语

表示时间、方位、地点的名词可以作句子的状语。例如：

① no³⁵ hoŋ⁵⁵nai⁵⁵ lai²¹³.
　他　　今天　　　来

他今天来。

② khi⁵⁵ nau²¹ doi³⁵ roi²¹, thi²¹ khi⁵⁵ nau²¹ a:n⁵⁵.
　时　哪　饿　了　　就　时　哪　吃

什么时候饿了，什么时候吃。

③ khi⁵⁵ tha:ŋ³⁵ bai²¹³ tha:ŋ³⁵ ta:m³⁵ ɣat²¹ thak³⁵.
　时　月　　七　　月　　八　　割　稻

七八月里割稻子。

④ tha:ŋ³⁵nai⁵⁵ toi⁵⁵ di⁵⁵ ka:i²¹vəŋ²¹, tɕiu²¹³ di⁵⁵ da:u²¹ khwai⁵⁵la:ŋ⁵⁵.
　早上　　我　去　犁田　　　　下午　去　捡　白薯

我早上去犁田，下午去挖白薯。

5. 作补语

京语少量名词可以作补语，主要是方位名词、时间名词和地点名词。例如：

① toi⁵⁵ dəɯ²¹ mi:n²¹ nɯə³¹⁵ŋai²¹ roi²¹, mi:n²¹ kon²¹ khoŋ⁵⁵ lai²¹.
　我　等　你　　半天　　　了　你　都　没　来

我等了半天你都不来。

② thɔk³⁵ la:m⁵⁵ nai⁵⁵ tot³⁵ həŋ⁵⁵ la:m⁵⁵ ŋwa:i³⁵.
　谷　年　　这　好　过　年　　去

今年的稻子比去年的好。

二　代词

代词是在句中起代替、指示作用的词语，它跟所代替、指示的语言单位的语法功能基本相同，其作用在于使语言经济、简约。代词分类方法有多种，若按句法功能划分，可以分为三类：代名词、代谓词、代副词；若按传统语法的作用标准划分，可以分为五类：人称代词、疑问代词、指示代词、反身代词、不定代词。

（一）人称代词

1. 人称代词的语法特征

（1）京语人称代词没有格的变化，无论是第几人称代词，施事、受事和领属关系三者的形式相一致。

表 5–1　　　　　　　　　京语人称代词

人称	数	施事	受事	领属关系
第一人称	单数	ta:u^{55}/to:i^{55}我	ta:u^{55}/to:i^{55}我	ta:u^{55}/to:i^{55}我
	复数	tɕu:n^{35}ta:u^{55}我们 tɕu:n^{35}to:i^{55}我们	tɕu:n^{35}ta:u^{55}我们 tɕu:n^{35}to:i^{55}我们	tɕu:n^{35}ta:u^{55}我们 tɕu:n^{35}to:i^{55}我们
第二人称	单数	mi:n^{21}你(亲切) ma:i^{21}你(不礼貌)	mi:n^{21}你(亲切) ma:i^{21}你(不礼貌)	mi:n^{21}你(亲切) ma:i^{21}你(不礼貌)
	复数	tɕun^{35}mi:n^{21}你们 tɕun^{35}ma:i^{21}你们	tɕun^{35}mi:n^{21}你们 tɕun^{35}ma:i^{21}你们	tɕun^{35}mi:n^{21}你们 tɕun^{35}ma:i^{21}你们
第三人称	单数	ba^{35}他老人 no^{35}他/她/它	ba^{35}他老人 no^{35}他/她/它	ba^{35}他老人 no^{35}他/她/它
	复数	tɕu:n^{35}no^{35}他们/她们/它们	tɕu:n^{35}no^{35}他们/她们/它们	tɕu:n^{35}no^{35}他们/她们/它们

A. 施事　例如：

① toi^{55} muə^{55} ha:i^{55}mɯei^{35} tɕiək^{35} bat^{35}.
　　我　买　二十　　　只　　碗
　　我买了二十只碗。

② no^{35} muə^{55} mot^{21}thi^{35} va:i^{35} ve^{21}.
　　他　买　一些　　布　回
　　他买了一些布回来。

③ toi^{55} la^{21} koŋ^{55}n̩a:n^{55}, mi:n^{21} la^{21} noŋ^{55}rəŋ^{55}, no^{35} la^{21} hak^{21}ɕin^{55}.
　　我　是　工人　　　　你　是　农民　　　他　是　学生
　　我是工人，你是农民，他是学生。

④ mi:n^{21} lai^{21}den^{35} tɕu^{35}nai^{21} ko^{35} bau^{55}lou^{55} roi^{21}?
　　你　　来到　　　这里　　有　多久　　　了
　　你到这里来有多久了？

⑤ tɕun^{35}toi^{55} moi^{35}ŋa:i^{21} a:n^{55} ba^{55} bɯə^{315}.
　　我们　　　每天　　　吃　三　顿
　　我们每天吃三顿饭。

B. 受事　例如：

① tɕo⁵⁵ toi⁵⁵ mot²¹ tit³⁵ nɯək³⁵ wuŋ³⁵, mot²¹ tit³⁵ nɯək³⁵ kon²¹ khoŋ⁵⁵ko⁵⁵ roi²¹.
　　给　我　一　点　水　喝　一　点　水　都　没有　了
　　给我一点水喝，一点儿水也没有了。

② tɕo⁵⁵ toi⁵⁵ la:m⁵⁵ kai³⁵, nei³⁵ kai³⁵ to⁵⁵, khoŋ⁵⁵nei³⁵ kai³⁵ bɛ³⁵.
　　给　我　五　个　要　个　大　不要　个　小
　　给我五个，要大的，不要小的。

③ no³⁵ dəm³⁵ mot²¹ dəm³⁵, da³⁵ no³⁵ mot²¹ da³⁵.
　　他　打　一　拳　踢　他　一　踢
　　他打一拳，踢他一脚。

④ mi:n²¹ dɔŋ²¹i³⁵ nei³⁵ no³⁵ khoŋ⁵⁵?
　　你　同意　嫁　他　不
　　你肯嫁给他吗？

⑤ ha:i⁵⁵ la:m⁵⁵ tɯək³⁵ toi⁵⁵ the³⁵ kwa⁵⁵ no³⁵ mot²¹lən²¹³.
　　两　年　前　我　见　过　他　一次
　　我两年前见过他一次。

C. 领属关系　例如：

① ta:i⁵⁵ toi⁵⁵ da:u⁵⁵.
　　手　我　痛
　　我的手痛。

② mi:n²¹ dap²¹ tɕən⁵⁵ toi⁵⁵ roi²¹.
　　你　踩　脚　我　了
　　你踩我的脚了。

③ no³⁵ la²¹ kɔn⁵⁵ja:i³⁵ ka³¹⁵ ko²¹ toi⁵⁵.
　　他　是　儿子　大　的　我
　　他是我的大儿子。

④ bat³⁵ ko²¹ toi⁵⁵ to⁵⁵ hən⁵⁵ bat³⁵ ko²¹ mi:n²¹.
　　碗　的　我　大　过　碗　的　你
　　我的碗比你的大。

（2）第二人称代词单数没有敬称和谦称之分,第三人称代词没有指人、指物以及性别的区别。

表 5-2　　　　　　　　　京语人称代词单复数

	单数		复数	
第一人称	我	ta:u^{55}，to:i^{55}	我们	tɕu:n^{35}ta:u^{55}，tɕu:n^{35}to:i^{55}
第二人称	你	mi:n^{21}(亲切)，ma:i^{21}(不礼貌)	你们	tɕun^{35}mi:n^{21}，tɕun^{35}ma:i^{21}
第三人称	他	no^{35}	他们	tɕu:n^{35}no^{35}
	她	no^{35}	她们	tɕu:n^{35}no^{35}
	它	no^{35}	它们	tɕu:n^{35}no^{35}

2. 人称代词的句法功能

京语人称代词在句中功能主要作句子的主语、宾语和定语。

（1）作主语

人称代词位于句首时，作句子的主语。例如：

① mi:n^{21}　biət^{35}tɯə^{55}　jəi^{21}　tɕɯə^{21}　toi^{35}　ve^{21}n̠a^{21}.
　你　　必须　　　天　　没　　黑　　回家
　你必须在天黑之前回来。

② toi^{55}　khoŋ^{55}biət^{35}　hat^{35}，mi:n^{21}　biət^{35}　khoŋ^{55}?
　我　　不会　　　　唱　　你　　会　　吗
　我不会唱歌，你会吗？

③ tɕun^{35}toi^{55}　kon^{21}n̠au^{55}　kon^{21}　fai^{35}　ko^{55}ɣa:n^{35}　koŋ^{55}tak^{35}.
　我们　　　大家　　　都　　要　　努力　　　工作
　我们大家都应该努力工作。

④ ma:i^{21}　teu^{21}　duɯək^{21}　len^{55}　khoŋ^{55}?　khoŋ^{55}　duɯək^{21}.
　你　　爬　　得　　　上　　吗　　　不　　得
　你能爬上去吗？不能。

⑤ tɕun^{35}toi^{55}　hoŋ^{55}nai^{55}　di^{55}　joŋ^{21}　kəi^{55}，ɛm^{55}　toi^{55}　joŋ^{21}　duɯək^{21}　mot^{21}
　我们　　　今天　　　去　　种　　树　　弟　　我　　种　　得　　　一

⑥ kəi^{55}　baŋ^{21}，toi^{55}　joŋ^{21}　duɯək^{21}　mot^{21}　kəi^{55}　le^{55}.
　棵　　柚子　我　　种　　得　　　一　　棵　　梨
　我们今天去种树，弟弟种了一棵柚子树，我种了一棵梨树。

（2）作宾语

人称代词位于谓词或介词的后面，作句子或介词的宾语。例如：

① toi^{55}　tɕo^{55}　no^{35}　mot^{21}kwen^{21}　that^{35}.
　我　　给　　他　　一本　　　书
　我给他一本书。

② tɕəm²¹ kai³⁵ do²¹ dei⁵⁵ tɕo⁵⁵ ta:u⁵⁵.
　　拿　　个　　东西　那　　给　　我
　　把那个东西拿给我。

③ tɕun³⁵no³⁵ ban³⁵ tɕo⁵⁵ tɕun³⁵toi⁵⁵ ba⁵⁵ta:m⁵⁵ kən⁵⁵ bap³⁵ ju:ŋ³⁵.
　　他们　　卖　给　我们　　三百　　斤　玉米　种
　　他们卖给我们三百斤玉米种子。

④ ma:i²¹ nɔi³⁵ tɕiək³⁵ viək²¹ nai²¹ tɕo⁵⁵ no³⁵.
　　你　说　　件　　事　这　给　他
　　你把这件事告诉他。

⑤ mɛ²¹ toi⁵⁵ di⁵⁵ muə⁵⁵ kwən²¹au³⁵ ve³⁵ ja:i²¹ tɕo⁵⁵ toi⁵⁵.
　　妈　我　去　买　衣服　　和　鞋　给　我
　　我的妈妈去买衣服和鞋子给我。

（3）作定语

人称代词位于中心词的后面修饰、限制前面的中心词，充当句子的定语。例如：

① no³⁵ la²¹ re²¹ ko²¹ toi⁵⁵.
　　她　是　姨　的　我
　　她是我的姨妈。

② no³⁵ la²¹ ban²¹ tot³⁵ ko²¹ toi⁵⁵.
　　他　是　朋友　好　的　我
　　他是我的好朋友。

③ no³⁵ tim²¹ duək²¹ that³⁵ toi⁵⁵ roi²¹.
　　他　找　着　书　我　了
　　他找着了我的书。

④ mi:n²¹ kwen⁵⁵ de²¹tɕi³⁵ ko²¹ ta:u⁵⁵ roi²¹.
　　你　忘　地址　　的　我　了
　　你忘了我的地址。

⑤ mɛ²¹ toi⁵⁵ di⁵⁵ muə⁵⁵ kwən²¹au³⁵ ve³⁵ ja:i²¹ tɕo⁵⁵ toi⁵⁵.
　　妈　我　去　买　衣服　　和　鞋　给　我
　　我的妈妈去买衣服和鞋子给我。

人称代词作定语时，有的不需要结构助词，如上述句③和句⑤。部分句子借用汉语的 ko²¹（的）来表达修饰关系，此时人称代词位于被修饰词的后面，如上述句①、句②和句④。

（二）疑问代词

1. 定义及分类

表示疑问的代词叫作疑问代词，按照疑问的内容可分为指人疑问代词、指物疑问代词、时间疑问代词、处所疑问代词、数量疑问代词、方式疑问代词、原因疑问代词和程度疑问代词等。

表 5–3　　　　　　　　　　京语疑问代词

分类	指人疑问代词	指物疑问代词	时间疑问代词	处所疑问代词	数量疑问代词	方式疑问代词	原因疑问代词	程度疑问代词
疑问代词	a:i^{55}	kai^{35}ʔi^{21}; i^{21}	khi^{55}nau^{21}; ke^{55}nau^{21}; thəi^{21}ja:n^{55}nau^{21}; ŋa:i^{21}nau^{21}	tɕu^{35}nau^{21}; nau^{21}	ba^{55} ȵiu^{55}	ha:n^{21} thau^{55}	thau^{55}nai^{2}; ve^{21}ha:n^{21} ɕau^{55}	bau^{55}

2. 语法作用

（1）指人疑问代词

京语的指人疑问代词在句中通常能作主语、宾语、定语和表虚指。

A. 作主语　例如：

① a:i^{55}　tɕɯək^{35}　bat^{35}dau^{21}　la:m^{21}?
　　谁　　先　　开头　　做
　　谁先开始做？

② a:i^{55}　bat^{35}dau^{21}　ra^{55}　tai^{55}?
　　谁　　开头　　出　手
　　谁先开始动的手？

③ ai^{55}　hoŋ^{55}nai^{55}　ti:n^{21}　toi^{55}?
　　谁　　今天　　找　我
　　谁今天找我？

④ ai^{55}　la^{21}　the^{21}?
　　谁　是　师
　　谁是老师？

B. 作宾语　例如：

① mi:n^{21}　ə^{21}　ŋwa:i^{35}　ve^{35}　ai^{55}　noi^{35}　ti:n^{213}?
　　你　在　外　和　谁　说　话
　　你在外面跟谁说话？

② mi:n^{21}　ŋe^{35}　məi^{21}　ai^{55}　an^{55}　kən^{55}?
　　你　想　请　谁　吃　饭
　　你打算请谁吃饭？

③ ba³⁵ dei³⁵ la²¹ a:i⁵⁵?
　　婆　那　是　谁
　　她是谁？（指老婆婆）

④ tot³⁵ ɲat³⁵ la²¹ a:i⁵⁵?
　　好　最　是　谁
　　最好的是谁？

⑤ no³⁵ lai²¹ viət³⁵ təɯ²¹ tɕo⁵⁵ ai⁵⁵?
　　他　还　写　　信　给　谁
　　他还给谁写信？

C. 作定语　例如：
dei³⁵ la²¹ kwən²¹au³⁵ ko²¹ ai⁵⁵?
这　　是　衣服　　的　谁
这是谁的衣服？

D. 表虚指
表虚指的是指人疑问代词没有疑问功能，具有任指性和逐指性。例如：
tɕun³⁵toi⁵⁵ kon²¹ɲau⁵⁵ ai⁵⁵ kon²¹ dən²¹ kwen⁵⁵ ai⁵⁵.
我们　　　大家　　　谁　都　　　别　　忘　谁
我们大家谁也别忘了谁。

（2）指物疑问代词
京语的指物疑问代词在句中通常能作主语、宾语、定语和表任指。
A. 作主语
指事疑问代词作主语，位于谓语动词的前面。例如：
① kai³⁵ʔi²¹ kon²¹ tɕa:n²¹ ko³⁵.
　　什么　都　　　没　有
　　什么都没有。

② kai³⁵ʔi²¹ kon²¹ khoŋ⁵⁵ an⁵⁵.
　　什么　也　　不　吃
　　什么也不吃。

B. 作宾语
指物疑问代词作宾语，位于谓语动词或介词的后面。例如：
① nən²¹nai⁵⁵ no³⁵ da:n⁵⁵ la:m²¹ kai³⁵ʔi²¹?
　　这时　　　他　正　　做　　什么
　　这会儿他在干什么？

② tɕun⁵no³⁵ ra⁵⁵ra⁵⁵va:u²¹va:u²¹ la:m²¹ kai³⁵ʔi²¹?
　　他们　　出出进进　　　　　　做　　什么
　　他们进进出出的做什么？

③ hoŋ⁵⁵nai⁵⁵ mi:n³¹ ti:n³⁵ton³⁵ la:m²¹¹ kai³⁵ʔi²¹?
今天   你   打算   做   什么
你今天打算做什么？

C. 作定语

指物疑问代词作定语，固有语序应位于被修饰中心词的前面，而京语的修饰成分位于被修饰中心词的后面。例如：

① mi:n²¹ thit³⁵ an⁵⁵ na:m³⁵ i²¹?
你   喜欢   吃   菜   什么
你喜欢吃什么菜？

② mi:n²¹ tɯən³¹⁵ nou³⁵ ka³⁵ i²¹?
你   想   煮   鱼   什么
你烧什么鱼？

③ no³⁵ ko³⁵ koŋ⁵⁵tak³⁵ i²¹?
他   有   工作   什么
他有什么工作？

④ əŋ³⁵, dei³⁵la²¹ tɕɯ³⁵ ʔi²¹?
嗨   这是   字   什么
嗨，这是什么字？

D. 表任指

指物疑问代词具有任指性和逐指性。例如：

① di⁵⁵ thi²¹ di⁵⁵, khoŋ⁵⁵ko³⁵ kai³⁵ʔi²¹ het³⁵khoŋ⁵⁵noi³⁵!
走   就   走   没有   什么   了不起
走就走，没有什么了不起！

② bət³⁵lən²¹ ko³⁵ kai³⁵ʔi²¹ kho³⁵kha:n⁵⁵.
不论   有   什么   困难
不管有什么困难。

③ ko³⁵ kai³⁵ʔi²¹ tɕo⁵⁵ kai³⁵ʔi²¹.
有   什么   给   什么
有什么给什么。

（3）时间疑问代词

京语的时间疑问代词在句中通常作时间状语和宾语，作时间状语时位于谓语动词或主语的前面，作宾语时位于谓语动词的后面。

A. 作状语

① mi:n²¹ ke⁵⁵ nau²¹ kəɯ³⁵?
你   什么   时候   结婚
你什么时候结婚？

② khi⁵⁵ nau²¹ doi³⁵roi²¹, thi²¹ khi⁵⁵ nau²¹ a:n⁵⁵.
　时　什么　饿了，　就　时　哪　吃
什么时候饿了，什么时候吃。

③ la:m⁵⁵nai²¹ tɕun³⁵toi³⁵ thəi²¹ja:n⁵⁵ nau²¹ di⁵⁵ kwet³⁵ma³⁵?
　今年　　　我们　　　什么　　　时候　去　扫坟
今年我们什么时候去扫墓？

B. 作宾语

tha:n⁵⁵la:m⁵⁵　tet³⁵　hat³⁵　la²¹　ŋa:i²¹　nau²¹?
明年　　　　　节　　哈　　是　　时候　　哪
明年哈节是什么时候？

（4）处所疑问代词

京语的处所疑问代词在句中通常作主语、宾语和状语。

A. 作主语　例如：

dəu⁵⁵　ko³⁵　nɯək³⁵?
哪　　有　　水
哪里有水？

B. 作宾语　例如：

① tɕun³⁵mi:n²¹ ə³⁵ tɕu³⁵nau²¹?
　你们　　　　住　哪里
你们住在哪里？

② no³⁵ fai³⁵ den³⁵ tɕu³⁵nau²¹ di⁵⁵?
　他　要　到　　哪里　　去
他要到哪里去？

③ mi:n²¹ bai⁵⁵jəu²¹³ ə²¹ dəu⁵⁵?
　你　　现在　　　在　哪
你现在在哪儿？

④ ja:u⁵⁵bou²¹ de³⁵ ə³⁵ tɕu³⁵nau²¹³?
　菜刀　　　　放　在　哪里
菜刀放在哪儿？

C. 作状语　例如：

① toi³⁵hoŋ⁵⁵ nai⁵⁵ den³⁵ tɕu³⁵nau²¹ the³⁵mat²¹?
　晚上　　　　天　到　　哪里　　见面
今天晚上到哪里见面？

② kai³⁵ ja:u⁵⁵ ə²¹ tɕu³⁵nau²¹ muə⁵⁵ de³⁵?
　把　　刀　　在　哪里　　　买　的
那把刀从哪里买的？

③ boŋ²¹ ŋɯəi²¹ dei³⁵ di⁵⁵ tɕu³⁵nau²¹ roi²¹ da:u⁵⁵?
伙　人　这　去　哪里　了　哪
这伙人去哪里了？

（5）数量疑问代词

数量疑问代词在句中通常作定语、状语、补语，作状语时不再表示多少，而是表示程度高。

A. 作定语　例如：

① mi:n²¹ nei³⁵ ba⁵⁵n̠iu⁵⁵ tin²¹³?
你　要　多少　钱
你要多少钱？

② rəu⁵⁵ ta:n³⁵ ba⁵⁵n̠iu⁵⁵ ti:n²¹³ mot²¹kən⁵⁵?
菜　白　多少　钱　一斤
白菜多少钱一斤？

③ tɯ²¹ n̠a²¹ mi:n²¹ den³⁵ than²¹ ɕyen²¹³ ko³⁵ba⁵⁵ n̠iu⁵⁵ sa⁵⁵?
从　家　你　到　城　县　有　多　远
从你家到县城有多远？

B. 作状语　例如：

① kai³⁵ the³⁵kwet³⁵ nai²¹ wən³⁵la²¹ to⁵⁵, jɯ⁵⁵ma²¹ khoŋ⁵⁵ ba⁵⁵n̠iu⁵⁵ ŋot²¹.
些　橘子　这　虽然　大　但是　不　多少　甜
这些橘子虽然大，但是不是很甜。

② kai³⁵ lɔi²¹³ va:i³⁵ nai²¹ khoŋ⁵⁵ ba⁵⁵n̠iu⁵⁵ kiət³⁵thət²¹.
个　种　布　这　不　多少　结实
这种布不太结实。

③ toi⁵⁵ khoŋ⁵⁵ ba⁵⁵n̠iu⁵⁵ dɯəŋ³⁵ an⁵⁵.
我　不　多少　想　吃
我不太想吃。

C. 作补语　例如：

toi⁵⁵ khoŋ⁵⁵ baŋ²¹ mi:n²¹ ka:u⁵⁵to⁵⁵ ba⁵⁵n̠iu⁵⁵.
我　不　一样　你　高大　多少
我不比你高大多少。

（6）方式疑问代词

京语的方式疑问代词 han²¹thau⁵⁵ 在句中通常作状语。例如：

① mi:n²¹ fai³⁵ ha:n²¹thau⁵⁵ ban²¹ ni³⁵?
你　要　怎么　办　呢
你将怎么办呢？

② theu⁵⁵ mi:n²¹ han²¹thau⁵⁵ nɔi³⁵, fan²¹tɕin³⁵ toi⁵⁵ la²¹ khoŋ⁵⁵ tin⁵⁵.
　　随　　你　　怎么　　说　　反正　　我　是　不　　信
　　随你怎么说，反正我是不相信的。

③ mi:n²¹ han²¹thau⁵⁵ lai²¹ khoŋ⁵⁵ lai²¹ ni³⁵?
　　你　　怎么　　又　不　　来　呢
　　你怎么不来了呢？

（7）原因疑问代词

京语的原因疑问代词 thau⁵⁵nai²¹、ve²¹³han²¹ɕau⁵⁵（为什么）在句中通常作状语。例如：

① ha⁵⁵ha⁵⁵, dɯək²¹muə²¹ roi²¹, thau⁵⁵nai²¹ khoŋ⁵⁵ vu:i⁵⁵mən²¹?
　　哈哈　丰收　　　了　　为什么　　不　　高兴
　　哈哈！丰收了，还能不高兴？

② mi:n²¹ ve²¹³han²¹ɕau⁵⁵ khoŋ⁵⁵ vu:i⁵⁵mən²¹ we³⁵?
　　你　　为什么　　　　不　　高兴　　　呀
　　你为什么不高兴呀？

③ toi³⁵ hoŋ⁵⁵kwa⁵⁵ dau²¹ ɕon⁵⁵ ve²¹han²¹ɕau⁵⁵ tɕa:i³⁵na²¹ roi²¹?
　　晚　昨天　　　头　　村　　为什么　　　烧房　　　了
　　昨天晚上村头为什么着火了？

（8）程度疑问代词

程度疑问代词主要是 bau⁵⁵ɲiu⁵⁵、bau⁵⁵（多少），在句中通常作状语。例如：

① ɕon⁵⁵ ko²¹ mi:n²¹ ko³⁵ bau⁵⁵ ɲiu⁵⁵ na²¹ ŋɯəi²¹?
　　村　　的　　你　　有　　几　　多　　家　　人
　　你的村子有几家人？

② ə²¹ dei³⁵ den³⁵ than²¹fo³⁵ kon²¹ ko³⁵ bau⁵⁵ ɕa⁵⁵?
　　在　这　　到　　城　　　还　有　多　　远
　　从这到城里还有多远？

③ mi:n²¹ lai²¹den³⁵ tɕu³⁵nai²¹ ko³⁵ bau⁵⁵ lou⁵⁵ roi²¹?
　　你　　来到　　　这里　　　有　　多　　久　　了
　　你到这里来有多久了？

（三）指示代词

1. 定义与分类

指示代词是指称或区别人、事物、时间、情况的代词。京语的指示代词可参见下表：

表 5–4　　　　　　　　　　京语指示代词

分类	区别人	区别事物	区别时间	区别情况
指示代词	kɔn⁵⁵ dei³⁵ ŋɯəi²¹dei⁵⁵	kai³⁵nai²¹ kai³⁵kɯə⁵⁵/kai³⁵dei³⁵	nən²¹nai⁵⁵	kai³⁵nai²¹/kai³⁵kɯə⁵⁵/nai²¹

2. 语法特征

（1）指示代词有近指和远指之分，通常用 nai²¹ 表近指，用 kɯə⁵⁵ 或者 dei³⁵ 表远指。例如：

① ɣaːn³⁵ nai²¹ naːŋ²¹³, ɣaːn³⁵ kɯə⁵⁵ rɛ²¹³.
　 挑　　这　　重　　　挑　　那　　轻
　 这挑重，那挑轻。

② kai³⁵ nai²¹ la²¹ ko³¹ toi⁵⁵, kai³⁵ kɯə⁵⁵ la²¹ ko²¹ miːn²¹.
　 个　 这　 是　的　我　 个　 那　 是　 的　你
　 这个是我的，那个是你的。

③ toi⁵⁵ thit³⁵ kɔn⁵⁵ ŋɯə²¹ nai²¹ məi³⁵ muə⁵⁵, no³⁵ thit³⁵ kɔn⁵⁵ ŋɯə²¹
　 我　 喜欢　 只　马　 这　 新　 买　　他　喜欢　只　马
　 ŋaːi²¹tɯək³⁵ muə⁵⁵ dei³⁵.
　 从前　　　 买　　那
　 我喜欢新买的这匹，他喜欢从前买的那匹（马）。

④ kai³⁵ daːn²¹bo²¹ nai²¹ kɔn⁵⁵ kɔn⁵⁵ kon²¹ bɛu³⁵.
　 群　　牛　　 这　　头　　头　都　肥
　 这一群牛头头都很肥。

（2）京语指示代词在表示距离方面具有层级性，可分为四级表示距离的远近。具体情况如下表。

表 5–5　　　　　　　表示距离方面的四级情况举例

近指	远指	较远指	更远指
kai³⁵ nai²¹这个 个　 这	kai³⁵ dei⁵⁵那个 个　 那	kai³⁵ kɯə⁵⁵那个 个　 那	kai³⁵ kɯə²¹³那个 个　 那
kɔn⁵⁵ nai²¹这只 只　 这	kɔn⁵⁵ dei⁵⁵那只 只　 那	kɔn⁵⁵ kɯə⁵⁵那只 只　 那	kɔn⁵⁵ kɯə²¹³那只 只　 那
tɕu³⁵ nai²¹这里 里　 这	tɕu³⁵ dei⁵⁵那里 里　 那	tɕu³⁵ kɯə⁵⁵那里 里　 那	tɕu³⁵ kɯə²¹³那里 里　 那

具体用法举例如下：

① toi⁵⁵ an⁵⁵ kai³⁵ kwa²¹ bɛ³⁵, miːn²¹ an⁵⁵ kai³⁵ kwa³⁵ kɯə⁵⁵ to⁵⁵.
　 我　吃　个　果　小　　你　 吃　个　果　那　大
　 我吃这个小的，你吃那个大的。

② tçu³⁵ nai²¹ ko³⁵ vəŋ²¹, tçu³⁵ kuɯə⁵⁵ ko³⁵ mot²¹ kɔn⁵⁵ thəŋ⁵⁵, da:n²¹dei³⁵
　　里　这　有　田　里　那　有　一　条　河　那里
ko³⁵ mot²¹ kai³⁵ nui³⁵ to⁵⁵.
有　一　座　山　大

这里有田，那里（指不太远的地方）有一条小河，那里（指比较远的地方）有一座大山。

③ ko²¹ no³⁵ kɔn⁵⁵ nən²¹³ den⁵⁵ nai²¹ bɐu³⁵ həŋ⁵⁵ ba⁵⁵kɔn⁵⁵ nən²¹³ kuɯə⁵⁵.
　　的　他　只　猪　黑　这　肥　过　三只　猪　那

他的这头黑猪比那三头都肥。

④ toi⁵⁵ ə²¹ dei⁵⁵, mi:n²¹ ə²¹ kuɯə⁵⁵, toŋ⁵⁵ ha:ŋ³⁵hɔi³⁵, dən²¹ de³⁵ no³⁵ tça:i²¹di⁵⁵.
　　我　在　这　你　在　那　看　清楚　别　让　他　跑去

我在这，你在那，好好看着，别让他跑了。

（3）指示代词有非单数形式，通常用 kai³⁵the³¹⁵+名词+nai²¹、the³⁵+名词+nai²¹、çəɯ³¹⁵+名词+nai²¹、kai³⁵thi³⁵+名词+nai²¹、kai³⁵+名词+nai²¹等形式来表示"这些+名词"，用 kai³⁵+名词+dei³⁵表示"那些+名词"。具体用哪一种形式表示复数与名词本身也有关系，表示强调与特指。例如：

① the³⁵ kəi⁵⁵ nai²¹ tçet²¹ roi²¹, tçen³⁵ de³⁵ di⁵⁵.
　　些　树　这　死　了　砍　掉　去

这些树死了砍掉吧。

② çəɯ³¹⁵ kwa³⁵ nai²¹ tçuə⁵⁵lom³⁵lom²¹.
　　些　果　这　酸溜溜

这些果子酸溜溜的。

③ kai³⁵thi³⁵ kəi⁵⁵ dei³⁵ mak²¹ duɯək²¹ thət²¹ rəm²¹ra⁵⁵.
　　些　树　那　长　得　很　茂盛

那些树长得很茂盛。

④ bɔŋ²¹ tɛ³⁵kɔn⁵⁵ dei³⁵, toi⁵⁵ tɔn²¹ thuək²¹ tçun³⁵no³⁵.
　　些　孩子　这　我　全　认识　他们

这些孩子，我全认识他们。

⑤ kai³⁵the³¹⁵ ka³⁵ nai²¹ khɔŋ⁵⁵ bau⁵⁵ to⁵⁵, ka³⁵ kɔn⁵⁵ ra:ŋ³⁵ thoi⁵⁵.
　　些　鱼　这　不　太　大　整　条　煎　吧

这些鱼不太大，整条煎吧。

⑥ kai³⁵ hwa⁵⁵ nai²¹ la²¹ te:i⁵⁵do³⁵, kai³⁵ hwa⁵⁵ dei³⁵ la²¹ məu²¹ ɲat²¹vaŋ²¹.
　　些　花　这　是　鲜红　些　花　那　是　色　淡黄

这些花是鲜红的，那些花是淡黄色的。

⑦ kai³⁵ ku²¹tit³⁵ nai²¹ ba⁵⁵ŋa:i²¹ba⁵⁵dem⁵⁵ kon²¹ nɔi⁵⁵ khoŋ⁵⁵ het³⁵.
　 个　 故事　 这　 三天三夜　　　　 也　 讲　 不　 完
　 这个故事三天三夜也讲不完。

⑧ kai³⁵ leu³⁵ dei³⁵ kwan⁵⁵kwan⁵⁵ko⁵⁵ko⁵⁵ khoŋ⁵⁵ tot³⁵ di⁵⁵.
　 条　 路　 这　 弯弯曲曲　　　 不　 好　 走
　 这条路弯弯曲曲的不好走。

3. 语法功能

指示代词在句中常作主语、宾语和定语。

A. 作主语　例如：

① dei³⁵ la²¹ mi:n²¹ khak³⁵mi:n²¹ nɔi³⁵ dei³⁵.
　 这　 是　 你　 自己　　 说　 的
　 这是你自己说的。

② dei³⁵ la²¹ kwən²¹au³⁵ ko²¹ ai⁵⁵?
　 这　 是　 衣服　　 的　 谁
　 这是谁的衣服？

③ dei³⁵ la²¹ ko²¹ mi:n²¹, kɯə⁵⁵ la²¹ ko²¹ no³⁵.
　 这　 是　 的　 你　　 那　 是　 的　 他
　 这是你的，那是他的。

④ tɕu³⁵nai²¹ ko³⁵ nən²¹ rəŋ²¹, khoŋ⁵⁵ ko³⁵ kɔn⁵⁵heu⁵⁵.
　 这里　　 有　 猪　 山　　 没　 有　 黄猄
　 这里有野猪，没有麂子（黄猄）。

⑤ kai³⁵ dei³⁵ tot³⁵ nət³⁵./ kai³⁵ dei³⁵ nət³⁵ tot³⁵.
　 个　 那　 好　 最　　 个　 那　 最　 好
　 那个最好。

B. 作宾语　例如：

① mi:n³¹ teu⁵⁵ kwən²¹au³⁵ ə²¹ tɕu³⁵dei⁵⁵.
　 你　 挂　 衣服　　 在　 这儿
　 你把衣服挂在这儿。

② toi⁵⁵ ə²¹ dei⁵⁵, mi:n²¹ ə²¹ kɯə⁵⁵, toŋ⁵⁵ ha:ŋ³hɔi⁵⁵, dən²¹ de³⁵ no³⁵ tɕa:i²¹ di⁵⁵.
　 我　 在　 这　　 你　 在　 那　　 看清楚　　 别　 让　 他　 跑　 去
　 我在这，你在那，好好看着，别让他跑了。

③ no³⁵ ti:n³⁵ma:i⁵⁵ khwan²¹³ ta:m³⁵jəɯ²¹³ lai²¹den³⁵ tɕu²¹dei⁵⁵.
　 他　 明天　　 大概　　 八点　　　 来到　　 这里
　 他明天八点钟左右来这里。

④ toi⁵⁵ tɕi²¹ den³⁵ kwa³⁵ tɕu³⁵nai²¹, tɕəu³¹⁵ di⁵⁵ kwa⁵⁵ diə²¹fuŋ⁵⁵ khak³⁵.
　我　只　到　过　这里　　没　到　过　地方　别
　我只到过这里，没有到过别的地方。

C. 作定语　例如：

① biŋ²¹ ko²¹ tɛ³⁵kɔn⁵⁵ mi:n²¹, khoŋ⁵⁵an⁵⁵ ɕəu³⁵ thok³⁵ nai³⁵ khoŋ⁵⁵dɯək²¹.
　病　的　孩子　　你　　不吃　　种　药　这　不得
　你孩子的病，非吃这种药不可。

② tɕun³⁵toi⁵⁵ da:n⁵⁵kɯu²¹ thɯən⁵⁵lɯən²¹ kai³⁵ wən³⁵di²¹ dei³⁵.
　我们　　正在　　　　商量　　　　个　问题　　这
　我们正在商量这个问题。

③ ma:i²¹ nɔi³⁵ tɕiək³⁵ viək²¹ nai²¹ tɕo⁵⁵ no³⁵.
　你　说　件　　事　　这　给　他
　你把这件事告诉他。

④ toi⁵⁵ la²¹ ŋɯəi²¹ ə²¹ kai³⁵ ɕon⁵⁵ nai⁵⁵.
　我　是　人　　在　个　村　　这
　我是这个村子的人。

（四）反身代词

1. 反身代词的形式

京语的反身代词比较简单，只有一个借汉形式 khak³⁵mi:n²¹；可以跟各个人称代词连用组成各种形式。khak³⁵mi:n²¹ 只有单数形式，没有调查到复数形式。

表 5-6　　　　　　　　　京语反身代词

第一人称		第二人称		第三人称	
单数	复数	单数	复数	单数	复数
toi⁵⁵khak³⁵mi:n²¹我自己		mi:n²¹kha:k³⁵mi:n²¹你自己		no³⁵khak³⁵mi:n²¹他自己	

2. 反身代词的语法特征

京语反身代词 khak³⁵mi:n²¹ 单用，或与人称代词连用。例如：

① dei³⁵ la²¹ mi:n²¹ khak³⁵mi:n²¹ nɔi³⁵ dei³⁵.
　这　是　你　　自己　　　说　的
　这是你自己说的。

② no³⁵ tɕi²¹ kwan³⁵ khak³⁵mi:n²¹, khoŋ⁵⁵kwan³⁵ ŋɯəi²¹ ŋwa:i²¹.
　他　只　管　　自己　　　　不管　　　　人　　外
　他只管自己，不管别人。

③ toi⁵⁵ khak³⁵mi:n²¹ kon²¹ khoŋ⁵⁵ biət³⁵, mi:n²¹ han²¹thau⁵⁵ biət³⁵ dɯək²¹?
　我　自己　　　都　不　知　你　怎么　　知道　得
　我自己都不知道，你怎么会知道？

④ tɕun³⁵mi:n²¹ dən²¹ nɔi³⁵, de³⁵ no³⁵ khak³⁵mi:n²¹ nɔi³⁵.
　你们　　　别　说　让　他　自己　　　说
　你们别说，让他自己说吧。

3. 反身代词的语法功能

京语反身代词在句子中主要作主语、宾语和定语。

（1）作主语

A. 反身代词位于句子的句首，作主语。例如：

① toi⁵⁵ khak³⁵mi:n²¹ kon²¹ khoŋ⁵⁵ biət³⁵, mi:n²¹ han²¹thau⁵⁵ biət³⁵ dɯək²¹?
　我　自己　　　都　不　知　你　怎么　　知道　得
　我自己都不知道，你怎么会知道？

② tɕun³⁵toi⁵⁵ khoŋ⁵⁵ di⁵⁵ roi²¹, mi:n²¹ kha:k³⁵mi:n²¹ di⁵⁵ lo⁵⁵.
　我们　　不　去　了　你　自己　　　去　吧
　我们不去了，你自己去吧。

③ no³⁵ khak³⁵mi:n²¹ nou³⁵ kən⁵⁵.
　他　自己　　　煮　饭
　他自己煮饭。

④ toi⁵⁵ khak³⁵mi:n²¹ la:m²¹ ɕun³⁵di⁵⁵.
　我　自己　　　做　下去
　我自己做下去。

B. 反身代词还可以位于句子的后面作宾语，表示领属关系。例如：

ɲa²¹ ko²¹ khak³⁵mi:n²¹.
房　是　自己
你自己的房子。

（2）作宾语

反身代词可出现在句子谓词的后面作句子的宾语。例如：

① no³⁵ khak³⁵mi:n²¹ viət³⁵ mot²¹ la³⁵ thəɯ⁵⁵ tɕo⁵⁵ khak³⁵mi:n²¹.
　他　自己　　　写　一　封　信　给　自己
　他给（他）自己写了一封信。

② tɕun³⁵mi:n²¹ dən²¹ nɔi³⁵, de³⁵ no³⁵ khak³⁵mi:n²¹ nɔi³⁵.
　你们　　　别　说　让　他　自己　　　说
　你们别说，让他自己说吧。

（3）作定语

反身代词可位于名词性中心词的后面作句子的定语，表领属关系。例如：

① toi⁵⁵ mak²¹ kwən²¹au³⁵ ko²¹ khak³⁵mi:n²¹.
我 拿 衣服 的 自己
我拿自己的衣服。

② tɕun³⁵no³⁵ di⁵⁵roi²¹ toi⁵⁵ ve³⁵ dɯək²¹ la:m²¹ viək²¹ ko²¹ khak³⁵mi:n²¹.
他们 走了 我 才 得 做 事 的 自己
他们走了我才能做自己的事。

③ bo³⁵mɛ²¹ ha:n²¹ɕau⁵⁵ i:u⁵⁵ kɔn⁵⁵ ko²¹ khak³⁵mi:n²¹?
父母 怎么 爱 孩子 的 自己
父母怎么爱自己的孩子？

（五）不定代词

1. 定义

京语的不定代词主要有以下两类：一是指人的，如 ŋɯəi²¹khak³⁵（别人）、ŋɯəi²¹ŋwa:i²¹（人家）、kon²¹ɲa:u⁵⁵（大家）等；二是指物或指处所，如 tɕu³⁵nau²¹（到处）。

2. 语法功能

（1）指人的不定代词

指人的不定代词可在句中充当主语、宾语和定语。例如：

① tɕun³⁵ta⁵⁵ khoŋ⁵⁵nei³⁵ kuə²¹³kai³⁵ ko²¹ ŋɯəi²¹ ŋwa:i²¹.
我们 不要 东西 的 人 外
咱们不要人家的东西。

② no³⁵ khoŋ⁵⁵ di⁵⁵, de³⁵ ŋɯəi²¹ khak³⁵ di⁵⁵.
他 不 去 让 人 别 去
他不去，让别人去。

③ mi:n²¹ dən²¹ nɔi³⁵ tɕo⁵⁵ ŋɯəi²¹ khak³⁵.
你 别 说 给 人 别
你别告诉别人。

④ kon²¹ɲa:u⁵⁵ kon²¹ lai²¹ roi²¹.
大家 都 来 了
大家都来了。

（2）指物或指处所的不定代词

指物或指处所的不定代词在句中主要充当主语。例如：

① tɕu³⁵nau²¹ kon²¹ ko³⁵ moi²¹ reu²¹³.
　 到处　　 都　　有　味　酒
　 到处都有酒味。

② dau⁵⁵ kon²¹ ko³⁵ kwa³⁵.
　 到处　 都　 有　 果
　 到处都是水果。

三　数词

数词是表示数目或次序的词类。京语数词下分为基数词和序数词两大类。

（一）基数词

基数词表示事物数目的多少。京语基数词是简单的十进位制，"十"以内数词可以和"十"以上数词搭配组成复合数词。如果"十"以内数词位于"十"以上的数词前，两者之间是相乘关系；反之，如果"十"以上数词位于"十"以内数词前，两者之间是相加关系。

1. 十以内数词　例如：

mot²¹一　　　　 ha:i⁵⁵二　　　 ba⁵⁵三　　　 bon³⁵四　　　 la:m⁵⁵五
tha:u³⁵六　　　 bai²¹³七　　　 ta:m³⁵八　　 tɕin³⁵九　　　 khoŋ⁵⁵零

2. 十以上数词　例如：

ha:i⁵⁵mɯəi⁵⁵二十　　　　 ba⁵⁵mɯəi⁵⁵三十　　　 tam⁵⁵百
ŋen²¹千　　　　　　　　　 va:n²¹万　　　　　　 ʔək³⁵亿

在表示"二十、三十"等二十以上数字时，十 mɯəi²¹变调 mɯəi⁵⁵。

3. 复合数词

（1）相加关系　例如：

mɯəi²¹mot²¹十一　　　　 mɯəi²¹hai⁵⁵十二　　　　 mɯəi²¹ba⁵⁵十三
mɯəi²¹bai²¹³十七　　　　 mɯəi²¹ta:m³⁵十八　　　 mɯəi²¹tɕin³⁵十九
ha:i⁵⁵mɯəi⁵⁵ha:i⁵⁵二十二　　　　 tɕin³⁵mɯəi⁵⁵tɕin³⁵九十九

京语数词表示余数借助汉语零（len⁵⁵）。例如：

mot²¹tam⁵⁵len⁵⁵mot²¹一百零一　　　　 mot²¹tɕam⁵⁵len⁵⁵la:m⁵⁵一百零五
ba⁵⁵ŋen²¹len⁵⁵la:m⁵⁵mɯəi⁵⁵三千零五十

（2）相乘关系　例如：

bon³⁵mɯəi⁵⁵四十　　　　 la:m⁵⁵mɯə:i⁵⁵五十　　　 thau³⁵mɯə:i⁵⁵六十
bai³¹⁵mɯəi⁵⁵七十　　　　 ta:m³⁵mɯəi⁵⁵八十　　　 tɕin³⁵mɯəi⁵⁵九十

（3）相加与相乘的组合关系　例如：

mot²¹ŋe:n²¹len⁵⁵ha:i⁵⁵mɯəi⁵⁵mot²¹一千零二十一

（二）序数词

序数词表示事物的次序前后，京语序数词可分为一般先后次序、长幼排行、时间序列等类别。

1. 一般先后次序

京语表示一般先后次序直接借用汉语借词及其语序来表示先后次序。例如：

de^{35}hai^{55}第二　　　　de^{35}ba^{55}第三　　　　de^{35}mɯəi^{21}第十

2. 长幼排行

京语表示长幼排行，通常是在名词后面加基数词表示排行。例如：

kɔn^{55}ja:i^{55}ka^{35}大儿子　　kɔn^{55}ja:i^{55}ha:i^{35}二儿子　　kɔn^{55}ja:i^{55}ʔut^{35}小儿子

kɔn^{55}ɣai^{35}ka^{35}大女儿　　kɔn^{55}ɣai^{35}ha:i^{55}二女儿　　kɔn^{55}ɣai^{35}ʔut^{35}小女儿

表示亲属称谓的排行，在亲属称谓后直接加基数词，但排行最大和排行最小的在亲属称谓后加 ka^{35}（大）、ʔut^{35}（小）。

3. 时间序列

（1）一月内各天次序

京语从汉语借用了一月内日期的表达法，通常用阴历表示。例如

muŋ^{21}mot^{21}初一　　　　muŋ^{21}hai^{55}初二　　　　muŋ^{21}mɯəi^{21}初十

mɯəi^{21}mot^{21}十一　　　　ŋai^{21}ram^{21}十五　　　　ba^{55}mɯəi^{55}三十

阴历的日期，在基数词前加 muŋ^{21}（初）表示（限于"十"以下的基数，"十"以上不需要加 muŋ^{21}）。

（2）一年内各月的次序也借用汉语一年内各月次序的表达方式，是在 tha:ŋ^{35}（月）后加数字表示，四月和十二月较特殊，不是单纯的 tha:ŋ^{35}（月）后加数字。例如：

tha:ŋ^{35}jən^{55}一月　　　　tha:ŋ^{35}ha:i^{55}二月　　　　tha:ŋ^{35}ba^{55}三月

tha:ŋ^{35}tɯ^{55}四月　　　　tha:ŋ^{35}mɯəi^{35}mot^{21}十一月　　tha:ŋ^{35}tɕap^{21}十二月

上述的 tha:ŋ^{35}tɯ^{55}（四月）和 tha:ŋ^{35}tɕap^{21}（十二月）分别不能说成 tha:ŋ^{35}bon^{35}和 tha:ŋ^{35}mɯəi^{21}ha:i^{55}。

（三）约数

一是京语数词与其他表示 len^{55}ɕon^{35}（上/下）、khwaŋ^{21}（约/大概）、nai^{21}khwaŋ^{21}（大概）等意义的短语和词语组合。例如：

① no^{35}　　ti:n^{35}ma:i^{55}　　khwaŋ^{21}ta:m^{35}　　jəu^{213}　　lai^{21}den^{35}　　tɕu^{21}dei^{55}.
　　他　　　明天　　　　大概　　　　　八点　　来到　　　这里

他明天八点钟左右来这里。

② kɔn^{55}　　ŋɯəi^{21}　　dei^{21}　　ko^{35}　　len^{55}ɕon^{35}　　ba^{55}mɯəi^{55}　　tui^{35}.
　　个　　　人　　　那　　有　　　上下　　　三十　　　岁

那个人有三十岁上下。

③ ɕon⁵⁵ tɕun³⁵toi⁵⁵ ko³⁵ mot²¹ta:m⁵⁵ həŋ⁵⁵ nɔk²¹ n̪a²¹, khwaŋ²¹ la:m⁵⁵ta:m⁵⁵ ŋɯəi²¹.
村　　我们　　　　有　一百　　多　户　家　约　　五百　　　人
我们村有一百多家，约五百人。

④ kai³⁵ tɛ³⁵ kɔn⁵⁵ nai²¹khwaŋ²¹ ko³⁵ mɯəi²¹ha:i⁵⁵ mɯəi²¹ba⁵⁵ tui³⁵.
个　孩　这　　大概　　　有　　十二　　　　十三　　岁
这个孩子有十二三岁。

二是京语相邻的数词搭配连用表示概数，不相邻的数词不能连用表示概数。例如：

① la:m⁵⁵ thau³⁵ kɔn⁵⁵ ŋɯəi²¹ ta:m³⁵ tɕin³⁵ kɔn⁵⁵ ŋɯəi²¹ bin³⁵ than²¹³ mot²¹to³⁵.
五　　六　　个　　人　　八　　九　　个　　人　　编　　成　　一组
五六个人（七）八九个人编成一组。

② kai³⁵ tɛ³⁵ kɔn⁵⁵ nai²¹khwaŋ²¹ ko³⁵ mɯəi²¹ha:i⁵⁵ mɯəi²¹ba⁵⁵ tui³⁵.
个　孩　这　　大概　　　有　　十二　　　　十三　　岁
这个孩子有十二三岁。

③ bo³⁵ ko²¹ no³⁵ da²¹ ko³⁵ ba:i²¹ ta:m³⁵ mɯəi⁵⁵ tui³⁵ roi²¹.
父　　的　他　已　有　　七　　八　　十　　岁　了
他父亲已经有七八十岁了。

④ bi:n⁵⁵ thəŋ⁵⁵ ko³⁵ ba⁵⁵ bon³⁵ ŋɯəi²¹ kwən³⁵ au³⁵.
边　　河　　有　三　　四　　人　　洗　　衣服
河边有三（四）五个人洗衣服。

⑤ ten⁵⁵ kəi⁵⁵ kon²¹ ko³⁵ mot²¹ ha:i⁵⁵ kwa³⁵.
上　树　　还　　有　一　　二　　果
树上还有一两个果子。

三是直接用表示概数的词语如 mot²¹tit³⁵（一点）、me³⁵（几）、ko³⁵the³⁵（有些）等表示。

① lai²¹³ ke:u³⁵ ra:i²¹ mot²¹tit³⁵.
再　　拉　　长　　一点
再拉长一点。

② me³⁵ ŋa:i²¹ dei⁵⁵ ŋa:i²¹ŋa:i²¹ kon²¹ mɯ⁵⁵.
几　天　　这　　天天　　　都　下雨
这几天，天天下雨。

③ tɕo⁵⁵ toi⁵⁵ mot²¹ tit³⁵ nɯək³⁵ ʔuŋ³⁵, mot²¹ tit³⁵ nɯək³⁵ khoŋ⁵⁵ ko⁵⁵ roi²¹.
给　我　一　　点　水　　喝　　一　　点　　水　　没　有　了
给我一点水喝，一点儿水也没有了。

④ ko³⁵the³⁵ ŋɯəi²¹ da:u²¹ dət³⁵, ko³⁵the³⁵ ŋɯəi²¹ ɣa:n³⁵.
　有些　　人　　挖　　土　　有些　　　人　　挑
有些人挖土，有些人挑。

me³⁵（几）作为疑问数词可以表示大于一小于十的不定数目。例如：me³⁵dɯə³⁵（几个）、me³⁵kɔn⁵⁵（几只）等。

① ku²¹ja²¹ ko³⁵ me³⁵ dɯə³⁵ tɕa:u³⁵ roi²¹?
　老人　　有　几　个　　孙　　了
你老人家有几个孙子了？

② ə²¹dei³⁵ ko³⁵ me³⁵ kɔn⁵⁵?
　这里　　有　几　只
这里有几只？

（四）数词的句法功能

数词通常要跟量短语合成数量短语才能充当句法成分，数量短语能充当主语、谓语和宾语，通常用作定语、状语或补语，数词不与量词连用有时也能充当主语和宾语。

（1）作主语　例如：

① mot²¹ta:m⁵⁵liŋ⁵⁵ha:i⁵⁵ kem³⁵ mot²¹ dɯək²¹ mot²¹ta:m⁵⁵liŋ⁵⁵mot²¹.
　　一百零二　　　　　　减　　一　　得　　　一百零一
一百零二减一等于一百零一。

② mɯəi²¹la:m⁵⁵ la²¹ la:m⁵⁵ ba⁵⁵ fən²¹, la:m⁵⁵ la²¹ mɯəi²¹ mot²¹ nɯə³⁵.
　十五　　　　是　五　　三　倍　　五　　是　十　　一　　半
十五是五的三倍，五是十的一半。

（2）作宾语　例如：

tɯ²¹ mot²¹ta:m⁵⁵ta:m³⁵mɯəi⁵⁵ den³⁵ ha:i⁵⁵ta:m⁵⁵la:m⁵⁵mɯəi⁵⁵.
从　　一百八十　　　　　　到　　二百五十
从一百八十到二百五十。

四　量词

量词是表示人、事物的单位或动作行为的量，京语量词的主要特点：

1. 在数量结构上具有强制性；名词、动词表量时都要加量词。

2. 量词具有单音节性的特点。

3. 量词可分为名量词与动量词两大类，名量词多，动量词少。

4. 名量词与名词的组合语序是"数词+量词+名词"；动量词与动词的组合语序是"动词+数词+量词"。

5. 京语中有量词重叠表逐指的语法现象。

6. 京语部分量词与汉语量词构成一对多的关系，汉语中具有细微差别的几个量词，京语可能用一个量词来表示。

（一）名量词

名量词是表示事物数量单位的词，主要有个体量词、集体量词、度量衡量词、借用量词等。名量词中大部分是专用量词，少量来自名词，极少量来自动词。

1. 个体量词

个体量词表示人和事物的单个量，是与集合量相对而言的。京语的个体量词没有汉语里的量词多。例如：

nam³⁵把（米）　　　　kɔn⁵⁵个、匹、头、只、条　tɕiək³⁵张（桌子）、件（衣服）

kwi:n³⁵本　　　　　　kha:u²¹块（石头）　　　　jəŋ²¹床 təɯ²¹张（纸）

ma:n³⁵片　　　　　　ka:i³⁵张（嘴）、把（锁）、根、支、面、座、棵、件、盏

mot²¹kɔn⁵⁵ ŋɯəi²¹一个人　　　　　mot²¹tɕiək³⁵va:i³⁵一条裙子
一　个　人　　　　　　　　　　　一　条　裙

ha:i⁵⁵tɕiək³⁵de:ŋ²¹两盏灯　　　　me³⁵ no³⁵ hwa⁵⁵几朵花
两　盏　灯　　　　　　　　　　　几　朵　花

有的个体量词可以重叠表示遍指意义，表遍指时，暗含人或事物的数量为"二"或"二"个以上。

ŋɯəi²¹³ŋɯəi²¹个个　　　　　　　kɔn⁵⁵ kɔn²¹头头
个　个　　　　　　　　　　　　　头　头

① ŋɯəi²¹ ŋɯəi²¹ kon²¹ nɔi³⁵ kwe⁵⁵hwən⁵⁵ tot³⁵.
个个　　　　都　说　家乡　　　好

个个都说家乡好。

② kai³⁵ da:n²¹bo²¹ nai²¹ kɔn⁵⁵ kon²¹ bɐu³⁵.
群　牛　　　　这　头　都　肥

这一群牛头头都很肥。

另外，还有一种方式可表逐指，即在量词前加 m̊oi³⁵/mei³⁵（每）。例如：

③ moi³⁵　kɔn⁵⁵　ŋɯəi²¹　ɣa:n³⁵　ba⁵⁵　ɣa:n³⁵.
每　　　个　　　人　　　挑　　　三　　　挑

每个人挑三担。

④ ɕon⁵⁵ tɕun³⁵toi⁵⁵ mei³⁵ n̥a²¹ bin²¹khwən⁵⁵ ko³⁵ ba⁵⁵ kɔn⁵⁵ nən²¹³,
村　我们　每　户　平均　　　　有　三　头　猪

ha:i⁵⁵ kɔn⁵⁵ je⁵⁵.
两　只　羊

我们村平均每户有三头猪、两只羊。

2. 集体量词

集体量词用于由两个以上的个体组成的事物。例如：

doi⁵⁵ 双、副　　　　ha:ŋ²¹ 行　　　　　mui²¹ 股
va:i²¹ 些　　　　　　dən³¹⁵ 段　　　　　lo⁵⁵ 批

ten⁵⁵　lən²¹　ko³⁵　mot²¹lɯ³⁵　kəi⁵⁵　le⁵⁵.
上　　　山　　有　　一片　　　　树　　梨

山上有一片梨树。

此外还有几个时间量词，用于计算时间单位。例如：

la:m⁵⁵ 年　　　　tui³⁵ 岁　　　　ŋa:i²¹ 天　　　　dem⁵⁵ 夜

具体用法举例如下：

mot²¹　la:m⁵⁵　tot³⁵　hən⁵⁵　mot²¹　la:m⁵⁵.
一　　　年　　　好　　过　　　一　　　年

一年比一年好。

3. 度量衡量词

度量衡量词用来计量表示重量、长度、容量和货币的名词。例如：

doŋ²¹ 块　　hau²¹ 毛/角　　kən⁵⁵ 称　　əɯ²¹ 点（钟）　　dɯəŋ²¹ 丈
thɯək³⁵ 尺　tɯk³⁵ 寸　　　fən⁵⁵ 分　　tha:i³⁵ 庹　　　　ɣa:n³⁵ 石

度量衡量词用法举例如下：

ta:m³⁵kən⁵⁵ 八斤　　　　　la:m⁵⁵kən⁵⁵thit²¹ 五斤肉
八　斤　　　　　　　　　　五　斤　肉

4. 借用量词

京语中的量词有借自名词和动词两种。

（1）借自名词　例如：

bau⁵⁵ 包　　　　　　thuŋ²¹ 桶　　　　　ba:t³⁵ 碗
ʔo:ŋ³⁵ 筒　　　　　　həp²¹ 盒　　　　　nəm²¹³ 瓶

其用法举例如下：

mot²¹　ba:t³⁵　kən⁵⁵ 一碗饭
一　　　碗　　　饭

（2）极少数借自动词的量词　例如：

doŋ³⁵ 堆　　　　ɣa:n³⁵ 担

京语的名量词表示定指时，跟汉语不一样。京语是把指示代词放在量词后面来表示定指的。例如：

① kən⁵⁵　nai²¹　tot³⁵，kən⁵⁵　kwə⁵⁵　khoŋ⁵⁵　tot³⁵.
　　只　　这　　好　　　只　　那　　不　　　好

这只好，那只不好。（指鸡、鸭）

② ɣa:n³⁵ nai²¹ na:ŋ²¹³, ɣa:n³⁵ kwə⁵⁵ re²¹³.
　挑　　这　　重　　　挑　　那　　轻
这挑重，那挑轻。

③ toi⁵⁵ thit³⁵ kɔn⁵⁵ ŋɯə²¹ nai²¹ məi³⁵ muə⁵⁵.
　我　喜欢　只　马　这　新　买
我喜欢新买的这匹（马）。

名量词在句中主要充当定语，修饰名词构成数量关系，也可充当主语和宾语。例如：

① çon⁵⁵ tçun³⁵toi⁵⁵ mei³⁵n̩a²¹ bin²¹khwən⁵⁵ ko³⁵ ba⁵⁵ kɔn⁵⁵ nən²¹³, ha:i⁵⁵kɔn⁵⁵je⁵⁵.
　村　我们　每户　平均　有 三 头 猪　两 只 羊
我们村平均每户有三头猪、两只羊。

② no³⁵ ko³⁵ mot²¹ tçiək³⁵ va:i³⁵ do³⁵ thət²¹dɛp²¹.
　她　有　一　条　裙　红　漂亮
她有一条漂亮的红裙子。

③ no³⁵ lai²¹ muə⁵⁵ mot²¹ bo²¹ çe⁵⁵ ma:i³⁵ roi²¹.
　他　又　买　一　辆　车　机器　了
他又买了一辆摩托车。

④ mi:n²¹ di⁵⁵ muə⁵⁵ mot²¹ nəm²¹ rieu²¹³ ve²¹.
　你　去　买　一　瓶　酒　来
你去买一瓶酒来。

（二）动量词

京语的动量词也可分为专用的和借用的两种。

（1）专用动量词　例如：

me³⁵下　　　　　　luk³⁵会儿　　　　tən²¹³顿　　　lən²¹回、次
luk³⁵阵　　　　　　lən²¹趟　　　　　lən²¹遍

（2）借用动量词

京语中的借用动量词均来自名词。例如：

tçən⁵⁵脚　　　　　　mien²¹³口　　　　dəm³⁵拳

动量词在句中主要充当定语、补语。例如：

① la:m⁵⁵ nai⁵⁵ toi⁵⁵ ve²¹n̩a²¹ mot²¹ lən²¹³.
　年　这　我　回家　一　趟
今年我回了一趟家。

② ha:i⁵⁵ la:m⁵⁵ tɯək³⁵ toi⁵⁵ the³⁵ kwa⁵⁵ no³⁵ mot²¹ lən²¹³.
　两　年　前　我　见　过　他　一　次
我两年前见过他一次。

③ toi⁵⁵ ŋe⁵⁵ kwa⁵⁵ mɛ³⁵ lən²¹ di:u²¹³li³⁵ ha:t³⁵.
　我　听　过　几　次　小李　唱歌
我听过几次小李唱歌。

④ no³⁵ vo³¹⁵ ha:i⁵⁵ mɛ³⁵ ta:i⁵⁵.
　他　拍　两　次　手
他拍了两次手。

五　动词

动词表示动作行为、心理活动或存在、变化、消失等。动词是京语词汇系统中数量仅次于名词的又一个大词类。

（一）动词的分类

京语的动词可以细分为动作行为动词、心理活动动词、存现动词、判断动词、助动词、趋向动词六大类。

1. 动作行为动词　例如：

ɕen⁵⁵看　　　ŋe⁵⁵听　　　ŋui²¹³闻　　　kan³⁵咬　　　kəm²¹拿
ha:i³⁵摘　　　rai²¹³跳　　　ɕai²¹跑　　　ʔom⁵⁵抱　　　tɕe:m³⁵砍
duɯŋ³⁵站　　　ŋoi²¹坐

2. 心理活动动词　例如：

ɣɛ:t³⁵讨厌　　　kho²¹³kwa³⁵难过　　　ɣen⁵⁵ti²¹忌妒　　　hai²¹səu³⁵害羞
vui⁵⁵高兴　　　ŋiə⁵⁵fei²¹³后悔　　　thit³⁵喜欢　　　jən²¹生气

3. 存现动词，表示存在、变化、消失。例如：

kɔ³⁵有　　　ʔə²¹³在　　　dɛ³⁵生
tɕet³⁵死（统称）　　　mət³⁵ro:i²¹死（婉称）

4. 判断动词　例如：la²¹是

5. 助动词　例如：

ka:n²¹fa:i²¹³应该　　　tɕiu²¹³肯　　　jən⁵⁵该　　　kɔ³⁵the²¹³可以　　　fa:i³¹⁵要
pit⁵⁴ɕy²¹必须　　　bi:t³⁵会　　　na:n⁵⁵能　　　n̪am³⁵敢

6. 趋向动词　例如：

la:i²¹³来　　　di⁵⁵去　　　te:n⁵⁵上　　　jɯəi³⁵下　　　thoi⁵⁵开
ra⁵⁵出　　　len⁵⁵roi²¹起来　　　len⁵⁵tse:n⁵⁵上来　　　su:ŋ³⁵jɯəi³⁵下去

（二）动词的体范畴

京语的动词有广义的"体"范畴，即通过添加虚词、副词或借助某种语法结构形式来表示"体"的语法意义。

1. 完成体

表示某一动作行为的完成或性质状态变化的实现，常借助于 kwa^{55}、ça:n^{55} 或者 roi^{21}、dɛn^{21} 来表达。例如：

① no^{35}　dɛn^{55}　kwa^{55}　bak^{35}kin^{55},　kon^{21}　di^{55}　kwa^{55}　thɯən^{21}thaŋ^{21}.
　　他　　到　　过　　北京　　　还　　去　　过　　长城
　　他到过北京，还去过长城。

② no^{35}　jat^{21}　ça:n^{55}　kwən^{21}au^{35}　thi^{21}　ɣa:n^{55}　nɯək^{35}　ve^{21}　ɲa^{21}.
　　她　　洗　　完　　衣服　　　就　　挑　　水　　回　家
　　她洗完衣服就挑水回家。

③ la:m^{55}nai^{55}　tçun^{35}toi^{55}　joŋ^{21}　roi^{21}　ha:i^{55}mɯəi^{55}　la^{21}　dau^{21}bau^{55}.
　　今年　　　　我们　　　种　　了　　二十　　　　亩　　花生
　　我们今年种了二十亩花生。

④ ma:i^{35}ɲa^{21}　da^{35}an^{55}　dɛn^{21}　di:n^{21}roi^{21}.
　　屋檐　　　装上　　（语气）　电灯
　　屋檐装上了电灯。

2. 进行体

表示动作行为正在进行，可能持续一段时间，常在动词前加时间副词 "da:n^{55}、da:n^{55}kəɯ^{55}、da:n^{55}ə^{21}、da:n^{55}fai^{35}" 来表达。例如：

① khi^{55}　toi^{55}　dɛn^{35}　ɲa^{21}　no^{35},　no^{35}　da:n^{55}　an^{55}kəm^{55}.
　　时　　我　　到　　家　他　　他　　正　　吃饭
　　当我到他家的时候，他正在吃饭。

② tçun^{35}toi^{55}　da:n^{55}kəɯ^{55}　thɯən^{55}lɯən^{21}　kai^{35}　wən^{35}di^{21}　dei^{35}.
　　我们　　　　正在　　　　商量　　　　　个　　问题　　　这
　　我们正在商量这个问题。

③ tçun^{35}toi^{55}　da:n^{55}ə^{21}　thɯən^{55}lɯən^{21}　kai^{35}　wən^{35}di^{21}　dei^{35}.
　　我们　　　　正在　　　商量　　　　　个　　问题　　　这
　　我们正在商量这个问题。

④ tçun^{35}toi^{55}　da:n^{55}fai^{35}　di^{55}　ti:n^{21}　no^{35},　no^{35}　da^{35}　lai^{21}　roi^{21}.
　　我们　　　　正要　　　　去　　找　　他　　他　已　　来　　了
　　我们正要去找他，他已经来了。

3. 将行体

将行体表示动作或状态变化会在未来的某个时间发生。京语动词的将行体的句法结构形式为 "fai^{35}+动词"。例如：

① no^{35}　fai^{35}　dɛn^{35}　tçu^{35}nau^{21}　di^{55}?
　　他　　要　　到　　哪里　　　　去
　　他要到哪里去？

② toi⁵⁵ fai³⁵ di⁵⁵ ɕen⁵⁵ tɕiu³⁵fen⁵⁵.
　　我　要　去　看　电影
　　我要去看电影。

③ mi:n²¹ fai³⁵ ha:n²¹thau⁵⁵ban²¹ ni³⁵?
　　你　　要　怎么办　　　　呢
　　你将怎么办呢?

④ toi⁵⁵ fai³⁵ len⁵⁵ tɕɔɯ²¹ muə⁵⁵ mot²¹ kai³⁵ kwok³⁵.
　　我　要　上　街　买　一　把　锄头
　　我要上街买一把锄头。

(三) 动词的方向范畴

京语中有部分动词具有趋向性，主要有 la:i²¹³（来）、di⁵⁵（去）、te:n⁵⁵（上）、jɯəi³⁵（下）、len⁵⁵roi²¹（起来）、thoi⁵⁵（开）、vau²¹（进）、ve²¹（回）、ra⁵⁵（出）、len⁵⁵tse:n⁵⁵（上来）、su:ŋ³⁵jɯəi³⁵（下去）等。它们可加在动词后面作补语，表示动作的方向或事物随动作而活动的方向，也可单独使用。这些趋向动词有的已经出现一定程度的语法化倾向，用以表示更为抽象的时间意义或事物发展的趋势。例如：

① kəm²¹ mot²¹ kai³⁵ roi⁵⁵ lai²¹.
　　拿　一　根　棍　来
　　拿一条棍子来。

② no³⁵ va:u²¹ ta:ŋ⁵⁵ ɲa²¹ roi²¹.
　　他　进　里　屋　了
　　他进屋里去。

③ tɕi²¹ɣa:i³⁵ ɕat³⁵ jo³⁵ len⁵⁵ roi²¹.
　　大姐　　提　篮　起来　了
　　大姐把篮子提起来。

值得注意的是，这里的"起来"用"len⁵⁵"，不能用"thək³⁵ɣei²¹³"。

④ no³⁵ teu²¹ len⁵⁵ kəi⁵⁵ vat²¹ kwa³⁵dau²¹.
　　他　爬　上　树　摘　桃子
　　他爬上树去摘桃子。

⑤ tɛ³⁵kɔn⁵⁵ dəŋ³⁵ thək³⁵ɣei²¹³ roi²¹.
　　小孩　　站　起来　　　了
　　小孩站起来了。

⑥ dəi²¹³ nɯə³⁵ŋa:i²¹ mi:n²¹ kon²¹ tɕa:n²¹ the³⁵ ve²¹.
　　等　半天　　你　都　没有　见　回
　　等了半天你都没回来。

（四）助动词

助动词，也叫能愿动词。能用在动词、形容词前边表示客观的可能性、必要性和人的主观意愿，具有评议作用。它们在句子里常作状语，具有"助动词+不+助动词"这样的对举形式。例如：

1. 表可能性

京语常用 naŋ^{55}（能）、dɯək^{21}（得）、biət^{35}（会）、kha^{21}ji^{35}（可以）置于动词或动词性短语前面表示可能性。例如：

① toi^{55} naŋ^{55} tuɯə^{55} lai^{21}.
我　能　中午　来
我能中午来。

② tɕun^{35}no^{35} naŋ^{55} ti:n^{21} mi:n^{21}.
他们　　能　找　你
他们能找你。

③ ma:i^{21} teu^{21} dɯək^{21} len^{55} khoŋ^{55}? khoŋ^{55} dɯək^{21}.
你　爬　得　上　吗　不　得
你能爬上去吗？不能。

④ toi^{55} khoŋ^{55} biət^{35} hat^{35}, mi:n^{21} biət^{35} khoŋ^{55}?
我　不　会　唱　你　会　吗
我不会唱歌，你会吗？

⑤ no^{35} kha^{21}ji^{35} i:u^{35}də^{35} tɕo^{55} mi:n^{21}.
他　可以　帮助　给　你
他可以给你帮忙。

2. 表必要性

京语常用 fai^{35}（要）、biət^{35}tɯɯə^{55}（必须）置于动词或动词性短语前面表示必要性。例如：

① tɕun^{35}toi^{55} kon^{21}ɲau^{55} kon^{21} fai^{35} ko^{55}ɣa:n^{35} koŋ^{55}tak^{35}.
我们　　大家　　都　要　努力　工作
我们大家都应该努力工作。

② ma:i^{21} khoŋ^{55}fai^{35} lai^{21} viət^{35} təɯ^{21} tɕo^{55} no^{35}.
你　不要　再　写　信　给　他
你不能再给他写信。

③ mi:n^{21} biət^{35}tɯɯə^{55} jəi^{21} tɕɯə^{21} toi^{55} ve^{21} ɲa^{21}.
你　必须　天　没　黑　回　家
你必须在天黑之前回来。

④ mi:n²¹ fai²¹ ja³⁵nəi²¹ toi⁵⁵.
　　你　　要　回答　　我
　　你必须回答我。

⑤ tiu²¹li³⁵ bai⁵⁵jəi²¹ fai³⁵ di⁵⁵ ŋu³⁵.
　　小李　　现在　　要　去　睡
　　小李必须现在去睡觉。

⑥ tɕun³⁵toi⁵⁵ fai³⁵ ja:i²¹kwiət³⁵ wən³⁵di²¹ nai²¹.
　　我们　　要　解决　　　问题　　这
　　我们必须解决这个问题。

⑦ ma:i²¹ khoŋ⁵⁵fai³⁵ la:m²¹ ɕɯ³¹⁵viək²¹ nai²¹.
　　你　不要　　做　　事情　　这
　　你不能做这样的事情。

3．表意愿性

京语常用 ɲa:m³⁵（敢）、ɲi:n²¹（愿）、doŋ²¹i³⁵（同意）等置于动词或动词性短语前面表示意愿性。例如：

① no³⁵ khoŋ⁵⁵ ɲi:n²¹ noi³⁵.
　　他　不　愿　说
　　他不愿意说。

② mi:n²¹ doŋ²¹i³⁵ nei³⁵ no³⁵ khoŋ⁵⁵? toi⁵⁵ doŋ²¹i³⁵.
　　你　同意　　嫁　他　不　　　我　同意
　　你肯嫁给他吗？我肯（嫁给他）。

③ mi:n²¹ ɲa:m³⁵ (di⁵⁵) khoŋ⁵ɲa:m³⁵ di⁵⁵? ɲa:m³⁵.
　　你　敢　　去　　　不敢　　　去　敢
　　你敢不敢去？敢。

④ mi:n²¹ ɲa:m³⁵ di⁵⁵ khoŋ⁵? ɲa:m³⁵.
　　你　敢　　去　不　　敢
　　你敢不敢去？敢。

⑤ ɛm⁵⁵ ɲi:n²¹ khoŋ⁵⁵ ɲi:n²¹ lei³⁵ no³⁵? ɲi:n²¹. khoŋ⁵⁵ ɲi:n²¹.
　　你　愿　不　愿　　嫁　他　愿意　不　愿意
　　你愿不愿意嫁给他？愿意。不愿意。

表意愿的助动词可以单独成句回答问题。

（五）判断动词

京语的判断动词只有 la²¹、fai³⁵（是）两个，它们一般都充当句法结构的谓语，后面不能有补语和助词，也没有重叠式，可以有"是不是"并列提问式，等等。相比之下，"是不是"结构中 la²¹ 用的比 fai³⁵ 要少得多。例如：

① no³⁵ la²¹ a⁵⁵ba⁵⁵, khoŋ⁵⁵fai³⁵ a⁵⁵kwan⁵⁵?
　他　是　阿三　　不是　　阿光
　他是阿三，不是阿光？

② toi⁵⁵ la²¹ ŋɯəi²¹ ə²¹ kai³⁵ ɕon⁵⁵ nai⁵⁵.
　我　是　人　在　个　村　这
　我是这个村子的人。

③ hoŋ⁵⁵nai⁵⁵ la²¹ məŋ²¹ la:m⁵⁵ tha:ŋ³⁵ ba⁵⁵.
　今天　　是　初　五　　月　　三
　今天是三月初五。

④ kai³⁵ la³⁵ təɯ²¹ dei³⁵ fai³⁵khoŋ⁵⁵fai³⁵ mi:n²¹ viət³⁵?
　封　是　信　这　　是不是　　　　你　写
　这封信是不是你写的？

⑤ bo³⁵ la²¹ thə²¹ that³⁵, me²¹ la²¹ noŋ⁵⁵rən⁵⁵.
　父　是　匠　铁　　母　是　农民
　父亲是铁匠，母亲是农民。

（六）动词的重叠

京语的大多数动词都可以重叠，重叠的构成形式主要有"V+V"式、"V+V+ɕen⁵⁵"式、"V+mot²¹+V"式、"V1+V1+V2+V2"式。动词重叠后，语义和语法功能都有所变化。

1. "V+V"式

京语中很多动词有"V+V"式重叠，主要表示动作行为带有时量短或动量小或者尝试性等语义特征。例如：

① tɕun³⁵ta⁵⁵ di⁵⁵di⁵⁵.
　咱们　　走走
　咱们走走吧。

② mi:n²¹ thɯə²¹thɯə³⁵ ɕəɯ³¹⁵ n̥a:m³⁵ nai²¹.
　你　　尝尝　　　　个　　菜　　这
　你尝尝这个菜。

③ dəɯ²¹ toi⁵⁵ ŋe³⁵ŋe³⁵ ka:i³⁵ viek²¹ nai²¹ ha:n²¹tha:u⁵⁵ la:m²¹.
　等　我　想想　　件　事　这　怎么　　　做
　我再想想这件事怎么办。

④ toi⁵⁵ ɕen⁵⁵ɕen⁵⁵ that³⁵ ko²¹ mi:n²¹ tot³⁵ khoŋ⁵⁵?
　我　看看　　书　的　你　好　语气
　我看看你的书好吗？

2. "V+V+ɕen⁵⁵" 式

京语中也可以用"V+V+ɕen⁵⁵"式表示动作行为带有时量短、动量小或尝试性等语义特征但语气相对缓和。例如：

mi:n²¹   ŋe³⁵ŋe³⁵   ɕen⁵⁵.
你   想想   看

你想想看。

3. "V+mot²¹+V" 式

京语中可以用"V+mot²¹+V"式表示尝试进行某个动作行为。例如：

re:n²¹mot²¹re:n²¹看一看   tən⁵⁵ mot²¹tən⁵⁵望一望
看   一   看   望   一   望

ra:i³⁵ mot²¹ra:i³⁵跳一跳   kat³⁵ mot²¹kat³⁵剪一剪
跳   一   跳   剪   一   剪

kai³⁵   ja:u⁵⁵ dei³⁵ kuŋ²¹ roi²¹, fai³⁵ ma:i²¹³mot²¹ma:i²¹³.
把   刀   这   钝   了   要   磨一磨

那把刀钝了，要磨一磨。

4. "V1+V1+V2+V2" 式

京语中还用"V1+V1+V2+V2"式表示某个动作行为具有反复性特征。例如：

① tɕun⁵no³⁵   ra⁵⁵ra⁵⁵va:u²¹va:u²¹   la:m²¹ kai³⁵ʔi²¹?
   他们   出出进进   做   什么

   他们进进出出的做什么？

② tɕun³⁵ŋɯəi²¹   di⁵⁵di⁵⁵lai²¹lai²¹   joŋ³⁵   di⁵⁵tɕəɯ²¹³ ve²¹.
   人们   去去来来   像   赶集   一样

   人们来来往往的像赶集一样。

六 形容词

（一）形容词的类义和次类

形容词表示事物或时间所拥有的特点、性质、状态。

1. 性质形容词

性质形容词表示事物的特点或性质。例如：

man²¹³咸   na:t²¹淡   tɕuə⁵⁵酸   kai⁵⁵辣

ŋot²¹甜   daŋ³⁵苦   tɯəi⁵⁵鲜   thə:m⁵⁵香

2. 状态形容词

状态形容词表示事物或动作行为的状态。例如：

to⁵⁵大   nɔ²¹³小   ra:i²¹长   ŋan³⁵短

rɛ²¹轻　　　　　　　　naŋ²¹重　　　　　　dɔ²¹³红　　　　　　va:ŋ²¹黄

3. 数量形容词

数量形容词表示不定数量。例如：

ɲi:u²¹多　　　　　　　it³⁵少　　　　　　　tɔn²¹全

（二）形容词的级

在京语中，形容词的比较级和最高级的表达没有固定的形式，往往通过添加像 həŋ⁵⁵、thi²¹la²¹、nət³⁵等词表达。例如：：

① thi³⁵ve²¹　la:m²¹　tot³⁵　həŋ⁵⁵.
　　这样　　做　　好　　过
　　这样做比较好。

② kai³⁵　fən²¹　ko²¹　toi⁵⁵　ɲiu²¹　həŋ⁵⁵.
　　个　　份　　的　　我　　多　　过
　　我这份比较多。

③ no³⁵　noi³⁵　dei³⁵　doŋ³⁵　nət³⁵.
　　他　　说　　的　　对　　很
　　他说的很对。

④ kai³⁵　ba:i²¹　hat³⁵　dei³⁵　thi²¹　la²¹　tot³⁵　ŋe⁵⁵.
　　个　　首　　歌　　这　　实　　是　　好　　听
　　这首山歌比较好听。

⑤ toi⁵⁵　kau⁵⁵　həŋ⁵⁵　mi:n²¹，no³⁵　kɔn²¹　kau⁵⁵　həŋ⁵⁵　toi⁵⁵.
　　我　　高　　过　　你　　他　　更　　高　　过　　我
　　我比你高，他比我更高。

⑥ tɕiək³⁵au³⁵　dei³⁵　dɛp²¹　nət³⁵.
　　件　衣　　这　　漂亮　　最
　　那件衣服最漂亮。

⑦ kai³⁵　nui³⁵　nai²¹　nət³⁵　ka:u⁵⁵.
　　座　　山　　这　　最　　高
　　这座山高极了。

⑧ tɕuŋ³⁵toi⁵⁵　ba⁵⁵　ŋɯəi²¹　no³⁵　nət³⁵　kau⁵⁵.
　　我们　　　三　　人　　他　　最　　高
　　我们三个人中他最高。

（三）形容词的重叠

京语中的部分形容词可以重叠，重叠后均表示程度加深。

1. 京语的单音节形容词可以按 AA 式重叠，重叠后不用加"的"，这跟汉语不同。例如：

① no³⁵ vo⁵⁵ mot²¹kai³⁵ rəɯ²¹ ra:i²¹ ra:i²¹.
　他　搓　一条　　　绳　长　长
　他搓了一条长长的绳子。

② no³⁵ vo⁵⁵ ra:i²¹ ra:i²¹ mot²¹kai³⁵ rəɯ²¹.
　他　搓　长　　长　　一条　　　绳
　他搓了一条长长的绳子。

③ dɯək³⁵mat²¹ ɲa²¹ ko³⁵ mot²¹kai³⁵ kəi⁵⁵ ka:u⁵⁵ ka:u⁵⁵.
　前面　　　　房　　有　一棵　　　树　　高　　高
　房子前面有一株高高的树。

④ no³⁵ tɕa:i²¹ dɯək²¹ ɲa:n⁵⁵ ɲa:n⁵⁵.
　他　跑　　得　　　快　　　快
　他跑得快快的。

2. 单音节形容词之后还可以加一个重叠形式的后缀表程度，即 ABB 式。例如：

be³⁵ ɲo²¹ɲo³⁵ 细小小　　　　　　do³⁵ ŋa:u²¹ŋa:u²¹ 红彤彤
细　小小　　　　　　　　　　　红　彤彤

be:u³⁵ lok²¹lok²¹ 胖乎乎　　　　ret³⁵ e³⁵e³⁵ 冷飕飕
胖　乎乎　　　　　　　　　　　冷　飕飕

① thak³⁵ la:m⁵⁵nai⁵⁵ mak²¹ dɯək²¹ ɕa:n⁵⁵re⁵⁵re⁵⁵ di⁵⁵.
　禾苗　今年　　　　长　　得　　　绿油油　　　　　　的
　今年的禾苗长得绿油油的。

② kai³⁵ tɕa:u³⁵ kəm⁵⁵ nai²¹ thəm⁵⁵ŋe⁵⁵ŋe³⁵.
　个　锅　　饭　　这　香喷喷
　这锅饭香喷喷的。

③ kə:m⁵⁵ ɣau²¹ məi³⁵ ta:n³⁵ thən⁵⁵fək³⁵fək³⁵.
　饭　　米　　新　　白　　香喷喷
　新白米饭香喷喷的。

④ ɕəɯ³¹⁵ kwa³⁵ nai²¹ tɕuə⁵⁵lom³⁵lom²¹.
　些　　果　这　　酸溜溜
　这些果子酸溜溜的。

⑤ kai³⁵ tok³⁵ no³⁵ roi³⁵boŋ²¹boŋ²¹.
　个　发　她　乱糟糟
　她的头发乱糟糟的。

3. 双音节形容词可按 AABB 式重叠。例如：

① kai³⁵ leu³⁵ dei³⁵ kwan⁵⁵kwan⁵⁵ko⁵⁵ko⁵⁵ khoŋ⁵⁵ tot³⁵ di⁵⁵.
  条　路　这　弯弯曲曲　　　不　好　走
  这条路弯弯曲曲的不好走。

② kai³⁵ tɛ³⁵ kɔn⁵⁵ dei³⁵ bɛu³⁵bɛu³⁵ta:ŋ³⁵ta:ŋ³⁵, thət²¹ tot³⁵ i:u⁵⁵.
  个　孩　这　的　胖胖白白　　　真　好　爱
  这个孩子白白胖胖的，真可爱。

③ tɕɔɯ³¹⁵ ə²¹ təɯ²¹³ jai³¹⁵ ra:m²¹³ram²¹³ŋet²¹ŋet²¹ di⁵⁵.
  字　在　张　纸　密密麻麻　　　的
  纸上的字密密麻麻的。

④ no³⁵ kwɛt³⁵ fɔŋ²¹ dɯək²¹ that²¹that²¹the²¹the³⁵.
  他　扫　房　得　干干净净
  他把房间打扫得干干净净的。

（四）形容词的词序和句法功能

1. 京语的形容词修饰名词或量词时放名词或量词的后面。例如：

① tɕo⁵⁵ toi⁵⁵ la:m⁵⁵ kai³⁵, nei³⁵ kai³⁵ to⁵⁵, khoŋ⁵⁵nei³⁵ kai³⁵ bɛ³⁵.
  给　我　五　个　要　个　大　不要　　个　小
  给我五个，要大的，不要小的。

② mi:n²¹ la²¹ mot²¹ kɔn⁵⁵ ŋɯəi²¹ tot³⁵, no³⁵ la²¹ mot²¹ kɔn⁵⁵ ŋɯəi²¹ həɯ⁵⁵.
  你　是　一　个　人　好　他　是　一　个　人　坏
  你是一个好人，他是一个坏人。

③ toi⁵⁵ muə⁵⁵ dɯək²¹ mot²¹ tɕiək³⁵ kwən²¹au³⁵ hwa⁵⁵ məi³⁵.
  我　买　得　一　件　衣服　花　新
  我买了一件新的花衣服。

④ tɕen³⁵ mot²¹ kai³⁵ kəi⁵⁵ to⁵⁵ vɛ²¹lai²¹ la:m²¹ kot²¹.
  砍　一　株　树　大　回来　做　柱子
  砍一株大树回来做柱子。

⑤ kai³⁵ ko⁵⁵ɣa³⁵ dɛp²¹dɛp²¹ dei³⁵ la²¹ ai⁵⁵.
  个　姑娘　漂亮　　那　是　谁
  那个漂亮的姑娘是谁？

2. 形容词可作状语和补语。例如：：
（1）作状语　例如：
① ɣoi²¹ no³⁵ tɕa:n³⁵ lai²¹ hɔp²¹.
  叫　他　快　来　开会
  叫他快来开会。

② leu³⁵ təŋ⁵⁵ kwa³⁵, thɔŋ⁵⁵tha³⁵ di⁵⁵.
　　路　　滑　　过　　　慢点　　　走
　　路太滑，慢点走。

③ an⁵⁵　ɲiu²¹³　mot²¹tit³⁵.
　　吃　　多　　　　一点
　　多吃一点！

④ ba²¹　tha:n⁵⁵tha³⁵　di⁵⁵.
　　奶奶　慢慢　　　　走
　　奶奶你慢慢走。

（2）作补语　例如：

① kɔn⁵⁵　ŋɯə²¹　nai²¹　bo³⁵　thət²¹　tɕa:n³⁵.
　　匹　　马　　　这　　跑　　实　　　快
　　这匹马跑得很快。

② mɛu²¹　ra:i³⁵　dɯək²¹　ka:u⁵⁵, tɕo³⁵　bo³⁵　dɯək²¹　tɕa:n³⁵.
　　猫　　跳　　　得　　　　高　　　狗　　跑　　得　　　快
　　猫跳得高，狗跑得快。

③ no³⁵　kwɛt³⁵　fɔŋ²¹　dɯək²¹　that²¹that²¹the²¹the³⁵.
　　他　　扫　　　房　　　得　　　干干净净
　　他把房间打扫得干干净净的。

④ mi:n²¹　dan³⁵　tɯək³⁵　di:n²¹　tho:i²¹³　ha:i²¹ha:i⁵⁵　hai²¹　nɔi³⁵.
　　你　　打　　先　　　电话　　问　　　清楚　　　再　　　说
　　你先打电话问清楚再说。

七　副词

副词表示动作、行为或性质、状态在程度、范围、时间、频率、语气等方面的不同状况。副词的基本功能是充当谓词性结构中的修饰成分或补充成分，不能单独用来回答问题。

（一）副词类型

京语的副词分为程度副词、范围副词、时间副词、频率副词、情态/方式副词、肯定/否定副词、语气副词、关联副词等几类。

程度副词，如：ɲət³⁵很、ɲət³⁵la²¹非常、ka:n²¹更、lam³⁵太、ɲət³⁵最

范围副词，如：deu²¹都、kɔŋ²¹³一共、kɔŋ²¹ɲa:u⁵⁵一起、tɕi³¹⁵只

时间副词，如：vɯə²¹刚、mə:i³⁵才、thi²¹就

频率副词，如：thɯəŋ²¹经常、lai²¹又、tɕɯə²¹³还、lai²¹再

情态/方式副词，如：ku³⁵ʔi³⁵故意、tui²¹ʔi³⁵随便、wan³⁵kɔŋ⁵⁵白、thəp³⁵

快、ti³⁵nɯə³¹⁵差点儿、tɯək³⁵先

肯定/否定副词，如：khoŋ⁵⁵没有/不、dɯŋ²¹别、khoŋ⁵⁵kən²¹甭

语气副词，如：ju²¹tha:u⁵⁵反正、khaŋ²¹³din²¹肯定、ko³⁵the²¹³可能、n̠i:n²¹宁可

关联副词，如：mot²¹bi:n⁵⁵…mot²¹bi:n⁵⁵…一边……一边……、ka:n²¹³…ka:n²¹…越……越……、vuə²¹…vuə²¹…又……又……

（二）副词的语法特征

1. 程度副词

京语的程度置于形容词或动词谓语的前面，强调程度加深。例如：

① kai³⁵ lɔi²¹³ va:i³⁵ nai²¹ khoŋ⁵⁵ ba⁵⁵n̠iu⁵⁵ kiət³⁵thət²¹.
个 种 布 这 不 多少 结实
这种布不太结实。

② toi⁵⁵ khoŋ⁵⁵ ba⁵⁵n̠iu⁵⁵ dɯəŋ³⁵ a:n⁵⁵.
我 不 多少 想 吃
我不太想吃。

③ kɔn⁵⁵ ŋɯə²¹ nai²¹ bo³⁵ thət²¹ tɕa:n³⁵.
匹 马 这 跑 实 快
这匹马跑得很快。

④ a:n⁵⁵ja:i⁵⁵ mi:n²¹ thət²¹ tot³⁵.
哥哥 你 实 好
你哥哥真好。

⑤ toi⁵⁵ nət³⁵ thit³⁵ no³⁵.
我 很 喜欢 他
我很喜欢他。

句①和句②的 ba⁵⁵n̠iu⁵⁵、句③和句④的 thət²¹、句⑤的 nət³⁵均放在谓语动词前面，具有强调程度的作用。

2. 范围副词

京语的范围副词置于谓语的前面，表示谓词所关涉事物的范围。例如：

① ve²¹ha:n²¹ɕau⁵⁵ je⁵⁵ kon²¹ tɕa:i²¹ roi²¹?
为什么 羊 都 跑 了
为什么羊都跑了？

② toi⁵⁵ ve³⁵ mi:n²¹ kon²¹ di⁵⁵.
我 和 你 都 去
我和你一起去。

③ toi⁵⁵ tɕi²¹ den³⁵ kwa³⁵ tɕu³⁵nai²¹, khoŋ⁵⁵ di⁵⁵ kwa³⁵ diə²¹fuŋ⁵⁵ khak³⁵.
　我　只　到　过　这里，　没　到　过　地方　别
我只到过这里，没有到过别的地方。

④ toi⁵⁵ wəŋ³⁵ ko³⁵ mot²¹ kai³⁵ but³⁵.
　我　仅　有　一　支　笔
我仅有一支笔。

⑤ toi⁵⁵ wəŋ³⁵ ko³⁵ mot²¹ kai³⁵ but³⁵.
　我　仅　有　一　支　笔
我仅有一支笔。

句①和句②的 kon²¹（都）表全部范围，句③的 tɕi²¹和句④句⑤的 wəŋ³⁵则是表示范围极小。

3. 时间副词

京语的时间副词置于谓语的前面或者后面，位置较汉语来讲随意一些，表示动作行为的时间。例如：

① no³⁵ vuə²¹ lai²¹, lai²¹ di⁵⁵ roi²¹.
　他　刚　来　　又　走　了
他刚刚来，又走了。

② kwa⁵⁵ nɯə²¹ tha:ŋ³⁵, thi²¹ ɣak²¹ thɔk²¹ roi²¹.
　过　半　月　　就　割　稻　了
再过半个月，就割稻子了

③ mi:n²¹ di⁵⁵ tɯək³⁵, toi⁵⁵ thau⁵⁵ ve³⁵ lai²¹.
　你　走　先　　我　后　才　来
你先走，我后来。

④ mi:n²¹ di⁵⁵ tɯək³⁵, toi⁵⁵ lai²¹ ŋa:i⁵⁵.
　你　走　先　　我　来　后
你先走，我就来。

句①和句②中的副词位于谓语之前，而句③和句④中的副词则位于谓语之后。

4. 频率副词

京语的频率副词置于谓语的前面，强调动作行为的频率。例如：

① bo³⁵ no³⁵ thɯəŋ²¹ ko³⁵ biŋ²¹.
　父　他　常　　有　病
他爸爸常生病。

② ma:i²¹ ve²¹ha:n²¹thau⁵⁵ tɕəɯ⁵⁵ dən³¹⁵ tɕu²¹dei³⁵?
　你　为什么　　老　　站　那里
你为什么老站在那里？

③ no³⁵ lai²¹ muə⁵⁵ mot²¹ bo²¹ ɕe⁵⁵ ma:i³⁵ roi²¹.
　他　又　买　一　辆　车　机器　了
他又买了一辆摩托车。

句①和句②的 thɯəŋ²¹ 和 tɕɯ⁵⁵ 表示动作频率高，句③中的 lai²¹ 则表示动作重复了一次，不是第一次发生。

5. 情态/方式副词

京语的情态、方式副词置于谓语的前面，表示动作行为的方式或结果状态。例如：

① toi⁵⁵ lap²¹tek³⁵ lai²¹.
　我　立刻　来
我立刻来。

② ɣoi²¹ no³⁵ tɕa:n³⁵ lai²¹ hɔp²¹.
　叫　他　快　来　开会
叫他快来开会。

③ no³⁵ khoŋ⁵⁵ ə²¹ ɳa²¹, vo³⁵ di⁵⁵ mot²¹ lən²¹.
　他　不　在　家　白　走　一　趟
他不在家，白走了一趟。

④ toi⁵⁵ vuə²¹ di⁵⁵ ti:n²¹ no³⁵, no³⁵ lai²¹ nun⁵⁵nun⁵⁵ton⁵⁵ton⁵⁵ tɕa:i²¹va:u²¹roi²¹.
　我　正　去　找　他　他　就　匆匆忙忙　　　跑　进(语气词)
我刚要去找他，他就匆匆忙忙地跑了进来。

6. 肯定/否定副词

京语的肯定、否定副词置于谓语的前面，表示对谓语动词的肯定或否定。例如：

① mi:n²¹ hai³⁵ khoŋ⁵⁵ hai³⁵ ma⁵⁵? toi⁵⁵ khoŋ⁵⁵ hai³⁵.
　你　怕　不　怕　鬼　我　不　怕
你怕不怕鬼？我不怕。

② mi:n²¹ dən²¹ ɕək³⁵la:u³⁵, dən²¹ nɔi³⁵ ŋɯəi²¹ŋwa:i²¹.
　你　别　吵闹　别　说　人家
你别吵闹，别说人家。

③ jə:i²¹ khoŋ⁵⁵ nɔn³⁵, thau⁵⁵ ma²¹ ə:m²¹o:i³⁵.
　天　不　热　但　很　潮湿
天不热，但很潮湿。

④ thau⁵⁵lai²¹ khoŋ⁵⁵ dem⁵⁵ ru²¹?
　为什么　不　带　伞
为什么不带伞?

7. 语气副词

京语的语气副词置于谓语的前面，强调说话人对事物的看法或态度。例如：

① theu⁵⁵ mi:n²¹ ha:n²¹thau⁵⁵ nɔi³⁵, fan²¹tɕin³⁵ toi⁵⁵ la²¹ khoŋ⁵⁵ tin⁵⁵.
　随　你　怎么　　说　反正　我　是　不　信
　随你怎么说，反正我是不相信的。

② toi⁵⁵ khoŋ⁵⁵ kha³⁵nəŋ⁵⁵ ban²¹ mi:n²¹ ko³⁵ thək³⁵.
　我　不　可能　样　你　有　力气
　我不可能比你有力气。

③ hoŋ⁵⁵nai⁵⁵ no³⁵ ɲət³⁵tiŋ²¹ fai²¹ lai²¹ de³⁵.
　今天　他　一定　要　来　的
　他今天一定会来的。

④ tɕun³⁵no³⁵ ɲat³⁵tiŋ³⁵ khoŋ⁵⁵ ə²¹ ɲa²¹.
　他们　一定　不　在　家
　他们一定不在家。

8. 关联副词

京语的关联副词置于谓语动词的前面，强调前后两个成分之间的关系，经常成对出现。例如：

① no³⁵ vuə²¹ nɔi³⁵ vuə²¹ kəi²¹³.
　他　又　说　又　笑
　他又说又笑。

② no³⁵ mot²¹bi:n⁵⁵ nɔi³⁵ mot²¹bi:n²¹ kəi²¹³.
　他　一边　说　一边　笑
　他一边说，一边笑。

③ kai³⁵ nui³⁵ dei³⁵ lai²¹³ ka:u⁵⁵ lai²¹³ to⁵⁵.
　座　山　这　又　高　又　大
　那座山又高又大。

④ no³⁵ ka:n²¹³ tɕa:i²¹ ka:n²¹ tɕa:n³⁵.
　他　越　跑　越　快
　他越跑越快。

⑤ no³⁵ vuə²¹ di⁵⁵ vuə²¹ ha:t³⁵.
　他　边　走　边　唱
　他边走边唱。

八　结构助词

结构助词表示结构关系或某些附加意义的虚词。其作用主要是指明其前面的实词在句中充当什么句子成分，以帮助其前后的句子成分组成各种结构关系。京语只有与汉语"的""得"对应的助词，没有与"地"对应的结构助词。

（一）ko^{21}（的）

1. 在京语中，ko^{21}（的）为结构助词，多是用在名代词、修饰短语等成分的后面，表示前面的成分是定语，这与汉语的定中式语序恰好相反。例如：

① ɣa^{21}　ka:i^{35}　ko^{21}　tɕun^{35}toi^{55}　dɛ^{35}　tən^{35}　rɔi^{21}.
　 鸡　　母　　　的　　　我们　　　　　生　　　蛋　　了
我们的母鸡下蛋了。

② ŋan^{35}　ko^{21}　mi:n^{21}　no^{35}　ja:n^{35}　ə^{21}　tɛn^{55}　tɯəŋ^{21}.
　 照片　　的　　　你　　　他　　贴　　在　　上　　墙
他把你的照片贴在墙上。

③ tɛn^{55}　kɔn^{55}　ko^{21}　no^{35}　tɔi^{55}　dɔi^{35}　rɔi^{21}.
　 名　　儿　　的　　　他　　我　　换　　了
我把他儿子的名字换掉了。

④ to^{21}tɕəi^{55}　ko^{21}　tɛ^{35}kɔn^{55}　mət^{35}　rɔi^{21}.
　 玩具　　　的　　　小孩　　　丢　　了
小孩把玩具丢了。

2. 表示名物化结构时，则不用 ko^{21}（的），而是把汉语借词 de^{35} 放在行为动词或形容词后以构成名物化结构。例如：

① no^{35}　nɔi^{35}　de^{35},　kau^{55}　kau^{55}　kɔn^{21}　la^{21}　thət^{21}tha^{21}.
　 他　　说　　的　　　句　　句　　都　　是　　实话
他说的，句句都是实话。

② ta:ŋ^{35}　(de^{35})　la^{21}　bɔŋ^{55},　vaŋ^{21}　(de^{35})　la^{21}　thɔk^{35}.
　 白　　　的　　　是　　棉　　　黄　　　的　　　是　　谷
白的是棉花，黄的是稻谷。

（二）dɯək^{21}（得）

京语中表示补语标记的结构助词是 dɯək^{21}（得）。例如：

① kɔn^{55}　ŋɯə^{21}　dək^{21}　nai^{21}　lai^{21}　tɔt^{35}　ɕɛn^{55},　lai^{21}　bo^{35}　dɯək^{21}　ɕa:n^{35}.
　 只　　马　　公　　这　　又　　好　　看　　又　　跑　　得　　快
这匹公马又好看，又跑得快。

② mi:n^{21}　ve^{35}　tɔi^{55}　jɔŋ^{35}jau^{21}　ɕa:u^{55}　no^{35}　khɔŋ^{55}　khau^{35}　dɯək^{21}　lɛn^{55}.
　 你　　和　　我　　一样　　　认为　　他　　不　　考　　得　　上
你和我一样认为他不会考上吧。

③ ka⁵⁵ mi:n²¹ hat³⁵ dɯək²¹ tən²¹dei³⁵ tot³⁵ ŋɛ⁵⁵, tai³⁵ la:i²¹ mot²¹ bai²¹.
　 歌　 你　 唱　 得　 这么　 好　听　再　来　一　首
你的歌唱得这么好，再来一首。

④ tɕɯ³¹⁵ ko²¹ no³⁵ viət³⁵ dɯək²¹ thət²¹ diəp²¹.
　 字　 的　 他　 写　 得　 实　 好
他的字写得好极了。

九　连词

连词是在句中起连接作用的词，连接词、短语、分句或句子等，表示并列、选择、假设等关系。

（一）连词的分类

1. 固有连词

京语中固有连词比较多，主要有 ve³⁵（和）、theu⁵⁵（跟）、thi²¹（就）、joŋ³⁵（像）、jɯ⁵⁵ma²¹（但是）、jɯ⁵⁵ma²¹（只是）、va²¹thi²¹ 或 kon²¹la²¹（还是）、neu³⁵la²¹（如果）、khoŋ⁵⁵jən⁵⁵…jɯ⁵⁵lai²¹³…（不但……而且……）等。

（1）ve³⁵（和），表示前后两个连接成分的并列关系，通常连接的是词或短语。例如：

① toi⁵⁵ ve³⁵ mi:n²¹ kon²¹ di⁵⁵.
　 我　 和　 你　 都　 去
我和你一起去。

② mɛu²¹ ve³⁵ tɕo³⁵ da:n³⁵ ɲa:u⁵⁵.
　 猫　 和　 狗　 打　 互相
猫跟狗打架。

③ ɣa²¹ ve³⁵ nən²¹³ bi²¹³ səu²¹³ dɯək²¹ tɕa:i²¹ luŋ⁵⁵tuŋ⁵⁵.
　 鸡　 和　 猪　 被　 吓　 得　 跑　 胡乱
鸡和猪被吓得东奔西跑。

④ mi:n²¹ ve³⁵ toi⁵⁵ joŋ³⁵jau⁵⁵ ɕa:u⁵⁵ no³⁵ khoŋ⁵⁵ khau³⁵ dɯək²¹ len⁵⁵.
　 你　 和　 我　 一样　 认为　 他　 不　 考　 得　 上
你和我一样认为他不会考上吧。

（2）thi²¹（就），表示承接关系。例如：

① kwa⁵⁵ nɯə²¹ tha:ŋ³⁵, thi²¹ ɣak²¹ thɔk²¹ roi²¹.
　 过　 半　 月　 就　 割　 稻　 了
再过半个月，就割稻子。

② no³⁵ jat²¹ ɕa:n⁵⁵ kwən²¹au³⁵ thi²¹ ɣa:n⁵⁵ nɯək³⁵ ve²¹ ɲa²¹.
　 她　 洗　 完　 衣服　 就　 挑　 水　 回　 家
她洗完衣服就挑水回家。

③ no³⁵ kəm⁵⁵ kon²¹ khoŋ⁵⁵ an⁵⁵ thi²¹ di⁵⁵ ve²¹ roi²¹.
　　他　饭　也　不　　吃　就　去　回　了
　　他连饭也不吃就回去了。

④ mat²¹tɕəi²¹ vuə²¹ la:ŋ²¹³, ʔoŋ⁵⁵ja:n⁵⁵ thi² ¹mak²¹ ra⁵⁵ roi²¹.
　　太阳　　刚　下山　月亮　　就　升　出　了
　　太阳刚下山, 月亮就出来了。

（3）jɯ⁵⁵ma²¹（但是）、jɯ⁵⁵ma²¹（只是），表转折关系，它连接的主要是分句。例如：

① no³⁵ vuə²¹ bɛ³⁵, jɯ⁵⁵ma²¹ thək³⁵ no³⁵ to⁵⁵.
　　他　虽　小　　但是　　力　他　大
　　他个子虽小, 但力气很大。

② ɕen⁵⁵ thi²¹ ɕen⁵⁵ dɯək²¹, jɯ⁵⁵ma²¹ ko³⁵ thi³⁵ ɕen⁵⁵ khoŋ⁵⁵ ha:ŋ³⁵hɔi⁵⁵.
　　看　是　看　　得　　　只是　　有　时　看　　不　　清楚
　　（那台电视）看是可以看, 有时图像不大清晰。

③ ka:i³⁵ tɕe³⁵kɔn⁵⁵ ha:i⁵⁵ doi³⁵ roi²¹, jɯ⁵⁵ma²¹ kon²¹ təp²¹kwan³⁵ bu³⁵ mɛ²¹.
　　个　　孩子　　　两　岁　了　　但是　　还　习惯　　　吸奶　妈
　　这个孩子两岁了, 但是还习惯吃妈妈的奶。

④ kai³⁵ the³⁵kwet³⁵ nai²¹ wən³⁵la²¹ to⁵⁵, jɯ⁵⁵ma²¹ khoŋ⁵⁵ ba⁵⁵n̠iu⁵⁵ ŋot²¹.
　　些　橘子　　　这　虽然　　大　　但是　　不　　多少　　甜
　　这些橘子虽然大, 但不是很甜。

（4）va²¹thi²¹ 或 kon²¹la²¹（还是），表示选择关系。例如：

① no³⁵ bi²¹³ mi:n²¹ to⁵⁵ va²¹thi²¹ mi:n²¹ to⁵⁵ hən⁵⁵ no³⁵?
　　他　比　你　大　还是　　你　大　过　他
　　他比你大还是你比他大呀？

② toi⁵⁵ ŋe³⁵ het³⁵ ŋe³⁵, kon²¹la²¹ kwiət³⁵tin²¹ khoŋ⁵⁵ di⁵⁵.
　　我　想　完　想　　还是　　决定　　　不　　去
　　我想了想还是决定不去。

③ la²¹ toi⁵⁵ di⁵⁵ ni³⁵ va²¹thi²¹ mi:n²¹ di⁵⁵?
　　是　我　去　呢　还是　　你　　去
　　是我去呢还是你去？

④ mi:n²¹ an⁵⁵ kəm⁵⁵ va²¹thi²¹ an⁵⁵ tɕa:u³⁵?
　　你　吃　饭　还是　　喝　粥
　　你吃米饭还是喝粥？

（5）neu³⁵la²¹（如果），表示假设关系，它连接的主要是分句。例如：

① neu³⁵la²¹ ŋa:i²¹mai⁵⁵ mɯə⁵⁵, toi⁵⁵ thi²¹ khoŋ⁵⁵ lai²¹.
　如果　　明天　　下雨　我　就　不　　来
　如果明天下雨，我就不来。

② neu³⁵la²¹ ŋa:i²¹mai⁵⁵ khoŋ⁵⁵ mɯə⁵⁵, tɕun³⁵toi⁵⁵ thi²¹ di⁵⁵ tɕəɯ²¹.
　如果　　明天　　　不　下雨　　我们　　　就　去　街
　如果明天不下雨，我们就去赶集。

③ neu³⁵la²¹ mi:n²¹ khoŋ⁵⁵ti:n⁵⁵, thi²¹ va:u²¹di⁵⁵ ɕen⁵⁵.
　假如　　你　　不信　　　就　进去　　看
　假如你不信，就进去看。

（6）khoŋ⁵⁵jən²¹⋯jɯ⁵⁵lai²¹³⋯（不但⋯⋯而且⋯⋯）

京语 khoŋ⁵⁵jən²¹⋯jɯ⁵⁵lai²¹³⋯（不但⋯⋯而且⋯⋯）表示递进关系，它连接的成分是分句。例如：

① no³⁵ khoŋ⁵⁵jən²¹ la:m²¹ dɯək²¹ tɕa:n³⁵, jɯ⁵⁵lai²¹³ la:m²¹ dɯək²¹ tot³⁵.
　他　　不但　　　做　　得　　快　　　而且　　做　　得　　好
　他不但做得快，而且做得好。

② mi:n²¹ khoŋ⁵⁵jən²¹ khak³⁵mi:n²¹ la:m²¹ jɯ⁵⁵la:i²¹³ ja:i²¹ tɕun³⁵no³⁵ la:m²¹ ve³⁵dɯək²¹.
　你　　不但　　　自己　　　　做　　　而且　　　教　　他们　　　做　　才　得
　你不但自己做，而且教他们做才行。

2. 借自汉语的连词

京语除了上述固有连词，还从汉语中借用部分连词，如表因果关系的连词 ɲa:n⁵⁵ve²¹⋯ve³⁵la²¹⋯（因为⋯⋯所以⋯⋯）、表条件关系的连词 tɕu²¹iu³⁵（只要）等。

（1）ɲa:n⁵⁵ve²¹⋯ve³⁵la²¹⋯（因为⋯⋯所以⋯⋯）

京语与汉语接触过程中，受强势语言汉语的影响借进了汉语借词 ɲa:n⁵⁵ve²¹⋯ve³⁵la²¹⋯（因为⋯⋯所以⋯⋯）来表示因果关系，它们各自连接的成分是分句。京语表示因果关系的句子有时可以只用一个关联词 ɲa:n⁵⁵ve²¹（因为）或 ve³⁵la²¹（所以）。例如：

① ɲa:n⁵⁵ve²¹ la²¹ muən²¹ nək²¹,
　因为　　　　是　　天　　热
　ve³⁵la²¹ fai²¹ nei³⁵ ɲiu²¹ nɯək³⁵ thoi⁵⁵ ve³⁵ dɯək²¹.
　所以　　　要　打　　多　　水　　　开　　才　行
　因为是热天，所以要多打些开水才行。

② ɲa:n⁵⁵ve²¹ kwa³⁵ kiət³⁵ ɲiu²¹ kwa³⁵,
　因为　　　　瓜　　结　　　多　　过

thi³⁵ve²¹ ko³⁵ thi³⁵ ka:n²¹ kəi⁵⁵ kon²¹ bi²¹³ ʔep³⁵ ɣa:i³⁵ roi²¹.
所以　有　些　林　树　都　被　压　断　了
因为果子结果太多，所以有些树枝都被压断了。

③ ɳa:n⁵⁵ve²¹ leu³¹⁵ thət²¹ hep²¹, thi³⁵ve²¹ ɕe⁵⁵ khoŋ⁵⁵ kwa⁵⁵ dɯək²¹.
因为　路　实　窄　　所以　车　不　过　得
因为路很窄，所以车子过不去。

（2）tɕu²¹iu³⁵（只要）

京语在与汉语接触中借用连词 tɕu²¹iu³⁵ 表示条件关系，它在句中连接短语或分句，有时后面跟副词 toi⁵⁵（就）相搭配，构成 tɕu²¹iu³⁵…toi⁵⁵…结构。例如：

① tɕu²¹iu³⁵ ko⁵⁵ɣa:n³⁵ la:m²¹ koŋ⁵⁵, thi²¹ ɳat³⁵ tin²¹ dɯək²¹ fɔŋ⁵⁵thu⁵⁵.
只要　　努力　　做　工　　就　一　定　得　丰收
只要努力干活，就一定能丰收。

② tɕu²¹iu³⁵ mi:n²¹ khoŋ⁵⁵ səɯ²¹ kho³⁵kha:n⁵⁵, toi⁵⁵ thi²¹ ja:i²¹ mi:n²¹.
只要　　你　不　怕　辛苦　　　我　就　教　你
只要你不怕辛苦，我就教你。

十　语气词

语气词属于虚词，常常在句尾表示种种语气，也可以在句中表示停顿。依据所表语气的不同，可以表达陈述、祈使、疑问、感叹等语气。

京语的语气词语法特征有三：

一是附着性强，只能附着在句子或别的词语后面，起一定的语法作用。

二是语气词常常跟语调一起共同表达语气，所以一部分语气词可以表达多种语气。

三是不受主语人称、数的制约。

京语中出现的语气词有：roi²¹（了），la⁵⁵（啦），dəu⁵⁵、we³⁵、dei³⁵、nə²¹（呢），va⁵⁵（吧），tɕəɯ³¹⁵、khoŋ⁵⁵、a⁵⁵（吗），di⁵⁵、ko²¹（的），thoi⁵⁵（罢了）等。

下面具体介绍几组京语中常用语气词的用法。

1. dəu⁵⁵、we³⁵、dei³⁵、nə²¹（呢）

dəu⁵⁵（呢）位于句尾表示陈述或疑问语气，有时位于句中表停顿兼用为话题标记。例如：

① toi⁵⁵　tɕɯə²¹　the³⁵　kwa⁵⁵　no³⁵　dəu⁵⁵.
我　　没　　见　　过　　他　　呢
我还没有见过他呢。

此句中语气词 dəu^{55} 放在句尾，表示陈述语气，叙述新的情况或提醒对方。

② ma:i^{21} ve^{213}han^{21}ɕau^{55} khoŋ^{55} an^{55} we^{35}?
   你   为什么   不   吃   呢
   你为什么不吃呢？

此句中语气词 we^{35} 放在动词谓语句末尾，与句中疑问副词 ve^{213}han^{21}ɕau^{55} 连用表示疑问语气。

③ mi:n^{21} ha:n^{21}ɕau^{55} tɕɯ^{315}ŋɯəi^{21} dei^{35}?
   你   怎么   骂人   呢
   你怎么骂人呢？

此句中语气词 dei^{35} 位于主谓句末尾，与句末语调表疑问语气。

④ ʔi^{35}nə^{21} la^{21} ka:m^{35}ən^{55} bo^{55}mɛ^{21}.
   意思呢   是   感恩   父母
   意思是感恩父母。

此句中语气词 nə^{21} 放在名词 ʔi^{35} 后面，表停顿，兼有话题标记作用。

2. khoŋ^{55}、a^{55}（吗）

khoŋ^{55} 或 a^{55}（吗）都可放于疑问句句尾，用法一致，表疑问语气，相当于汉语普通话中的疑问语气词"吗"。例如：

① mi:n^{21} ton^{55}the^{35} kwa^{55} ko^{35} ŋɯəi^{21} ə^{21} tɕu^{21}dei^{35} təm^{35}ja:u^{55} khoŋ^{55}?
   你   看见   过   有   人   在   那   打架   吗
   你看见过有人在那里打架吗？

② ma:i^{21} teu^{21} dɯək^{21} len^{55} khoŋ^{55}? khoŋ^{55} dɯək^{21}.
   你   爬   得   上   吗   不   得
   你能爬上去吗？不能。

③ mi:n^{21} dem^{55} hoŋ^{55}kwa^{55} ŋe^{55} the^{35} ti:ŋ^{35}thəm^{35} khoŋ^{55} a^{55}?
   你   晚上   昨天   听见   雷声   没   吗
   你昨天晚上听到雷声了吗？

④ mi:n^{21} ma:i^{21} （ko^{35}） dem^{55} tin^{213} khoŋ^{55}?
   身   你   有   带   钱   吗
   你身上带着钱吗？

3. va^{55}（吧）

va^{55}（吧）可放在陈述句和疑问句的句尾，表示疑问或祈使，疑问程度介于怀疑和相信之间，有明显的揣度或商量口气。例如：

① nɔi^{35} tɕa:n^{35} mot^{21} tit^{35} va^{55}!
   说   快   一   点   吧
   快点说吧！

② hoŋ⁵⁵nai⁵⁵ jəi²¹ dət³⁵, tɕun³⁵toi⁵⁵ di⁵⁵ da:n³⁵ ka³⁵ va⁵⁵.
　今天　　　天暖　　我们　　去　打　渔　吧
　今天天气暖和，我们一起去打渔吧。

va⁵⁵（吧）在陈述句中有时可省略。例如：

③ toi⁵⁵ di⁵⁵ muə⁵⁵, mi:n²¹ ŋe³⁵ŋəi⁵⁵ dɯək²¹ roi²¹.
　我　去　买　　你　　休息　　得　　了
　我去买吧，你休息得了。

④ kɔn⁵⁵ ko²¹ no³⁵ jɔŋ³⁵ no³⁵ khi⁵⁵ be³⁵ɕək³⁵lau³⁵.
　儿　　的　他　像　　他　时　小淘气
　他的儿子像他小时候一样淘气吧。

4. roi²¹（了）、la⁵⁵（啦）

roi²¹（了）、la⁵⁵（啦）是很常用的语气词，用于陈述语气，一般是陈述事实，有时也表达具有新情况出现的意味。例如：

① ləm²¹ reu²¹³ khoŋ⁵⁵ roi²¹.
　瓶　　酒　　空　　了
　酒瓶空了。

② no³⁵ kha³⁵na:ŋ⁵⁵ di⁵⁵ muə⁵⁵ do²¹ roi²¹.
　他　可能　　　去　买　　东西　了
　他可能买东西去了。

③ mi:n²¹ fai²¹³ bi²¹³ tat³⁵ la⁵⁵.
　你　　要　　挨　耳光　啦
　你要被打啦。

roi²¹（了）用在疑问句句尾，表疑问语气。例如：

④ toi³⁵ hoŋ⁵⁵kwa⁵⁵ dau²¹ ɕon⁵⁵ ve²¹ha:n²¹ɕau⁵⁵ tɕa:i³⁵ ṇa²¹ roi²¹?
　晚　　昨天　　　头　村　　为什么　　　　烧　　房　了
　昨天晚上村头为什么着火了？

⑤ ve²¹ha:n²¹ɕau⁵⁵ je⁵⁵ kon²¹ tɕa:i²¹ roi²¹?
　为什么　　　　羊　都　　跑　　　了
　为什么羊都跑了？

5. di⁵⁵（的）

di⁵⁵（的）位于句尾表陈述语气，有强调情况本来如此的意思。例如：

① ko³⁵ta:i⁵⁵ no³⁵ lə:ŋ⁵⁵kəp²¹kəp²¹ di⁵⁵.
　手臂　　　他　毛茸茸　　　　　的
　他的手臂毛茸茸的。

② no³⁵　la²¹　hoŋ⁵⁵kwa⁵⁵　lai²¹³.
　　他　　是　　昨天　　　　来
　　他是昨天来的。

③ kai³⁵　tɛ³⁵kɔn⁵⁵　dei³⁵　bɛu³⁵thok²¹thok²¹　di⁵⁵.
　　个　　小孩　　　这　　胖乎乎　　　　　　的
　　这个小孩胖乎乎的。

6. thoi⁵⁵（罢了）

京语中的语气词 thoi⁵⁵（罢了），放于陈述句句末，相当于汉语普通话中的"而已"。例如：

① bai³⁵jəu²¹　koŋ²¹　la²¹　tɔn²¹　la²¹　nei³⁵　ɕe⁵⁵　thoi⁵⁵.
　　现在　　　都　　是　　全　　是　　用　　车　　罢了
　　现在全是用车而已。

② kon²¹　la²¹　di⁵⁵　tɕən⁵⁵　thoi⁵⁵.
　　都　　是　　行　　脚　　　罢了
　　都是走路而已。

十一　叹词

叹词是表示感叹或招呼、应答的词，用来表达喜爱、厌恶、愤怒、轻蔑、惧怕、惊讶、叹息、招呼等各种情感，一般没有具体实在的词汇意义。叹词的独立性很强，一般不与实词发生结构关系，独立于句首用作感叹语，是一种独立成分。叹词的使用往往因人而异，同一意义语音形式也并不固定。

1. 表示"招呼"。例如：

① ve³⁵, toi⁵⁵　nɔi³⁵tin²¹³　mi:n²¹　ŋe⁵⁵tin³⁵　tɕɯə³¹⁵?
　　嘿　我　　说话　　　　你　　　听话　　　没有
　　嘿，我说的你听见了没有？

② ve³⁵, dei³⁵　la²¹　ti:n²¹³　ʔi³⁵　dei³⁵!
　　喂　　这　　是　　话　　　什么　啊
　　喂，这是什么话啊！

③ ve³⁵, bat³⁵　ha:n²¹thau⁵⁵　və³¹⁵　roi²¹?
　　呃　　碗　　怎么　　　　　破　　了
　　呃，碗怎么破了？

2. 表示回应。例如：

① ve³⁵, khoŋ⁵⁵　fai²¹　thi³⁵ve²¹　va⁵⁵.
　　呃　　不　　　是　　这样　　　呀
　　呃，不是这样的。

② əŋ³⁵, mi:n²¹ ha:n²¹thau⁵⁵ lai²¹ kon²¹ tɕəɯ³¹⁵ di⁵⁵?
　 呣　你　怎么　　　　停顿 还　没　　去
　 呣，你怎么还没去？

③ o³⁵, nən²¹ nai²¹ thuə⁵⁵ tɕo⁵⁵ toi⁵⁵ roi²¹.
　 哦　回　这　　输　　给　我　了
　 哦，这下可输给我了。

④ əŋ³⁵, tha:ŋ²¹ kɔn⁵⁵ja:i⁵⁵ nai²¹ khoŋ⁵⁵ la:m²¹ ʔi²¹ dɯək²¹.
　 嗯　男　小伙　这　不　做　什么　得
　 呸！你这个小伙子就没出息！

3. 表示疑问。例如：

① ve³⁵, mi:n²¹ tin³⁵ma:i⁵⁵ di⁵⁵ va²¹ khoŋ⁵⁵ di⁵⁵ dei³⁵?
　 啊　你　明天　　　　去　或　不　　去　呢
　 啊，你明天倒是去不去呀？

② əŋ³⁵, mi:n²¹ ha:n²¹thau⁵⁵ lai²¹ kon²¹ tɕəɯ³¹⁵ di⁵⁵?
　 呣　你　怎么　　　　停顿 还　没　　去
　 呣，你怎么还没去？

③ a⁵⁵, dei³⁵ la²¹ viək²¹ ʔi²¹ dei³⁵?
　 啊　这　是　事　什么　啊
　 啊，这是怎么回事啊？

④ əŋ³⁵, dei³⁵ la²¹ tɕɯ³⁵ ʔi²¹?
　 呣　这　是　字　什么
　 呣，这是什么字？

4. 表示喜悦。例如：

o³⁵, nən²¹ nai²¹ thuə⁵⁵ tɕo⁵⁵ toi⁵⁵ roi²¹.
哦　回　这　　输　　给　我　了
哦，这下可输给我了。

5. 表示赞美、惊叹。例如：

① o³⁵, tha:ŋ²¹ kɔn⁵⁵ja:i⁵⁵ dei³⁵ thət²¹ jɔi³⁵.
　 哦　男　小伙　这　实　棒
　 嚄，这小伙子真棒。

② a⁵⁵, kɔn⁵⁵ ka³⁵ to⁵⁵ thət²¹!
　 啊　条　鱼　大　实
　 嚯，好大的鱼！

③ a³⁵, tən²¹dei³⁵ ȵiu²¹³ ka³⁵!
　 啊　这么　　　多　鱼
　 啊，这么多鱼呀！

6. 表示意外、惊吓。例如：

① je^{35}, tən^{21}dei^{35} tha:ŋ^{35} çon^{35} thɯən^{55} roi^{21}.
   呀 这么   早   下   雪   了
   呀，这么早下雪了！

② je^{35}, ha:n^{21}thau^{55} lai^{213} thi^{35}ve^{21}!
   呀 怎么   停顿   这样
   呀，怎么能这样呢！

③ je^{35}, lai^{21} mɯə^{55} roi^{21}!
   呀 又   下雨 了
   呀，又下雨了！

7. 表示鄙视、责难。例如：

① ai^{35}je^{35}, ŋɯəi^{21} ŋwa:i^{21} khon^{55} an^{55}, mi:n^{21} thi^{21} an^{55} tɯək^{35} lai^{213} roi^{21}!
   哎呀   人   外   不   吃   你   就   吃   前   来   了
   哎呀呀，别人没吃，你就先吃起来啦！

② həŋ^{35}, mi:n^{21} ko^{35} ha:i^{55} dəŋ^{21} tin^{213} tin^{35} kai^{35}ʔi^{21}?
   哼   你   有   两   块   钱   算   什么
   哼，你有两块钱算什么？

③ ai^{35}je^{35}, kai^{35} tça:u^{35} nai^{21} vuə^{21} muə^{55} ve^{21} thi^{21} da:n^{35} və^{35} roi^{21}!
   哎呀 个   锅   这   刚   买   回   就   打   坏   了
   哎呀，这个锅刚买来就打破了！

④ əŋ^{35}, ko^{21} toi^{55} tot^{35} həŋ^{55} ko^{21} no^{35} ɲiu^{213}.
   哼   的   我   好   过   的   他   多
   哼，我的比他的好得多呢！

8. 表示痛苦。例如：

① ai^{55}oi^{55}, bon^{21} toi^{55} thət^{21} dau^{55}.
   哎哟   肚   我   实   疼
   哎哟，我肚子好痛！

② ai^{35}, khon^{55} fai^{35} nəi^{35} no^{35} toi^{55} kon^{21} khon^{55} bək^{21}na:ŋ^{213} ne^{35}!
   唉   不   是   说   他   我   还   不   伤心   呢
   唉，不是提起他来我还不伤心呢！

9. 表示感叹。例如：

① o^{55}, toi^{55} biət^{35} roi^{21}.
   哦 我   知   了
   哦，我懂了。

② a⁵⁵, to⁵⁵ thi³⁵ve²¹ ə³⁵.
啊 大 这么 啊
妈呀！这么大！

③ o³⁵, nən²¹ nai²¹ thuə⁵⁵ tɕo⁵⁵ toi⁵⁵ roi²¹!
哦 回 这 输 给 我 了
哦，这下可输给我了！

第二节　短语

短语是大于词而又不成句的语法单位，由两个或两个以上的词按一定的语法关系和语义关系组成的。

一　短语的结构类型

根据短语构成成分的语法关系分，可以把短语分为：联合短语、偏正短语、主谓短语、动宾短语、中补短语、同位短语、连谓短语、兼语短语以及其他短语。

1. 联合短语

由语法地位平等的两项或几项组成，其成分之间有联合关系。例如：

mi:n²¹　ve³⁵　toi⁵⁵ 你和我　　　ʔoŋ⁵⁵li³⁵　ve³⁵　an⁵⁵ja:i⁵⁵ 老李和大哥
你　　和　我　　　　　　　　老李　　和　大哥

thi:n⁵⁵ja:i⁵⁵　de²¹ɣa:i³⁵ 生男生女　　a:n⁵⁵ja:i⁵⁵　va²¹　ɛm⁵⁵ 哥哥或弟弟
生男　　生女　　　　　　　　哥哥　　或　弟

联合短语的组成成分一般词性相同，有的用 ve³⁵（和）、va²¹（或）、jɯ⁵⁵lai²¹³（而且）等连词或副词连接起来。

2. 偏正短语

由修饰语和中心语两部分构成，可再分定中短语、状中短语两种情况。

（1）定中短语

正的部分（中心语）由名词或名词性词语充当，偏的部分（修饰语）是定语。部分结构用结构助词 ko²¹ 连接，也可不用。不同于汉语的是，京语的定中短语结构里大多是中心语在前，修饰语在后。例如：

ku²¹³　ko²¹　ŋɯəi²¹ 别人的东西　　ta:i⁵⁵　ko²¹　tho²¹³ 兔子的耳朵
东西　的　人　　　　　　　　　耳朵　的　兔子

ba:n²¹　ton²¹ 圆桌子　　　　　　tin²¹³　ko²¹　no³⁵ 他的钱
桌子　圆　　　　　　　　　　钱　的　他

kwən²¹au³⁵　do³⁵ 红衣服　　　　　ʔa:n³⁵　ko²¹　no³⁵ 他的照片
衣服　　红　　　　　　　　　照片　的　他

（2）状中短语

修饰成分（状语）常为副词，正的部分（中心语）由动词、形容词或动词性词语、形容词性词语充当。例如：

thət²¹　ruɨt³⁵很冷　　　　　tɕa:n²¹　tot³⁵　di⁵⁵不好走
很　　　冷　　　　　　　　　不　　　好　　走
ləp²¹tək³⁵　ve²¹³马上回　　　tom²¹tom²¹　ŋe⁵⁵偷偷听
马上　　　回　　　　　　　　偷偷　　　　听

3. 主谓短语

由具有陈述关系的两个成分组成，前头被陈述部分是主语，表示要说的是谁或什么；后头陈述的部分是谓语，说明主语怎么样或是什么。陈述关系用语序而不用虚词表示。例如：

a:n⁵⁵ja:i⁵⁵　ɣe²¹哥哥瘦　　　no³⁵　lai²¹³他来
哥哥　　　瘦　　　　　　　　他　　来
no³⁵　fat³⁵hoŋ⁵⁵他生气　　　ʔoŋ⁵⁵li³¹　kəi³¹⁵　və²¹³老李结婚
他　　生气　　　　　　　　　老李　　　结　　　婚
jəi²¹　dət³⁵天气暖和　　　　mi:n²¹　thit³⁵你喜欢
天　　暖　　　　　　　　　　你　　　喜欢

4. 动宾短语

由具有支配、牵涉关系的两个成分组成，前头起支配作用的部分是动语，表示动作行为；后头被动作支配的部分是宾语，表示受支配的是什么。例如：

doi²¹³　non³¹⁵戴斗笠　　　riə³¹　mat²¹洗脸
戴　　　斗笠　　　　　　　洗　　脸
kwa⁵⁵　kau²¹过桥　　　　　mak²¹　kwən²¹au³⁵穿衣服
过　　　桥　　　　　　　　穿　　　衣服

5. 中补短语

中补短语的两个直接的组成成分之间有补充关系。前一部分表示动作或性状，后一部分补充说明前一部分。例如：

hat³⁵　dɯək²¹　ha:i⁵⁵　唱得好　　　ŋu³⁵　dɯək²¹　thət²¹　tot³⁵睡得很好
唱　　得　　　好　　　　　　　　　睡　　得　　　实　　　好
tɕa:i²¹　dɯək²¹　ɲa:n⁵⁵跑得快　　　a:n⁵⁵　tot³⁵　roi²¹吃好了
跑　　　得　　　快　　　　　　　　吃　　　好　　　了

6. 同位短语

多由两项组成，前项和后项的词语不同，但所指的是同一事物。前项、后项共作一个成分，因前后语法地位相同，故名同位短语；又因前后项有互相说明的复指关系，因此又叫复指短语。例如：

tɕun³⁵toi⁵⁵ la:m⁵⁵ ŋɯəi²¹ 我们五个　　　tɕun³⁵toi⁵⁵ kon²¹ɳa:u⁵⁵ 我们大家
　我们　　五　个　　　　　　　　我们　　大家

doi²¹tɕɯən²¹³ ʔoŋ⁵⁵hɯaŋ²¹³ 队长老王
　队长　　　老王

7. 连谓短语

由两个或两个以上的谓词性词语连用构成，谓词性成分之间没有语音停顿。例如：

① ɛ:m⁵⁵ den³⁵ dau²¹ son⁵⁵ dəɯ²¹ an⁵⁵ 妹到村头等哥哥
　 妹　到　头　村　等　哥

② den³⁵ tɕəɯ²¹³ di⁵⁵ muə⁵⁵ han²¹³ 到街上去买东西
　 到　街　　去　买　东西

③ tɕun³⁵no³⁵ di⁵⁵ bi:n⁵⁵ thon⁵⁵ da:n³⁵ ka³⁵ 他们去河边打渔
　 他们　　去　边　河　打　渔

连谓短语中最典型的是连动短语，这类短语中的几个动词共用同一个主语，一般情况各个动词的次序不能随意变动。例如，在 ɛ:m⁵⁵den³⁵dau²¹son⁵⁵dəɯ²¹an⁵⁵（妹到村头等哥哥）中，den³⁵（到）和 dəɯ²¹（等）两个动词是由一个主语发出的，且这两个动词的次序不能颠倒。

8. 兼语短语

由前一动语的宾语兼作后一谓语的主语，形成一个宾语兼主语的双重身份成分，这样的成分即是所谓的"兼语"。内含兼语的短语叫兼语短语。例如：

① ɣoi²¹³ no³⁵ vau²¹³ ɳa²¹ 叫他进屋
　 叫　 他　进　 屋

② ɕon⁵⁵tɕɯən²¹ ɣa:i²¹³ tɕun³⁵no³⁵ di⁵⁵ ɕun³⁵ vən²¹³ 村长让他们到地里去
　 村长　　　叫　　他们　　　去　里　地

③ tɕo⁵⁵ mi:n²¹ ŋe⁵⁵ mot²¹ ba:i²¹ hat³⁵ 给你听一首歌
　 给　你　听　一　首　歌

兼语短语由一个动宾短语和一个主谓短语套合而成，前者的宾语是后者的主语。如 ɣoi²¹³no³⁵（叫他）+ no³⁵vau²¹³ɳa²¹（他进屋）→ɣoi²¹³no³⁵vau²¹³ɳa²¹（叫他进屋），其中的 no³⁵（他）是兼语。

9. 其他短语

（1）数量短语

由数词和量短语合而成的短语。又分两个小类：

① 物量短语

由数词和名量词构成的短语。例如：

thau³⁵ kwen²¹³ tha:t³⁵ 六本书　　　la:m⁵⁵ kən⁵⁵ thit²¹ 五斤肉
六　　本　　书　　　　　　　　　五　　斤　　肉
ba⁵⁵ kei⁵⁵ ço³⁵ 三公里　　　　　ha:i⁵⁵ tha:ŋ³⁵ 两个月
三　　公里　　　　　　　　　　两　　月

② 动量短语

由数词和动量词构成的短语。例如：

vo³¹⁵ ha:i⁵⁵ mɛ³⁵ 拍两次　　　　da³⁵ mot²¹ tɕən⁵⁵ 踢一脚
拍　　两　　次　　　　　　　　踢　　一　　脚
dəm³⁵ mot²¹ dəm³⁵ 打一拳　　　　ka:n³⁵ ha:i⁵⁵ min³⁵ 咬两口
打　　一　　拳　　　　　　　　咬　　两　　口

③ 指量短语

由指示代词 nai²¹（这）、dei³⁵（那）或疑问代词 nau²¹（哪）和量词形成指量结构，修饰名词，构成"量+名+指示代词"的指量短语结构，表示名词的指量关系。例如：

kai³⁵ au³⁵ nai²¹ 这件衣服　　　　kai³⁵ ban²¹ nai²¹ 这张桌子
件　　衣服　　这　　　　　　　张　　桌　　这
kəi⁵⁵ ma:n⁵⁵ dei³⁵ 那根竹笋　　　kwən²¹ that³⁵ nau²¹ 哪本书
棵　　竹笋　　那　　　　　　　本　　书　　哪

（2）方位短语

由方位名词和其他词语组成的短语。

方位名词中方位词一般后置。例如：

mat²¹ ten⁵⁵ 上面　　　　　　　　mat²¹ tɕa:n⁵⁵ 里面
面　　上　　　　　　　　　　　面　　里
bi:n⁵⁵ doŋ³⁵ 东边　　　　　　　　mat²¹ ŋwa:i²¹ 外面
边　　东　　　　　　　　　　　面　　外

方位短语中方位名词多放在其他词语前面。例如：

ta:m⁵⁵ n̠a²¹ 房子里　　　　　　　ten⁵⁵ ban²¹ 桌子上
里　　屋　　　　　　　　　　　上　　桌
ten⁵⁵ jəŋ²¹ 床上　　　　　　　　thau⁵⁵ n̠a²¹ 房子后
上　　床　　　　　　　　　　　后　　房

（3）能愿短语

由能愿动词和其他动词或形容短语组成的短语。例如：

khoŋ⁵⁵ ɲi:n²¹ nɔi³⁵ 不愿意说　　　fai²¹ ja³⁵ nəi²¹ 必须回答
不　　愿　　说　　　　　　　　要　　回答

biət³⁵ hat³⁵ 会唱　　　　　khoŋ⁵⁵ dɯək²¹ ve²¹ȵa²¹ 不能回家
会　　唱　　　　　　　　不　　得　　回家

（4）趋向短语

由趋向动词和其他动词构成的短语。例如：

tɕa:i²¹ kwa⁵⁵ di⁵⁵ 走过去　　　dəŋ³⁵ thək³⁵ ɣei²¹³ 站起来
走　　过　　去　　　　　　　站　　起　　来

teu²¹ len⁵⁵ kai⁵⁵ 爬上树　　　　bin²¹³ ɕun³⁵ di⁵⁵ 病下去
爬　　上　　树　　　　　　　病　　下　　去

（5）介词短语

由介词和其他词语组成的短语。例如：

fen²¹ ŋuəi²¹ ŋwa:i²¹ (jup³⁵dəɯ³⁵) 靠别人（帮助）
靠　　人　　外　　　帮助

ə²¹ ten⁵⁵ rəŋ²¹ (tɕen³⁵ku:i³⁵) 在山上（砍柴）
在　　上　　山　　　砍柴

（6）ko²¹字短语

由结构助词 ko²¹（的）和其他词语组成的短语，京语中 ko²¹字短语数量相当少，只在名物化时偶尔出现，且一般前置。例如：

ko²¹ mi:n²¹ 你的　　　　　　　ko²¹ khak³⁵mi:n²¹ 自己的
的　　你　　　　　　　　　　的　　自己

二　短语的功能类型

根据短语的功能，可以把短语分为：

1. 名词性短语　语法功能相当于一个名词的短语。
2. 动词性短语　语法功能相当于一个动词的短语。
3. 形容词性短语　语法功能相当于一个形容词的短语。
4. 其他　语法功能相当于名词、动词、形容词以外的词类的短语。

动词性短语和形容词性短语都可以充当谓语，因而又合称谓词性短语。京语功能类短语与结构类短语的对应关系大致如下：

表 5-7　　　　京语短语的功能分类与结构类对应关系

功能类	结构类	举例
名词性词组	联合短语	thən⁵⁵thit³⁵bou²¹³ban²¹³ 亲戚朋友 toi⁵⁵ve³⁵mi:n²¹ 我和你
	偏正短语	kwən²¹au³⁵do³⁵ 红衣服 tin²¹³ko²¹no³⁵ 他的钱
	复指短语	tɕun³⁵toi⁵⁵la:m⁵⁵ŋuəi²¹ 我们五个 doi²¹tɕɯəŋ²¹³ʔoŋ⁵⁵huaŋ²¹³ 队长老王

续表

功能类	结构类	举例
名词性词组	数量短语	thau^{35}kwen^{213}tha:t^{35}六本书 la:m^{55}kən^{55}thit^{21}五斤肉
	指量短语	kai^{35}ban^{21}nai^{21}这张桌 kwən^{21}that^{35}nau^{21}哪本书
	方位短语	bi:n^{55}doŋ^{35}东边 dɯək^{35}mat^{21}前面
	ko^{21}字短语	ko^{21}mi:n^{21}你的 ko^{21}khak^{35}mi:n^{21}自己的
	主谓短语	hoŋ^{55}nai^{55}jəi^{21}dət^{35}今天天气暖和
动词性词组	联合短语	vuə^{21}nɔi^{35}vuə^{21}kəi^{213}又说又笑 di^{55}va^{55}thi^{21}khoŋ^{55}di^{55}去还是不去
	偏正短语	tom^{21}tom^{21}ŋe^{55}偷偷听 ləp^{21}tək^{35}ve^{213}马上回
	动宾短语	riə^{315}mat^{21}洗脸 mak^{21}kwən^{21}au^{35}穿衣服
	中补短语	hat^{35}dɯək^{21}ha:i^{55}唱得好 tɕa:i^{21}dɯək^{21}ɲa:n^{55}跑得快
	动量词短语	vo^{315}ha:i^{55}mɛ^{35}拍两次 dəm^{35}mot^{21}dəm^{35}打一拳
	指（疑）量短语	nau^{21}mɛ^{35}哪次
	连动短语	ɕon^{35}thəŋ^{55}bat^{35}ka^{35}下河捕鱼 len^{55}rəŋ^{21}da:n^{35}tɕim^{55}上山打鸟
	兼语短语	ɣoi^{213}no^{35}vau^{213}ɲa^{21}叫他进屋 ho^{213}tɕun^{35}no^{35}joŋ^{21}rəu^{55}帮他们种菜
	能愿短语	ɲa:m^{35}di^{55}敢去 biət^{35}hat^{35}会唱
	趋向短语	tɕa:i^{21}kwa^{55}di^{55}走过去 dəŋ^{35}thək^{35}ɣei^{213}站起来
	主谓短语	no^{35}nɔi^{35}他说 a:n^{55}ja:i^{21}ɣe^{21}哥哥瘦
形容词性词组	联合短语	lai^{21}to^{55}lai^{21}ka:u^{55}又大又高 tɕa:n^{35}ju^{55}la^{213}tot^{35}快而且好
	偏正短语	thət^{21}ruɯt^{35}很冷 khoŋ^{55}ka:i^{55}不辣
	中补短语	mi:n^{21}ba^{55}dək^{35}高三寸 ɲa:n^{55}mot^{21}tit^{35}快一点
	主谓短语	boŋ^{21}doi^{35}肚子饿
其他	介词短语	ve^{35}no^{35}（nɔi^{35}ti:n^{21}）跟他（说话） bi^{213}bo^{35}（tɕɯ^{315}）被父亲（骂）

第三节　句子

一　句子成分

句子的一般成分包括主语、谓语、宾语、定语、状语和补语六种。下文中分析句子成分时主语、谓语、宾语、定语、状语、补语分别用＿、＿、＿、（　）、[　]、<>表示。此外，还有特殊成分独立语和外位语，独立语用△表示，外位语用----表示。

（一）**主语和谓语**

主语句子中的陈述对象，回答"谁"或"什么"的问题；谓语用来陈述主语的，回答"怎么样""是什么""怎么做"的问题。京语的句子中一般情况下主语在前，谓语在后。

1. 主语的构成

（1）名词、代词、数词和名词性词语常作主语。例如：

① tɕun³⁵ta⁵⁵　khoŋ⁵⁵　nei³⁵　kuə²¹³kai³⁵　ko²¹　ŋɯəi²¹　ŋwa:i²¹.
　　我们　　　不　　要　　东西　　　　的　　人　　　外
　　咱们不要人家的东西。（人称代词）

② tɔn²¹　　ɕon⁵⁵　ŋɯəi²¹ kon²¹　　fai³⁵　lai²¹　hop²¹.
　　全　　　村　　　人　　都　　　　要　　来　　开会
　　全村的人都来开会。（定中短语）

③ dei³⁵　　la²¹　kwən²¹au³⁵　　　ko²¹　ai⁵⁵?
　　这　　　是　　衣服　　　　　的　　谁
　　这是谁的衣服？（指示代词）

④ mot²¹　　ŋan²¹　tɕim⁵⁵　ə³⁵　　　ten⁵⁵　jəi²¹　bai⁵⁵　lai²¹　bai⁵⁵　di⁵⁵.
　　一　　　群　　　鸟　　　在　　　　上　　天　　飞　　来　　飞　　去
　　一群鸟在天空中飞来飞去。（数量短语）

⑤ bat³⁵　　ve³⁵　　duə³¹⁵　kon²¹　ko³⁵　　roi²¹.
　　碗　　　和　　　筷　　　都　　有　　　了
　　碗和筷子都有了。（联合短语）

（2）有的谓词性词语也可以作主语，但此时句子中的谓语一般是描写性或判断性的。不过，这种句子在京语中并不多见。例如：

ka:i²¹　vən²¹　khoŋ⁵⁵　hak²¹　khoŋ⁵⁵　biət³⁵.
犁　　　田　　　不　　　学　　　不　　　知
犁田不学不会。（动宾短语）

2. 主语的意义类型

主语和谓语是彼此相对的两个成分。根据主语和谓语的关系，可以把主语分为施事主语、受事主语和当事主语三类。

（1）施事主语

这类主语是动作的施行者、发出者。例如：

① no^{35} vo^{315} ha:i^{55} mɛ^{35} ta:i^{55}.
　他　拍　两　次　手
　他拍了两下手。

② tɕun^{35}toi^{55}　di^{55}　ɣa:n^{35} ku:i^{35}.
　我们　　　去　挑　柴
　我们去挑柴。

③ kɔn^{55}　ŋɯə^{21}　nai^{21}　bo^{35}　thət^{21}　tɕa:n^{35}.
　匹　马　这　跑　实　快
　这匹马跑得很快。

（2）受事主语

这类主语是动作的承受者。例如：

① kwən^{21}au^{35}　kon^{21}　fəi^{55}　ə^{213}　ŋa^{21}　ŋwa:i^{21}.
　衣服　　　都　晒　在　屋　外
　衣服都晒在屋外。

② thɯ^{315}　ka^{35}　dei^{35}　khoŋ^{55}　a:n^{55}　dɯək^{21}.
　种　鱼　这　不　吃　得
　那种鱼吃不得。

（3）当事主语

这类主语既不是施事者，也不是受事者，而是描写、判断、说明的对象。例如：

① no^{35}　la^{21}　mot^{21}　kɔn^{55}　ŋɯəi^{21}　hɯ^{55}.
　他　是　一　个　人　坏
　他是一个坏人。

② kai^{35}　boŋ^{21} nai^{21}　thət^{21}　rəŋ^{213}rai^{35}.
　间　房　这　实　宽敞
　这间房子很宽敞。

③ hoŋ^{55}nai^{55}　la^{21}　məŋ^{21}　la:m^{55}　tha:ŋ^{35}　ba^{55}.
　今天　　　是　初　五　月　三
　今天是三月初五。

④ toi⁵⁵ ko³⁵ mot²¹ doi⁵⁵ ja:i²¹ ja⁵⁵.
　我　有　一　双　鞋　皮
我有一双皮鞋。

第①②句中的主语是描写的对象，第④句中的主语是判断的对象，第③句中的主语是说明的对象。

3. 谓语的构成

动词、形容词、疑问代词及动词性短语常作谓语。例如：

① ŋɯəi²¹ ban³⁵ n̩a:m³⁵ lai²¹ roi²¹.
　人　卖　菜　来　了
卖菜的来了。（动词）

② kwən²¹au³⁵ mat²¹ ta:ŋ⁵⁵ hep²¹, mat²¹ ŋwa:i²¹ rəŋ²¹³.
　衣服　面　里　窄　面　外　宽
里面的衣服窄，外面的衣服宽。（形容词）

③ kai³⁵ tɕiək³⁵ ɕe⁵⁵ dei³⁵ ha:n²¹ thau⁵⁵ roi²¹?
　个　辆　车　这　怎　么　了
这辆汽车怎么啦？（疑问代词）

④ moi³⁵ kɔn⁵⁵ ŋɯəi²¹ ɣa:n³⁵ ba⁵⁵ ɣa:n³⁵.
　每　个　人　挑　三　担
每个人挑三担。（动宾短语）

（二）宾语

宾语是被支配、关涉的对象，一般位于谓语动词之后，回答"谁""什么"等问题。宾语实际上是谓语的组成部分，谓语中带宾语的动词性成分是谓语中心语。

1. 宾语的构成

（1）能作主语的名词、代词、数词和名词性短语，一般也可以作宾语。例如：

① reu²¹³ reu²¹³ thit²¹ thit²¹ ba:i²¹ dei²¹³ mot²¹ ban²¹³.
　酒　酒　肉　肉　摆　满　一　桌
酒肉摆了一桌。（数量短语）

② kwen²¹ that³⁵ nau²¹ la²¹ ko²¹ mi:n²¹?
　本　书　哪　是　的　你
哪本书是你的？（ko²¹字短语）

③ toi⁵⁵ ko³⁵ mot²¹ ŋɯəi²¹ ɛm⁵⁵ja:i⁵⁵ ha:i⁵⁵ ŋɯəi²¹ ɛm⁵⁵ɣa:i³⁵.
　我　有　一　人　弟　两　人　妹
我有一个弟弟两个妹妹。（联合短语）

④ ja:i²¹   ko²¹   mi:n²¹   ə²¹³   to:n⁵⁵   juən²¹³.
   鞋   的   你   在   底   床
   你的鞋子在床底下。（方位词组）

⑤ toi⁵⁵   muə⁵⁵   ha:i⁵⁵   muəi⁵⁵   tɕiak³⁵   bat³⁵.
   我   买   二   十   只   碗
   我买了二十只碗。（偏正词组）

（2）有的谓词性词语也可以做宾语。但是有条件的：
第一，谓语是表示心理活动或感知性的。例如：

① mi:n²¹   ɳa:n⁵⁵   ve³⁵   re³⁵   ra:n²¹   de³⁵?
   你   认   为   容   易   呀
   你以为容易？（形容词）

② kon²¹   khoŋ⁵⁵   biət³⁵   tiu³⁵   hwa⁵⁵   lai²¹.
   还   不   知   小   花   来
   不知道小花来。（主谓短语）

③ mi:n²¹   thit³⁵   wuŋ³⁵   reu²¹³.
   你   喜欢   喝   酒
   你喜欢喝酒。（动宾词组）

第二，全句是判断句，谓词为 la²¹（是）。例如：

④ ɳa²¹ ko²¹ hak²¹ tɕuəŋ²¹ tɕun³⁵toi⁵⁵ kon²¹ la²¹ məi³⁵ la:m²¹ de³⁵.
   房   的   学   校   我们   都   是   新   做   的
   我们学校的房子都是新盖的。（偏正短语）

2. 宾语的意义类型

宾语和动词性成分是彼此相对的两个成分。根据宾语和动词性成分的关系，可以把宾语分为以下几类：

（1）受事宾语表示动作所支配的对象、动作所凭借的工具等。

A. 对象宾语表示动作所支配的对象。例如：

① ha:i⁵⁵   ŋuəi²¹   kɯə⁵⁵   kəi⁵⁵.
   两   人   锯   树
   两个人一起锯树。

② bi:n⁵⁵ ten⁵⁵ ha:i⁵⁵ təm³⁵ vəŋ²¹ dei³⁵ joŋ²¹ bap³⁵.
   边   上   两   块   地   这   种   玉米
   上面那两块地种玉米。

③ toi⁵⁵ muə⁵⁵ ha:i⁵⁵ muəi⁵⁵ tɕiak³⁵ bat³⁵.
   我   买   二   十   只   碗
   我买了二十只碗。

④ no³⁵ da³⁵ ka:i²¹ γən²¹³ het³⁵ roi²¹.
   他 已经 犁   田   完   了
   他已经犁完田了。

B. 工具宾语表示动作所凭借的工具。例如：

⑤ toi⁵⁵ tɕi²¹ ruŋ²¹³ kai³⁵ bat³⁵ nai²¹.
   我   只 用   个   碗   这
   我只用这只碗。

（2）当事宾语，指施事宾语、受事宾语以外的宾语，表示判断、说明或描写等。例如：

① no³⁵ la²¹ non⁵⁵ rən⁵⁵.
   他 是 农   民
   他是农民。

② bai⁵⁵ jəɯ²¹ la²¹ muə²¹ muə⁵⁵.
   现   在   是   季   雨
   现在是雨季。

③ ten⁵⁵ kəi⁵⁵ kon²¹ ko³⁵ mot²¹ ha:i⁵⁵ kwa³⁵.
   上   树   还   有   一   二   果
   树上还有个把两个果子。

④ ja:i²¹ ko²¹ mi:n²¹ ə²¹³ to:ŋ⁵⁵ ʝɯən²¹³.
   鞋   的   你   在   底   床
   你的鞋子在床底下。

(三) 定语

定语是名词性偏正短语中的修饰语，表示"谁的""怎么样的""多少"等。在京语中，定语和中心语之间一般不用结构助词 ko²¹（的），且中心语在定语前。

1. 定语的构成

京语的定语有描写性定语和限制性定语之分。

（1）描写性定语用于描写人和事物的性质、状态，使语言表达生动形象，主要由形容词或形容词性短语充当，位于名词的后面，构成"名+形"的格式。例如：

① kai³⁵ ko⁵⁵γa³⁵ (dep²¹) dei³⁵ la²¹ ai⁵⁵?
   个   姑娘   漂亮   那   是   谁
   那个漂亮的姑娘是谁？（形容词）

② tɕen³⁵ mot²¹ kai³⁵ kəi⁵⁵ (to⁵⁵) ve²¹ lai²¹ la:m²¹ kot²¹.
   砍   一   株   树   大   回   来   做   柱子
   砍一株大树回来做柱子。（形容词）

③ dɯək³⁵ mat²¹ n̩a²¹ ko³⁵ mot²¹ kai³⁵ kəi⁵⁵ (ka:u⁵⁵ka:u⁵⁵).
　前　面　房　有　一　棵　树　高高
房子前有一棵高高的树。（形容词）

（2）限制性定语用于给事物归类或限定范围，表示事物的所属、时间、地点、数量、性质、状态等，主要由名词、人称代词、名词性短语、动词、动词性短语充当，位于名词后，构成"名+名/代/动词/短语"的格式。例如：

① nui³⁵ bi:n⁵⁵ (doŋ³⁵) ka:u⁵⁵ həŋ⁵⁵ nui³⁵ bi:n⁵⁵ (te:i⁵⁵).
　山　边　东　高　过　山　边　西
东边的山比西边的山高。（方位名词）

② thə²¹ ha:ŋ²¹³ tɕau³⁵ lai²¹ den³⁵ ɕon⁵⁵ (tɕun³⁵toi⁵⁵) roi²¹.
　匠　补　锅　来　到　村　我们　了
补锅匠到咱们村来了。（人称代词）

③ ŋɯəi²¹ (da:n⁵⁵ ka³⁵) theu⁵⁵ bi:n⁵⁵ thə:ŋ⁵⁵ di⁵⁵.
　人　打　渔　沿　边　河　走
打渔的人沿着河边走去。（动宾短语）

④ ɕon⁵⁵ tɕun³⁵ toi⁵⁵ mei³⁵ n̩a²¹ bin²¹ khwən⁵⁵ ko³⁵ (ɓa⁵⁵ kɔn⁵⁵) nən²¹³.
　村　我　们　每　户　平　均　有　三　头　猪
我们村平均每户有三头猪。（数量短语）

⑤ kɔn⁵⁵ ɓo²¹ (na:m²¹) dei³⁵ la²¹ dək²¹.
　只　牛　躺　那　是　公
躺着的那头是公牛。（动词）

在京语中，也有少量定语和中心语之间用结构助词 ko²¹（的），构成"名+ko²¹+名/代"的格式。例如：

⑥ ə²¹ ten⁵⁵ tɯəŋ²¹ teu⁵⁵ ʔa:n³⁵ ko²¹ (no³⁵).
　在　上　墙　挂　照片　的　他
墙上挂着他的照片。

⑦ ten⁵⁵ kɯə³¹⁵ viət³⁵ ten⁵⁵ ko²¹ (khak³⁵mi:n²¹).
　上　门　写　名　的　自己
在门上写着你的名字。

2. 定语的位置

不同于汉语的定中结构，京语定语的位置一般在中心语之后，且一般不用结构助词 ko²¹ 就可构成"中心语+定语"的结构。只有数量短语作定语时，中心语在定语后，构成"定语+中心语"结构。例如：

① no³⁵ kə:m²¹ (ba⁵⁵ kwen²¹) that³⁵.
　他　拿　　三　本　　　书
他拿着三本书。

② (mot²¹ ŋan²¹³) tɕim⁵⁵ ba:i⁵⁵ den³⁵ miən²¹³ bək³⁵ di⁵⁵ roi²¹.
　一　群　　鸟　飞　到　面　　北　去　了
一群鸟飞到北方去了。

③ toi⁵⁵ tɯəŋ³¹⁵ nɔi³⁵ tɕo⁵⁵ mi:n²¹ (mot²¹ kai³⁵) viək²¹.
　我　想　　说　给　你　一　件　　事
我想告诉你一件事情。

（四）状语

状语是谓词性偏正短语中的修饰语，表示"怎么样""什么时候""哪里""多么"等。

1. 状语的构成

状语也有描写性状语和限制性状语之分。

（1）描写性状语

这类状语用于描写动作的方式或状态，使语言表达生动形象，主要由形容词、象声词充当，有时动词性词语也可以充当。京语的描写性状语和中心语之间一般不加结构助词 di⁵⁵（的），且状语有时在中心语之前，有时在中心语之后。例如：

A. 状语在中心语之前

① reu²¹³ mi:n²¹ [tha:n⁵⁵ tha³⁵] wu:ŋ³⁵.
　酒　　你　　慢慢　　　喝
你把酒慢慢地喝。

② tɛ³⁵kɔn⁵⁵ khoŋ⁵⁵ fai²¹ [liən⁵⁵] tɕen³⁵ kəi⁵⁵.
　小孩子　　不　要　乱　　砍　树
小孩子不要乱砍树。

③ no³⁵ [fat³⁵ tɕa:n⁵⁵ fat³⁵ ta:i⁵⁵] tɕa:i²¹ kwa⁵⁵ di⁵⁵.
　他　甩　脚　　甩　手　　走　过　去
他大摇大摆地走过去。（动词性短语）

④ tɕun³⁵ŋɯəi²¹ [fən⁵⁵ fən⁵⁵] tɕa:i²¹ di⁵⁵ ɕen⁵⁵.
　人们　　　　纷　纷　　　跑　去　看
人们纷纷地跑去看。

B. 状语在中心语之后

① kɔn⁵⁵tɕo³⁵ kɛu⁵⁵ [wo³⁵ wo³⁵].
　狗　　　　叫　　汪　汪
狗汪汪地叫。

② rɯə³¹⁵ [kep³⁵ kep³⁵ bəŋ²¹³ bəŋ²¹³].
　洗　急　急　忙　忙
急急忙忙地洗。

③ kəɯ²¹³ do³⁵ feu³⁵ [fət³⁵ fət³⁵ fəi³⁵ fəi³⁵].
　旗　红　飘　哗　啦　哗　啦
红旗哗啦哗啦地飘。

④ rɯə³¹⁵ mot²¹ me³⁵, rɯə³¹⁵ [ha:n⁵⁵ hau⁵⁵].
　洗　一　下　洗　随　便
洗一下，随便地洗。

（2）限制性状语

表示动作的时间、地点、方向、对象、数量、范围及性状的程度等，使语言表达更加准确，主要由副词、介词短语、时间名词、方位短语、能愿动词、数量短语及其他一些短语充当，且状语位于中心语之前，构成"状语+中心语"结构。例如：

① mi:n²¹ [khoŋ⁵⁵] tin⁵⁵ thi²¹ thoi⁵⁵.
　你　不　信　就　算　了
你不相信就算了。（副词）

② mi:n²¹ [ɲi:n⁵⁵i³⁵] nei³⁵ no³⁵ khoŋ⁵⁵?
　你　愿意　嫁　他　不
你肯嫁给他吗？（能愿动词）

③ mot²¹ ŋɯəi²¹ [hɯəŋ³⁵ doŋ⁵⁵] di⁵⁵, mot²¹ ŋɯəi²¹ [hɯəŋ³⁵ tei⁵⁵] di⁵⁵.
　一　人　向　东　走　一　人　向　西　走
一个朝东走，一个朝西走。（介词短语）

④ ɛm⁵⁵ toi⁵⁵ [la:m⁵⁵nai⁵⁵] mɯəi²¹ tui³¹⁵ roi²¹.
　弟　我　今年　十　岁　了
弟弟今年十岁了。（时间名词）

⑤ [mot²¹ tha:ŋ³⁵ dek³⁵] toi⁵⁵ kon²¹ tɕa:n²¹ viət³⁵ no³⁵ jəɯ⁵⁵.
　一　月　前　我　还　没　认识　他　语气
一个月以前我还不认识他呢。（方位短语）

⑥ [tɯ²¹³ thəm³⁵ den³⁵ toi³⁵] no³⁵ kon²¹ ə²¹ jəi³⁵ vəŋ²¹ la:m²¹ koŋ⁵⁵.
　从　早　到　晚　他　都　在　里　田　做　工
从早到晚，他都在地里干活。（方位短语）

2. 状语的位置

京语的状语一般放在主语之后谓语之前，但是也有部分修饰性状语位于中心语之前，还有一些表示对象的介词短语和时间名词作状语时可以放在主语之前。例如：

① mi:n² jəŋ⁵⁵ fat³⁵əm⁵⁵ fat³⁵ dɯək²¹ ha:ŋ³⁵ hɔi⁵⁵.
　你　　应该　发音　　发　得　　很　　清楚
　你应该发音发得很清楚。

② mot²¹ tha:ŋ³⁵ dek³⁵ toi⁵⁵ kon²¹ tɕa:n³⁵ no³⁵ jəɯ⁵⁵.
　一　　　月　以前　我　还　　不　认识　他　呢
　一个月以前我还不认识他呢。

3. 多层状语

多层状语是能分析出两个或两个以上结构层次的状语。京语的多层状语可以从左到右进行层次分析。例如：

① ɲa²¹ tɕun³⁵toi⁵⁵ la:m⁵⁵ la:m⁵⁵ kon²¹ jɔŋ²¹ bap³⁵.
　家　我们　　　年　　年　　都　种　　玉米
　我们家年年都种玉米。

上例中的第一层是 la:m⁵⁵la:m⁵⁵（年年）修饰 kon²¹jɔŋ²¹bap³⁵（都种玉米），第二层说 kon²¹（都）修饰 jɔŋ²¹bap³⁵（种玉米）。

② tɕun³⁵no³⁵ tɯ²¹ tha:ŋ³⁵ den³⁵ toi³⁵ kon²¹ ə²¹ vuəŋ²¹ la:m²¹ kɔŋ⁵⁵.
　他们　　　从　　早　　到　晚　都　在　地　　做　　工
　他们从早到晚都在地里劳动。

上例中的第一层是 tɯ²¹tha:ŋ³⁵den³⁵toi³⁵（从早到晚）修饰 kon²¹ə²¹vuəŋ²¹la:m²¹kɔŋ⁵⁵（都在地里劳动），第二层是 kon²¹（都）修饰 ə²¹vuəŋ²¹la:m²¹kɔŋ⁵⁵（在地里劳动），第三层是 ə²¹vuəŋ²¹（在地里）修饰 la:m²¹kɔŋ⁵⁵（劳动）。

（五）补语

补语是谓词性中心语后面的附加成分，表示"怎么样""多久""多少次"等意思。京语补语分为无标记形式和有标记形式两种形式，有标记形式中心语和补语之间常用结构助词 dɯək²¹（得）。补语按照其语义特征可以分为结果补语、程度补语、趋向补语、时间补语、数量补语、处所补语六类。

（1）结果补语

表示动作的结果，一般由动词、形容词、代词及谓词性短语充当。例如：

① hoŋ⁵⁵ kwa⁵⁵ tɕo³⁵ ka:n³⁵ <tɕet³⁵> mɛu²¹ rɔi²¹.
　昨天　　狗　　咬　　死　　　　　猫　　了
　昨天狗把猫咬死了。

② thak³⁵ la:m⁵⁵ nai⁵⁵ mak²¹ dɯək²¹ <ɕa:n⁵⁵ re⁵⁵re⁵⁵> di⁵⁵.
禾苗　今　年　长　得　　绿　油油　　的
今年的禾苗长得绿油油的。

③ ɣa²¹ ve³⁵ nən²¹³ bi²¹³ səɯ²¹³ dɯək²¹ <tɕa:i²¹ luŋ⁵⁵ tuŋ⁵⁵>.
鸡　和　猪　被　吓　得　　跑　胡　乱
鸡和猪被吓得东奔西跑。

④ no³⁵ kəi²¹ dɯək²¹ <nɯək³⁵ mat³⁵ kon²¹ tɕa:i³⁵ ra⁵⁵> roi²¹.
他　笑　得　　水　眼　都　流　出　了
他笑得眼泪都流出来了。

(2) 程度补语

表示性状的程度，一般由形容词、谓词性短语、程度副词、量词、数量短语充当。例如：

① toi⁵⁵ ka:u⁵⁵ həŋ⁵⁵ mi:n²¹ <ba⁵⁵ dək³⁵>.
我　高　过　你　三　寸
我比你高三寸。（数量短语）

② kwən²¹ that³⁵ nai²¹ tot³⁵ <nət³⁵>.
本　书　这　好　最
这本书好极了。（程度副词）

③ kai³⁵ doŋ²¹ thak³⁵ nai²¹ da²¹ tɕin³⁵ het³⁵ <bai²¹ ta:m³⁵ tha:ŋ²¹> roi²¹.
个　片　稻　这　已　熟　完　七　八　成　了
这片稻子已经熟七八成了。（数量短语）

(3) 趋向补语

表示动作的趋向，由趋向动词充当。例如：

① no³⁵ muə⁵⁵ mot²¹ thi³⁵ va:i³⁵ <ve²¹>.
他　买　一　些　布　回
他买回了一些布。

② kəm²¹ (mot²¹) kɔn⁵⁵ ja:u⁵⁵ <lai²¹>.
拿　一　把　刀　来
拿（一）把刀来。

③ la³⁵ kəi⁵⁵ fən³⁵ fən³⁵ roŋ²¹ <ɕon³⁵>.
叶　树　纷　纷　落　下
树叶纷纷落下来。

④ ɛm⁵⁵ teu²¹ <len⁵⁵> kəi⁵⁵ di⁵⁵ bat³⁵ tɕim⁵⁵.
弟　爬　上　树　去　抓　鸟
弟弟爬上树捉鸟儿。

⑤ tɛ³⁵kɔn⁵⁵ dəŋ³⁵ <thək³⁵ ɣei²¹³> roi²¹.
　　小孩　　站起　　来　了
小孩站起来了。

（4）数量补语

表示动作的数量或动作所占用的时间的长短，一般由数量短语充当。例如：

① ha:i⁵⁵ la:m⁵⁵ tuɯək³⁵ toi⁵⁵ the³⁵ kwa⁵⁵ no³⁵ <mot²¹ lən²¹³>.
　两　　年　　前　　我　见　过　　他　一　　次
我两年前见过他一次。

② no³⁵ bi²¹³ tɕo³⁵ ka:n³⁵ <ha:i⁵⁵ min³⁵>.
　他　被　狗　咬　　两　口
他被狗咬了两口。

③ toi⁵⁵ dəɯ²¹ mi:n²¹ <nɯə³¹⁵ ŋa:i²¹> roi²¹, mi:n²¹ kon²¹ tɕa:n²¹ lai²¹.
　我　等　你　　半　天　　了　你　都　没　来
我等了半天你不来。

数量短语作补语有两种情况：一种是由数词和动量短语组成的数量短语，表示动作的次数；另一种是由数词和具有量词作用的名短语组成的数量短语，表示动作所涉及数量的多少或所占用的时间的长短。

（5）时间补语

表示动作花费的时间、动作发生的时间，一般由介词短语及时间副词充当。例如：

mi:n²¹ di⁵⁵ <tɯək³⁵>.
你　　走　先
你先走。

（6）处所补语

表示动作发生的地点，一般由介词短语和方位短语充当。例如：

① no³⁵ ŋoi²¹ <ə²¹ bi:n⁵⁵ leu³⁵> ŋe³⁵ ŋəi⁵⁵.
　他　坐　在　边　路　　休　息
他坐在路边休息。

② di⁵⁵ <hɯəŋ³¹⁵ fuŋ⁵⁵ doŋ⁵⁵>.
　走　向　方　东
走向东方。

（六）独立语

独立语是句子中不跟别的成分发生结构关系的词或短语。在京语中，比较常见的独立语是感叹语和象声语。

1. 感叹语

一般由叹词充当，表示惊讶、不满、痛苦等强烈的感情以及招呼、应

答等。一般放在句首,有的也可以放在句中。例如:

① əŋ³⁵, ko²¹ toi⁵⁵ tot³⁵ həŋ⁵⁵ ko²¹ no³⁵ ȵiu²¹³.
　△
　哼　的我好过　的　他多
　哼,我的比他的好多了!

② o⁵⁵i⁵⁵, dəu²¹ tɕet³⁵ toi⁵⁵ roi²¹!
　△△
　哎唷　疼　死　我　了
　哎唷!疼死我了!

③ thoi⁵⁵! that³⁵ ko²¹ toi⁵⁵ khoŋ⁵⁵ the³⁵ roi²¹.
　△
　唉　书　的我　不　见　了
　哎呀!我的书不见了!

④ ve³⁵, dei³⁵ la²¹ ti:n²¹³ ʔi³⁵ dei³⁵!
　△
　喂　这　是　话　什么 啊
　喂,这是什么话!

2. 象声语

由象声词充当,模拟人和事物发出的声音,使语言表达生动形象。一般放在句首。例如:

① koŋ²¹³koŋ²¹³, ai⁵⁵ ɣo²¹ kɯə³¹⁵?
　△△
　咚咚　　谁　敲　门
　咚咚!谁敲门?

② ha⁵⁵ha⁵⁵, faŋ⁵⁵ thu⁵⁵ roi²¹.
　△△
　哈哈　丰　收　了
　哈哈!丰收了。

(七)外位语

外位语与独立语一样,不跟一般的成分发生结构关系,不同的是,外位语所指的对象为句中的一个词语所指称。可以放在句首,也可以放在句尾。例如:

boŋ²¹ tɛ³⁵kɔn⁵⁵ dei³⁵, toi⁵⁵ tɔn²¹ thuək²¹ tɕun³⁵no³⁵.
　些　　孩子　这　我　全　认识　他们
　这些孩子,我全认识他们。

在上例中,boŋ²¹tɛ³⁵kɔn⁵⁵dei³⁵(这些孩子)是外位语,为句中的 tɕun³⁵no³⁵(他们)所指代。

二 句型

句子的分类有不同的分类标准，根据句子的结构特点，句子可以分为简单句和复杂句两大类。简单句指的是不包含两个或两个以上分句的句子。根据句子主语和谓语部分是否完整，简单句可以分为主谓句和非主谓句两类。

（一）主谓句

主谓句必须包含主语和谓语两大组成部分，从谓语的性质和构成来看，主谓句可分为四种：动词性谓语句、名词性谓语句、形容词性谓语句和主谓谓语句。

1. 动词性谓语句

动词性谓语句是由动词或动词性短语充当谓语的句子，主要叙述人或事物的动作行为、心理活动、发展变化等。动词性谓语句是京语句式的主体，根据谓语的结构可以分为以下五个小类：

（1）谓语部分只有动词的句子

此类句子谓语大多是自动词，在此处不带宾语，谓语部分由动词或动词短语构成。例如：

① ta:i^{55}　toi^{55}　da:u^{55}.
　手　　我　　痛
　我的手痛。

② kon^{21}ɲa:u^{55}　kon^{21}　lai^{21}　roi^{21}.
　大家　　　都　　来　　了
　大家都来了。

（2）谓语部分带单宾语的句子

谓语部分带单宾语的句子，谓语动词通常为单及物动词；在一定的语境下，单宾语也可以省略，使得语言简洁。例如：

① toi^{55}　khoŋ^{55}　a:n^{55}　thit^{21}　nən^{213}.
　我　　不　　吃　　肉　　猪
　我不吃猪肉。

② ɲa^{21}　toi^{55}　noi^{55}　dɯək^{21}　mot^{21}　kon^{55}　tɕo^{35}　hwa^{55}　kɔn^{55}.
　家　我　养　　得　　一　　只　　狗　　花　　仔
　我养了一只小花狗。

③ hoŋ^{55}　kwa^{55}　tɕo^{35}　ka:n^{35}　tɕet^{35}　mɛu^{21}　roi^{21}.
　昨　　天　　狗　　咬　　死　　猫　　了
　昨天狗把猫咬死了。

④ tɕun³⁵toi⁵⁵   hoŋ⁵⁵nai⁵   di⁵⁵joŋ²¹   kəi⁵⁵,ɛm⁵⁵   toi⁵⁵   joŋ²¹   dɯək²¹   mot²¹   kəi⁵⁵
　我们　　　今天　　　去种树　　弟　　　我　　种　　得　　一　　棵

baŋ²¹,   toi⁵⁵   joŋ²¹   dɯək²¹   mot²¹   kəi⁵⁵   le⁵⁵.
柚子　　我　　种　　得　　　一　　　棵　　梨

我们今天去种树，弟弟种了一株柚子树，我种了一株梨树。

（3）谓语动词带双宾语的句子

该类句子动词带两个宾语，间接宾语在前，直接宾语在后。例如：

① ŋən⁵⁵   ha:ŋ²¹   məŋ²¹³   tɕo⁵⁵   no³⁵   ha:i⁵⁵   ta:m⁵⁵   doŋ²¹³.
　银　　　行　　借　　　　给　　他　　两　　　百　　元

银行借给他两百元。

② tɕo⁵⁵   toi⁵⁵   mot²¹   tit³⁵   nɯək³⁵.
　给　　我　　　一　　　点　　水

给我一点水。

③ toi⁵⁵   tɕo⁵⁵   no³⁵   mot²¹   kwen²¹   that³⁵.
　我　　给　　　他　　一　　　本　　　书

我给他一本书。

以上句①的直接宾语为 ha:i⁵⁵ta:m⁵⁵doŋ²¹³（两百元），间接宾语为 no³⁵（他）；句②的直接宾语为 nɯək³⁵（水），间接宾语为 toi⁵⁵（我）；句③的直接宾语为 that³⁵（书），间接宾语为 no³⁵（他）。

（4）谓语部分包含补语的句子

该句式谓语部分由述语和补语构成，补语通常位于谓语后面宾语之前。例如：

① hoŋ⁵⁵   kwa⁵⁵   tɕo³⁵   ka:n³⁵   tɕet³⁵   mɛu²¹   roi²¹.
　昨　　　天　　狗　　　咬　　　死　　　猫　　　了

昨天狗把猫咬死了。

② jo³⁵   to⁵⁵   hut³⁵   ɣa:i³⁵   kəi⁵⁵   ə²¹   bi:n⁵⁵   ɕon⁵⁵   roi²¹.
　风　　大　　吹　　　断　　　树　　在　　边　　　村　　了

大风把村边的树吹断了。

③ mat²¹jəi²¹   fəi⁵⁵   dɯək²¹   vən²¹   kon²¹   və³⁵   roi²¹.
　太阳　　　晒　　　得　　　　田　　都　　裂　　了

太阳晒得田都裂了。

以上句①中的 tɕet³⁵（死）、句②中的 ɣa:i³⁵（断）、句③中的 və³⁵（裂）皆作句子中谓语动词的补语。

（5）谓语部分包含状语的句子

① toi⁵⁵　bai⁵⁵jɯɯ²¹　di⁵⁵.
　 我　 现在　　　 去
　 我现在去。

② bat³⁵　ve³⁵　duə³¹⁵　kon²¹　ko³⁵　roi²¹.
　 碗　　和　　筷　　　都　　有　　了
　 碗和筷子都有了。

③ mot²¹　tha:ŋ³⁵　dek³⁵　toi⁵⁵　kon²¹　tɕa:n²¹　viət³⁵　no³⁵　jəɯ⁵⁵.
　 一　　 月　　　 前　　 我　　 还　　 没　　　 认识　　他　 （语气词）
　 一个月以前我还不认识他呢。

④ bo³⁵　no³⁵　thɯəŋ²¹　ko³⁵　biŋ²¹.
　 父　　他　　 常　　　 有　　病
　 他爸爸常生病。

以上句①中 bai⁵⁵jɯɯ²¹（现在）作状语修饰谓语动词 di⁵⁵（去）；句②中 kon²¹（都）作状语修饰谓语动词 ko³⁵（有）；句③中 tɕa:n²¹（没）作状语修饰谓语动词 viət³⁵（认识）；句④中 thɯəŋ²¹（常）作状语修饰谓语动词 ko³⁵（有）。

2. 名词性谓语句

名词性谓语句谓语部分由名词、名词短语或数量短语组成。例如：

① toi⁵⁵　la:m⁵⁵nai⁵⁵　mɯəi²¹　tui³¹⁵.
　 我　　今年　　　　十　　　 岁
　 我今年十岁。

② rəɯ⁵⁵　ta:n³⁵　ba⁵⁵ṇiu⁵⁵　ti:n²¹³　mot²¹　kən⁵⁵?
　 菜　　 白　　 多少　　　 钱　　　一　　 斤
　 白菜多少钱一斤？

句①名词 mɯəi²¹tui³¹⁵（十岁）作谓语；句②数量短语 mot²¹kən⁵⁵（一斤）作谓语。

3. 形容词性谓语句

形容词性谓语句谓语部分由形容词或形容词短语充当，对人或事物的形状加以描写，说明事物的变化。例如：

① no³⁵　khoŋ⁵⁵　du³⁵　toi⁵⁵　bɛu³⁵.
　 他　　不　　　如　　我　　 胖
　 他不如我胖。

② kai³⁵　bai²¹³　məi³⁵　khoŋ⁵⁵　baŋ²¹³　bai²¹³　ku²¹　tot³⁵.
　 个　　牌　　 新　　 不　　　 一样　　牌　　 旧　　好
　 新牌子不如老牌子好。

③ kɔn⁵⁵　　ŋɯei²¹　dei³⁵　thət²¹　tot³⁵.
　　个　　　人　　　这　　很　　好
　他这个人很好。

④ me³⁵　　ŋa:i²¹　nai⁵⁵　thət²¹　ret³⁵.
　　几　　　天　　　这　　很　　冷
　这几天很冷。

4. 主谓谓语句

主谓谓语句谓语部分由主谓结构充当，全句主语具有话题的性质。例如：

① toi³⁵　　no³⁵　　ŋən³⁵　mot²¹　tit³⁵.
　年龄　　　他　　　大　　一　　点
　年龄他大一些。

② tɛ³⁵　　kɔn⁵⁵　dei⁵⁵kon²¹　n̪au⁵⁵　kon²¹thit³⁵　no³⁵.
　孩子　　这　　大家　　　　都　　喜欢　　　　他
　这个孩子，大家都喜欢他。

③ that³⁵　ʔi²¹no³⁵　kon²¹　khoŋ⁵⁵　n̪in²¹³　hak²¹.
　书　　什么　　他　　不　　　愿　　　读
　他什么书都不愿意读。

④ tɕun³⁵toi⁵⁵　kon²¹n̪au⁵⁵　ai⁵⁵　kon²¹　dən²¹　kwen⁵⁵　ai⁵⁵.
　我们　　　　大家　　　　谁　　都　　别　　忘　　　谁
　我们大家谁也别忘记谁。

（二）非主谓句

非主谓句与主谓句相对而言，它是分不出完整的主语和谓语的句子。

1. 无主语的非主谓句

① nei³⁵　　kɯə⁵⁵　lai²¹　kɯə⁵⁵　kəi⁵⁵.
　拿　　　锯　　　来　　锯　　　木头
　拿锯子来锯木头。

② çen⁵⁵　　ça:n⁵⁵　tɕiu³⁵fen⁵⁵　thi²¹　di⁵⁵　ve²¹　roi²¹.
　看　　　完　　　电影　　　　　就　　去　　回　　了
　看了电影就回去了。

③ kwan³⁵　khoŋ⁵⁵　het³⁵　thei³⁵dei³⁵.
　管　　　　不　　　　完　　这些
　管不了这些。

④ de³⁵　　tɕo⁵⁵　no³⁵　an⁵⁵.
　留　　　给　　　他　　吃
　留着给他吃。

2. 无谓语的非主谓句

无谓语的非主谓句指有主语无谓语的句子，可以参看下面的"独词句"中的"名词性独词句"部分。

3. 独词句

（1）名词性独词句

① ai^{55}?
　　谁
　　谁？

② boŋ^{21}　doŋ^{21}tɕi^{35}.
　　群　　同志
　　同志们。

③ the^{21}.
　　师
　　老师。

（2）形容词性独词句

① tot^{35}.
　　好
　　好。

② do^{35}　　ŋa:u^{21}　　ŋa:u^{21}.
　　红　　　彤　　　彤
　　红彤彤。

（3）叹词性独词句

① ai^{35}　　je^{35}!
　　哎　　呀
　　哎呀！

② vei^{35}!
　　喂
　　喂！

③ ha^{55}　　ha^{55}.
　　哈　　哈
　　哈哈。

（4）动词性独词句

① hop^{21}.
　　开会
　　开会。

② təŋ⁵⁵!
看
看!

三 句式

凡是就单句的局部某一结构特点定出的句子类别，叫句式。这里介绍几种常用的、有结构特点的句式。

（一）处置句

京语有表示处置义的句子，包括有标记和无标记两种形式，有标记形式的处置句必须满足两个条件：一是结构上由 kəm²¹（拿）、ʔe³⁵（拿）将受事宾语提至谓语动词前，二是语义上主语有目的或自主地发出某种动作并致使 kəm²¹（拿）、ʔe³⁵（拿）的宾语受到影响而产生变化。无标记形式的处置句没有形式特征，语义上主语有目的或自主地发出某种动作并致使宾语受到影响而产生变化。

1. 带 kəm²¹（拿）字标记的处置句　例如

① ɲa:n⁵⁵　mot²¹　tit³⁵　kəm²¹　mi:n³⁵　thit²¹　di⁵⁵.
　快　　一　　点　　拿　　块　　肉　　走
　快一点把这块肉拿走。

② ta:u⁵⁵　fai³⁵　kəm²¹　kai³⁵　kok³⁵　ko²¹　ma:i²¹　di⁵⁵　roi²¹.
　我　　要　　拿　　个　　杯　　的　　你　　走　　了
　我要把你的杯子拿走了。

③ ba⁵⁵　ɲa²¹　mot²¹　mən⁵⁵　ra⁵⁵　diŋ²¹　koŋ³⁵nəi³⁵,　ra⁵⁵　diŋ²¹　dei³⁵　thi²¹　ʔe³⁵
　三　　家　　一　　托　　出　　亭　　供拜　　　　出　　亭　　那　　就　　拿
　ra⁵⁵　an⁵⁵.
　出　　吃
　三家合在一起又作为一托去哈亭那里供拜，供拜完就拿出去吃。

④ kəm²¹　lai²¹　tɕo⁵⁵　toi⁵⁵　ɕen⁵⁵　ɕen⁵⁵.
　拿　　来　　给　　我　　看　　看
　拿来给我看看。

⑤ ma:i²¹　kəm²¹　that³⁵　dɯə⁵⁵　tɕo⁵⁵　ta:u⁵⁵.
　你　　拿　　书　　递　　给　　我
　你把书递给我。

句①kəm²¹的结果是 di⁵⁵；句②kəm²¹的结果是 di⁵⁵roi²¹；句③ʔe³⁵结果是 ra⁵⁵an⁵⁵；句④kəm²¹的结果是 tɕo⁵⁵toi⁵⁵ɕen⁵⁵ɕen⁵⁵；句⑤kəm²¹的结果是 dɯə⁵⁵tɕo⁵⁵ta:u⁵⁵。

2. 无标记的处置句 例如：

这类处置句，虽没有明显的标记，但意义上仍然表示处置义。例如：

① kwən²¹au³⁵ ko²¹ no³⁵ toi⁵⁵ dot³⁵ mot²¹ kai³⁵ lo³⁵.
　　衣服　　　　的　他　我　烧　一　个　洞
　　我把他的衣服烧了一个洞。

② tɛn³⁵ kɔn⁵⁵ ko²¹ no³⁵ toi⁵⁵ doi³⁵ roi²¹.
　　名　儿　　的　他　我　换　了
　　我把他儿子的名字换掉了。

③ khoŋ⁵⁵ fai³⁵ toi⁵⁵ khoŋ⁵⁵ tɯən³¹⁵ an⁵⁵, la²¹ no³⁵ da³⁵ dem⁵⁵
　　不　　是　　我　不　　想　　吃　是　他　已　带
　　ɲa:m³⁵ tɕa:i²¹ roi²¹.
　　菜　　　走　　了
　　不是我不想吃，是他已经把肉菜带走了。

④ reu²¹³ mi:n²¹ tha:n⁵⁵ tha³⁵ wu:ŋ³⁵.
　　酒　　你　　慢　　慢　　喝
　　你把酒慢慢地喝。

⑤ toi⁵⁵ tɕa:n⁵ bo²¹³ mət³⁵ roi²¹.
　　我　放　　牛　　丢　　了
　　我把牛给丢了。

句①dot³⁵的结果是 mot²¹kai³⁵lo³⁵；句②doi³⁵的对象是 tɛn³⁵kɔn⁵⁵ko²¹no³⁵；句③ɲa:m³⁵的结果是 da³⁵dem⁵⁵tɕa:i²¹roi²¹；句④reu²¹³的结果是 tha:n⁵⁵tha³⁵wu:ŋ³⁵；句⑤mət³⁵的受事是 bo²¹³。

（二）兼语句

兼语句的谓语是由一个动宾短语和一个主谓短语套在一起构成的整体结构，谓语中前一个动词的宾语兼作后一个主谓短语的主语。兼语结构的模型即为 V1+N1+(V2)，其中 N1 既是 V1 的宾语，又是 V2 的主语。兼语句中 V1 与 V2 不共用一个主语，这是兼语句与连动句的区别特征。根据第一个动词的意义类型，兼语句可以分为以下几类。

1. 一般意义动词兼语句

该类型兼语句第一个动词 V1 为普通动词，第二个动词 V2 承接第一个动词 V1 的宾语进行叙述说明。例如：

① toi⁵⁵ liŋ³⁵ no³⁵ len⁵⁵ ɣak³⁵.
　　我　领　　他　上　　楼
　　我领他上楼。

② tiu³⁵   hoŋ²¹   nei³⁵   that³⁵   tɕo⁵⁵   mɛ²¹   bau²¹   kwan³⁵.
　小　　　红　　拿　　书　　给　　妈　　保　　管
小红把书交给妈妈保存。

句①的兼语 no³⁵ 作 len⁵⁵ɣak³⁵ 的主语；句②的兼语 mɛ²¹ 作 bau²¹kwan³⁵ 的主语。

2. 表示使令意义的兼语句

该类型兼语句第一个动词 V1 为具有祈使意义的动词，如 ɣoi²¹（叫），第二个动词 V2 是 V1 所引起的目的或结果。例如：

① li:n²¹   dau²¹   ɣoi²¹   toi⁵⁵   di⁵⁵   thɯaŋ²¹hai³⁵.
　领　　　导　　　叫　　我　　去　　上海
领导派我去上海。

② kon²¹ɲa:u⁵⁵   di⁵⁵   ɣoi²¹   kɔn⁵⁵   ŋɯəi²¹   dei³⁵   lai²¹³.
　大家　　　　去　　叫　　个　　人　　　那　　来
大家去叫那个人来。

句①中的 ɣoi²¹ 是 li:n²¹dau²¹ 的宾语，同时又是 di⁵⁵ 的主语，di⁵⁵ 是 ɣoi²¹ 所引起的结果；句②kɔn⁵⁵ŋɯəi²¹dei³⁵ 是 ɣoi²¹ 的宾语，同时也是 lai²¹³ 的主语，第二个动词 lai²¹³ 是 ɣoi²¹ 所引起的结果。

3. 表示称谓或认定意义的兼语句

该类型兼语句第一个动词 V1 表示称谓或认定意义，如"选、骂、叫"等，第二个动词 V2 大多为"当、做"等。例如：

　　tɕun³⁵toi⁵⁵   bəu²¹³   no³⁵   la:m²¹   tɕhon⁵⁵   tɕɯəŋ²¹³.
　　我们　　　　选　　　他　　做　　　村　　　长
我们选他当村长。

句中 no³⁵ 是 bəu²¹³ 的宾语，同时又是 la:m²¹tɕhon⁵⁵tɕɯəŋ²¹³ 的主语。

4. 表示爱憎、好恶等意义的兼语句

该类型兼语句第一个动词 V1 表示喜爱、赞扬或厌恶等，例如"喜欢""憎恨"等，而第二个动词性结构 V2+(N2)则是 V1 的原因。例如：

　toi⁵⁵   thit³⁵kai³⁵   tɛ³⁵   kɔn⁵⁵   dei³⁵   biət³⁵   viək²¹.
　我　　喜欢　　　　个　　孩子　　这　　　懂　　　事
我喜欢这孩子懂事。

句中 thit³⁵ 的原因是 biət³⁵viək²¹，kai³⁵tɛ³⁵kɔn⁵⁵dei³⁵ 是 thit³⁵ 的宾语，也是 biət³⁵viək²¹ 的主语；

5. 第一个动词 V1 是 ko³⁵ 的兼语句

该类型兼语句第一个动词 V1 表示存在某人或某物，V2 则对 V1 进行叙述、说明或描写。例如：

① no³⁵ ko³⁵ mot²¹ dɯə³⁵ tɛ³⁵kɔn⁵⁵ ə²¹ tɕai³⁵na:m⁵⁵.
 他 有 一 个 孩子 在 济南
他有一个孩子在济南。

② ta:m⁵⁵ ɳa²¹ ko³⁵ ŋɯəi²¹ nɔi³⁵ tin²¹³.
 里 屋 有 人 说 话
房子里有人说话。

③ bi:n⁵⁵ thən⁵⁵ ko³⁵ ba⁵⁵ bon³⁵ ŋɯəi²¹ jat²¹ kwən³⁵au³⁵.
 边 河 有 三 四 人 洗 衣服
河边有三（四）五个人洗衣服。

以上句①中的 mot²¹dɯə³⁵tɛ³⁵kɔn⁵⁵ 是 ko³⁵ 的宾语，同时也是 ə²¹tɕai³⁵na:m⁵⁵ 的主语；句②中的 ŋɯəi²¹ 是 ko³⁵ 的宾语，也是 nɔi³⁵tin²¹³ 的主语；句③中的 ba⁵⁵bon³⁵ŋɯəi²¹ 是 ko³⁵ 的宾语，同时也是 jat²¹kwən³⁵au³⁵ 的主语。

（三）连动句

连动式谓语句部分由连动结构充当，连动式谓语句具有以下特点：一是两个或两个以上的动词或动词短语连用作句子的谓语，动词或动词短语中间不加虚词，两者之间也没有停顿；二是连动结构的动词或动词短语陈述同一个主语；三是连动结构也可以是动词与形容词连用，或者形容词与动词连用；四是连动结构的两个动词一般存在时间上的先后关系或事理上的因果关系。连动句大致可以分为以下几种类型。

1. 表示时间上先后或连续发生的两个动作或情况。后一个动作发生时，前一个动作已经完成。例如：

① no³⁵ joŋ⁵⁵ kɯə³¹⁵ di⁵⁵ va:u²¹³.
 他 推 门 去 进
他推开门走进去。

② no³⁵ jat²¹ ɕa:n⁵⁵kwən²¹ au³⁵ thi²¹ ɣa:n⁵⁵ nɯək³⁵ ve²¹ ɳa²¹.
 她 洗 完 衣 服 就 挑 水 回 家
她洗完衣服就挑水回家。

③ no³⁵ moi³⁵ ɳa:i²¹ an⁵⁵ ɕa:ŋ⁵⁵ kəm⁵⁵ tha:ŋ³⁵ thi²¹ di⁵⁵ ra⁵⁵.
 他 每 天 吃 完 饭 早 就 去 出
他每天吃了早饭就出去。

句①di⁵⁵va:u²¹³发生在动作 joŋ⁵⁵kɯə³¹⁵之后；句②ve²¹ɳa²¹发生在动作 jat²¹之后；句③di⁵⁵ra⁵⁵发生在动作 an⁵⁵之后。以上几个句子都具有时间上的先后关系。

2. 后一个动词（短语）表示的动作行为是前一动词表示的动作行为的

目的或结果。例如：

① toi⁵⁵　len⁵⁵　tɕəɯ²¹³　muə⁵⁵　that³⁵.
　　我　　上　　街　　买　　书
　　我上街买书。

② toi⁵⁵　ɕen⁵⁵　that³⁵　ɕen⁵⁵　met²¹　roi²¹.
　　我　　看　　书　　看　　累　　了
　　我看书看累了。

③ toi⁵⁵　tin²¹³　het³⁵　ba⁵⁵　lən²¹　kon²¹　khoŋ⁵⁵　tin²¹　the³⁵　no³⁵.
　　我　　找　　完　　三　　遍　　都　　不　　找　　见　　他
　　我找了三趟都没找到他。

句①中后一个动作 muə⁵⁵that³⁵ 是前一个动作 len⁵⁵tɕəɯ²¹³ 的目的；句②中后一个动作 met²¹ 是前一个动作 ɕen⁵⁵that³⁵ 的结果；句③中后一个动作 khoŋ⁵⁵tin²¹the³⁵ 是前一个动作 tin²¹³ 的结果。

3. 前一个动词（短语）表示后一个动词（短语）所表示动作行为的方式（或手段/工具等）。例如：

① no³⁵　na:m²¹　ton⁵⁵　that³⁵.
　　他　　躺　　看　　书
　　他躺着看书。

② tɕun³⁵ŋɯəi²¹　fən⁵⁵　fən⁵⁵　tɕa:i²¹　di⁵⁵　ɕen⁵⁵.
　　人们　　　纷　　纷　　跑　　去　　看
　　人们纷纷地跑去看。

③ tɕun³⁵toi⁵⁵　da:n⁵⁵　kə⁵⁵　ə²¹　ŋwa:i²¹　də:i²¹³　mi:n²¹.
　　我们　　　正　　在　　在　　外面　　等　　你
　　我们（正）在外面等你。

句①中前一个动作 na:m²¹ 是后一个动作 ton⁵⁵ 的方式；句②中前一个动作 tɕa:i²¹ 是后一个动作 ɕen⁵⁵ 的方式；句③中前一个动作 ə²¹ŋwa:i²¹ 是后一个动作 də:i²¹³ 的地点。

4. 前一个动词（短语）采用肯定的方式，后一个动词（短语）采用否定的方式，两者从正反两个方面共同表达同一个意思。例如：

① ba²¹　kəm²¹　tɕat²¹　tɕat²¹　ta:i⁵⁵　tɕa:u³⁵　khoŋ⁵⁵　boŋ⁵⁵.
　　大娘　抓　　紧　　紧　　手　　孙　　不　　放
　　大娘紧紧握着我的手不放。

句①中的动作 kəm²¹ 相当于动作 khoŋ⁵⁵boŋ⁵⁵。

前一个动词为 ko³⁵（有或没有），第二个谓词性成分为动词，有时后一个动词也带宾语，但与"有"的宾语所指相同，其实是重复前一个动词的宾语成分，具有强调宾语的作用，这时，ko^{35}（有）的宾语也是后一个动词的受事成分。例如：

② ko^{35}　kai^{35}ʔi^{21}　tɕo^{55}　kai^{35}ʔi^{21}.
　　有　　什么　　给　　什么
　　有什么给什么。

句②中后一个宾语 kai^{35}ʔi^{21} 的所指即为前一个 kai^{35}ʔi^{21}。

（四）被动句

1. 被动句的特征

京语存在与汉语"被"字句相当的被动句，由介词 bi^{213} 与 ɣoi^{21}（叫）构成的介宾短语作状语，放在谓语动词的前面表示被动意义，两个介词可以互换而意义和功能不变。被动句的主语通常是谓语动词的受事，介词的宾语才是施事。通常被动句用来陈述不好的事情。例如：

bat^{35}　bi^{213}　no^{35}　da:n^{35}　və^{315}　roi^{21}.
碗　　被　　他　　打　　坏　　了
碗叫他给打了。

上句中的 bat^{35} 提到句首，它本身是谓语动词 da:n^{35} 的受事；介词 bi^{213} 带宾语 no^{35}，no^{35} 本身是谓语动词 da:n^{35} 的施事。整个句子受事提前表被动，陈述碗被打这一件不愉快的事情。

2. 被动句的分类

京语中的被动标记包括介词 bi^{213}（被）、tɕo^{55}（给）、ɣoi^{21}（叫），根据介词 bi^{213}（被）、tɕo^{55}（给）、ɣoi^{21}（叫）后边宾语的有无，可以分为两种格式：

（1）介词 bi^{213}（被）、tɕo^{55}（给）、ɣoi^{21}（叫）后有宾语

① no^{35}　bi^{213}　the^{21}　ja:u^{35}　phe^{55}　bi:n^{21}　het^{35}　mot^{21}　təŋ^{213}.
　　他　　被　　师　　教　　批　　评　　完　　一　　顿
　　他被老师批评了一顿。

② mi:n^{21}　kəu^{55}　tin^{213}　nai^{21}　de^{35}　tɕo^{55}　ŋɯəi^{21}　ȵam^{21}ja:i^{35}　roi^{21}.
　　你　　句　　话　　这　　会　　给　　人　　误会　　了
　　你这句话会被人家误解。

③ tɕau^{35}　ko^{21}　toi^{55}　khoŋ^{55}　ɣoi^{21}　tɕɯəŋ^{55}　ba^{55}　dəp^{21}　və^{315}.
　　锅　　的　　我　　不　　叫　　张　　三　　砸　　坏
　　我的锅没有叫张三砸破。

以上句①中 bi^{213} 带宾语 bo^{213}；句②中 bi^{213} 带宾语 the^{21}ja:u^{35}；句③中 tɕo^{55} 带宾语 ŋɯəi^{21}。整句话表达的是被动的意思。

（2）介词 bi²¹³（被）后无宾语

① ko³⁵ thi³⁵ ka:n²¹ kəi⁵⁵ kon²¹ bi²¹³ ʔep³⁵ ya:i³⁵ roi²¹.
  有   些   林   树   都   被   压   断   了
  有些树枝都被压断了。

② ɣa² ve³⁵ nən²¹³ bi²¹³ səɯ²¹³ duɯk²¹ tɕa:i²¹ luŋ⁵⁵tuŋ⁵⁵.
  鸡   和   猪   被   吓   得   跑   胡乱
  鸡和猪被吓得东奔西跑。

（五）比较句

京语的比较结构从语义角度大致可以分为差比结构和等比结构两类。比较句式通常有四个参项，比较主体（主体）、比较参照（参照）、比较标记（标记）和比较结果（结果），以差比句为例：

① kai³⁵ nai²¹ tot³⁵ hən⁵⁵ kai³⁵ dei⁵⁵.
  个   这   好   过   个   那
  （主体） （结果）（标记）（参照）
  这个比那个好。

② kɔn⁵⁵ ko²¹ mi:n²¹ khoŋ⁵⁵ baŋ²¹³ kɔn⁵⁵ ko²¹ toi⁵⁵ ha:i⁵⁵ khak³⁵.
  儿   的   你   不   一样   儿   的   我   爱   哭
  （主体）   （标记）   （参照）   （结果）
  你的孩子没有我的孩子爱哭。

在比较句的四个参项中，比较主体是被比较和表述的对象；比较参照是用以比较的参考标准；比较标记是用以表示比较关系的助词或介词；比较结果是表示比较的性质、属性或程度。

1. 差比句

差比句表示"超过""不及"或"不相似"的语义范畴，下面从结构形式、结构成分与比较标记三方面来探讨差比句。

（1）结构形式

京语差比句的句法结构形式有以下两种。

A. 主体+标记+参照+结果　例如：

① no³⁵ khoŋ⁵⁵ du³⁵ toi⁵⁵ beu³⁵.
  他   不   如   我   胖
  他不如我胖。

② kɔn⁵⁵ ko²¹ mi:n²¹ khoŋ⁵⁵ baŋ²¹³ kɔn⁵⁵ ko²¹ toi⁵⁵ ha:i⁵⁵ khak³⁵.
  儿   的   你   不   一样   儿   的   我   爱   哭
  你的孩子没有我的孩子爱哭。

③ toi⁵⁵ khoŋ⁵⁵ kha³⁵ nəŋ⁵⁵ baŋ²¹ mi:n²¹ ko³⁵ thək³⁵.
　我　　不　　可　　能　一样　　你　　有　力气
我不可能比你有力气。

④ tin²¹³ ko²¹ tɕuŋ³⁵toi⁵⁵ ve³⁵ tin²¹³ ko²¹ tɕuŋ³⁵mi:n²¹ khoŋ⁵⁵ joŋ³⁵.
　话　　的　我们　　和　话　　的　你们　　　不　　同
我们的话跟你们的话不同。

上面该种结构形式是京语差比句的主要结构形式。

B. 主体+结果　例如：

⑤ no³⁵ nət³⁵ tho:ŋ⁵⁵ min⁵⁵.
　他　　最　　聪　　明
他最聪明。

主体加结果的句子暗含着与其他相对成分的比较。

（2）结构成分

差比句结构成分包括比较主体、比较参照、比较结果和比较标记。

A. 比较主体和比较参照

a. 比较主体和比较参照主要由名词、代词、名物化结构、指量短语和主谓短语等体词性成分充当。例如：

① nui³⁵ bi:n⁵⁵ doŋ³⁵ ka:u⁵⁵ həŋ⁵⁵ nui³⁵ bi:n⁵⁵ te:i⁵⁵.
　山　　边　　东　　高　　过　山　　边　　西
东边的山比西边的山高。（名物化结构）

② ko²¹ no³⁵ kɔn⁵⁵ nən²¹³ den⁵⁵ nai²¹ bɛu³⁵ həŋ⁵⁵ ba⁵⁵ kɔn⁵⁵ nən²¹³ kɯə⁵⁵.
　的　他　只　　猪　　黑　这　肥　过　三　只　猪　那
他的这头黑猪比那三头都肥。（指量短语）

③ toi⁵⁵ ka:u⁵⁵ həŋ⁵⁵ mi:n²¹ ba⁵⁵ dək³⁵.
　我　　高　　过　　你　　三　　寸
我比你高三寸。（代词）

④ bo²¹ dək²¹ ka:i²¹ vəŋ²¹ tɕa:n³⁵ həŋ⁵⁵ bo²¹ ka:i³⁵.
　牛　公　　犁　　田　　快　过　牛　母
公牛犁田比母牛快。（主谓短语）

b. 比较参照和比较标记有时可以省略，纯粹由语意来表示比较。例如：

⑤ no³⁵ nət³⁵ tho:ŋ⁵⁵ min⁵⁵.
　他　　最　　聪　　明
他最聪明。

⑥ kai³⁵ dei³⁵ nət³⁵ tot³⁵.
　个　　那　　最　　好
那个最好。

B. 比较结果

京语的差比句比较结果通常由形容词性成分或动词性成分充当。

a. 形容词性成分充当比较结果。例如：

① koŋ⁵⁵ fən⁵⁵ ko²¹ mi:n²¹ ȵiu²¹ hən⁵⁵ ko²¹ no³⁵.
　　工　　分　　的　　你　　多　　过　　的　　他
　　你的工分比他多。

② no³⁵ khoŋ⁵⁵ du³⁵ toi⁵⁵ bɛu³⁵.
　　他　　不　　如　　我　　胖
　　他不如我胖。

b. 动词性成分充当比较结果。例如：

③ kɔn⁵⁵ ko²¹ mi:n²¹ khoŋ⁵⁵ baŋ²¹³ kɔn⁵⁵ ko²¹ toi⁵⁵ ha:i⁵⁵ khak³⁵.
　　儿　　的　　你　　不　　一样　　儿　　的　　我　　爱　　哭
　　你的孩子没有我的孩子爱哭。

2. 等比句

等比句表示"等同、相当"的语义范畴，下面从结构形式、结构成分与比较标记三方面来探讨等比句。

（1）主体+参照+标记+结果　例如：

neu³⁵ to⁵⁵ ve³⁵ neu²¹ be³⁵ ça⁵⁵ ȵa:u⁵⁵ khoŋ⁵⁵ ȵiu²¹³.
　路　　大　　和　　路　　小　　差　　相　　不　　多
大路和小路差不多远。

（2）主体+参照+结果+标记　例如：

① toi⁵⁵ ve³⁵ mi:n²¹ ka:u⁵⁵ joŋ³⁵ ȵa:u⁵⁵.
　　我　　和　　你　　高　　同　　相
　　我跟你一般高。

② tha:ŋ²¹ tit³⁵ ko²¹ tiu²¹ li³⁵ ve³⁵ ko²¹ tiu³⁵ hwaŋ²¹ tot³⁵ joŋ³⁵ ȵa:u⁵⁵.
　　成　　绩　　的　　小　　李　　和　　的　　小　　王　　好　　同　　相
　　小李的成绩和小王的一样好。

③ rɯ²¹³ rɯ²¹³ kon²¹ ɣa:i²¹ joŋ³⁵ ja:u⁵⁵.
　　绳　　绳　　都　　长　　一　　样
　　条条绳子都一样长。

（3）结构成分

A. 比较主体和比较参照

比较主体和比较参照主要由名词、代词、名物化结构和指量短语等体词性成分充当。例如：

① toi⁵⁵　ve³⁵　mi:n²¹　ka:u⁵⁵　joŋ³⁵　n̩a:u⁵⁵.
　我　　和　　你　　高　　同　　相
　我跟你一般高。（代词）

② neu³⁵　to⁵⁵　ve³⁵　neu²¹　be³⁵　ça⁵⁵　n̩a:u⁵⁵　khoŋ⁵⁵　n̩iu²¹³.
　路　　大　　和　　路　　小　　差　　相　　不　　多
　大路和小路差不多远。（名词）

B. 比较结果

比较结果主要由形容词和动词短语充当。例如：

③ neu³⁵　to⁵⁵　ve³⁵　neu²¹　be³⁵　ça⁵⁵　n̩a:u⁵⁵　khoŋ⁵⁵　n̩iu²¹³.
　路　　大　　和　　路　　小　　差　　相　　不　　多
　大路和小路差不多远。

（六）话题句

话题原本是语篇性的概念，目前话题成了语用研究中的重要对象。话题句即从语用角度对句子进行的分类。

1. 话题与主语的区分

话题与主语是从不同的角度划分的结果，它们既有区别，又有联系，话题不一定是主语，但主语基本上是话题，它们的区别和联系表现在以下方面。

（1）话题通常位于句首，后接述题，话题接述题是话题句的基本格式，话题居于句首通常成为判断是否为话题的一个标准；主语也通常位于句首，相对于话题而言，主语位置较灵活，它可以居于句法结构的其他位置。当话题本身也是主语时，二者才能重合。例如：

① toi⁵⁵　muə⁵⁵　khoŋ⁵⁵　dɯək²¹　that³⁵.
　我　　买　　不　　得　　书
　我买不到书。（话题是主语）

② hoŋ⁵⁵　kwa⁵⁵　tço³⁵　ka:n³⁵　tçet³⁵　mɛu²¹　roi²¹.
　昨　　天　　狗　　咬　　死　　猫　　了
　昨天狗把猫咬死了。（话题是状语）

③ ta:m⁵⁵　n̩a²¹　ko³⁵　ŋɯəi²¹　noi³⁵　tin²¹³.
　里　　屋　　有　　人　　说　　话
　房子里有人说话。（话题是状语）

（2）话题可以是施事主语、受事宾语，也可以是时间、地点等状语；主语则大多数是动作行为的发出者即施事，或者心理动词的感受对象。例如：

① toi³⁵　hoŋ⁵⁵nai⁵⁵　toi⁵⁵　di⁵⁵　ti:m²¹　mi:n²¹.
　晚　　今天　　　我　去　找　　你
　今天晚上我去找你。（话题是时间状语）

② khak³⁵　mi:n²¹　la:m²¹　khak³⁵　mi:n²¹　a:n⁵⁵.
　自　　　己　　　做　　　自　　　己　　吃
　自己做自己吃。（话题是施事）

③ dei³⁵　la²¹　mi:n²¹　khak³⁵mi:n²¹　nɔi³⁵　dei³⁵.
　这　　是　　你　　　自　　己　　　说　　的
　这是你自己说的。（话题是受事）

④ ta:m⁵⁵　ɲa²¹　ko³⁵　ŋɯəi²¹　nɔi³⁵　tin²¹³.
　里　　　屋　　有　　人　　　　说　　话
　房子里有人说话。（话题是地点状语）

（3）一个句子只能有一个主语，但可能有不止一个话题，例如（括号内的为话题）：

① (ha:i⁵⁵　kɔn⁵⁵　ŋɯəi²¹　dei³⁵), (mot²¹　ŋɯəi²¹)　ka:u⁵⁵　(mot²¹　ŋɯəi²¹)　thəp³⁵.
　两　　　个　　　人　　　　这　　　一　　　人　　　　高　　　一　　　人　　　　矮
　这两个人，一个高，一个矮。

② no³⁵　hoŋ⁵⁵nai⁵⁵　lai²¹³.
　他　　今天　　　　来
　他今天来。（主语是施事）

在上述句子中，句子的主语都只有一个分别是 ha:i⁵⁵kɔn⁵⁵ŋɯəi²¹dei³⁵（这两个人）和 no³⁵（他），但是句子的话题却不止一个。

2. 充任话题的词语

话题成分是能充当句子话题的音段。京语能充当话题的有名词（短语）、动词（短语）、代词、数量结构、状语、方位结构以及从句，等等。

（1）名词（短语）充当话题　例如：

① bak³⁵ɕi³⁵　ve³⁵　no³⁵　kha:m³⁵　bi:ŋ²¹³.
　医生　　　给　　他　　看　　　　病
　医生给他看病。（话题是名词）

② hoŋ⁵⁵nai⁵⁵　la²¹　məŋ²¹　la:m⁵⁵　tha:ŋ³⁵　ba⁵⁵.
　今天　　　　是　　初　　　五　　　月　　　三
　今天是三月初五。（话题是时间名词）

③ ɲa²¹　tɕun³⁵toi⁵⁵　la:m⁵⁵　la:m⁵⁵　kɔn²¹　jɔŋ²¹　bap³⁵.
　家　　我们　　　　年　　　年　　　都　　　种　　　玉米
　我们家年年都种玉米。（话题是名词短语）

④ na²¹ ko²¹ bak³⁵ toi⁵⁵ da³⁵ thɯə³⁵ tot³⁵ roi²¹.
　屋　 的 　伯 　 我 　 已 　修 　 好 　 了
伯父的房子已经修好了。（话题是名词短语）

（2）动词（短语）充当话题　例如：

① bɛ³⁵ hoŋ²¹da³⁵ lai²¹ dɛ²¹ len⁵⁵ten⁵⁵.
　搬　　石头 　　 来 　 压 　 上面
把石头搬来压上。

② nei³⁵ kɯə⁵⁵ lai²¹ kɯə⁵⁵ kəi⁵⁵.
　拿 　 锯 　 来 　 锯 　 木头
拿锯子来锯木头。

（3）代词充当话题　例如：

① toi⁵⁵ la²¹ thə²¹ kəi⁵⁵, mi:n²¹ la²¹ thə²¹ tha:t³⁵, no³⁵ la²¹ ŋɯəi²¹ noŋ⁵⁵ rən⁵⁵.
　我 　是 　匠 　木 　 你 　是 　匠 　铁 　 他 　是 　人 　 农　民
我是木匠，你是铁匠，他是庄稼人。（人称代词）

② tɕun³⁵toi⁵⁵ noi⁵⁵ dɯək²¹ mot²¹ kon⁵⁵ ɣa²¹ dək²¹ ve³⁵ ha:i⁵⁵ kon⁵⁵ ɣa²¹ ka:i³⁵.
　我们　　 养 　 得 　 一 　 只 　鸡 　公 　 和 　两 　 只 　鸡 　母
我们养着一只公鸡和两只母鸡。（人称代词）

③ kai³⁵ nai²¹ la²¹ ko³¹ toi⁵⁵, kai³⁵ kɯə⁵⁵ la²¹ ko²¹ mi:n²¹.
　个 　这 　是 　的 　我，　个 　那 　 是 　的 　你
这个是我的，那个是你的。（指示代词）

（4）数量结构充当话题　例如：

① mot²¹ ŋɯəi²¹ mot²¹ kwa³⁵.
　一 　 人 　 一 　 果
一人一个果。

② moi³⁵ ŋɯəi²¹ an⁵⁵ mot²¹ kwa³⁵.
　每 　 人 　 吃 　 一 　 果
每人吃（一）个。

③ ŋɯəi²¹ ŋɯəi²¹ kon²¹ noi³⁵ kwe⁵⁵hɯəŋ⁵⁵ tot³⁵.
　个 　 个 　 都 　 说 　 家乡 　 好
个个都说家乡好。

（5）状语充当话题　例如：

① tɯ²¹ na²¹ mi:n²¹ den³⁵ than²¹ ɕyen²¹³ ko³⁵ ba⁵⁵ȵiu⁵⁵ sa⁵⁵?
　从 　 家 　 你 　 到 　 城 　 县 　 有 　 多 　 远
从你家到县城有多少路？

② ə²¹   ŋwa:i²¹   muə⁵⁵   de³⁵,   fai³⁵   dem⁵⁵   ru³¹⁵.
　 在　　 外　　　 下雨　　 呢　　 要　　 带　　 伞

外面下雨呢，要带伞。

③ ɲa:n⁵⁵ve²¹   kwa³⁵   kiət³⁵   ɲiu²¹   kwa³⁵,
　 因为　　　 果子　　 结　　　 多　　 过

thi³⁵ve²¹   ko³⁵   thi³⁵   ka:n²¹   kəi⁵⁵   kon²¹   bi²¹³   ʔep³⁵   ɣa:i³⁵   roi²¹.
所以　　　 有　　 些　　 枝　　　 树　　 都　　 被　　 压　　　 断　　 了

因为果子结果太多，所以有些树枝都被压断了。

上述例子中的 tɯ²¹ɲa²¹mi:n²¹ den³⁵ than²¹ɕyen²¹³、ə²¹ŋwa:i²¹和 ɲa:n⁵⁵ve²¹kwa³⁵kiət³⁵ɲiu²¹kwa³⁵均为介词短语，在句子中充当话题。

（6）方位结构充当话题　例如：

① ten⁵⁵   ban²¹   ko³⁵   mot²¹   kwen²¹   that³⁵.
　 上　　 桌　　　 有　　 一　　　 本　　　 书

桌子上有一本书。

② ɲa²¹ dek³⁵ mat²¹ ko³⁵ mot²¹ kɔn⁵⁵ thən⁵⁵, thau⁵⁵ ɲa²¹ ko³⁵ mot²¹ kai³⁵nui³⁵.
　 屋　 前　 面　 有　 一　 条　 河　　　 后　 房　 有　 一　 座　 山

房子前面有一条河，房子后面有一座山。

③ jəɯ³¹⁵   ɲa²¹   de³⁵   ko³⁵   mot²¹   tɕəɯk³⁵   ban²¹   vəŋ⁵⁵.
　 当中　　 屋　　 放　　 有　　 一　　　 张　　　　 桌　　　 方

屋子当中放着一张小方桌。

上述句子中的 ten⁵⁵ban²¹、ɲa²¹dek³⁵mat²¹和 jəɯ³¹⁵ɲa²¹均为方位结构，在句中充当话题。

（7）从句充当话题　例如：

从句充当话题限于主从复合句，从句常常充当主句的话题。例如：

① ɲa:n⁵⁵ve²¹   kwa³⁵   kiət³⁵   ɲiu²¹   kwa³⁵,
　 因为　　　 果子　　 结　　　 多　　　 过

thi³⁵ve²¹   ko³⁵   thi³⁵   ka:n²¹   kəi⁵⁵   kon²¹   bi²¹³   ʔep³⁵   ɣa:i³⁵   roi²¹.
所以　　　 有　　 些　　 枝　　　 树　　　 都　　 被　　 压　　　 断　　　 了

因为果子结果太多，所以有些树枝都被压断了。

② neu³⁵la²¹   ɲa:i²¹mai²¹   muə⁵⁵,   toi⁵⁵   thi²¹   khoŋ⁵⁵   lai²¹.
　 如果　　　 明天　　　　 下雨　　 我　　 就　　 不　　　 来

如果明天下雨，我就不来。

③ tɕu²¹iu¹³⁵   ko⁵⁵ɣa:n³⁵   la:m²¹   koŋ⁵⁵,   thi²¹   ɲat³⁵   tin²¹   dɯək²¹   fɔŋ⁵⁵   thu⁵⁵.
　 只要　　　　 努力　　　　 做　　　 工　　　 就　　　 一　　　 定　　　 得　　　　 丰　　　 收

只要努力干活，就一定能丰收。

上面例句中，句①是因果复句，述题陈述话题的结果；句②是假设复句，述题陈述假设话题可能出现的情况；句③是条件复句，述题陈述条件话题的必然结果。

（七）否定句

1. 否定词的分类

京语的否定词包括否定副词和带否定意义的动词两类，其中带否定意义的动词主要指否定性能愿动词。

（1）否定副词

否定副词有 khoŋ^{55}（不）、tɕɯə^{315}（没）、tɕa:n^{21}（没）。例如：

① ve^{35}, khoŋ^{55} fai^{21} thi^{35}ve^{21} va^{55}.
呃　　不　　是　　这样　　呀
呃，不是这样的。

② no^{35}　kon^{21}　tɕɯə^{315}　ŋu^{35}.
他　　还　　没　　睡
他还没有睡觉。

③ mi:n^{21} te^{35}yen^{55} ko^{35} bi:ŋ^{213} thi^{21} khoŋ^{55} di^{55} hok^{21} roi^{21}.
你　既然　有　病　就　不　去　学　了
你既然有病就不去上学了。

④ kai^{35}ʔi^{21}　kon^{21}　tɕa:n^{21}　ko^{35}.
什么　都　没　有
什么都没有。

⑤ toi^{55} ko^{35} mot^{21} doi^{55} ja:i^{21} ja^{55}, tɕa:n^{21} ko^{35} miət^{21}.
我　有　一　双　鞋　皮　没　有　袜子
我有一双皮鞋，没有袜子。

一般情况下，否定表达"没有"都用 tɕa:n^{21}ko^{35}。

（2）否定性能愿副词

否定性能愿动词有 dən^{21} 表示"别、不要"。例如：

① tɕun^{35}mi:n^{21} dən^{21} nɔi^{35}, de^{35} no^{35} khak^{35}mi:n^{21} nɔi^{35}.
你们　别　说　让　他　自己　说
你们别说，让他自己说吧。

② mi:n^{21} dən^{21} nɔi^{35} tɕo^{55} ŋɯəi^{21} khak^{35}.
你　别　说　给　人　别
你别告诉别人。

③ dən^{21} liən^{213} an^{55}, liən^{213} an^{55} boŋ^{213} ha:i^{55} da:u^{55} de^{35}.
别　乱　吃　乱　吃　肚　会　痛　的
别乱吃，乱吃会肚子疼的。

京语中像"不能""不该""不敢"等这样的否定能愿动词没有单独的词来表示，它们无一例外的都是用"khoŋ⁵⁵+(dɯək²¹、jəŋ⁵⁵、ɲa:m³⁵)"来表示。例如：

④ mi:n²¹　vuə²¹　an⁵⁵　ça:ŋ⁵⁵　thok³⁵,　khoŋ⁵⁵　dɯək²¹　wu:ŋ³⁵　tçe²¹.
　　你　　刚　　吃　　完　　　药,　　不　　　得　　喝　　茶
　　你刚吃了药，不能喝茶。

⑤ toi⁵⁵　jəŋ⁵⁵　lai²¹³　hai⁵⁵　la²¹　khoŋ⁵⁵　jəŋ⁵⁵　lai²¹³?
　　我　　应　　来　　还　　是　　不　　　应　　来
　　我应该来不应该来？

⑥ mi:n²¹　ɲa:m³⁵　(di⁵⁵)　khoŋ⁵　ɲa:m³⁵　di⁵⁵?　ɲa:m³⁵.
　　你　　敢　　　去　　　不　　敢　　　去　　敢
　　你敢不敢去？敢。

2. 否定句的分类

京语的否定句分为简单否定句、双重否定句和肯定加否定式对称结构三类，京语没有三重否定和三重以上的否定句。

（1）简单否定句

简单否定句是只有一个否定词的否定句，全句表达的是否定的意思。例如：

① no³⁵　kon²¹　tçɯə²¹　lai²¹³.
　　他　　还　　没　　　来
　　他还没有来。

② toi⁵⁵　tiən²¹　i²¹　kon²¹　khoŋ³⁵　nɔi³⁵　və⁵⁵!
　　我　　话　　什么　都　　没　　　说　　啊
　　我什么话也没有说呗！

③ no³⁵　kəm⁵⁵　kon²¹　khoŋ⁵⁵　an⁵⁵　thi²¹　di⁵⁵　ve²¹　roi²¹.
　　他　　饭　　也　　不　　　吃　　就　　去　　回　　了
　　他连饭也不吃就回去了。

④ khoŋ⁵⁵　dɯək²¹　bon⁵⁵　nɯə³¹⁵　dot³⁵　rəŋ²¹.
　　不　　　得　　　放　　火　　　烧　　山
　　不要放火烧山！

（2）双重否定句

双重否定句是存在两个否定词的否定句，全句表达的是肯定的意思。例如：

biŋ²¹ ko²¹ tɛ³⁵ kɔn⁵⁵ mi:n²¹, khoŋ⁵⁵ an⁵⁵ ɕəu³⁵ thok³⁵ nai³⁵ khoŋ⁵⁵ dɯək²¹.
病 的 孩子 你 不 吃 种 药 这 不 得
你孩子的病，非要吃这种药不可。

（3）肯定加否定式

对于肯定加否定的句子，一般是以肯定加否定对称式出现。例如：

① toi⁵⁵ nɔi³⁵ de³⁵ dɔi³⁵ khoŋ⁵⁵ dɔi³⁵?
我 说 的 对 不 对
我讲的对不对？

② ko³⁵ khoŋ⁵⁵ ko³⁵ ŋɯəi²¹ lai²¹ tin²¹ toi⁵⁵?
有 没 有 人 来 找 我
有没有人来找我？

③ mi:n²¹ kəm²¹ dɯək²¹ nɔi³⁵ ha⁵⁵ kəm²¹ khoŋ⁵⁵ nɔi³⁵?
你 拿 得 动 啊 拿 不 动
你拿得动拿不动？

④ an⁵⁵ dɯək²¹ het³⁵ ha⁵⁵ an⁵⁵ khoŋ⁵⁵ het³⁵?
吃 得 完 啊 吃 不 完
吃得完吃不完？

（八）存在句和领有结构

1. 存在句

（1）使用动词 ə³⁵（在），表示某人或某物存在于某处。例如：

① tɕun³⁵mi:n²¹ ə³⁵ (ə³⁵) tɕu³⁵nau²¹?
你们 住 在 哪里
你们住在哪里？

② mot²¹ ŋan²¹ tɕim⁵⁵ ə³⁵ ten⁵⁵ jəi²¹ bai⁵⁵ lai²¹ bai⁵⁵ di⁵⁵.
一 群 鸟 在 上 天 飞 来 飞 去
一群鸟在天空中飞来飞去。

③ ja:i²¹ ko²¹ mi:n²¹ ə²¹³ to:ŋ⁵⁵ jɯəŋ²¹³.
鞋 的 你 在 底 床
你的鞋子在床底下。

④ no³⁵ ŋɔi²¹ ə²¹ bi:n⁵⁵ leu³⁵ ŋe³⁵ ŋəi⁵⁵.
他 坐 在 边 路 休息
他坐在路边休息。

（2）使用动词 ko³⁵（有），表示某处有某人或某物。例如：

① ten⁵⁵ ban²¹ ko³⁵ mot²¹ kwen²¹ that³⁵.
上 桌 有 一 本 书
桌子上有一本书。

② n̪a²¹ dek³⁵mat²¹ ko³⁵ mot²¹ kɔn⁵⁵ thən⁵⁵, thau⁵⁵ n̪a²¹ ko³⁵ mot²¹ kai³⁵ nui³⁵.
　屋　前面　　　有　一　　条　河　　后　房　有　一　座　山

房子前面有一条河，房子后面有一座山。

③ jəɯ³¹⁵ n̪a²¹ de³⁵ ko³⁵ mot²¹ tɕəuk³⁵ ban²¹ vəŋ⁵⁵.
　当中　　屋　放　有　一　　张　　桌　方

屋子当中放着一张小方桌。

（3）使用其他表示动作行为的动词来表示存在。例如：

① reu²¹³ reu²¹³ thit²¹ thit²¹ ba:i²¹ dei²¹³ mot²¹ ban²¹³.
　酒　　酒　　肉　　肉　　摆　　满　　一　桌

酒酒肉肉摆了一桌。

② kɔn⁵⁵ bo²¹ na:m²¹ dei³⁵ la²¹ dək²¹, kɔn⁵⁵ bo²¹ dən³⁵ an⁵⁵ ko³⁵ dei³⁵ la²¹ kai³⁵.
　只　　牛　躺　　那　是　公　只　牛　站　吃　草　那　是　母

躺着的那头是公的，站着吃草的那头是母的。（指牛）

③ no³⁵ mak²¹ mot²¹ bo²¹³ kwən²¹au³⁵ məi³⁵.
　他　　穿　　一　　套　　衣服　　新

他穿着一身新衣服。

④ ə²¹ tɕəɯ²¹ dəŋ³⁵ mot²¹ thi³⁵ ŋɯəi²¹.
　在　街　　站　　一　　些　　人

街上站着一些人。

2. 领有结构

京语表达领有关系的典型结构是 ko³⁵（有）字句，其中领有者充当句子的主语，被领有者充当 ko³⁵（有）的宾语。例如：

① no³⁵ ko³⁵ mot²¹ duɯə³⁵ tɛ³⁵kɔn⁵⁵ ə²¹ tɕai³⁵na:m⁵⁵.
　他　　有　　一　　个　　孩子　　在　济南

他有一个孩子在济南。

② toi⁵⁵ ko³⁵ mot²¹ ŋɯəi²¹ em⁵⁵ja:i⁵⁵ ha:i⁵⁵ ŋɯəi²¹ em⁵⁵ɣa:i³⁵.
　我　　有　　一　　人　　弟　　　两　人　　妹

我有一个弟弟两个妹妹。

③ toi⁵⁵ wəŋ³⁵ ko³⁵ mot²¹ kai³⁵ but³⁵.
　我　　仅　　有　　一　　支　　笔

我仅有一支笔。

（九）判断句

判断句是用判断动词 la²¹（是）作谓语，对主语进行定义、归类或说明的一种句式。京语的判断句基本格式与汉语相同，都是"主语+判断动词+表语"的形式。

1. 判断句的分类

依据判断标记的有无，判断句可以分无标记判断句和有标记判断句。

（1）无标记判断句

京语无标记判断句不常见，是没有判断动词 la^{21}（是）的句子，属于名词性谓语句，该句法形式可以公式化为：S→NP1+NP2。例如：

toi^{55}　ŋɯəi^{21}　kwaŋ^{35}tei^{55},　mi:n^{21}　ŋɯəi^{21}　kwe^{35}tɕəu^{55}.
我　　人　　广　西　　　你　　人　　贵　州

我是广西人，你是贵州人。

（2）有标记判断句

京语的判断句以有标记为主，是有判断动词 la^{21}（是）的句子，属于动词性谓语句，该句法形式可以公式化为：S+NP1+la^{21}+NP2。例如：

① toi^{55}　la^{21}　koŋ^{55}ɲa:n^{55}　mi:n^{21}　la^{21}　noŋ^{55}　rən^{55},　no^{35}　la^{21}　hak^{21}　ɕin^{55}.
　 我　　是　　工　人　　　你　　是　　农　　民　　他　　是　　学　　生

我是工人，你是农民，他是学生。

② dei^{35}　la^{21}　mi:n^{21}　khak^{35}mi:n^{21}　nɔi^{35}　dei^{35}.
　 这　　是　　你　　自　己　　　说　　的

这是你自己说的。

③ dei^{35}　la^{21}　kwən^{21}au^{35}　ko^{21}　ai^{55}?
　 这　　是　　衣　服　　　谁　　的

这是谁的衣服？

④ ba^{55}　kɔn^{55}　ŋɯəi^{21}　dei^{35}　kon^{21}　la^{21}　ŋɯəi^{21}　ko^{21}　son^{55}　tɕun^{35}toi^{55}.
　 三　　个　　人　　那　　都　　是　　人　　的　　村　　我们

那三个人都是我们村里的。

2. 判断句的语义类型

判断句通常具有以下两种语义类型。

（1）表示事物等于什么或属于什么。例如：

① ta:ŋ^{35}　(de^{35})　la^{21}　boŋ^{55},　vaŋ^{21}　(de^{35})　la^{21}　thɔk^{35}.
　 白　　的　　是　　棉　　　黄　　的　　是　　谷

白的是棉花，黄的是稻谷。

② kɔn^{55}　tɕim^{55}　bai^{55}　dei^{35}　la^{21}　kɔn^{55}　kwa^{21}.
　 只　　鸟　　飞　　那　　是　　只　　乌鸦

飞的那只是乌鸦。

③ toi^{55}　la^{21}　thə^{21}　kəi^{55},　mi:n^{21}　la^{21}　thə^{21}　tha:t^{35},　no^{35}　la^{21}　ŋɯəi^{21}　noŋ^{55}　rən^{55}.
　 我　　是　　匠　　木　　你　　是　　匠　　铁　　他　　是　　人　　农　　民

我是木匠，你是铁匠，他是庄稼人。

(2) 表示事物的特征、质料、情况等。例如：

① dau²¹ ka:i²¹ la²¹ nei³⁵ that³⁵ la:m²¹ de³⁵.
　　头　　犁　　是　　拿　　铁　　做　　的
犁头是用铁做的。

② kai³⁵ hwa⁵⁵ nai²¹ la²¹ te:i⁵⁵ do³⁵, kai³⁵ hwa⁵⁵ dei³⁵ la²¹ məu²¹ ɲat²¹ vaŋ²¹.
　　些　　花　　这　是　鲜　红　些　　花　那　是　　色　　淡　黄
这些花是鲜红的，那些是淡黄色的。

③ mi:n²¹ la²¹ mot²¹ kɔn⁵⁵ ŋɯəi²¹ tot³⁵, no³ la²¹ mot²¹ kɔn⁵⁵ ŋɯəi²¹ həɯ⁵⁵.
　你　　是　　一　个　　人　　好　他　是　　一　个　　人　　坏
你是一个好人，他是一个坏人。

3. 判断句的语用特征

京语判断句的语用特征表现在它的结构通常采用"话题+述题"结构，其中 NP1 是话题、(V)+NP2 为述题（V 有时省略）。例如：

① toi⁵⁵ la²¹ thə²¹ kəi⁵⁵, mi:n²¹ la²¹ thə²¹ tha:t³⁵, no³⁵ la²¹ ŋɯəi²¹ noŋ⁵⁵ rən⁵⁵.
　我　　是　匠　木　　你　是　匠　铁　　他　是　人　　农　民
我是木匠，你是铁匠，他是庄稼人。

② ba⁵⁵ kɔn⁵⁵ ŋɯəi²¹ dei³⁵ kɔn²¹ la²¹ ŋɯəi²¹ ko²¹ son⁵⁵ tɕun³⁵toi⁵⁵.
　三　个　　人　　那　都　　是　人　　的　村　　我们
那三个人都是我们村里的。

③ kai³⁵ ɲa²¹ dek³⁵ mat²¹ la²¹ ko²¹ bak³⁵ toi⁵⁵.
　座　屋　　前　面　是　的　伯　我
前面的房子是我伯父的。

句①的话题分别是 toi⁵⁵、mi:n²¹、no³⁵，述题分别是 la²¹thə²¹kəi⁵⁵、la²¹thə²¹tha:t³⁵、la²¹ŋɯəi²¹noŋ⁵⁵rən⁵⁵；句②的话题是 ba⁵⁵kɔn⁵⁵ŋɯəi²¹dei³⁵，述题是 kɔn²¹la²¹ŋɯəi²¹ko²¹son⁵⁵tɕun³⁵toi⁵⁵；句③的话题是 kai³⁵ɲa²¹dek³⁵mat²¹，述题是 la²¹ko²¹bak³⁵toi⁵⁵。

（十）省略句

省略句是指在特定的言语交际情况下，对于某一特定的句子而言，省略了某一谈话内容的句子。京语基本的句子结构为 S+V+O，省略句在句法上通常表现为主语的省略、谓语的省略或宾语的省略。省略句的作用在于使句子简洁，这是语言经济原则的表现，但不会影响句子意思的表达，在一定的语境中，可以还原被省略的成分。

1. 省略主语的省略句　例如：

① nei³⁵ kɯə⁵⁵ lai²¹ kɯə⁵⁵ kəi⁵⁵.
　　拿　　锯　　来　　锯　　木头
拿锯子来锯木头。

② ɕen⁵⁵ ɕa:n⁵⁵ tɕiu³⁵fen⁵⁵ thi²¹ di⁵⁵ ve²¹ roi²¹.
看 完 电影 就 去 回 了
看了电影就回去了。

③ kwan³⁵ khoŋ⁵⁵ het³⁵ thei³⁵dei³⁵.
管 不 完 这些
管不了这些。

④ kəm²¹ tɕo⁵⁵ toi⁵⁵ an⁵⁵.
拿 给 我 吃
拿给我吃。

2. 省略谓语的省略句 例如：

tɕun³⁵mi:n²¹ ə³⁵ ə³⁵ tɕu³⁵nau²¹?——van²¹mi²¹³.
你们 住 在 哪里 万尾
你们住在哪里？——万尾。

3. 省略宾语的省略句 例如：

① kɔn⁵⁵ fɔ:n³⁵ dei³⁵ la²¹ ko²¹ no³⁵.
个 本子 那 是 的 他
那个本子是他的。

② ma:i²¹ ŋe²¹ ŋe³⁵ ɕen⁵⁵ la²¹ khoŋ⁵⁵ la²¹ kon²¹ ȵɯɯ³¹⁵ dɯɯk²¹.
你 想 想 看 是 不 是 还 记 得
你想想看是不是还记得。

③ mi:n²¹ khoŋ⁵⁵ fai³⁵ muə⁵⁵, kai³⁵ do²¹ dei³⁵ khoŋ⁵⁵ tot³⁵.
你 不 要 买 个 东西 这 不 好
你不要买，这东西不好。

上面的句子都可以根据上下文提供的语境还原为完整形式而语义和功能不变，比如第一句可以还原如下：

④ kɔn⁵⁵ fɔ:n³⁵ dei³⁵ la² (fɔ:n³⁵) ko²¹ no³⁵.
个 本子 那 是 （本子） 的 他
那个本子是他的。

四 复句

复句是由两个或两个以上的分句结构组成的句子。复句除紧缩复句以外，前后分句之间通常有短暂的语音停顿，意义上前后分句有联系。京语的复句通常没有关联词，以意合法为主，由于受汉语的影响，目前京语借用部分汉语的关联词语来表示复句之间的关系。不管是京语本身的意合法还是借用汉语关联词，根据复句中分句之间的语义关系，京语的复句可以分为联合关系复句、偏正关系复句和复杂关系复句三大类，三大类下面可再细分若干小类。

（一）联合关系复句

联合关系复句各分句之间的语义关系平等，不分主次，可以细分为以下五类。

1. 联合关系

联合关系的各分句分别叙述或描写相关的几件事或一件事的几个方面，各分句之间的关系可以是并列关系、对等关系或相反关系，有时用意合法，有时用关联词语。例如：

① bo²¹ ka:i²¹ dɯək²¹ vəŋ²¹³, ŋɯə²¹ keu³⁵ dɯək²¹ ɕe⁵⁵.
　牛　犁　得　田　　马　拉　得　车
　牛能犁田，马能拉车。

② toi⁵⁵ la²¹ ŋɯəi²¹ kwaŋ³⁵ tei⁵⁵, mi:n²¹ la²¹ ŋɯəi²¹ kwe³⁵ tɕəu⁵⁵.
　我　是　人　广　　西　你　是　人　贵　州
　我是广西人，你是贵州人。

③ mot²¹ ŋɯəi²¹ hɯəŋ³⁵ doŋ⁵⁵ di⁵⁵, mot²¹ ŋɯəi²¹ hɯəŋ³⁵ tei⁵⁵ di⁵⁵.
　一　人　向　东　走　一　人　向　西　走
　一个朝东走，一个朝西走。

④ hoŋ⁵⁵nai⁵⁵ tɕun³⁵toi⁵⁵ di⁵⁵ tɕen³⁵ kəi⁵⁵, tɕun³⁵mi:n²¹ di⁵⁵ da:u²¹ mən⁵⁵.
　今天　　我们　　去　砍　树　　你们　　去　挖　水渠
　今天我们去砍树，你们去挖水渠。

2. 选择关系

选择关系的各分句分别表示两种或几种可供选择的情况，两种或多种选择关系都是未知情况，没有哪一种情况曾经做过选择或出现过，通常的关联词语如 va²¹（或）、hai⁵⁵la²¹（还是）、va²¹thi²¹或 the²¹³（还是）等。例如：

① ve³⁵, mi:n²¹ tin³⁵ma:i⁵⁵ di⁵⁵ va²¹ khoŋ⁵⁵ di⁵⁵ dei³⁵?
　啊　你　明天　　去　或　不　去　呢
　啊，你明天倒是去不去呀？

② mi:n²¹ nei³⁵ to⁵⁵ va²¹ nei³⁵ be³⁵ de³⁵ ə³⁵?
　你　要　大　或　要　小　的　啊
　你要大的还是要小的？

③ mi:n²¹ di⁵⁵ ka:i²¹ vɯəŋ⁵⁵ va²¹ di⁵⁵ ya:n³⁵ fən⁵⁵?
　你　去　犁　田　　或　去　挑　粪
　你去犁田或去挑粪？

④ la²¹ n̠iu²¹ ni³⁵ hai⁵⁵ la²¹ ʔit³⁵ ni³⁵?
　是　多　呢　还　是　少　呢
是多呢，还是少呢？

3. 解说关系

京语的解说关系通常是后面的各分句对前面的分句进行解释说明。例如：

tɕo⁵⁵ toi⁵⁵ la:m⁵⁵ kai³⁵, nei³⁵ kai³⁵ to⁵⁵, khoŋ⁵⁵ nei³⁵ kai³⁵ bɛ³⁵.
给　我　五　个　要　个　大　不　要　个　小
给我五个，要大的，不要小的。

tɕun³⁵toi⁵⁵ hoŋ⁵⁵nai⁵⁵ di⁵⁵ joŋ²¹ kəi⁵⁵, ɛm⁵⁵ toi⁵⁵ joŋ²¹ dɯək²¹
我们　今天　去　种　树　弟　我　种　得

mot²¹ kəi⁵⁵ baŋ²¹, toi⁵⁵ joŋ²¹ dɯək²¹ mot²¹ kəi⁵⁵ le⁵⁵.
一　棵　柚子　我　种　得　一　棵　梨
我们今天去种树，弟弟种了一株柚子树，我种了一株梨树。

③ ha:i⁵⁵ kɔn⁵⁵ ŋɯəi²¹ dei³⁵, mot²¹ ŋɯəi²¹ ka:u⁵⁵ mot²¹ ŋɯəi²¹ thəp³⁵.
两　个　人　这　一　人　高　一　人　矮
这两个人一个高，一个矮。

④ tɕun³⁵toi⁵⁵ di⁵⁵ ɣa:n³⁵ ku:i³⁵, mot²¹ ŋɯəi²¹ mot²¹ ɣa:n³⁵.
我们　去　挑　柴　一　人　一　担
我们去挑柴，一人一担。

4. 承接关系

承接关系各分句之间有一定的顺序，前后顺序不能颠倒，各分句叙述前后顺序连接的几个动作或几件事，各分句之间通常通过语序表示承接关系。例如：

① toi⁵⁵ dɯəŋ³⁵ an⁵⁵ ɕa:ŋ³⁵ kəm⁵⁵ toi³⁵,ɕen⁵⁵ ɕa:ŋ³⁵ tɕiu³⁵ fen⁵⁵ ve³⁵ di⁵⁵ ve²¹.
我　想　吃　完　饭　晚　看　完　电　影　才　去　回
我想吃了晚饭，看了电影再回去。

② tha:ŋ³⁵nai⁵⁵ toi⁵⁵ di⁵⁵ ka:i²¹ vəŋ²¹, tɕiu²¹³ di⁵⁵ da:u²¹ khwai⁵⁵la:ŋ⁵⁵.
早上　我　去　犁　田　下午　去　捡　白薯
我早上去犁田，下午去挖白薯。

③ hoŋ⁵⁵nai⁵⁵ tɕun³⁵toi⁵⁵ di⁵⁵ tɕen⁵⁵ kəi⁵⁵, tɕun³⁵mi:n²¹ di⁵⁵ da:u²¹ mən⁵⁵,
今天　我们　去　砍　树　你们　去　挖　水渠

ti:n³⁵ma:i⁵⁵ tɕun³⁵ta:⁵⁵ kon²¹ dan³⁵ ka³⁵.
明天　我们　一起　去　打　渔
今天我们去砍树，你们去挖水渠，明天咱们一起去打渔。

5. 递进关系

递进关系的各分句后面的分句表示的意思要比前面的分句更进一层，可以采取由小到大、由轻到重、由易到难的顺序。常用的关联词语有 jɯ⁵⁵la²¹³（而且）等。例如：

① no³⁵ khoŋ⁵⁵jəŋ²¹ la:m²¹ dɯək²¹ tɕa:n³⁵, jɯ⁵⁵la²¹³ la:m²¹ dɯək²¹ tot³⁵.
　他　不但　　　做　得　　快　　而且　　做　得　　好
他不但做得快，而且做得好。

② ŋan³⁵ la²¹ tot³⁵, ra:i²¹ de³⁵ tot³⁵ həŋ⁵⁵.
　短　　是　好　　长　的　好　过
短的好，长的更好。

③ no³⁵ ka:n²¹³ ŋe³⁵ ka:n²¹³ tot³⁵ kəi²¹³.
　他　越　　　想　越　　　好　笑
他越想越好笑。

（二）偏正关系复句

1. 转折关系

转折关系的偏句叙述一个事实，可是正句没有顺着这个事实得出某种应有的结论，而是说出一个相反或与事实不相适应的事实。京语的转折复句也可以用意合法。可以用关联词 wən³⁵la²¹（虽然）、jɯ⁵⁵ma²¹（但是）、kwe³⁵n̩in⁵⁵（既然）等。例如：

① kai³⁵ the³⁵kwet³⁵ nai²¹ wən³⁵la²¹ to⁵⁵, jɯ⁵⁵ma²¹ tɕa:n³⁵ ba⁵⁵n̩iu⁵⁵ ŋot²¹.
　些　　橘子　　　　这　虽然　　大　　但是　　不　　多少　　甜
这些橘子虽然大，但不是很甜。

② no³⁵ nɔi⁵⁵ het³⁵ nɯə³¹⁵ ŋa:i²¹, kon²¹n̩au⁵⁵ kon²¹ thi²¹ khoŋ⁵⁵ biət³⁵.
　他　说　　完　　半　　天　　大家　　　还　　是　　不　　知
他说了半天，大家还是不懂。

③ no³⁵ vuə²¹ bɛ³⁵, jɯ⁵⁵ma²¹ thək³⁵ no³⁵ to⁵⁵.
　他　虽　　小　　但是　　　力　　他　大
他个子虽小，但力气很大。

④ mi:n²¹ kwe³⁵n̩in⁵⁵ nɔi³⁵ hoŋ⁵⁵kwa⁵⁵ lai²¹³, ve²¹ ha:ŋ²¹thau⁵⁵
　你　　既然　　　　说　　昨天　　　　来　　　为　　什么
lai²¹ khoŋ⁵⁵ lai²¹³ ni³⁵?
又　　不　　　来　　呢
你既然说昨天来，为什么又不来呢？

2. 假设关系

假设关系两个分句偏句提出一种假设，正句说明在这种情况下会出现的结果，常用的关联词语有 neu³⁵la²¹（如果）、ma²¹³（如果）。例如：

① neu³⁵la²¹ mɯə⁵⁵ to⁵⁵ kwa³⁵, mi:n²¹ hoŋ⁵⁵nai⁵⁵ thi²¹ khoŋ⁵⁵ di⁵⁵ dəu⁵⁵.
　如果　　雨　　大　过　你　今天　　　就　　不　　去（语气）
要是雨太大，你今天就不去了。

② hoŋ⁵⁵nai⁵⁵ ma²¹³ ka:i²¹ het³⁵ vəŋ²¹, ŋa:i²¹mai⁵⁵ thi²¹ ɕoŋ³⁵ joŋ³⁵.
　今天　　如果　犁　完　田　　明天　　就　下　种
今天能把田耙好，明天就播种。

③ neu³⁵la²¹ ŋa:i²¹mai⁵⁵ khoŋ⁵⁵ mɯə⁵⁵, tɕun³⁵toi⁵⁵ thi²¹ di⁵⁵ tɕəɯ²¹.
　如果　　明天　　　不　　下雨　　我们　　就　去　街
如果明天不下雨，我们就去赶集。

④ hoŋ⁵⁵nai⁵⁵ ma²¹³ ka:i²¹ het³⁵ vəŋ²¹, ŋa:i²¹mai⁵⁵ thi²¹ ɕoŋ³⁵ joŋ³⁵.
　今天　　如果　犁　完　田　　明天　　就　下　种
今天如果犁完田明天就下种。

3. 条件关系

条件关系的复句偏句表示某种条件，正句表示在这种条件下必须出现的结果，条件关系的复句一般成套使用关联词语，常用的关联词语有 tɕu²¹ju³⁵…thi²¹…（只要……就……）、thi²¹（就）、ve³⁵（才）等。例如：

① tɕu²¹ju³⁵ ko⁵⁵ɣa:n³⁵ hak²¹ təp²¹, thi²¹ hak²¹ dɯək²¹ tot³⁵.
　只要　　　努力　　　学　习　　就　学　得　好
只要努力学习，就能学好。

② tɕu²¹ju³⁵ tɕun³⁵ta⁵⁵ ko⁵⁵ɣa:n⁵⁵ la:m²¹ koŋ⁵⁵, an⁵⁵ mak²¹ kon²¹ tɕa:n³⁵ lo⁵⁵.
　只要　　　我们　　努力　　做　　工　　吃　穿　都　不　愁
只要我们努力劳动，吃的穿的都不愁。

③ tɕun³⁵no³⁵ di⁵⁵ roi²¹ toi⁵⁵ ve³⁵ dɯək²¹ ŋoi²¹ ɕon³⁵ lai²¹³ la:m²¹ viək²¹
　他们　　　走　了　我　才　得　坐　下　来　做　事
ko²¹ khak³⁵mi:n²¹.
　的　自己
他们走了我才能坐下来做自己的事。

④ fai³⁵ ken⁵⁵ thɯəŋ²¹ fok³⁵ təp²¹ fok³⁵ təp²¹ ve³⁵ ŋəɯ³¹⁵ dɯək²¹.
　要　经　常　　复　习　复　习　才　记　得
要经常复习复习才记得。

4. 因果关系

因果复句偏句表示原因，正句表示结果。京语的因果复句通常要加上表示因果的关联词语 ɲa:n⁵⁵ve²¹…thi³⁵ve²¹…（因为……所以……）。例如：

① ɲa:n⁵⁵ve²¹ leu³¹⁵ thət²¹ hep²¹, thi³⁵ve²¹ ɕe⁵⁵ khoŋ⁵⁵ kwa⁵⁵ dɯək²¹.
　　因为　　　路　实　窄　　所以　　车　不　过　得
　　因为路很窄，所以车子过不去。

② ɲa:n⁵⁵ve²¹ toi⁵⁵ bəŋ²¹ kwa³⁵, ve³⁵ la²¹ bai⁵⁵ jəɯ²¹³ ve³⁵ viət³⁵ təɯ²¹ tɕo⁵⁵ mi:n²¹.
　　因为　　我　忙　过　　所以　现　在　才　写　信　给　你
　　因为我很忙，所以现在才写信给你。

③ ɲa:n⁵⁵ve²¹ no³⁵ hat³⁵ dɯək²¹ ha:i⁵⁵, ve³⁵la²¹ ŋɯəi²¹ ŋɯəi²¹ kon²¹ thit³⁵ ŋe⁵⁵.
　　因为　　　他　唱　得　　好　　所以　人　　人　都　喜欢　听
　　因为他唱得好，所以个个喜欢听。

5. 目的关系

目的复句的偏句表示目的，正句表示为达到这一目的而采取的行动。
例如：

① mi:n²¹ fai²¹ thəm⁵⁵ thi³⁵ lai²¹³, dɯə³¹⁵ dɯək²¹ toi⁵⁵ dəi²¹³ mi:n²¹.
　　你　要　早　　点　来　　免　　得　我　等　你
　　你要早些来，免得我等你。

② jəŋ⁵⁵ khak³⁵mi:n²¹ ko³⁵ɣa:n³⁵, khoŋ⁵⁵ fai³⁵ fen²¹ ŋɯəi²¹ ŋwa:i²¹ jup³⁵dəɯ³⁵.
　　应　自己　　努力　　不　要　靠　人　外　帮助
　　应该自己努力，不要光靠别人帮助。

第六章 语料

第一节 语法例句

1. 他说的话很对。

mi:n²¹　nɔi³⁵　doi³⁵　nət³⁵.

你　　说　　对　　很

2. 树上有三只鸟。

ten⁵⁵　kəi⁵⁵　ko³⁵　ba⁵⁵　kɔn⁵⁵　tɕim⁵⁵.

上　　树　　有　　三　　只　　鸟

3. 是你把衣服洗了吗？

la²¹　mi:n²¹　jat²¹　kwən²¹au³⁵　fa:i³⁵　khoŋ⁵⁵?

是　　你　　洗　　衣服　　　　是　　吗

4. 你有兄弟没有？

mi:n²¹　ko³⁵　an⁵⁵ɛm⁵⁵　khoŋ⁵⁵?

你　　有　　兄弟　　　　吗

5. 怎么不带伞呢？看天色会下雨吧？

thau⁵⁵lai²¹　khoŋ⁵⁵　dem⁵⁵　ru²¹?　tən⁵⁵　jəi²¹　kon²¹　biət³⁵　muɯə⁵⁵　roi²¹?

为什么　　　不　　带　　伞　　看　　天　　都　　知道　　下　　雨

6. 你喜欢吃李子还是桃子？

mi:n²¹　thit³⁵　an⁵⁵　kwa²¹tau³⁵　va²¹　kwa³⁵dau²¹?

你　　喜欢　　吃　　李子　　　　还是　　桃子

7. 谁卖给你们玉米种子？

a:i⁵⁵　ban³⁵　bap³⁵　jon³⁵　tɕo⁵⁵　tɕuŋ³⁵mi:n²¹?

谁　　卖　　玉米　　种　　给　　你们

8. 别带妹妹去河边玩。

dən²¹　dem⁵⁵　ɛm⁵⁵　di⁵⁵　bi:n⁵⁵　thən⁵⁵　tɕəi⁵⁵.

别　　带　　妹　　去　　边　　河　　玩

9. 哎呀，鱼儿被猫叼走啦！

je³⁵! ka³⁵ de³⁵ tɕo⁵⁵ mɛu²¹ vak³⁵ tɕa:i²¹ rɔi²¹!
耶　　鱼　　被　　给　　猫　　叼　　走　　了

10. 你广西人，我贵州人。

mi:n²¹ ŋɯəi²¹ kwa:n³⁵ tei⁵⁵, tɔi⁵⁵ ŋɯəi²¹ kwi³⁵tɕəu⁵⁵.
你　　人　　广西　　　我　　人　　贵州

11. 因为路太窄，所以车子过不去。

hɔi²¹³la²¹ lɛu³⁵ tɕət²¹ kwa³⁵, ɕɛ⁵⁵ di⁵⁵ kwa⁵⁵ khɔŋ⁵⁵ dɯək²¹.
因为　　路　　窄　　太　　车　　开　　过　　不　　得

12. 他边走边唱。

no³⁵ vuə²¹ di⁵⁵ vuə²¹ ha:t³⁵.
他　　边　　走　　边　　唱

13. 我们去种树，弟弟种了一株桃树，我种了两株梨树。

tɕuŋ³⁵tɔi⁵⁵ di⁵⁵ jon31 kəi⁵⁵, ɛm⁵⁵ tɔi⁵⁵ jon²¹ mot²¹ kəi⁵⁵ dau²¹,
我们　　　去　　种　　树　　弟　　我　　种　　一　　树　　桃

tɔi⁵⁵ jon²¹ ha:i⁵⁵ kəi⁵⁵ le⁵⁵.
我　　种　　两　　树　　梨

14. 今天他在这儿住一晚上。

hom⁵⁵nai⁵⁵ no³⁵ ə²¹ tɕo³⁵nai²¹ ə³⁵ mot²¹ tɔi³⁵.
今天　　　他　　在　　这里　　　住　　一　　晚

15. ① 我的两只手都脏了。② 我两只手都脏了。

① ha:i⁵⁵ ban²¹ ta:i⁵⁵ tɔi⁵⁵ kon²¹ bən³⁵ rɔi²¹.
　　两　　只　　手　　我　　都　　脏　　了

② ha:i⁵⁵ ban²¹ ta:i⁵⁵ tɔi⁵⁵ kon²¹ bən³⁵ rɔi²¹.
　　两　　只　　手　　我　　都　　脏　　了

16. ① 天天下雨。② 树树满山。

① ŋa:i²¹ ŋa:i²¹ jə:i²¹ mɯə⁵⁵.
　　日　　日　　天　　雨

② n̠iu²¹ kəi⁵⁵ dai²¹ rən²¹.
　　条　　树　　满　　山

17. 这头猪好肥啊！

kɔn⁵⁵ lən²¹ nai²¹ thət²¹ bɛu³⁵.
头　　猪　　这　　很　　肥

18. 父亲是铁匠，母亲是农民，我是学生，弟弟也是学生。

bo³⁵ la²¹ thə²¹ that³⁵, mɛ²¹ la²¹ noŋ⁵⁵ rən⁵⁵, toi⁵⁵ la²¹ hɔk²¹ ɕin⁵⁵, ɛm⁵⁵ toi⁵⁵
父　是　匠　铁　　母　是　农　民　　我　是　学　生　　弟　我

kɔn²¹ la²¹ hɔk²¹ ɕin⁵⁵.
也　是　学　生

19. 姐妹俩勤快能干，不是织布就是绣花。

ha:i⁵⁵ tɕi²¹ɛm⁵⁵ kon²¹ lan⁵⁵kən²¹, khoŋ⁵⁵ la²¹ jet²¹ va:i³⁵ kon²¹ la²¹ thi:u³⁵ hwa⁵⁵.
两　姐妹　都　勤快　　不　是　织　布　就　是　绣　花

20. 他寄来的三本书已经看完啦。

no³⁵ ɣəi³⁵ lai²¹ ba⁵⁵ kwen²¹ that³⁵ da³⁵ then⁵⁵ het³⁵ roi²¹.
他　寄　来　三　本　书　已经　看　完　了

21. 我们养了一只公鸡两只母鸡，还有一只公狗和一只母狗。

tɕuŋ³⁵toi⁵⁵ noi⁵⁵ mot²¹ kɔn⁵⁵ ɣa²¹ duk²¹ ha:i⁵⁵ kɔn⁵⁵ ɣa²¹ ma:i³⁵, lai²¹kon²¹
我们　　养　一　只　鸡　公　两　只　鸡　婆　还有

mot²¹ kɔn³⁵ tɕo³⁵ duk²¹ mot²¹ kɔn⁵⁵ tɕo³⁵ ka:i³⁵.
一　只　狗　公　一　只　狗　婆

22. 他家有两个小孩儿，一男一女。

n̩a²¹ no³⁵ ko³⁵ ha:i⁵⁵ duɯə³⁵ kɔn⁵⁵, mot²¹ ja:i⁵⁵ mot²¹ ɣa:i³⁵.
家　他　有　两　个　小孩　一　男　一　女

23. 家里酒没有了，肉也没有了。

tɔn⁵⁵ n̩a²¹ rieu²¹³ khoŋ⁵⁵ ko³⁵ roi²¹, thit²¹ kon²¹ khoŋ⁵⁵ ko³⁵.
中　家　酒　没　有　了　肉　也　没　有

24. 昨天星期天，我下午去你们家，等了半天你都没回来。

hom⁵⁵kwa⁵⁵ la²¹ ŋa:i²¹tɕu³⁵n̩at²¹, tɕiu²¹ toi⁵⁵ di⁵⁵ n̩a²¹ mi:n²¹,
昨天　　是　星期天　　　下午　我　去　家　你

dəi²¹³ nuɯə³⁵ ŋa:i²¹ mi:n²¹ kon²¹ tɕa:n31 thei³⁵ ve²¹.
等　半　天　你　都　没　见　回

25. 儿子每月回一趟家，这次给父母买来葡萄，每斤8元呢。

kɔn⁵⁵ moi²¹ thaŋ³⁵ ve²¹ mot²¹ lən⁵⁵, lən²¹ nai²¹ muə⁵⁵ tɕo⁵⁵ bo³⁵mɛ²¹
儿子　每　月　回　一　趟　回　这　买　给　父母

kwa³⁵n̩o⁵⁵, moi³⁵ kən⁵⁵ ta:m³⁵ doŋ²¹.
葡萄　　每　斤　八　元

26. 我了解我自己，自己的事情我自己做。

toi⁵⁵ biət³⁵ toi⁵⁵ khak³⁵mi:n²¹, viək²¹ ko²¹³ khak³⁵mi:n²¹ khak³⁵mi:n²¹ la:m²¹.
我　了解　我　自己　　　事情　的　自己　　　自己　　　做

27. 这个人是我姐姐，那个人不是我姐姐。

ŋɯəi²¹ dei⁵⁵ la²¹ tɕi²¹ɣa:i³⁵ toi⁵⁵, ŋɯəi²¹ dei³⁵ khoŋ⁵⁵fai³⁵ la²¹ tɕi²¹ɣa:i³⁵.
人　　这　　是　姐姐　　　我　　人　　那　　不是　　　是　姐姐

28. ① 你的书在这儿。② 图书馆的书在那儿。

① thaʔ³⁵ mi:n²¹ ə²¹ tɕu³⁵dei⁵⁵.
　书　　你　　在　这儿

② thaʔ³⁵ kwan³⁵ tho⁵⁵ thu⁵⁵ ə²¹ tɕu²¹dei³⁵.
　书　　馆　　图　书　在　那里

29. 这会儿才5点钟，两根大木头就运到了。

bai⁵⁵jəɯ²¹ ve³⁵ la:m⁵⁵ jəɯ²¹, ha:i⁵⁵ ke⁵⁵ ɣo³⁵ məi³⁵ tɕɕɯ³¹⁵ den³⁵ roi²¹.
现在　　　才　五　　时　　两　根　大　木头　就　　到　了

30. 你的歌唱得这么好，再来一首。

ka⁵⁵ mi:n²¹ haʔ³⁵ dɯək²¹ tən²¹dei³⁵ toʔ³⁵ ŋɛ⁵⁵, tai³⁵ la:i²¹ moʔ²¹ bai²¹.
歌　　你　　唱　得　　这么　　　好　听　　再　来　　一　首

31. ① 你们村子有几家人？从这里到城里有多远？坐车要多久？
② 有五十多家，我们村到城里三十来里，坐车半个多小时就到了。

① ɕon⁵⁵ tɕuŋ³⁵mi:n²¹ ko³⁵ bau⁵⁵ɲiu⁵⁵ ɲa²¹ ŋɯəi²¹? tɕo³⁵dei⁵⁵ den³⁵ than²¹fo³⁵
　村　　你们　　　　　有　多少　　　家　人　　　这里　　　到　城里

bau⁵⁵ sa⁵⁵, ŋoi²¹ ɕe⁵⁵ bau⁵⁵ lou⁵⁵?
多　远　　坐　　车　多　　久

② ko³⁵ la:m⁵⁵ mɯəi⁵⁵ hən⁵⁵ ɲa²¹, ɕon⁵⁵ tɕuŋ³⁵toi⁵⁵ den³⁵ than²¹fo³⁵ hən⁵⁵ ba⁵⁵
　有　五　十　　多　　家　　村　我们　　到　城里　　多　三

mɯəi⁵⁵ kei⁵⁵ɕo³⁵, ŋoi²¹ ɕe⁵⁵ kwa³⁵ nɯə²¹ ti:n³⁵ den³⁵ roi²¹.
十　　公里　　　坐　　车　过　　半　　小时　到　　了

32. ① 哪件衣服是我的？怎么都一样呢？② 谁知道呢？什么时候多出一件来？

① tɕiək³⁵ an³⁵ nau²¹ la²¹ ko²¹ toi⁵⁵? ha:n²¹tha:u⁵⁵ kon²¹ jon³⁵jau⁵⁵.
　件　　衣　哪　是　的　我　　怎么　　　　都　一样

② a:i⁵⁵ biəʔ³⁵ dɯək²¹? ke⁵⁵nau²¹ ɲi:u²¹ ra⁵⁵ moʔ²¹ tɕiək³⁵?
　谁　　知道　得　　　什么时候　　多　出　一　件

33. 别人的东西不要拿，大家的东西要看好。

ku²¹³ ko³⁵ ŋɯəi²¹ khoŋ⁵⁵ fai³⁵ nei³⁵, ku²¹³ ko³⁵ kon²¹ɲa:u⁵⁵ fai³⁵ ton⁵⁵ ki³⁵.
东西　的　人　　不　　要　　拿　　东西　的　大家　　　要　看　好

34. 十五是五的三倍，五是十的一半。

mɯəi²¹	la:m⁵⁵	la²¹	la:m⁵⁵	ba⁵⁵	fən²¹,	la:m⁵⁵	la²¹	mɯəi²¹	mot²¹	nɯə³⁵.
十	五	是	五	三	倍	五	是	十	一	半

35. 全村年轻人大多外出打工了，有些家里只有老人，有些家里只有妇女和儿童。

ka³⁵	çon⁵⁵	ŋɯəi²¹	tɛ³⁵	kon²¹	di⁵⁵	dan³⁵	koŋ⁵⁵	roi²¹,	ko³⁵	ti³⁵	na²¹	tɕi²¹	ko³⁵
全	村	人	年轻	都	去	打	工	了	有	些	家	只	有

ŋɯəi²¹	ja²¹,	ko³⁵	ti³⁵	na²¹	tɕi²¹	ko³⁵	fu²¹	nɯ³⁵	va²¹	tɛ³⁵kɔn⁵⁵.
人	老	有	些	家	只	有	妇	女	和	儿童

36. 羊比较干净，这一群羊只只都很肥，你挑一只。

je⁵⁵	thət²¹la²¹	that²¹the³⁵,	da:m²¹	je⁵⁵	nai²¹	kɔn⁵⁵	kɔn⁵⁵	kon²¹	bɛu³⁵,
羊	比较	干净	群	羊	这	只	只	都	肥

ma:i²¹	tɕo:n²¹³	mot²¹	kɔn⁵⁵.
你	挑	一	只

37. 河里的鱼比塘里的鱼好吃。

ka³⁵	ə²¹	thə:n⁵⁵	tot³⁵	an⁵⁵	hən⁵⁵	ka³⁵	ə²¹	dəm²¹.
鱼	在	河	好	吃	过	鱼	在	塘

38. 三位老人的生日分别是：农历二月初八、三月初五、六月初一。

ba⁵⁵	vei²¹	ŋɯəi²¹	ja²¹	ŋa:i²¹	dɛ³⁵	fən⁵⁵	biət²¹	la²¹:	ə:m⁵⁵	lək²¹	mon²¹	ta:m³⁵
三	位	人	老	日	生	分	别	是	阴	历	初	八

tha:ŋ³⁵	ha:i⁵⁵	mon²¹	la:m⁵⁵	tha:ŋ³⁵	ba⁵⁵	mon²¹	mot²¹	tha:ŋ³⁵	tha:u³⁵.
月	二	初	五	月	三	初	一	月	六

39. 奶奶笑眯眯地坐着看孙子蹦蹦跳跳。

ba²¹	ŋoi²¹	kwəi²¹rəm²¹rəm²¹	jəu²¹	tɕa:u³⁵	rai³⁵ro:i²¹³.
奶奶	坐	笑眯眯	看	孙子	跳蹦

40. 他把红薯随便洗洗就吃了。

no³⁵	rɯə³⁵	khwa:i⁵⁵	la:n⁵⁵	an⁵⁵	a:i⁵⁵	roi²¹.
他	洗	红薯	随便	吃	就	了

41. 来客人时，我们正在吃饭。

kəɯ⁵⁵	khak³⁵	lai²¹,	tɕuŋ³⁵toi⁵⁵	da:ŋ⁵⁵	a:n⁵⁵	kə:m⁵⁵.
时刻	客	来	我们	正在	吃	饭

42. 他很想带父母去一次北京。

no³⁵	ɲət³⁵	tɯaŋ³¹⁵	dem⁵⁵	bo³⁵mɛ²¹	di⁵⁵	mot²¹	lən²¹	bak³⁵kin⁵⁵.
他	很	想	带	父母	去	一	次	北京

43. 夫妻俩很恩爱。

ha:i⁵⁵ və²¹ tɕon²¹ ɳət³⁵ thɯən⁵⁵i:u⁵⁵.
两　老婆　老公　很　　恩爱

44. ① 山上有一片梨树。② 这座山上没有梨树。

① ten⁵⁵ lən²¹ ko³⁵ mot²¹ lu³⁵ kəi⁵⁵ le⁵⁵.
　上　山　有　一　片　树　梨

② ten⁵⁵ rən²¹ dei³⁵ khoŋ⁵⁵ ko³⁵ kəi⁵⁵ le⁵⁵.
　上　山　这　没　有　树　梨

45. ① 这封信是不是你写的？② 是。不是。

① la³⁵ thəɯ⁵⁵ nai²¹ fa:i³⁵ khoŋ⁵⁵ fa:i³⁵ mi:n²¹ viət³⁵?
　封　信　这　是　不　是　你　写

② fa:i. khoŋ⁵⁵ fa:i³⁵.
　是　不　是

46. 他会说汉语，应该是汉族人。

no³⁵ biət³⁵ nɔi³⁵ tiən³¹⁵ han³⁵, jən⁵⁵ la²¹ ŋɯəi²¹ han³⁵.
他　会　说　语　汉　应　是　人　汉

47. ① 你愿不愿意嫁给他？② 愿意。不愿意。

① ɛm⁵⁵ ɳi:n²¹ khoŋ⁵⁵ ɳi:n²¹ lei³⁵ no³⁵?
　你　愿　不　愿　嫁　他

② ɳi:n²¹. khoŋ⁵⁵ ɳi:n²¹.
　愿意　不　愿意

48. 大风吹断了树枝。

jo³⁵ bau³⁵ hut³⁵ ɣa:i³⁵ ka:n²¹ kəi⁵⁵.
风　大　吹　断　枝　树

49. 我们进屋去。

tɕuŋ³⁵toi⁵⁵ va:u²¹ ɳa²¹.
我们　进　屋

50. 屋檐装上了电灯。

ma:i³⁵ ɳa²¹ da³⁵ an⁵⁵ dɛn²¹ di:n²¹ roi²¹.
檐　屋　已经　安上　灯　电　了

51. 明天小王来，小李不来。

di:n³⁵ma:i³⁵ ti:u³¹⁵ hwa:ŋ²¹ la:i²¹ ti:u²¹ li³⁵ khoŋ⁵⁵ la:i²¹.
明天　小　王　来　小　李　不　来

52. 你去买瓶酒回来。

mi:n²¹　di⁵⁵　muə⁵⁵　mot²¹　nəm²¹　rieu²¹³　ve²¹.
你　　去　　买　　一　　瓶　　酒　　来

53. ① 有只猫趴在凳子上。② 有只猫在椅子上趴着。

① ko³⁵　kɔn⁵⁵　mɛu²¹　e:p³⁵　ə²¹　ten⁵⁵　da:ŋ³⁵.
　　有　　只　　猫　　趴　　在　　上　　凳

② ko³⁵　kɔn⁵⁵　mɛu²¹　e:p³⁵　ien⁵⁵　ə²¹　ten⁵⁵　da:ŋ³⁵.
　　有　　只　　猫　　趴　　着　　在　　上　　凳

54. 他的字写得好极了。

tɕɯ³¹⁵　ko²¹　no³⁵　viət³⁵　dɯək²¹　thət²¹　diəp²¹.
字　　　的　　他　　写　　　得　　　实　　好

55. 爷爷走得非常慢。

oŋ⁵⁵　di⁵⁵　tɕən²¹　kwa³⁵.
公　　走　　慢　　　非常

56. 这根大木头，我一个人也扛得起。

kəi⁵⁵ɣo³⁵　nai²¹, toi⁵⁵　mot²¹　mi:n²¹　kon²¹　va:t³⁵　noi³⁵.
木头　　　这　　我　　一　　自己　　也　　　扛　　　起

57. 那种菌子吃不得。

ɕɯ³¹⁵　nəm³⁵　dei³⁵　khoŋ⁵⁵　an⁵⁵　dɯək²¹.
种　　　菌子　　那　　不　　　吃　　得

58. 他没坐过飞机。

no³⁵　tɕɯ³¹⁵　ŋoi²¹　kwa⁵⁵　ma:i³⁵bai⁵⁵.
他　　没　　　坐　　过　　　飞机

59. ① 墙上挂着一幅画。② 墙上挂有一幅画。

① ten⁵⁵　tɯəŋ²¹　teu⁵⁵　dɯək²¹　mot²¹　bak³⁵　tɕa:n⁵⁵.
　　上　　墙　　　挂　　着　　　一　　　幅　　　画

② ten⁵⁵　tɯəŋ²¹　teu⁵⁵　ko³⁵　mot²¹　bak³⁵　tɕa:n⁵⁵.
　　上　　墙　　　挂　　有　　一　　　幅　　　画

60. 平时家里妈妈做饭，爸爸种田。

ŋai²¹thɯəŋ²¹　mɛ²¹　ə²¹　na²¹　nəu³⁵　kə:m⁵⁵, bo³⁵　di⁵⁵　la:m²¹　vuəŋ²¹.
平时　　　　　妈　　在　　家　　煮　　　饭　　　爸　　去　　种　　　田

61. 赶时间，咱们快吃吧。

thə:i²¹ja:n⁵⁵　di:n²¹, tɕuŋ³⁵ta⁵⁵　a:n⁵⁵　tɕa:n³⁵　di⁵⁵.
时间　　　　　快到　　我们　　　　吃　　　快　　　点

62. 你砸碎玻璃不赔吗？

mi:n²¹ nem³⁵ vəɯ³¹⁵ huɯəŋ⁵⁵ khoŋ⁵⁵ den²¹ rei⁵⁵?

你　　砸　　碎　　玻璃　　不　　赔　　吗

63. 他爬上树去摘桃子。

no³⁵ teu²¹ len⁵⁵ kəi³⁵ vat²¹ kwa³⁵dau²¹.

他　　爬　　上　　树　　摘　　桃子

64. 你尝尝这个菜。

mi:n²¹ thɯə²¹thɯə³⁵ ɕəɯ³¹⁵ ɲa:m³⁵ nai²¹.

你　　尝尝　　　　　个　　菜　　这

65. ① 我再想想这件事怎么办。② 这件事我再想想怎么办。

① dəɯ²¹ toi⁵⁵ ŋe³⁵ŋe³⁵ ka:i³⁵ viek²¹ nai²¹ ha:n²¹tha:u⁵⁵ la:m²¹.

　等　　我　　想想　　　件　　事　　这　　怎么　　　　做

② ka:i³⁵ viek²¹ nai²¹ dəɯ²¹ toi⁵⁵ ŋe³⁵ ha:n²¹tha:u⁵⁵ la:m²¹.

　件　　事　　这　　等　　我　　想　　怎么　　　　做

66. 我看看你的书好吗？

toi⁵⁵ ɕen⁵⁵ɕen⁵⁵ that³⁵ ko²¹ mi:n²¹ tot³⁵ khoŋ⁵⁵?

我　　看看　　　书　　的　　你　　好　　吗

67. 你先走，我就来。

mi:n²¹ di⁵⁵ tɯək³⁵, toi⁵⁵ lai²¹ ŋa:i⁵⁵.

你　　走　　先　　我　　来　　就

68. 你先打电话问清楚再说。

mi:n²¹ dan³⁵ tɯək³⁵ di:n²¹tho:i²¹³ ha:i²¹ ha:i⁵⁵ hai²¹ nɔi³⁵.

你　　打　　先　　电话　　　　问　　清楚　　再　　说

69. 妹妹听着歌写作业。

ɛm⁵⁵ ŋe⁵⁵ dɯək²¹ hat³⁵ viət³⁵ ti:p³⁵ba:i²¹.

妹　　听　　着　　歌　　写　　作业

70. 鱼是蒸着吃还是煮着吃？

ka³⁵ thi²¹ həp³⁵ dɯək²¹ a:n⁵⁵ va²¹ nəu³⁵ dɯək²¹ a:n⁵⁵.

鱼　　是　　蒸　　着　　吃　　还　　煮　　着　　吃

71. 我听过几次小李唱歌。

toi⁵⁵ ŋe⁵⁵ kwa³⁵ me³⁵ lən²¹ di:u²¹³li³⁵ ha:t³⁵.

我　　听　　过　　几　　次　　小李　　　唱歌

72. 她有一条漂亮的红裙子。

no³⁵ ko³⁵ mot²¹ tɕiək³⁵ va:i³⁵ do³⁵ thət²¹dɛp²¹.

她　　有　　一　　条　　裙　　红　　漂亮

第六章　语料

73. 哥哥瘦，弟弟胖。

a:n⁵⁵ja:i⁵⁵ ɣe²¹, ɛm⁵⁵ thi²¹ bɛu³⁵.
哥哥　　　瘦　弟　是　胖

74. 奶奶你慢慢走。

ba²¹ tha:n⁵⁵tha³⁵ di⁵⁵.
奶奶 慢慢　　　走

75. 天不热，但很潮湿。

jə:i²¹ khoŋ⁵⁵ nɔn³⁵, thau⁵⁵ ma²¹ ə:m²¹o:i³⁵.
天　　不　　热　　但　　很　潮湿

76. 白花花的新米饭香喷喷的。

kə:m⁵⁵ ɣau²¹ məi³⁵ ta:n³⁵ thən⁵⁵fək³⁵fək³⁵.
饭　　米　　新　白　香喷喷

77. 他把房间打扫得干干净净的。

no³⁵ kwet³⁵ fɔŋ²¹ dɯək²¹ that²¹that²¹the²¹the³⁵.
他　扫　房　得　干干净净

78. 糯米饭香了整个村子。

kə:m⁵⁵ nep³⁵ thən⁵⁵ het³⁵ ka²¹ ɕon³⁵.
饭　糯米　香　了　整　村

79. 奶奶总是对客人很热情。

ba²¹ deu²¹ la²¹ doi³⁵ ŋɯəi²¹ khat³⁵ thət²¹ la²¹ ȵiət²¹ ti:n²¹.
奶奶 总 是 对 人 客 很 是 热 情

80. 一年比一年好。

mot²¹ nam⁵⁵ tot³⁵ hən⁵⁵ mot²¹ nam⁵⁵.
一　年　好　过　一　年

81. 老大和老二一样高。

an⁵⁵ka³⁵ vei³⁵ an⁵⁵ha:i⁵⁵ kau⁵⁵ jon³⁵ja:u⁵⁵.
老大　和　老二　高　一样

82. 我比你高，他比我更高。

toi⁵⁵ kau⁵⁵ hən⁵⁵ mi:n²¹, no³⁵ kɔn²¹ kau⁵⁵ hən⁵⁵ toi⁵⁵.
我　高　过　你　他　更　高　过　我

83. 我们三个人中他最高。

tɕuŋ³⁵toi⁵⁵ ba⁵⁵ ŋɯəi²¹ no³⁵ nət³⁵ kau⁵⁵.
我们　三　人　他　最　高

84. 连续几天熬夜，我困死了。

li:n⁵⁵tok²¹ me³⁵ di:m⁵⁵ kon²¹ tɕɔ:n²¹ ŋu³⁵ ma:i²¹ tɕet³⁵ toi⁵⁵ roi²¹.
连着　　　几　夜　　都　　没　　睡　困　　死　我　了

85. 你再吃一碗饭。

mi:n²¹ a:n⁵⁵ them³⁵ mot²¹ bat³⁵ kən⁵⁵.
你　　吃　　再　　一　　碗　饭

86. 他又买了一辆摩托车。

no³⁵ lai²¹ muə³⁵ mot²¹ bo²¹ ɕe⁵⁵ ma:i³⁵ roi²¹.
他　又　买　　一　　辆　车　机器　了

87. 他家两个儿子都在广东打工，一年大概能挣十几万。

ɲa²¹ no³⁵ ha:i⁵⁵ te³⁵kɔn⁵⁵ kon²¹ ə³⁵ kwa:ŋ³⁵dɔŋ⁵⁵ dan³⁵ kɔŋ⁵⁵ mot²¹ lam⁵⁵
家　他　两　　孩子　　都　在　广东　　　打　工　一　年
khwa:ŋ²¹³ la:m²¹ dɯək²¹ mɯəi²¹ mei³⁵ van²¹.
大概　　　做　　得　　　十　　几　　万

88. 白白劝他一下午，可是他根本听不进。

bat²¹bat²¹ hen³⁵ no³⁵ mot²¹ tɕi:u²¹ je⁵⁵ma²¹ no³⁵ ŋe⁵⁵ khoŋ³⁵ va:u²¹ tai⁵⁵.
白白　　　劝　　他　一　　下午　　可是　　他　听　不　　进　　耳

89. 我刚要去找他，他就匆匆忙忙地跑了进来。

toi⁵⁵ vuə²¹ di⁵⁵ ti:n²¹ no³⁵ no³⁵ lai²¹ nun⁵⁵nun⁵⁵ton⁵⁵ton⁵⁵ tɕa:i²¹ va:u²¹ roi²¹.
我　　正　　去　找　　他　他　就　匆匆忙忙　　　　　　跑　　进　　了

90. 我跟妈妈到家时，爸爸可能才刚刚出门。

khi⁵⁵ toi⁵⁵ theu³⁵ me²¹ den³⁵ ɲa²¹ bo³⁵ kha³⁵ nan⁵⁵ da³⁵ vuə²¹ ra⁵⁵ kɯa³¹⁵.
时　　我　　跟　　妈　到　　家　爸　可　能　才　刚　　出　门

91. 他最近很高兴，我听说他快结婚了。

ɣən²¹dei⁵⁵ no³⁵ nət³⁵ vu:i⁵⁵la:n²¹ toi⁵⁵ ŋe⁵⁵ nɔi³⁵ no³⁵ thəp³⁵ lei³⁵ və²¹ roi²¹.
最近　　　他　很　　高兴　　　我　　听　说　　他　快　　娶　老婆　了

92. 孙子给爷爷寄回茶叶，爷爷笑得合不拢嘴。

tɕa:u³⁵ ɣei²¹ la³⁵ tɕe²¹ vei²¹ tɕo⁵⁵ ʔɔŋ³⁵ ʔɔŋ³⁵ kɯəi²¹ dɯək²¹ khoŋ³⁵ hɔp²¹miən²¹.
孙子　　寄　叶　茶　　回　　给　　公　　公　　笑　　得　　　不　　合嘴

93. 唱歌令人开心。

hat³⁵ ka⁵⁵ li:n³⁵ ɲɯəi²¹ vu:i⁵⁵la:n²¹.
唱　　歌　令　　人　　　心欢

94. 他个子虽然小，但气力很大。

kon⁵⁵ ŋɯəi²¹ no³⁵ mi:n²¹ bɛ³⁵ je⁵⁵ma²¹ thuk³⁵ no⁵⁵ to⁵⁵ ɲat³⁵.
个　　人　　　他　虽　　瘦　　但　　　　力　　他　大　很

95. 只要能刨土，拿铲子或锄头来都行。

tɕu²¹i:u³⁵ na:n⁵⁵ da:u²¹ dət³⁵, kə:m²¹ ɕe:n³⁵ va²¹ kə:m²¹ kwok³⁵ kon²¹ dɯək²¹.
只要　　　能　　刨　　土　　拿　　铲子　或　拿　　锄头　都　行

96. 如果沿着河边走就更绕了。

neu³⁵ma²¹ theu⁵⁵ bi:n⁵⁵ thən⁵⁵ di⁵⁵ thi²¹ kan²¹ ɣən²¹ a:i⁵⁵.
如果　　沿　　边　　河　　走　就　更　绕　了

97. 滴滴答答下雨啦，快收衣服吧。

lop²¹lop²¹dop²¹dop²¹ da³⁵ mɯə⁵⁵roi²¹, thu⁵⁵ kwən31au³⁵ ȵa:n⁵⁵ di⁵⁵.
滴滴答答　　　　　　正　下雨　　　收　衣服　　　　快　点

98. ① 明天赶集去不去？ ② 明天去赶集好不好？

① di:n³⁵ma:i⁵⁵ di⁵⁵ tɕɯ²¹ di⁵⁵ khoŋ⁵⁵ di⁵⁵?
　 明天　　　去　赶集　去　不　去

② di:n³⁵ma:i⁵⁵ di⁵⁵ tɕɯ²¹ tot³⁵ khoŋ⁵⁵ tot³⁵?
　 明天　　　去　赶集　好　不　好

99. 是他打的人。

la²¹ no³⁵ dan³⁵ ŋɯəi²¹.
是　他　打　人

100. 拿这种菜说吧，大家都很久没吃了呢。

nɔi³⁵ ɕɯ³⁵ rau⁵⁵ nai⁵⁵, kon²¹ja:u⁵⁵ nəu⁵⁵ kon²¹ khoŋ⁵⁵ a:n⁵⁵ roi²¹.
说　　种　　菜　这　大家　　　很久　都　　不　　吃　了

第二节　话语材料

一　俗语

1. jai²¹ ko³⁵ məi⁵⁵ vai²¹ ka³⁵, di:n³⁵ma:i⁵⁵ fa:i⁵⁵ khoŋ⁵⁵ da³⁵.
天　有　云　鳞鱼　　明天　　　晒　　不　　翻

天上有鱼鳞云，不要拿东西出来翻晒。

2. ha²¹ tɕi³⁵ loi³⁵ mi:n⁵⁵, kai²¹ bwə²¹ bon⁵⁵ ŋen⁵⁵.
夏　至　雷　鸣　　　犁　耙　放　停

夏至的时候打雷，就把犁耙收好不要耕作了。

3. kai⁵⁵ kau⁵⁵ van²¹ thwək³⁵, la⁵⁵ roŋ²¹ ɕon³⁵ ɣək³⁵.
树　高　万　丈　　　叶　落　归　根

树高万丈，叶落归根。

4. ja:u²¹ khoŋ⁵⁵ ba⁵⁵ hɔ²¹³, eu²¹ khoŋ⁵⁵ ba⁵⁵ dai²¹.
   富　　不　　三　族　穷　无　　三　　代
   富不三族，穷无三代。

5. ko³⁵ koŋ⁵⁵ ma:i²¹ that³⁵, ko³⁵ ŋai²¹ nen⁵⁵ kim⁵⁵.
   有　　功　　磨　　铁　　有　天　　成　　针
   只要功夫深，铁杵磨成针。

6. tɕi²¹ biət³⁵ moi³⁵ mi:n²¹ ron²¹³, khoŋ⁵⁵ biət³⁵ dui⁵⁵ ŋwəi²¹ ra:i²¹.
   只　　知道　　鼻子　自己　　尖　　不　　知　　尾巴　人家　　长
   只知道自己鼻子尖，不知道别人尾巴长。

7. ŋən⁵⁵ han²¹ twn³⁵ ja:k³⁵ dai²¹ nwək³⁵ tha:u⁵⁵, khi⁵⁵ waŋ²¹ nwək³⁵ kan²¹³ dap³⁵
   银　河　　相　　隔　　满　　水　　星　　期　　望　　水　　枯　　搭
   kəu²¹ vaŋ²¹.
   桥　鹊
   银河的两岸相隔的都是水和星星，希望水干枯，然后就可以搭鹊桥让牛郎和织女相会。

8. mieu³⁵ ə²¹ bi:n⁵⁵ dwən²¹ thət²¹la²¹ lan²¹³, a:i⁵⁵ biət³⁵ fət²¹ vaŋ²¹
   庙　　　在　　边　　路　　很　　　冷　　谁　　知　　佛　　经
   ə²¹ tɕɔn⁵⁵ ra⁵⁵.
   在　中　出
   庙在路边很冷，谁知佛经从中出。

9. ja:i²¹ kɔn⁵⁵ dən²¹ la:m²¹ jak²¹, la:m²¹ jak²¹ mat³⁵tɕak²¹tɕak²¹, kɔn⁵⁵ tɕa:u³⁵
   教　　儿　　不　　做　　匪　　做　　匪　　眼黑黑　　　　子　　孙
   tha:u⁵⁵ lai²¹ tɕiət²¹, ŋwəi²¹ tot³⁵ dwək²¹ thwən²¹ tho²¹.
   后　　来　　绝　　人　　好　　得　　长　　寿
   教育儿子不要做土匪，做土匪没有前途，还会断子绝孙，做好人就可以长命百岁。

10. jen⁵⁵ŋa:i²¹ tɕen⁵⁵ tɕen³⁵ bau⁵⁵lou⁵⁵, li:n⁵⁵hon²¹ ko²¹ ŋwəi²¹ i⁵⁵ ko³⁵ thau⁵⁵.
    古来　　征　　战　　多久　　　　性命　　　的　　人　　似　枯　　草
    一直以来大多数时间都是在打仗，把人命看得像枯草一样卑贱。

11. bon²¹rəu²¹kwa:t³⁵kwɛu³⁵i⁵⁵ lɔ:n²¹ thau⁵⁵, thau⁵⁵na:i²¹ ŋe⁵⁵ ŋen³⁵ i⁵⁵ ha:n²¹tha:u⁵⁵.
    忧愁曲折　　　　　　　　似心　　蚕　　后来　　　如　　麻　是　为什么
    忧愁曲折似蚕心，后来如麻是为什么。

12 a:n⁵⁵ thi²¹ di⁵⁵ dwək³⁵, loi²¹ nwək³⁵ di⁵⁵ thau⁵⁵.
   吃　　就　　走　前　　涉　　水　　走　后
   吃就走前，涉水走后。

13. tit³⁵ kok³⁵ fɔŋ²¹ kəw⁵⁵, loi⁵⁵ kɔn⁵⁵ fɔŋ²¹ ja²¹.
    积 谷 防 饥 养 儿 防 老
    储存粮食防备饥荒；养育儿子是为了老了有人侍奉。
14. rəɯ²¹ rən⁵⁵ ɣa:n³⁵ da³⁵, kɔn²¹ həŋ⁵⁵ rəɯ²¹ rən²¹.
    绳 稻 挑 石 比 过 绳 草
    用稻绳挑石头，比用草绳挑石头好。

二 歌谣

1. 植树歌

   ka⁵⁵ jon²¹kəi⁵⁵
   歌 植树

   ha:n²¹kəi⁵⁵ ɕa:n⁵⁵ɕa:n⁵⁵ tɕun³⁵ɛm⁵⁵ jon²¹, kɔn²¹ja:u⁵⁵ kɔn²¹ lai²¹ tɯ:i³⁵nɯək³⁵.
   树林 青青 我们 栽 大家 都 来 浇水
   树林青青我们栽，大家来浇水。

   kəi⁵⁵e:i⁵⁵ ɲa:n⁵⁵ nən³⁵ kau⁵⁵ vei³⁵ tɕun³⁵toi⁵⁵ lai²¹ tha:n²¹tɕɯən³¹⁵.
   树苗 快 长 高 和 我们 来 成长
   树苗快长高，和我们一起成长。

   baŋ³⁵kəi⁵⁵ jəi³¹⁵ lai²¹ ŋoi²¹ mat³⁵, bon³⁵kwe³⁵ thɯən²¹ than⁵⁵ van²¹la:m⁵⁵ ra:i²¹.
   荫树 下 来 坐 凉 四季 常青 万年 长
   坐在树荫下乘凉，四季常青万年长。

   bon³⁵kwe³⁵ thɯən²¹ than⁵⁵ van²¹la:m⁵⁵ ra:i²¹.
   四季 常 青 万年 长
   四季常青万年长。

2. 吃果不忘栽树人

   a:n⁵⁵ kwa³⁵ fai²¹ nəɯ³⁵ ŋɯei²¹ jon²¹ kəi⁵⁵
   吃 果 不 忘 人 栽 树

   a:n⁵⁵ kwa³⁵ fai²¹ nəɯ³⁵ ŋɯei²¹ jon²¹ kəi⁵⁵,
   吃 果 不 忘 人 栽 树
   吃果不忘栽树人，

   von³⁵ nɯək³⁵ tɕa:n³⁵ kwen⁵⁵ ŋɯei²¹ da:u²¹ jɯəŋ³⁵,
   喝 水 不 忘 人 挖 井
   喝水不忘挖井人，

   mau⁵⁵tɕu³⁵tit²¹ vei²¹ rən⁵⁵ mau²¹ han²¹fok³⁵,
   毛主席 为 民 谋 幸福
   毛主席为民谋幸福，

tɕi²¹rən³⁵　tɕuŋ³⁵ta⁵⁵　tsai²¹li:n⁵⁵　ja:u²¹ko³⁵.
指引　　　我们　　　奔向　　　富裕
指引我们奔向富裕。

van²¹　thu³⁵　ka⁵⁵　huɐn⁵⁵　tɕo⁵⁵　da:ŋ³⁵,
万　　首　　歌　　献　　　给　　党
万首歌献给党,

bi:u³¹⁵dat²¹　ȵa:n⁵⁵rən⁵⁵　mot²¹　bai²¹　lɔ:ŋ²¹.
表示　　　　人们　　　　一　　片　　心
表示人们一片心。

van²¹　thu³⁵　ka⁵⁵　huɐn⁵⁵　tɕo⁵⁵　da:ŋ³⁵,
万　　首　　歌　　献　　　给　　党
万首歌献给党,

bi:u³¹⁵thi²¹　ȵa:n⁵⁵rən⁵⁵　mot²¹　tən³⁵　lɔ:ŋ²¹.
表示　　　　人们　　　　一　　片　　心
表示人们一片心。

3. 京岛曲摇篮

kin⁵⁵　dau³⁵　khok³⁵　luɯə⁵⁵　bɔn³⁵
京　　岛　　曲　　　摇　　　篮

tɕuɯk³⁵kuɯə⁵⁵　ko³⁵　mot²¹doi⁵⁵　və²¹tɕən²¹　ko³⁵　mot²¹duɯə³⁵　ha:i⁵⁵　tui³⁵　te³⁵kɔn⁵⁵,
从前　　　　　有　　一对　　　　夫妇　　　　有　　一个　　　　两　　岁　　小孩
从前有一对夫妇有一个两岁的小孩,

bo³⁵　no³⁵　da³⁵　ra⁵⁵　bi:n³⁵　dan³⁵　ka³⁵, mɛ²¹　no³⁵　ə²¹　ȵa²¹　kwa:n²¹li²¹　ja⁵⁵vu²¹,
父　　他　　已　　出　　海边　　打　　渔　　妈　　他　　在　　家　　管理　　　家务
他父亲已出海打渔,他妈妈在家管理家务,

tu⁵⁵thuɯə³¹⁵　luɯ:i³⁵tɕa:i²¹,　dəi²¹　tɕən²¹　ti:n³⁵ma:i³⁵tiəp³⁵tok²¹　ra⁵⁵　bi:n³⁵;
修理　　　　网具　　　　　等　　丈夫　　明天　　　继续　　　　出　　海
修理网具,等丈夫明天继续出海。

jə⁵⁵man²¹　kɔn⁵⁵　no³⁵　tɕəuɯ³¹⁵　va:u²¹ŋu³⁵,　la²¹　mɛ²¹　no³⁵　tɕo⁵⁵　kɔn⁵⁵　no³⁵　ə³⁵
但是　　　孩　　他　　没　　　　入睡　　　　所以　妈　　她　　把　　宝宝　　她　　在
但是她的孩子没有入睡,所以她把宝宝放在

taŋ⁵⁵　vaŋ³⁵　luɯə⁵⁵　duɯək²¹　hat³⁵, jo:i³⁵　tɛ³⁵kɔn⁵⁵　tɕa:n³⁵di⁵⁵　ȵa:n⁵⁵di⁵⁵
中间　　网床　　摇着　　　唱　　　哄　　小孩　　　　快点　　　　快点
网床中间摇着唱,哄小孩快点快点

ŋu³⁵, bi:n⁵⁵ ru⁵⁵ bi:n⁵⁵ hat³⁵:
睡　边　摇　边　唱
睡，边摇边唱：
tha:ŋ³⁵ bai³⁵ muə²¹ thu⁵⁵ la:n³⁵ ka³⁵ to:n⁵⁵,
日　　七　　汛　　秋　　多　　鱼　　虾
七日秋汛鱼虾多，
bo³⁵ mɛ²¹ ra⁵⁵ bi:n³⁵ di³⁵ dan³⁵ ka³⁵,
爸　你　出　海　　去　打　　渔
你爸出海去打渔，
mɛ²¹ ɲa²¹ ru⁵⁵vaŋ³⁵ tɕo⁵⁵ kɔn⁵⁵ ŋu³⁵;
妈　家　摇摇篮　　给　孩子　睡
妈在家摇摇篮给孩子睡，
ra:p³⁵ mat³⁵ ɲa:n⁵⁵di⁵⁵ ŋu³⁵ ɲa:n⁵⁵di⁵⁵,
关　　眼帘　　快点　　　睡　快点
闭上眼睛快点睡，
bau³⁵boi⁵⁵ ŋu³⁵di⁵⁵, bau³⁵boi⁵⁵ ŋu³⁵ ɲa:n⁵⁵di⁵⁵,
宝贝　　　睡吧　　　宝贝　　　睡　　快点
宝贝睡吧，宝贝快点睡，
bon²¹bon³⁵bon⁵⁵bon²¹bon³⁵ban⁵⁵,　bon²¹bon³⁵bon⁵⁵bon²¹bon³⁵ban⁵⁵,
嘣嘣嘣嘣嘣嘡　　　　　　　　　嘣嘣嘣嘣嘣嘡
"嘣嘣嘣嘣嘣嘡，嘣嘣嘣嘣嘣嘡"，
kɔn⁵⁵ ŋu³⁵ ɲa:n⁵⁵di⁵⁵.
孩子　睡　快点
孩子快点睡。

4. 过桥风吹

kwa⁵⁵ kəu²¹ jo³⁵ ba:i⁵⁵
过　　桥　　风　吹
ji:u⁵⁵ ɲa:u⁵⁵ koi³⁵ au³⁵ tɕo⁵⁵ ɲa:u⁵⁵, vei²¹ɲa²¹³ vei²¹ ɲa²¹³. mɛ²¹tɕa⁵⁵ ko³⁵hɔi³¹⁵,
爱　　互相　　解　衣　给　互相　　回家　　　回家　　　父母　　要问
相爱解衣赠对方，回家回家，父母要问，
"ə⁵⁵ ə³⁵, ŋa:i²¹ŋei⁵⁵ ŋa:i²¹ kwa³⁵ kəu²¹, ŋa:i²¹ŋei⁵⁵ ŋa:i²¹ kwa³⁵kəu²¹,
唉　唉　今天　　　今天　过　桥　　今天　　　今天　过桥
"唉唉，今天今天过桥，今天今天过桥，

ti:n²¹⋯, jo³⁵ ba:i³⁵, ti:n²¹⋯, jo³⁵ ba:i³⁵." ji:u⁵⁵ ɲa:u⁵⁵ koi³⁵ no:n³⁵ tɕo⁵⁵ ɲa:u⁵⁵,
叮　　风　吹　叮　　风　吹　爱　互相　解　斗笠　给　互相
叮……，风吹，叮……，风吹。"相爱解斗笠给对方，

vei²¹ ɲa²¹³ vei²¹ɲa²¹³. jo:i³⁵ ja:n²¹, ta⁵⁵ jo:i³⁵ mɛ²¹ e³⁵, "e⁵⁵⋯ he³⁵,
回　家　回家　　谎话　这么　我　骗　母亲　唉　唉　呵
回家回家，这么说谎话，我骗母亲："唉……，

ŋa:i²¹ŋei⁵⁵ ŋa:i²¹ kwa³⁵ kəu²¹, ŋa:i²¹ŋei⁵⁵ ŋa:i²¹ kwa³⁵ kəu²¹, ti:n²¹⋯, jo³⁵
今天　　今天　过　桥　　今天　　今天　过　桥　叮　　风
今天今天过桥，今天今天过桥，叮……，风

ba:i³⁵." ji:u⁵⁵ ɲau⁵⁵ thau³⁵ ɲa:n³¹⁵ tɕo⁵⁵ ɲa:u⁵⁵, vei²¹ ɲa²¹³ vei²¹ɲa²¹³. mɛ²¹tɕa⁵⁵
吹。"爱　互相　脱　戒指　给　互相　回　家　回家　父母
吹。"相爱脱下戒指赠对方，回家回家，父母

ko³⁵ hɔi³¹⁵, "ə⁵⁵⋯ə³⁵, ŋa:i²¹ŋei⁵⁵ ŋa:i²¹ kwa³⁵ kəu²¹, ŋa:i²¹ŋei⁵⁵ ŋa:i²¹ kwa³⁵
要　问　　语气　今天　　今天　过　桥　　今天　　今天　过
要问，"唉唉，今天今天过桥，今天今天过

kəu²¹, ti:n²¹⋯, jo³⁵ ba:i³⁵, ti:n²¹⋯, jo³⁵ ba:i³⁵, ti:n²¹⋯, jo³⁵ ba:i³⁵."
桥　叮　　风　吹　叮　　风　吹　叮　　风　吹
桥，叮……，风吹，叮……，风吹，叮……，风吹。"

5. 感恩歌

ka⁵⁵ ka:m³⁵ ən⁵⁵
歌　感　　恩

ja³⁵ ən⁵⁵ kəm⁵⁵ thɯɯ³⁵ mɛ²¹tɕa⁵⁵, kɔn⁵⁵ jɯ⁵⁵ ɔ:ŋ⁵⁵bɯəm³⁵ then⁵⁵hwa⁵⁵ ve²¹
还　恩　饭　乳　　母父　　　女儿　是　蜂蝶　　　采花　　　为了
感恩父母的饭和乳汁，女儿是蜂蝶，采花为了

kan²¹. kɔŋ⁵⁵ tɕa⁵⁵ ŋe²¹³ mɛ²¹ thi:n⁵⁵ than²¹, ja³⁵ ən⁵⁵ tɕa⁵⁵mɛ²¹ mot²¹lən²¹ kɔn⁵⁵
花朵　功　父　义　母　生　成　还　恩　父母　　一　次　女儿
花朵。父亲的功劳母亲的义成就了我，感恩父母一次女儿就

di⁵⁵, vəŋ²¹ tɕa⁵⁵ kɔn⁵⁵ tɕa:n³⁵dɯək²¹ ka:i²¹, kɔn⁵⁵ la²¹ fən²¹ya:i³⁵ a:m⁵⁵ ma:i²¹ di⁵⁵
去　田　父　女儿　不得　　　耕　女儿　是　姑娘　　没　希望　去
去了。父亲的田女儿不得耕了，女儿是女孩，没有希望出去。

ra⁵⁵, vəŋ²¹ tɕa⁵⁵ kɔn⁵⁵ tɕa:n³⁵dɯək²¹ bwə²¹, kɔn⁵⁵ la²¹ fən²¹ya:i³⁵ theu⁵⁵re²¹
出　田　父　女儿　不得　　　耙　女儿　是　姑娘　　跟着
父亲的田女儿不得耙了，女儿是姑娘进了人家的

kɯə³⁵ ŋɯei³⁵, vəŋ²¹ tɕa⁵⁵ kɔn⁵⁵ tɕa:n³⁵dɯək²¹ nəɯ²¹, kɔn⁵⁵ la²¹ fən²¹ya:i³⁵tha⁵⁵tha⁵⁵

| 门 | 人家 | 田 | 父 | 女儿 | 不得 | 享受 | 女儿 | 是 | 姑娘 | 恋恋 |

门。父亲的田女儿不得享受了，女儿是女孩不舍父母

di^{55} ŋwa:i^{21}.
去 外

出门。

三 故事

1. 四个岛的来历

bon^{35}	ka:i^{35}	dau^{35}	lit^{21}	lai^{21}		
四	个	岛	历	来		
bon^{35}	ka:i^{35}	dau^{35}	lit^{21}	lai^{21},	nɔi^{35}	lai^{21},
四	个	岛	历	来	说	来
çəɯ^{55}kɯə^{55}	ə^{21}	dau^{21}	roi^{21},	ko^{35}	mot^{21}	kɔn^{55}
从前	在	头	白龙	有	一	个
thi:n^{55}	to^{21},	ŋɯəi^{21}	tɕa:i^{21}	tau^{21}	di^{55}	kwa^{55}
蜈蚣	大	人	驶	船	去	过
tɕa:n^{55}	lu:i^{35},	no^{35}	fai^{35}	lok^{21}	mot^{21}	kɔn^{55}
脚	山	它	要	纳	一	个
ŋɯəi^{21}	tɕo^{55}	no^{35}	a:n^{55},	di:u^{35}ma^{21}	khoŋ^{55}	
人	给	它	吃	如果	不	
lok^{21}	ŋɯəi^{21}	tɕo^{55}	no^{35}	a:n^{55},	no^{35}	la:m^{21}
纳	人	给	它	吃	它	做
tha:ŋ^{35}	jo^{35}	la:m^{21}	ta:m^{35}	tau^{21},	no^{35}	tɕau^{21}
浪	风	搞	翻	船	它	就
a:n^{55}	hit^{35}	ka^{315},	a:n^{55}	hit^{35}	ka^{315}	tau^{21} ŋɯəi^{21}.
吃	完	齐	吃	完	齐	船 人

四个岛的来历，说起来，从前在白龙头,有一只大蜈蚣，人驾船经过山脚，它要贡献一个人给它吃，如果不贡献人给它吃，它就兴风作浪弄翻船，它就吃完所有人，吃完整船人。

ko^{35}	ve^{21}	ti:n^{55}	jəɯ^{21}	biət^{35}	roi^{21},		
有	这	上	天	知道	了		
ha:n^{21}thau^{55}nai^{21}	khoŋ^{55}	tiu^{55}riət^{21}	ti^{55}		kɔn^{55}	thi:n^{55}	di^{55},
为什么	不	消灭	这个		只	蜈蚣	去
di^{55}ve^{21}	ko^{35}	mot^{21}	ŋa:i^{21}	la^{21}	ʔoŋ^{55}	jəi^{21}	
恰巧	有	一	天	是	公	天	

ve³⁵	ji⁵⁵	tɕo⁵⁵	mot²¹	ŋɯəi²¹	ɕo:n³⁵	tɕo³⁵,
派	一	个	一	人	下	地方
doŋ⁵⁵həŋ⁵⁵	la²¹	bi:n³⁵	la:m²¹	ŋɯəi²¹	a:n⁵⁵ɕin⁵⁵,	ve²¹
东兴	是	变	作	人	乞丐	就
thi²¹	ʔoŋ⁵⁵tɕu³⁵	di⁵⁵	kon²¹	mei³⁵	a:n⁵⁵,	tha:u⁵⁵
是	船主	去	都	几	吃	后来
thi²¹	ŋe³⁵	di⁵⁵	ŋe²¹	lai²¹³	kon²¹	khoŋ⁵⁵
就	想	去	想	来	都	不
ɲa:m³⁵	tɕa:i²¹	tau²¹	ɕau⁵⁵	ve²¹	ɲa⁵⁵,	
敢	启	船	什么	为	呢	
no³⁵	bou³⁵	ɲiu³⁵ma²¹	khoŋ⁵⁵	muə⁵⁵	dɯək²¹,	
他	说	如	不	买	得	
muə⁵⁵	dɯək²¹	kɔn⁵⁵	ŋɯəi²¹	tɕo⁵⁵	kɔn⁵⁵	thi:n⁵⁵
买	得	个	人	给	只	蜈蚣
dei³⁵	a:n⁵⁵	thi²¹,	ɲiu³⁵ma²¹		di⁵⁵	tɕa:i²¹
那	吃	呢	如果		去	启
tau²¹	di⁵⁵kwa⁵⁵	dei³⁵,	thi²¹	thi:n²¹	kɔn⁵⁵	
船	经过	那	这	船	只	
thi:n⁵⁵	ma²¹	ta:m³⁵	tau²¹,	no³⁵	ma²¹	la:m²¹
蜈蚣	如果	打	船	它	如果	做
jo³⁵	to⁵⁵	ra⁵⁵	tha:ŋ³⁵	to⁵⁵	ra⁵⁵	e²¹,
风	大	出	浪	大	出	（语气）
ta:m³⁵	tau²¹	thi²¹	ɕa:u⁵⁵	tɕun³⁵ta:⁵⁵	kon²¹	
沉	船	就	后	我们	都	
tɕet³⁵	ka³¹⁵,	tha:u⁵⁵	roi²¹	thi²¹	ti:n⁵⁵	jəi²¹
死	光	后来	了	是	上	天
ve³⁵	ji⁵⁵tɕo⁵⁵	mot²¹	ŋɯəi²¹	ɕo:n³⁵,	ə²¹	la:m²¹
派	一个	一	人	下来	（语气）	作
ʔoŋ⁵⁵	a:n⁵⁵ma:i²¹ve²¹	thi²¹	no³⁵	hɔi³⁵		
公	乞丐	这	就	他	问	
tau²¹tɕu³⁵	bau²¹:	"ma:i²¹	tɕo⁵⁵	ta:u⁵⁵	nɔ²¹³	di⁵⁵
船主	说	你	给	我	带	去
ba:k³⁵ha:i³⁵	dəɯk²¹	khoŋ⁵⁵?"	ʔoŋ⁵⁵	thi:n²¹tɕu³⁵ŋe³⁵	bau²¹:	
北海	得	不	公	船主 想	说	

"ha:n²¹tha:u⁵⁵ la:i²¹³ khoŋ⁵⁵tot³⁵ nə³⁵, a:n⁵⁵ tha:u⁵ la:i²¹³
为什么 还 不好 呢 为 什么 还

khoŋ⁵⁵ dɯək." "ve²¹ thi²¹ ko³⁵ lei³⁵ tiən²¹
不 得 为 是 有 要 钱

khoŋ⁵⁵?" "khoŋ⁵⁵ ta⁵⁵ khoŋ⁵⁵ lei³⁵ tiən²¹ ko²¹
吗 不 我 不 要 钱 的

mi:n²¹." ji⁵⁵ma²¹ ʔoŋ⁵⁵ tau²¹tɕu³⁵ dei³⁵ nə³⁵ ŋe³⁵
你 如是 公 船主 那 呢 想

bau²¹: "dit²¹ me²¹ ma:i²¹, in⁵⁵ nɯɯ³¹⁵ den⁵⁵,
说 × × × 到 半 路

kɔn⁵⁵ thi:n⁵⁵ ma²¹ ra⁵⁵ thi²¹ tau⁵⁵ len³⁵
只 蜈蚣 游 出 时 我 抛

ma:i²¹ ɕo:n³⁵, e³⁵ tɕo²¹ kɔn⁵⁵ thi:n⁵⁵ a:n⁵⁵,
你 下 （音缀） 给 只 蜈蚣 吃

re²¹ ɲət³⁵ tot³⁵ tau⁵⁵ ra²¹ khoŋ⁵fa:i³⁵
（音缀） 最 好 我 也 不要

ti:n²¹ ji²¹ tot³⁵ kwa³⁵." ve²¹ den³⁵ thi:n²¹
钱 （音缀） 好 过 等 到 船

tɕa:i²¹ tɕa:i²¹ nɯə³¹⁵ ŋa:i²¹ kon²¹ khoŋ⁵⁵ko³⁵jo³⁵
开 开 半 天 都 没有 风

bau⁵⁵ɲi:u⁵⁵, tɕa:i²¹ nɯə³¹⁵ ŋa:i²¹ ve⁵⁵ den³⁵ tɕu³⁵
多少 开 半 天 才 到 地方

mat²¹ bai³⁵ dei³⁵, mot²¹luk³⁵ kɔn⁵⁵ thi:n⁵⁵ en²¹the³⁵
面 海 那 一阵 只 蜈蚣 看见

roi²¹, kɔn⁵⁵ thi:n⁵⁵ dei³⁵ bəɯ⁵⁵ den³⁵ jɯ⁵⁵
了 只 蜈蚣 那 游 到 （音缀）

ven⁵⁵ tau²¹, e³⁵ mau³⁵ e³⁵e³⁵ mi:n²¹³ ra⁵⁵
边 船 （音缀） 开 （音缀） 口 出

jun³⁵ve³⁵ mi:n²¹³ tɕun⁵⁵ ve²¹, ve²¹thi²¹ tha:n²¹ a:n⁵⁵ɕi:n⁵⁵
好像 口 缸 一样 这时 这 乞丐

dei³⁵ biu³⁵: "ə⁵⁵ ma:i²¹ ho²¹ tau⁵⁵ nɯən³⁵
那 说 （音缀） 你 帮 我 烧

e³⁵ kwa³⁵ that³⁵ la:i⁵⁵ di³⁵ dei³⁵ tɕo⁵⁵
（音缀） 球 铁 来 吧 留 给

tau⁵⁵,	den³⁵	jo⁵⁵	kɔn⁵⁵	thi:n⁵⁵,	ma⁵⁵	mau²¹	
我	船	等	只	蜈蚣	（音缀）	开	
mi:n²¹³	ra⁵⁵,	thi²¹	tau⁵⁵	len³⁵	kwe³⁵	khok²¹	
口	出	就	我	抛	个	球	
khok⁵⁵	that³⁵	dei³⁵	çɔ:n³⁵	dei²¹	dei³⁵	tço³⁵	
球	铁	这	下	这	这	给	
kɔn⁵⁵	thi:n⁵⁵	tçet³⁵."	ve²¹thi²¹	kɔn⁵⁵	thi:n⁵⁵	di²¹	
只	蜈蚣	死	这时	只	蜈蚣	（音缀）	
bəi⁵⁵	the³⁵	tau⁵⁵	tça:i²¹	kwa⁵⁵,	mən²¹	rɯɯ³¹⁵	
游	见	船	开	过	欢	喜	
di⁵⁵	bi⁵⁵	ra⁵⁵	dei³⁵,	məi²¹	mi:n²¹³	ra⁵⁵,	
去	游	出	那	开	嘴	出	
ka:i³⁵	than²¹	a:n⁵⁵çin⁵⁵	dei³⁵	la²¹	ŋɯəi²¹	jəi²¹	
个	男	乞丐	那	是	人	天	
la²¹	no³⁵	məi²¹mi:n²¹³		ra⁵⁵	di⁵⁵	no³⁵	
是	它	开口	出	（音缀）	他		
lem³⁵,	ka:i³⁵	ton²¹	that³⁵	çɔ:n³⁵	mi:n²¹³	no³⁵	
抛	个	球	铁	入	口	它	
ve³⁵	not³⁵	va:u⁵⁵	bon²¹di³⁵,	tha:u⁵⁵	roi²¹,	thɔ:i⁵⁵	
就	吞	进	肚里	后来	了	唉呀	
lən³⁵	kwa³⁵	roi²¹,	kɔn⁵⁵	thi:n⁵⁵	dei³⁵	tçet³⁵	lo⁵⁵.
热	过	了	只	蜈蚣	那	死	啦

这样上天知道了，为什么不消灭这只蜈蚣呢？于是有一天上天派一个人下来，派一个人下来凡间，到东兴就变作一个乞丐。船主几天来都想找机会开船，后来想来想去一直都不敢开船。为什么呢？他说如果买不到一个人给那只蜈蚣吃呢，如果行船经过那里，这只蜈蚣如果打翻船，它弄大风大浪的话，沉船后我们就都死光。后来是天上派一个人下来了，化作一个男乞丐。这样他就问船主："你带我去北海行不行？"船主想了想之后说："为什么不行呢？为什么不行呢！"乞丐问："那么要钱不？"船主说："不，我不要你的钱。"这船主心里想说："×××，到半路，那只蜈蚣游出时，我抛你下去给那只蜈蚣吃，最好我连买人的钱都省了。"等到船主开船，开了半天都没有多少风，开半天才到那海面。那只蜈蚣一会儿就看见了，它游到船旁边，张开口好像口水缸一样大。这时这个乞丐说："你帮我烧个铁球来吧，留给我，等那只蜈蚣张开口，我就抛这个铁球下去，这样这只蜈蚣就死了。"这时这只蜈蚣游过来见船开过，就高兴地游去那张开口，那

个男乞丐是天人，见它张开口，他就抛个铁球进到蜈蚣的嘴里，它就吞进肚子里。后来，唉呀，太热了，那只蜈蚣死啦。

ha:n⁵⁵tha:u⁵⁵	la:i³⁵,	ka:i⁵⁵	ka:i⁵⁵,			
为什么	这	（音缀）	（音缀）			
tha:u⁵⁵	la:i³⁵	lən³⁵ve²¹	dei⁵⁵	dei³⁵	tha:u⁵⁵	
为什么	热	这么	这	这	后来	
kon⁵⁵	thi:n⁵⁵	dei³⁵	lə:m³⁵	dət³⁵	tɕuət²¹	dət³⁵
只	蜈蚣	这	热	断	肠	断
ra²¹	di³⁵,	tha:u⁵⁵	thi²¹	tɕet³⁵	re²¹	re²¹
肚	去	后来	就	死	（音缀）	（音缀）
la:m²¹	bon³⁵	khuk³⁵,	dau²¹,	ka:i³⁵	dau²¹	no³⁵
作	四	段	头	个	头	它
thi²¹	di⁵⁵	mu³⁵	tha:u²¹,	lo:n³⁵	ka:i³⁵	lo:n²¹
就	去	巫	头	心	个	心
no³⁵	di⁵⁵	re⁵⁵	sən⁵⁵	təm⁵⁵,	ka:i³⁵	doi⁵⁵
它	去	（音缀）	山	心	个	尾巴
no³⁵	di²¹	ə²¹	van²¹	mi²¹³	la:i²¹	kon²¹
它	去	在	万	尾	还	有
mei³⁵	ka:i³⁵	ra:n⁵⁵	di²¹	toi⁵⁵	di⁵⁵	tɕa²¹
几	个	牙齿	（音缀）	漂	去	茶
ko³⁵	ve²¹	mei³⁵	ka:i³⁵	lan²¹	dei³⁵	ti:n³⁵
古	就是	几	个	岛	这	到
pai⁵⁵jəu²¹	roi²¹	roi²¹	la²¹,	a²¹,	van²¹	mi²¹³,
现在	叫	叫	作	（音缀）	万	尾
e²¹,	mu³⁵	tha:u²¹,	sam⁵⁵	ɬam³⁵,	van²¹	tɕhi²¹
（音缀）	巫	头	山	心	还	齿
dei³⁵	la²¹	lai²¹lik²¹	ket³⁵	tin⁵⁵,	a:n²¹	dei³⁵ la²¹
这	是	来历	个	名	俺	这 是
pai⁵⁵jəu²¹	ŋuəi²¹	dəu²¹	dəu²¹	kon²¹	ɣa:i²¹	ji⁵⁵the³⁵.
现在	人	代	代	都	叫	这样

为什么这样，为什么这么热？后来这只蜈蚣热得肠也断了肚子也烂了，后来就死了，变作四段，它的头就去巫头，它的心就去山心，它的尾巴在万尾，还有几个牙齿漂去茶古，就是这几个岛，到现在叫作万尾、巫头、山心、还齿，这是这几个岛得名的由来，现在还是代代都这么叫的。

2. 海龙王的故事

ku²¹tit³⁵　ko²¹　hai³⁵　la:ŋ⁵⁵　vəŋ⁵⁵
故事　　　的　　海　　龙　　　王

la²¹　la²¹　bai⁵⁵jɯ²¹　nɔi³⁵　kai³⁵　kuɁ²¹tit³⁵,　la²¹　kuɁ²¹tit³⁵　la²¹　Ɂoŋ⁵⁵　hai³⁵la:ŋ⁵⁵
是　　是　　现在　　　说　　个　　故事　　　　是　　故事　　　是　公　　海龙

vəŋ⁵⁵,　tɕiu²¹　tət³⁵ka³⁵　ka³¹⁵　lai²¹³　khai⁵⁵　hoi²¹³,　la²¹　hai³⁵la:ŋ⁵⁵vəŋ⁵⁵　tɕiu³　lai²¹³
王　　　招　　　全部　　　鱼　　来　　　开会　　　是　　海龙王　　　　　招　　 来

khai⁵⁵hoi²¹³,　ve²¹³thi²¹　ko³⁵　mot²¹　ŋa:i²¹,　thi²¹　la²¹　Ɂoŋ⁵⁵　hai³⁵la:ŋ⁵⁵vəŋ⁵⁵　dei³⁵,
开会　　　　这样　　　　有　　一　　　天　　　就　　是　　公　　海龙王　　　　这

thi²¹　roi²¹　tət³⁵ka³⁵　ə²¹　toŋ⁵⁵　bai³⁵　ko³⁵　kai³⁵Ɂi²¹　kon²¹　lai²¹³　hɔp²¹　mot²¹
就　　　叫　　全部　　　在　　底　　　海　　有　　什么　　　都　　　来　　　开会　　一

ŋɯəi²¹　tɕo⁵⁵　mot²¹　kai³⁵　fep³⁵　tɕo⁵⁵　no³⁵　dei³⁵,　ve²¹　thi²¹,　ve²¹thi²¹　hɔŋ⁵⁵dei³⁵
人　　　　给　　一　　　个　　　法术　给　　　他　　　的　　　这　　时　　这样　　　那天

thi²¹　ka³⁵　ma:m³⁵　thi²¹　ka³¹⁵　Ɂi²¹　kon²¹　fai³⁵　di⁵⁵　Ɂoŋ⁵⁵　hai³⁵la:ŋ⁵⁵vəŋ⁵⁵
是　　全部　鱼　　　　是　　鱼　　　什么　都　　　要　　去　　公　　　龙海王

dei³⁵　thi²¹　la²¹　ə³⁵,　ve²¹thi²¹　lai²¹　dei³⁵　təp²¹khai⁵⁵　hoi²¹³,
那　　　就　　是　　住　　这是　　　来　　这　　　集中开　　　会

hɔp²¹　ne³⁵　hɔp²¹　ha:n²¹³　di⁵⁵　thi²¹　mot²¹　ŋɯəi²¹　mot²¹　sɯ³⁵　ka³¹⁵　e²¹,
开会　　呢　　开会　　讨论　　　的　　就　　一　　　人　　　　一　　种　　鱼　　语气

thi²¹　thi²¹　thi²¹　tɕo⁵⁵　mot²¹　kai³⁵　fəp³⁵.
就　　　就　　就　　给　　　一　　　个　　　法术

现在说的故事，是海龙王的故事，它把所有的鱼招来开会，这是海龙王招来开会。有一天，这海龙王，就叫在海底的全部什么鱼都来开会，一人给一个法术给它。这样那天全部什么鱼都要去海龙王住的地方，来这集中开会。开会呢，开会讨论的就是一种鱼就给一个法术。

ve²¹thi²¹　　kɔn⁵⁵　ka³¹⁵　ra:m³⁵　tɕa:i²¹　dɯək²¹　tɕa:n³⁵.　no³⁵　bəi⁵⁵　dmək²¹
这样　　　　　只　　　鱼　　 鲨　　 走　　　得　　　快　　　　它　　游　　得

ŋa:n⁵⁵　nei³⁵,　bəi³⁵　dɯək²¹　ŋa:n⁵⁵　thi²¹　tɕo⁵⁵　ra:m⁵⁵　tɕo⁵⁵　no³⁵,
快　　　语气　　游　　　得　　　快　　　就　　　给　　　牙齿　　　给　　它

tɕo⁵⁵　me³⁵　ta:m⁵⁵　tɕiək³⁵　ra:m³⁵　tɕo⁵⁵　no³⁵,　ra:m⁵⁵　la²¹　ra:m⁵⁵　ɲo³⁵,
给　　　几　　百　　　个　　　　牙齿　　给　　　它　　　牙　　　是　　牙　　　小

ra:m⁵⁵　kɯə³¹⁵　dei³⁵　ko³⁵　kai³⁵Ɂi²¹　thi²¹　no³⁵　kan³⁵ɲa:n³⁵.　ve²¹thi²¹
牙　　　门　　　那　　　有　　什么　　　就　　它　　咬快　　　　　这样

ve²¹thi²¹　den³⁵　kɔn⁵⁵　ka³¹⁵doi³⁵　dei³⁵,　kɔn⁵⁵　ka³¹⁵doi³⁵　thi²¹　no³⁵　me:m²¹
这样　　　到　　　只　　　鲻鱼　　　　了　　　只　　　鲻鱼　　　　就　　它　　软

thoi⁵⁵, lai²¹³ tɕa:n²¹ ko³⁵ ɕɯən⁵⁵ n̠iu²¹³, ve²¹thi²¹ thau⁵⁵ thi²¹ ʔoŋ⁵⁵ hai³⁵la:ŋ⁵⁵vəŋ⁵⁵
的　又　没　有　骨头　多　这样　后来　是　公　海龙王

biu³⁵: "dɯək²¹ ma:i²¹ khoŋ⁵⁵ səɯ²¹³, ta:u⁵⁵ tɕo⁵⁵ mot²¹ kai³⁵ khem³⁵ tɕo⁵⁵ ma:i²¹."
告诉　得　你　不　怕　我　给　一　把　剑　给　你

tɕo⁵⁵ kai³⁵ khem³⁵ thi²¹ jat³⁵ ə²¹ kai³⁵ doi⁵⁵ doi⁵⁵ dei³⁵ doi⁵⁵, n̠iu³⁵ma²¹ ai⁵⁵
给　把　剑　就　插　在　个　尾巴　尾巴　那　尾巴　如果　谁

ma²¹ tɯən³¹⁵ bat³⁵ dei³⁵, no³⁵ nei³⁵ kai³⁵ khem³⁵ dəm⁵⁵ va:u²¹, thi²¹ tɕet³⁵
停顿　想　抓　（语气）它　用　把　剑　刺　进　就　死

ŋɯəi²¹ dei³⁵. ve²¹thi²¹ lai²¹ kon⁵⁵ kai³¹⁵ bo²¹ɕiu³⁵, kai³¹⁵ bo²¹ɕiu³⁵
人　的　这样　来　只　老虎鱼　只　老虎鱼

no³⁵ den⁵⁵ thoi⁵⁵, jɯ⁵⁵ma²¹ boŋ²¹³ no³⁵ to⁵⁵, ve²¹thi²¹ lai²¹ tɕo⁵⁵ kai⁵⁵
它　黑　了　但是　肚子　它　大　这样　又　给　个

ɣa:i⁵⁵ tɕo⁵⁵ no³⁵, ɣa:i⁵⁵ dei³⁵ kon²¹³ dəm⁵⁵ kho³⁵ ŋɯəi²¹ dei³⁵,
刺　给　它　刺　这　也　刺　苦　人　的

lai²¹³ den³⁵ kon⁵⁵ ka³¹⁵ doi³⁵nuət²¹, kon⁵⁵ ka³¹⁵ doi³⁵nuət²¹
又　到　只　鱼　水鯆　只　鱼　水鯆

nɔi³⁵: "ə²¹³, ʔoŋ⁵⁵ la:ŋ⁵⁵vəŋ⁵⁵, tɕo⁵⁵ ta:u⁵⁵ kai³⁵ fep³⁵ ʔi²¹? ve²¹thi²¹ ʔoŋ⁵⁵
说　呃　公　龙王　给　我　个　法术　什么　这样　公

la:ŋ⁵⁵vəŋ⁵⁵ ren²¹ren²¹³, "deu²¹mɛ²¹mi:n²¹, mi:n²¹ thit²¹thit²¹ di⁵⁵ ve²¹thi²¹, tɕo⁵⁵
龙王　看看　×××　你　软绵绵　的　这样　给

kai³⁵ fep³⁵ ʔi²¹ tɕo⁵⁵ ma:i²¹? dɛ³⁵ ta:u⁵⁵ ŋe²¹ŋe³⁵nɯə³¹⁵ na:i²¹ ve²¹thi²¹ ta:u⁵⁵ŋe³⁵,
个　法术　什么　给　你　让　我　想想　一会吧　这样　我想

əi³⁵, ta:u⁵⁵ tɕo⁵⁵ kai³⁵ fep³⁵ tɕo⁵⁵ din²¹³ tɕo⁵⁵ ma:i²¹, ai⁵⁵ ma²¹ bat³⁵ mi:n²¹, ma:i²¹
哦　我　给　个　法术　给　电　给　你　谁　要　抓　你　你

fet²¹ no³⁵ ra⁵⁵ din²¹³, din²¹³ tɕo⁵⁵ no³⁵ khoŋ⁵⁵ bat³⁵ dɯək²¹ ma:i²¹." "ə²¹³,
喷　他　出　电　电　给　他　不　抓　得　你　噢

ve²¹thi²¹ dɯək²¹." kon⁵⁵ ka³¹⁵ doi³⁵ nuət²¹ nɔi³⁵ thi³⁵ve²¹, ve²¹thi²¹ lai²¹³ den³⁵ kon⁵⁵
这样　行　只　鱼　水鯆　说　这样　这样　又　到　只

kon⁵⁵ mək² n̠a³⁵, kon⁵⁵ mək²¹ ba:ŋ³⁵ nei³⁵, ve³⁵ kon⁵⁵ mək²¹əŋ³⁵ ne³⁵, bəi⁵
只　墨鱼　语气　只　墨鱼　罾　呢　和　只　鱿鱼　呢　游

lai²¹³ hɔi³⁵: "ʔoŋ⁵⁵ la:ŋ⁵⁵ vəŋ⁵⁵, tɕo⁵⁵ ta:u⁵⁵ kai³⁵ fep³⁵ ʔi²¹ n̠aŋ²¹?" ʔoŋ⁵⁵ la:ŋ⁵⁵
来　问　公　龙王　给　我　个　法术　什么　呢　公　龙

vəŋ⁵⁵lai²¹ŋe²¹ŋe³⁵: "teu²¹mɛ²¹no²¹, ta:u⁵⁵ tɕo⁵⁵ kai³⁵ ʔi²¹ tɕo⁵⁵ ma:i²¹? thi²¹ ta:u⁵⁵
王　又想想　×××　我　给　个　什么　给　你　就　我

tɕo⁵⁵ tɕo⁵⁵ kai³⁵ mək²¹ tɕo⁵⁵ ma:i²¹ ne²¹, tɕo⁵⁵ ə²¹ deu⁵⁵?
给 给 个 墨 给 你 语气 放 在 哪
tɕo⁵⁵ ə²¹ boŋ²¹ tɕo⁵⁵ ma:i²¹ ve²¹. ai⁵⁵ ma²¹ bat³⁵ ma:i²¹ e⁵⁵,
放 在 肚子 给 你 语气 谁 要 抓 你 呢
ma:i²¹ fun⁵⁵ mək²¹ den⁵⁵ ra⁵⁵, ŋuəi²¹ khoŋ⁵⁵ toŋ⁵⁵ the³⁵
你 喷 墨 黑 出 人 不 看 见
ha:n²¹thau⁵⁵ no³⁵ lai²¹³ bat³⁵ dɯək²¹ mi:n²¹?" "dɯək²¹
怎么 他 又 抓 得 你 行
dɯək²¹ dɯək²¹, khoŋ⁵⁵ ɕəu⁵⁵ khoŋ³⁵ ɕəu⁵⁵." thi²¹ ve²¹ thi²¹ dɯək²¹ roi²¹,
行 行 没 问题 没 问题 就 这 样 得 了
ve²¹ thi²¹ lai²¹ den³⁵ kon⁵⁵ ka³¹⁵, lai²¹ den³⁵ kon⁵⁵ ka³¹⁵ tɛ⁵⁵ nə³⁵, kon⁵⁵
这 样 又 到 只 鱼 又 到 只 鱼 鳡 语气 只
ka³¹⁵tɛ⁵⁵ thi²¹ mem²¹ thoi⁵⁵ ɕɯən⁵⁵ kon²¹ mem²¹ teu³⁵ mɛ⁵⁵ no³⁵ tɕo⁵⁵ ve³⁵,
鳡鱼 是 软 了 骨 也 软 × × × 的 给
ə⁵⁵ ə⁵⁵, kon²¹ hɔi³⁵ ve²¹: "ʔoŋ⁵⁵ la:ŋ⁵⁵ vəŋ⁵⁵, tɕo⁵⁵ toi⁵⁵ kai³⁵ fep³⁵
(语气)(语气) 都 问 这样 公 龙 王 给 我 个 法术
ʔi²¹ ɲa²¹?" "thi²¹ ma:i²¹ bɛ³⁵, ve²¹ thi²¹ tɕo⁵⁵ fep³⁵, thi²¹ tɕo⁵⁵ kai³⁵ ya:i⁵⁵
什么呢 就 你 小 这 是 给 法术 是 给 个 刺
ko³⁵ dok²¹ tɕo⁵⁵ ma:i²¹ ne⁵⁵ ve²¹." kon⁵⁵ ka³¹⁵ tɛ⁵⁵ biu³⁵: "dɯək²¹ dɯək²¹
有 毒 给 你 呢 (语气) 只 鱼 鳡 说 得 得
dɯək²¹, ai³⁵ja⁵⁵, kon²¹ dɯək²¹, tot³⁵ kwa³⁵ tot³⁵ kwa³⁵." no³⁵ tɕo⁵⁵ kai³⁵
得 哎呀 都 行 好 过 好 过 他 给 个
thau⁵⁵ lən⁵⁵, ai⁵⁵ ma²¹ bat³⁵ no³⁵ thi²¹ no³⁵ dəm⁵⁵ ai⁵⁵, dəm⁵⁵ ai⁵⁵ thi²¹ ko³⁵
后 背 谁 要 抓 它 就 它 刺 谁 刺 谁 就 有
dok²¹ dei³⁵, no³⁵ thən³⁵ nen⁵⁵ to⁵⁵ ve²¹, ko³⁵ta:i⁵⁵ thən⁵⁵ to⁵⁵ wu⁵⁵
毒 的 他 肿 大 这样 手臂 肿 大 浮
thi³⁵ ve²¹ dei, da:u⁵⁵ khwaŋ²¹ ha:i⁵⁵ ŋa:i²¹ ve³⁵ khɔ:i³⁵, ve²¹ thi²¹ lai²¹ den³⁵ kon⁵⁵
这样 的 疼 大 概 两 天 才 好 这 样 又 来 只
ka³¹⁵, lai²¹ den³⁵ kon⁵⁵ ka³¹⁵ a²¹, ka³¹⁵ ka³¹⁵ ka³¹⁵ ka³¹⁵ la²¹ ka³¹⁵
鱼 又 来 只 鱼 啊 鱼 鱼 鱼 鱼 是 鱼
ro:i²¹³ dei³⁵ no³⁵ lai²¹³ ɲo³⁵ thoi⁵⁵, ve²¹thi²¹ ha:n²¹thau⁵⁵ dɯək²¹, e²¹,
帆 那 它 又 小 了 这样 怎么 得 呃
kon⁵⁵ ka³¹⁵ ro:i²¹³ hɔi³⁵ bo²¹: "ʔoŋ⁵⁵ la:ŋ⁵⁵ vəŋ⁵⁵, tɕo⁵⁵ toi⁵⁵ kai³⁵ fep³⁵
只 帆 鱼 问 说 公 龙 王 给 我 个 法术
ʔi²¹ ɲa²¹?" ve²¹, kon²¹ ka³¹⁵ ro:i²¹³ biu²¹³. ʔoŋ⁵⁵ la:ŋ⁵⁵ vəŋ⁵⁵ biu³⁵: "fep³⁵
什么啊 语气 只 帆 鱼 说 公 龙 王 说 法术

ʔi²¹? dɯək²¹? tɕun³⁵ma:i⁵⁵ təp²¹tɕoŋ⁵⁵ mot²¹ tɕo³¹⁵, mot²¹ tiə³⁵, ve²¹ de³⁵
什么 得 你们 集中 一 处 一 群 这样

tɕo⁵⁵ ŋɯəi²¹ hai³⁵ ne⁵⁵ ve²¹, ma:i²¹ be³⁵ ve²¹ ta:u⁵⁵ tɕo⁵⁵ fep³⁵ ʔi²¹ tɕo⁵
留给 别 人 怕 语气 你 小 这么 我 给 法术 什么 给

ma:i²¹?" no³⁵ khoŋ⁵⁵ tɕo⁵⁵ fep³⁵ ʔi²¹ la²¹ ve²¹³, den²¹³ kɯ⁵⁵ thau⁵⁵, den³⁵
你 他 没 给 法术 什么 是 这样 到 时 后 到

kon⁵⁵ tha:ŋ⁵⁵ nə³⁵, kon³⁵ tha:ŋ⁵⁵ la²¹ ha:i⁵⁵ vɔ²¹³ tɕən²¹ bo²¹ bo²¹ dei³⁵
只 鲎 了 只 鲎 是 两 婆 公 爬 爬 的

kon⁵⁵ tha:ŋ⁵⁵, kon⁵⁵ tha:ŋ⁵⁵lai²¹ nɔi³⁵ ve²¹ "ə²¹, ʔoŋ⁵⁵ la:ŋ⁵⁵ vəŋ⁵⁵ ə⁵⁵,
只 鲎 只 鲎 又 问 这样 语气 公 龙 王 呃

tɕo⁵⁵ toi⁵⁵ kai³⁵ fep³⁵ ʔi²¹ nə⁵⁵?" ə²¹, ʔoŋ⁵⁵ la:ŋ⁵⁵ vəŋ⁵⁵ biu³⁵: "ma:i²¹
给 我 个 法术 什么 呢 呃 公 龙 王 说 你

bo²¹ tɕəm²¹³ ve²¹, tɕo⁵⁵ fep³⁵ ʔi²¹ tɕo⁵⁵ ma:i²¹?" no³⁵ bo²¹, thau⁵⁵ ʔoŋ⁵⁵
爬 慢 这么 给 法术 什么 给 你 他 说 后来 公

la:ŋ⁵⁵ vəŋ⁵⁵ no³⁵ biu³⁵: "thoi⁵⁵ thoi⁵⁵, ma:i²¹ lai²¹ ma:i²¹ lai²¹, ta:u⁵⁵ tɕo⁵⁵
龙 王 他 说 罢了 罢了 你 来 你 来 我 给

kai³⁵ fep³⁵ tɕo⁵ ma:i²¹ jɔŋ³⁵ kai³⁵ ja:u⁵⁵ ve²¹ dei³⁵, ai⁵⁵ ma²¹ bat³⁵
个 法术 给 你 像 把 刀 这样 的 谁 要 抓

ma:i²¹ thi²¹ ma:i²¹ təm⁵⁵ no³⁵, thi²¹ khoŋ⁵⁵ thəu⁵⁵. ma:i²¹ ha:i⁵⁵ vɔ²¹³tɕən²¹
你 就 你 刺 他 就 没 问题 你 两 公婆

baŋ²¹ ha:i⁵⁵ kai³⁵ ja:u⁵⁵ rɔi²¹ ha:i⁵⁵ kai³⁵ ja:u⁵⁵ thi²¹ ma:i²¹ təm⁵⁵ no³⁵"
"等于 两 把 刀 了 两 把 刀 就 你 刺 他

"ve²¹ thi²¹ kon²¹ dɯək²¹, kon²¹ dɯək²¹ kon²¹ dɯək²¹" ve²¹ thi²¹ lai²¹³ dem³⁵
这样 也 得 也 得 也 得 这样 又 来

kon⁵⁵ ka³¹⁵ a²¹, lai²¹³ dem³⁵ kon⁵⁵ ka³¹⁵ ka³¹⁵ ka³¹⁵ka³¹⁵ ka³¹⁵ a²¹,
只 鱼 啊 又 来 只 鱼 鱼 鱼 鱼 鱼 啊

kon⁵⁵ ka³¹⁵ a²¹, kon³⁵ ɣɛ²¹³ dei³⁵, kon³⁵ɣɛ²¹³ thən⁵⁵ tha³⁵ bo²¹³ bo²¹³
只 鱼 啊 只 螃蟹 呢 只螃蟹 慢 慢 爬 爬

bo²¹³ bo²¹³, kon⁵⁵ ɣɛ²¹³nɔi³⁵ biu³⁵: "ʔoŋ⁵⁵la:ŋ⁵⁵vəŋ⁵⁵ oi⁵¹." "kai³⁵ʔi²¹?"
爬 爬 只 螃蟹 问说 公龙王 (语气) 什么

"tɕo⁵⁵ kai³ fep³⁵ tɕo⁵⁵ ta:u⁵⁵?" "ve²¹ thi²¹ tɕo⁵⁵ ha:i⁵⁵ kai⁵⁵ ɣa:ŋ²¹³ tɕo⁵⁵
给 个 法术 给 我 这样 给 两 个 鳌 给

ma:i²¹ di⁵⁵ ve²¹." "ha:i⁵⁵ kai³⁵ ɣa:ŋ²¹³ ha:n²¹thau⁵⁵?" "o³⁵, thi³⁵ ve²¹, di⁵⁵ ma²¹
你 去 回 两 个 钳 什么 哦 这样 谁 要

bat³⁵	ma:i²¹	dei³⁵,	ma:i²¹	kap²¹	no³⁵,	kap²¹	no³⁵	thi²¹	no³⁵	dau⁵⁵,	su³⁵su³⁵
抓	你	的	你	夹	他	夹	他	就	他	痛	（拟声）

thi²¹	no³⁵	boŋ⁵⁵	ma:i²¹	ra⁵⁵	roi²¹	no³⁵	boŋ⁵⁵	ma:i²¹	ra⁵⁵	thi²¹
就	他	放	你	出	了	他	放	你	出	就

khoŋ⁵⁵	thau⁵⁵,	no³⁵	boŋ⁵⁵	ma:i²¹	ra⁵⁵	thi²¹	thoi⁵⁵	ve²¹."
没	什么	他	放	你	出	就	算了	（语气）

  这样鲨鱼走得快，它游得快，游得快就给牙齿给它，给了几百个牙齿给它，牙是小牙，门牙那有什么他都咬得快。接着来了只鲕鱼，鲕鱼它是软的，又没有多少骨头。这样后来海龙王告诉它说："行，你不要怕，我给一把剑给你"。给把剑就插在尾巴那里，如果谁想抓它，它就用这把剑刺进去，那样就会死人的。接着来了只老虎鱼，老虎鱼是黑的，但是它肚子大，这样又给了个刺给它，这刺刺得人很痛的。又来了只水鲕鱼，水鲕鱼说："呃，龙王爷，给我个什么法术？"这龙王爷看看，"×××你这么软绵绵，给个什么法术给你？让我想一会儿吧。我想这样哦，我给个法术给电给你，谁要抓你，你喷出电，电得他抓不得你。""噢，这样行。"这只水鲕鱼这样说。接着又来了只墨鱼，墨鱼和鱿鱼呢，游来问："龙王爷，给我个什么法术呢？"。龙王爷又想想："×××我给个什么给你？我就给个墨给你，放在哪？给你放在肚子里，谁要抓你呢，你喷出黑墨，人看不见他怎么抓得着你？""行行行，没问题没问题。"这样就行了，接着又来了只鱼，又来了只鳎鱼，这只鳎鱼是软绵绵的，骨头也软，×××。呃呃，都这样问，"龙王爷，给我个什么法术呢？""你这么小，给法术给个有毒的刺给你。"这只鳎鱼说："行行行，哎呀，都行，很好很好。"他给个刺在后背，谁要抓它它就刺谁，刺谁就有毒，他手臂肿大，肿大浮肿，大概疼两天才好。这样接着又来了只鱼，又来了只鱼啊，那鱼是帆鱼。它又是很小的鱼，这样怎么行，呃，帆鱼问："龙王爷，给我个什么法术啊？"龙王爷说："什么法术行？你们集中在一处，一群，这样别人就怕，你这么小我给什么法术给你？"他没给什么法术。这样，后来又来了只鲎，这鲎呢是两公婆一起爬的，鲎又这样问，"呃，龙王爷呃，给我个什么法术呢？"。龙王爷说："你爬这么慢，给什么法术给你？"他说，后来龙王爷他说："罢了罢了，你来你来，我给你个像把刀这样的法术给你，谁要抓你你就刺他，就没问题。你们俩公婆就等于有两把刀了，两把刀你们就拿来刺他。""这样也行，也行也行。"后来又来了一只螃蟹，螃蟹慢慢爬，爬爬爬，螃蟹问道："龙王爷哦"。"什么？""给个法术给我？""这样给两个螯给你回去。""两个钳什么？""哦，这样，谁要抓你，你夹他，夹他他就痛，他就放你了。他放你走就没什么，他

放你走就算了。"

ve²¹thi²¹,	ku:i³⁵kon²¹,	la²¹	kon⁵⁵	ka³¹⁵bən⁵⁵	ne³⁵
这样	最后	是	只	多宝鱼	呢

kon⁵⁵	ka³¹⁵bən⁵⁵	nən²¹	nai²¹	ve³⁵	lai²¹³	thau⁵⁵,	kon⁵⁵	ka³¹⁵bən⁵⁵	la²¹
只	多宝鱼	次	这	又	来	后	只	多宝鱼	是

ŋu³⁵	tɯə⁵⁵	ə³⁵	no³⁵	ŋu³⁵	"ba²¹³	ha²¹³"	ŋu³⁵	tɯə⁵⁵	roi²¹.
睡	日	头	它	睡	（拟声）	（拟声）	睡	太阳	

thau⁵⁵	ve³⁵	lai²¹³,	thau⁵⁵	ve³⁵	lai²¹³	ŋɯəi²¹	da³⁵	həp²¹	tan⁵⁵	roi²¹,	tɕo⁵⁵
后	才	来	后	才	来	人	已	会议	散	了	给

fep³⁵	ka³⁵	roi²¹,	kon⁵⁵	ka³¹⁵bən⁵⁵	ve³⁵	bəi⁵⁵	lai²¹³:	"e⁵⁵,	ʔoŋ⁵⁵
法术	全部	了	只	多宝鱼	才	游	来	呃	公

e⁵⁵,	ʔoŋ⁵⁵	la:ŋ⁵⁵	vəŋ⁵⁵	e³⁵,	ta:u⁵⁵	lai²¹	thau⁵⁵,	ve²¹	thi²¹	tɕo⁵⁵	kai³⁵	fep³⁵
呃	公	龙	王	呃	我	来	后	这	样	给	个	法术

ʔi²¹?"	ve²¹	ʔoŋ⁵⁵	la:ŋ⁵⁵	vəŋ⁵⁵	thi²¹	noi³⁵:	"teu³⁵	mɛ²¹	ma:i²¹,	ma:i²¹
什么	这回	公	龙	王	就	说	×	×	×	你

lai²¹³	thau⁵⁵,	tɕo⁵⁵	fep³⁵	ʔi²¹	tɕo⁵⁵	ma:i²¹	bai⁵⁵jɯ²¹	kon²¹ȵau⁵⁵
来	后	给	法术	什么	给	你	现在	大家

kon²¹	tan⁵⁵	hɔi²¹	roi²¹."	ʔoŋ⁵⁵	la:ŋ⁵⁵	vəŋ⁵⁵	"bən²¹"	la:m²¹	mot²¹	tat³⁵,	tat³⁵	va:u²¹
都	散	会	了	公	龙	王	（拟声）	做	一	打	打	进

kai³⁵	min²¹³,	no³⁵	mɛu³⁵	ɕit³⁵	kai³⁵	min²¹³	di⁵⁵	thi²¹	den³⁵	bai⁵⁵	jɯ²¹,
个	嘴	它	歪	倒	个	嘴	去	就	到	现	在

kon⁵⁵	ka³⁵bən⁵⁵	nei³⁵ka:i²¹	kon²¹	mɛu³⁵	ɕit³⁵	min²¹³	di⁵⁵,
只	多宝鱼	多宝鱼	都	歪	倒	嘴	去

la²¹	dei³⁵	la²¹	ve²¹³.
是	这	是	这样

  这样，最后来的是只多宝鱼，多宝鱼呢这次来得最晚，多宝鱼是睡得日上三竿了，它"baha"睡，睡得日上三竿了，后来才来，来到后大家都已经散会了，全部都给法术了。这多宝鱼才游来，"呃，公呃，龙王爷呃，我来得晚，给个什么法术呢？"这回龙王爷说："×××，你来得这么晚，给什么法术给你，现在大家都散会了。"龙王爷"ben"的一打，把多宝鱼嘴巴打进去了一点，它歪着个嘴巴就一直到现在。多宝鱼都是歪着嘴，原因就是这样的。

3. 黑龙省

tin³¹⁵　roŋ²¹³　den⁵⁵
省　　龙　　黑

nai²¹ nɔi³⁵ kai³⁵ ku²¹tit³⁵ ve²¹ la²¹ tin³¹⁵ roŋ²¹³ den⁵⁵, kai³⁵ ten⁵⁵ la²¹ tin³¹⁵
这　说　个　故事　　就　是　省　龙　黑　　个　各　是　省

roŋ²¹³den⁵⁵. ve²¹　ŋa:i²¹ɕɯɯ²¹ ko³⁵ mot²¹ kɔn⁵⁵ roŋ²¹ ə³⁵ ə²¹ tin³¹⁵ kai³⁵
龙黑　　　　为　　之前　　　有　一　条　龙　生　在　省　个

thən⁵⁵ ə²¹ tin³⁵ roŋ²¹³ den⁵⁵ ve²¹thi²¹ a²¹ mot²¹ la:m⁵⁵ kɔn⁵⁵ roŋ²¹³
江　在　省　龙　黑　这样　啊　一　年　条　龙

dei³⁵ fai³⁵ mot²¹ la:m⁵⁵ mot²¹ nən²¹ tɕo⁵⁵ mot²¹ dɯa²¹ tɛ³⁵kɔn⁵⁵
那　要　一　年　一　次　给　一　个　小孩

tɕo⁵⁵ tɕo⁵⁵ kɔn⁵⁵ roŋ²¹³ dei³⁵ an⁵⁵, ȵiu³⁵ ma²¹ khoŋ⁵⁵ tɕo⁵⁵ kɔn⁵⁵
给　给　条　龙　这　吃　如　果　不　给　条

dei³⁵ an⁵⁵ nei³⁵ no³⁵ la:m²¹ tha:ŋ³⁵ jo³⁵ len⁵⁵ ku:n³⁵ tha:ŋ³⁵ jo³⁵
龙　这　吃　呢　它　做　浪　风　上　卷　浪

len⁵⁵, ai²¹ əm⁵⁵ het³⁵ ka³⁵ kai³⁵ lan²¹ dei³⁵, thi²¹ dɛ³⁵ tɕo⁵⁵ ŋɯa²¹
风　上（语气）淹　完整　个　村　那　就　留　给　人

tɕet³⁵, ron²¹³ re⁵⁵ thɔk³⁵nua³⁵ re⁵⁵ mak²¹ re⁵⁵ ve²¹ thi²¹ no³⁵ kon²¹
死　田　呢　稻谷　　呢　麦子　呢　这样　它　都　要

fai³⁵ əm⁵⁵ het³⁵. ve²¹thi²¹ kai³⁵ lan²¹ dei³⁵ no³⁵ lən⁵⁵ liu⁵⁵, an²¹ tɕo³⁵
完　淹　完　这样　个　村　这　它　轮　流（语气）给

lən⁵⁵ liu²⁵ thi²¹, an²¹ tɕo⁵⁵ tɛ³⁵kɔn⁵⁵ tɕo³⁵ ŋɯai²¹ tɕo⁵⁵ kən⁵ roŋ²¹³
轮　流　是（语气）给　小孩　　给　人　给　吃　条龙

dei³⁵ an⁵⁵ne³⁵, ve²¹thi²¹ la:m⁵⁵ ve²¹thi²¹ la:m⁵⁵ na:i⁵⁵ la²¹ ŋɯai²¹ na:i²¹,
这（语气）这样　年　　这样　年　这样　是　人　这

khak³⁵ la²¹ ŋɯai²¹ kɯə⁵⁵, la:m⁵⁵ kɯa²¹³ lai²¹³ ŋɯai²¹ khak³⁵,
别的　是　人　那　　年　各　又　人　前

tɕɯ³¹⁵ lən⁵⁵liu⁵⁵ ve²¹, mot²¹la:m⁵⁵ mot²¹nən²¹, la²¹ ŋa:i²¹
这样　轮流　　停顿　一年　　　一次　　是　天

mɯəi²¹tɯ²⁵ tha:ŋ³⁵ bai³⁵ dei³⁵ fai³⁵ tɕo⁵⁵ no³⁵ an⁵⁵, ma²¹ khoŋ⁵⁵
十四　　月　七　这　要　给　它　吃　如　不

tɕo⁵⁵ no³⁵an⁵⁵ thi²¹ no³⁵ la:m²¹ bau²¹hu²¹ di⁵⁵, no³⁵ ku:n³⁵ jo³⁵ len⁵⁵ dɛ³⁵
给　它吃　就　它　做　台风　　的　它　卷　风　上　留

di⁵⁵ əm⁵⁵ kai³⁵ lan²¹ dei³⁵, ve²¹ no³⁵ ə³⁵ ə²¹ jəɯ³¹⁵ thən⁵⁵ ə⁵⁵.
去　淹　个　村　这（发语词）它　住　在　下　河（语气）

这里说的故事是黑龙江省。因为以前有一条龙生活在黑龙江省的江里,这条龙每年一次要一个小孩给它吃,如果不给它吃,它就会在海上兴风作浪淹整个村子,那样子就会死人,田里的稻谷呢麦子呢都会被它淹没。这样这个村子就轮流拿小孩子给那条龙吃,今年是这个人明年是那个人,这样轮流,一年一次,今年这一天是七月十四要给它吃,如果不给,它就用台风卷起江里的水去淹没这个村子,它住在河下面。

ve²¹thi²¹	den³⁵	la:m⁵⁵	na:i⁵⁵	ve²¹	thi²¹	ai²¹	lan²¹	den³⁵	ə²¹	kai³⁵
这样	到	今	年	就	是	语气	轮	到	语气	个

ʔoŋ⁵⁵lau³¹⁵	ba²¹lau³¹⁵,	jɯ⁵⁵ma²¹	no³⁵	khoŋ⁵⁵	ko³⁵	kɔn⁵⁵,	no³⁵	ha:n²¹
阿公	阿婆	所以	他	没	有	儿女	他	怎

thau⁵⁵	dɯək²¹?	ha:n²¹	thau⁵⁵	la:m⁵⁵	dei³⁵	ɲi³⁵	no³⁵	da³⁵	thau³⁵	mɯəi⁵⁵
么	得	怎	么	年	这	呢	他	已	六	十

roi²¹	thau⁵⁵	no³⁵	lai²¹³	dɛ³⁵	mot²¹	dɯə³¹⁵	kɔn⁵⁵,	la²¹	kɔn⁵⁵	ja:i⁵⁵	no³⁵
岁了	后来	他	来	生	一	个	儿子	是	男	孩	他

lai²¹³	ko³⁵	doi⁵⁵,	ve²¹thi²¹	bo³⁵	no³⁵	biu³¹⁵:	"teu²¹	me²¹	ma:i²¹,	ma:i²¹	dɛ³⁵
还	有	尾巴	这样	父	他	说	×	×	×	×	你 生

ra⁵⁵	doi⁵⁵	ve²¹	kwai³⁵	dei³⁵,	ve²¹	ta:u⁵⁵	thi²¹	nei³⁵	ja:u⁵⁵	lai²¹³
出	尾巴	这	怪	的	这样	我	就	拿	刀	来

tɕat²¹	tɕat²¹	tɕat²¹	doi⁵⁵."	ve²¹thi²¹	thau⁵⁵	kɔn⁵⁵	no³⁵	məi³⁵	dɛ³⁵	ra⁵⁵,
砍	砍	砍	尾巴	这样	后来	儿	他	刚	生	出

ha:n²¹thau⁵⁵	lai²¹³	biət³⁵	nɔi³⁵	tin²¹³,	kɔn⁵⁵	no³⁵	nɔi³⁵	ve²¹	lai²¹:
为什么	又	会	说	话	儿	他	说	这样	来

"ə²¹,	ʔoŋ⁵⁵	o⁵⁵,	khoŋ⁵⁵	tɕat⁵⁵	doi⁵⁵	ko²¹	kɔn⁵⁵	di⁵⁵,	hi²¹	la:m⁵⁵
(叹词)	公	哦	不	砍	尾巴	的	儿	的	是	今

na:i⁵⁵	thi²¹	bo³⁵	lan²¹	den³⁵	ɲa²¹	ta⁵⁵	thi²¹	thi²¹	thi²¹	tɕo⁵⁵
年	是	父	轮	到	家	我	是	是	是	给

te³⁵kɔn⁵⁵	tɕo⁵⁵	ŋɯəi²¹	a:n⁵⁵	dei³⁵,	tɕo⁵⁵	tɕo⁵⁵	tɕo⁵⁵	kɔn⁵⁵	roŋ²¹	dei³⁵,
儿子	给	人	吃	的	给	给	给	条	龙	的

khoŋ⁵⁵	tɕat²¹."	"ə²¹	tot³⁵	tot³⁵	tot³⁵."	tot³⁵	tot³⁵,	ve²¹	thi²¹	den³⁵	hoŋ⁵⁵dei³⁵
不	砍	叹	好	好	好	好	好	这样	到	那天

ka²¹	ɕon³⁵	ka³⁵	lan²¹	dei³⁵	thi²¹	yo³⁵	den³⁵	a²¹	ma³⁵la⁵⁵toŋ²¹fan²¹³
整	村	整	村	的	就	敲	到	(语气)	锣钹

yo²¹toŋ³⁵,	an²¹	den³⁵	bin⁵⁵	thən⁵⁵	ə²¹	tɕən²¹	bi²¹³	tɕo⁵⁵	kɔn⁵⁵	roŋ²¹³	a:n⁵⁵.
敲鼓	唵	到	边	河	(语气)	准	备	给	条	龙	吃

这样,到了今年轮到两位老头老太,他们没有儿女,怎么办?他们怎

么办呢？今年他们已经六十岁了，后来他们生了一个儿子，这个儿子还有一条尾巴，老头就说："×××，你怎么长出了一条奇怪的尾巴，我要拿刀来把这条尾巴砍掉。"他儿子刚出生，不知怎么又会说话，他儿子这样说："唉，父亲哎，别砍儿子的尾巴，今年轮到我们家送孩子给别人吃，给那条龙吃，别砍。""唉，好好好。"好了，这样到了那天整个村子敲锣打鼓地到河边，准备送孩子给那条龙吃。

thi²¹	ɲi³⁵	thau⁵⁵	kɔn⁵⁵	rɔŋ²¹³	ŋe⁵⁵	den³⁵	ə²¹	ŋe⁵⁵	den³⁵	tiən³⁵	tɔŋ³⁵
是	后来	条	龙	听	到	停顿	听	听	声	鼓

rɔi²¹,	ma³⁵la⁵⁵tɔŋ²¹fan²¹	rɔi²¹,	ve²¹	thi²¹	no³⁵	khɔn⁵⁵	bəi⁵⁵	lai²¹³	aːn⁵⁵
了	锣钹	了	这样	它	不	游	来	吃

re⁵⁵?	no³⁵	bəi⁵⁵	len⁵⁵	ɣək²¹	bin⁵⁵	ɣək²¹	məɯ³¹⁵	kai³⁵	miːn²¹³
吗	它	爬	上	边	边	边	开	个	嘴

to³⁵	jɔŋ³⁵	tɕun⁵⁵	tɕun⁵⁵	rəu²¹	dei³⁵,	məɯ³¹⁵	ra⁵⁵	tɕun⁵⁵	rəu²¹	tɕən²¹
大	如	缸	大	缸	这	开	出	大	缸	准

bi²¹³.	te³⁵kɔn⁵⁵	thi²¹ve²¹	lan²¹	no³⁵	fai²¹	nem³⁵	ɕɔn³⁵	tɕo⁵⁵
备	小孩	这样	村	他	要	扒	下	给

no³⁵	aːn⁵⁵,	ve²¹	thaːŋ²¹	te³⁵kɔn⁵⁵	dei³⁵	la²¹	ŋɯəi²¹	jəi²¹	tɕo⁵⁵
它	吃	（发语词）	男	孩	那	是	人	天	给

ɕɔn³⁵	dei³⁵,	la²¹	ŋɯəi²¹	jəi²¹,	ŋɯəi²¹	jəi²¹	thi²¹	no³⁵	da²¹	tɔŋ²¹³	kai³⁵
下	的	是	人	天	人	天	是	他	已	偷	个

jaːu⁵⁵	rɔn²¹³	ko²¹	bo³⁵	mɛ²¹	no³⁵	rɔi²¹	ve²¹	thi²¹	kɔn⁵⁵	rɔŋ²¹³	khɔŋ⁵⁵
刀	尖	的	父	母	他	了	这样	条	龙	不

bəɯ³¹⁵	miːn²¹	to⁵⁵,	kai³⁵	miːn²¹	to⁵⁵	ve²¹	la²¹	thi²¹	no³⁵	raːi³⁵	vaːu²¹
开	口	大	个	口	大	这	所以	他	跳	进

tɔːm⁵⁵	miːn²¹³	rɔŋ²¹³	rɔi²¹,	la²¹	lan²¹³	ŋɯəi²¹	nem³⁵	no³⁵	vaːu²¹
里	嘴	龙	了	是	村	人	扒	他	进

tɔːm⁵⁵	bɔŋ²¹³	rɔŋ²¹³	rɔi²¹	ve²¹	thi²¹	nɔt³⁵	vaːu²¹	bɔŋ²¹³	dei³⁵	thaːŋ²¹³
里	肚	龙	了	这样	吞	进	肚	的	男

te³⁵kɔn⁵⁵	dei³⁵	khɔŋ⁵⁵	mɔk³⁵	jaːu⁵⁵	ra⁵⁵	dei³⁵?	dei³⁵	la²¹
孩	这	不	扒	到	出	的	这	是

ŋɯəi²¹	jəi²¹	mɔk³⁵	jaːu⁵⁵	ra⁵⁵	thi²¹	dəm⁵⁵,	dəm⁵⁵	no³⁵	dəm⁵⁵	ruət²¹
人	王	扒	到	出	就	刺	刺	他	刺	肠

kɔn⁵⁵	rɔŋ²¹³,	kɔn⁵⁵	rɔŋ²¹³	ve³⁵	thet³⁵ɣa²¹	dəu⁵⁵kho³⁵	rɔi³⁵:	"maːi²¹
条	龙	条	龙	就	咆哮	痛苦	啊	你

| e^{55}, | e^{55}, | ta:u^{55} | ma:i^{21} | ra^{55} | toi^{55}, | ma:i^{21} | khoŋ^{55} | dəm^{55} | ta:u^{55}, | ta:u^{55} |
| 呃 | 呃 | 我 | 你 | 出 | 了 | 你 | 不 | 刺 | 我 | 我 |

| khoŋ^{55} | an^{21} | thit^{21} | ŋɯəi^{21} | roi^{21} | ta:u^{55} | khoŋ^{55} | ȵa:m^{35} | an^{55} | thit^{21} |
| 不 | 吃 | 肉 | 人 | 了 | 我 | 不 | 敢 | 吃 | 肉 |

| tɕun^{35} | bai^{55} | roi^{21}." | ve^{21}thi^{21} | tha:ŋ^{21} | tɛ^{35} | kɔn^{55} | dei^{35} | tɔ:m^{55} | boŋ^{213} |
| 你 | 们 | 了 | 这样 | 男 | 孩 | 这 | 里 | 肚 | 说 |

| nɔi^{35} | biu^{35}, | hɔi^{35} | biu^{35}: | "ma:i^{21} | e^{55}, | o^{55} | roŋ^{213}, | ma:i^{21}, | ma:i^{21} |
| 说 | 问 | 说 | 问 | 你 | 啊 | 噢 | 龙 | 你 | 你 |

| ɣɔi^{21} | ta:u^{55} | ra^{55} | tɕu^{35} | nau^{213}?" | "ho^{55}, | ma:i^{21} | ra^{55} | lo^{315} | moi^{35} |
| 叫 | 我 | 出 | 哪里 | | 嚯 | 你 | 出 | 孔 | 鼻 |

| ta:u^{55} | ra^{55}." | "khoŋ^{55} | dɯək^{21}, | teu^{315}, | ŋɯəi^{21} | no^{35} | lai^{213} | biu^{35} | ta:u^{55}, |
| 我 | 出 | 不 | 行 | × | 人 | 他 | 又 | 说 | 我 |

| a^{21}, | hat^{35} | moi^{35}, | ma:i^{21} | hat^{35} | moi^{35} | ta:u^{55} | ra^{55}." | va^{21} | thi^{21} | no^{35} |
| (语气) | 擤 | 鼻涕 | 你 | 擤 | 鼻涕 | 我 | 出 | 于 | 是 | 它 |

| ɣɔi^{21}: | "ə^{55} | ve^{21} | khoŋ^{55} | thi^{21} | ma:i^{21} | theu^{55} | lo^{21}da:i^{35} | ta:u^{55} |
| 说 | 这样 | 不 | 是 | 你 | 沿 | 尿 | 我 |

| ra^{55}." | ve^{21} | no^{35} | ɣɔi^{21}: | "khoŋ^{55} | dɯək^{21}, | dai^{35} | ra^{55} | ŋɯəi^{21} | nɔi^{35} |
| 出 | 这样 | 他 | 说 | 不 | 行 | 尿 | 出 | 别人 | 说 |

| biu^{35} | ma:i^{21} | da:i^{35} | ta:u^{55} | ra^{55}." | "ve^{21}thi^{21} | khoŋ^{55} | thi^{21} | ma:i^{21} | heu^{55} |
| 说 | 你 | 尿 | 我 | 出 | 这样 | 不 | 这样 | 你 | 沿 |

| lo^{21} | dit^{35}." | "khoŋ^{55} | dɯək^{21}, | lo^{21} | dit^{35} | ra^{55} | ŋɯəi^{21} | biu^{35} |
| 眼 | 屁股 | 不 | 行 | 眼 | 屁股 | 出 | 人 | 说 |

| ma:i^{21} | ʔiə^{315} | ta:u^{55} | ra^{55}", | "e^{35} | ve^{21} | khoŋ^{55} | hi^{21} | then^{55} | ma:i^{21} |
| 你 | 拉屎 | 我 | 出 | 呃 | 这样 | 不 | 是 | 沿 | 你 |

| lo^{35} | ta:i^{55} | ra^{55} | lai^{213}." | "khoŋ^{55} | dɯə^{21}, | lo^{35} | ta:i^{55} | thi^{21} | ŋɯəi^{21} | biu^{35} | ta:u^{55}, |
| 孔 | 耳 | 出 | 来 | 不 | 得 | 孔 | 耳 | 是 | 人 | 说 | 我 |

| ma:i^{21}ma:i^{21} | ŋwa:i^{35}ta:i^{55} | ŋwa:i^{35} | ta:u^{55} | ra^{55} | ŋwa:i^{35}ta:i^{55} | kət^{35}ja:n^{35} |
| 你你 | 掏耳朵 | 掏 | 我 | 出 | 掏耳 | 耳屎 |

| ra^{55} | ra^{55} | hi^{21} | khoŋ^{55} | dɯək^{21} | ə^{55}, | khoŋ^{55} | dɯək^{21} | khoŋ^{55} | dɯək^{21}." |
| 出 | 出 | 就 | 不 | 行 | 了 | 不 | 行 | 不 | 行 |

| no^{35} | lai^{213} | dəm^{55} | me^{35} | ja:u^{55}, | me^{35} | ja:u^{55} | va:u^{55} | kai^{35} | ruət^{21}, | kɔn^{55} |
| 他 | 又 | 刺 | 几 | 刀 | 几 | 刀 | 几 | 个 | 肠 | 条 |

| roŋ^{213} | kɔn^{55} | roŋ^{213} | kan^{21} | da:u^{55}, | kɔn^{55}roŋ^{213} | ve^{35} | thet^{35} | "ai^{55}tho^{55} |
| 龙 | 条 | 龙 | 更 | 痛 | 条龙 | 才 | 咆哮 | 叹 |

da:u⁵⁵	kwa³⁵	rɔi²¹	ma:i²¹	theu⁵⁵	dəu⁵⁵	ra⁵⁵	thi²¹	dəu⁵⁵	ra⁵⁵	thoi⁵⁵."
痛	过	了	你	说	哪	出	就	哪	出	了

ve²¹	thi²¹	tha:ŋ²¹³	dei³⁵	"dɯək²¹",	ve²¹	no³⁵	nei³⁵	ve³⁵	kai³⁵	ja:u⁵,	thi²¹
这	样	男	这	得		这样	他	拿	（语气）	把	刀	就

la²¹	thi²¹	la²¹	khɯet³⁵	mot²¹	bin⁵⁵	mat³⁵,	khɯet³⁵	bin⁵⁵	mat³⁵	kɔn⁵⁵
是	就	是	剜	一	边	眼	剜	边	眼	条

rɔŋ²¹³	ra:i³⁵	ra⁵⁵,	ve²¹thi²¹	no³⁵	ve³⁵	len⁵⁵	jəi²¹,	kɔn⁵⁵	rɔŋ²¹³	dei³⁵
龙	跳	出	这样	他	就	上	天	条	龙	这

thi²¹,	thi²¹	an²¹	kɔn⁵⁵	rɔŋ²¹³	no³⁵	khɯet³⁵	bin⁵⁵	mat³⁵	rɔi²¹	la²¹
就	就	（语气）	条	龙	他	剜	边	眼	叫	作

dei³⁵,	ve²¹thi²¹	dei³⁵	thau⁵⁵	kɔn⁵⁵	rɔŋ²¹³	dei³⁵	ɣɔi²¹	la²¹	dɔn⁵⁵	ɲa:n³⁵	rɔŋ²¹³.
这	这样	的	后来	条	龙	这	叫	作	单	眼	龙

那条龙听到了锣钹的声音，它不会游过来吃吗？它爬上河边张开像大缸一样大的嘴巴嘴准备吃小孩。村里人准备把他扔下来给它吃，男孩是天上下来的人，是天人，这个天人他已经从他父母那偷了把尖刀，这样那条龙不张开大口则已，张开大口他就跳进龙的嘴巴里面去，对了，是村里人扔他进龙肚的，被吞进肚里的男孩还能出来吗？这是天人，他想出来他就刺那条龙，刺它的肠子，那条龙被刺得痛苦地咆哮："你……你……你不要刺我了，我让你出来，你不要刺我，我不吃人肉了，我再也不敢吃你们的肉了。"男孩就在龙的肚子里面问它："你啊，龙，那你要我从哪里出去？""噢，你从我的鼻孔出来吧。""不行，×，别人说我，擤鼻涕，你擤鼻涕的时候把我擤出来的。"龙就说："这样，你沿着我的尿道出来吧。"他说："不行，沿着尿道出，别人会说我是你尿出来的。""这样，你沿着我的屁股眼出来。""不行，别人会说我是你拉屎拉出来的。""呃，这样要不你沿着我的耳朵孔出来。""不行，沿着耳朵孔出来，别人会说我是你掏耳朵掏耳屎把我掏出来的，这样不行，不行不行。"他又刺了那条龙几刀，那条龙的肠子又被刺断了几根，龙更痛苦了，又咆哮着："唉，太痛了，你说从哪里出就从哪里出吧。"这样男孩就说"行"。他用刀把龙的一只眼睛一剜，他就从剜了眼睛的那里出来，出来后他就上天了。后来剜了一只眼睛的龙就叫作独眼龙。

la²¹	dɔn⁵⁵	ɲa:n³⁵	rɔŋ²¹³	nei³⁵	dɔn⁵⁵	ɲa:n³⁵	rɔŋ²¹³,	dɔn⁵⁵	ɲa:n³⁵	dei³⁵,
是	单	眼	龙	这	单	眼	龙	单	眼	的

ve²¹	tɯ²¹³	jəɯ²¹	di⁵⁵	thi²¹	la²¹	thi²¹	kɔn⁵⁵	rɔŋ²¹³
这样	从	现	在	起	就	是	条	龙

dei³⁵	khoŋ⁵⁵	n̥a:m³⁵	ə³⁵	ə²¹	tɕo³¹⁵	o²¹	kɔn⁵⁵	thən⁵⁵	dei³⁵
这	不	敢	住	在	这	（语气）	条	河	这

nɯə³¹⁵	thi²¹ve³⁵	bəi⁵⁵	di⁵⁵	di⁵⁵	di⁵⁵	bai³⁵	thəu⁵⁵,	bai³⁵	thəu⁵⁵
无意思	这样	游	去	去	去	海	深	海	深

ə³⁵,	ve²¹thi²¹	bai⁵⁵jəɯ²¹	ŋɯəi²¹	ve³⁵	ve²¹	thi²¹	tha:ŋ²¹³	te³⁵kɔn⁵⁵
住	这样	现在	人	（语气）	就	是	男	孩

dei³⁵	thi²¹	thi²¹	ŋɯəi²¹	jəi²¹	ɕon³⁵	dei³⁵,	no³⁵	lai²¹³	bai³⁵	len⁵⁵	jəi²¹	roi²¹
这	是	是	人	天	下	的	他	又	飞	上	天	了

ve²¹	thi²¹	tɯ²¹³	jəɯ²¹	di⁵⁵	khoŋ⁵⁵	n̥a:m³⁵	ə³⁵	ə³⁵	tɕo³¹⁵	kɔn⁵⁵	thən⁵⁵
这	样	从	现在	去	不	敢	住	在	处	条	江

dei³⁵	nɯəi³¹⁵,	thi²¹	ra⁵⁵	bai³¹⁵	ə³¹⁵	thoi⁵⁵	ve²¹thi²¹	thau⁵⁵	ŋɯəi²¹	ve³⁵
这	了	就	出	海	住	了	这样	后来	人	才

nɔi³⁵	ve³⁵	dat²¹	kai³⁵	ten⁵⁵,	ɣɔi²¹	la²¹	tin³⁵	roŋ²¹³	den⁵⁵	ne³⁵	tɯ²¹	bai⁵⁵
说	（语气）	取	个	名	叫	是	省	龙	黑	呢	从	现

jəɯ²¹	tin³⁵	roŋ²¹³	den⁵⁵	kai³⁵	ten⁵⁵	dei³⁵	kon²¹	la²¹	ŋɯəi²¹
在	省	龙	黑	个	名	这	都	是	人

tɕen³¹⁵	lai²¹³	tin³⁵	roŋ²¹³	den⁵⁵	la²¹	the³⁵	thoi⁵⁵.
传	来	省	龙	黑	是	这样	了

这独眼龙就是单眼龙，是只有一只眼睛的。从那以后那条独眼龙就不敢住在这条河里了，它就游去深海里住。那个男孩就是从天上下来的仙人，他又飞上天了。这样那条龙不敢住在这条江里，就去海里住了，后来人们就说取个名字叫黑龙江省，一直到现在黑龙江省这个名字就是这样传来的。

4. 鲨

tha:m⁵⁵

鲨

ku²¹	ɕɯə⁵⁵,	ve²¹	thi²¹	ko³⁵	mot²¹	n̥a²¹	ja:u²¹³,	wən³⁵	la²¹	ko³⁵
从	前	这	样	有	一	家	富有	只	是	有

mot²¹	dɯə³⁵	kɔn⁵⁵	ɣa:i³⁵	thoi⁵⁵,	wən³⁵	la²¹	kɔn⁵⁵	ɣa:i³⁵	da³⁵	ha:i⁵⁵
一	个	女儿	罢了	只	是	女儿	已	二

mɯəi⁵⁵	me³⁵	toi³⁵	roi²¹,	bo³⁵	mɛ²¹	tɕɯə³¹⁵	tim²¹³	dɯək²¹	tɕən²¹
十	几	岁	了	父	母	没	找	得	老公

tɕo⁵⁵	no³⁵。	ve²¹thi²¹	ko³⁵	mot²¹	n̥a:i²¹	bo³⁵mɛ²¹	no³⁵	the⁵⁵	mot²¹
给	她	这样	有	一	天	父母	她	请	一

ŋɯəi²¹	koŋ⁵⁵n̥a:n⁵⁵	lai²¹³	n̥a²¹	ho²¹	da:ŋ³⁵	ə²¹	dan³⁵,	dan³⁵	ban²¹
人	工人	来	家	帮	斗	（语气）	凳	凳	桌

iək³⁵	ve²¹	dei³⁵	thi²¹	no³⁵	ə²¹	kai³⁵	faŋ²¹³	khak³⁵	i⁵⁵ma²¹ɲi³⁵
等等	这	些	就	他	在	个	房	别	这些

ve²¹thi²¹	kɔn⁵⁵ɣa:i³⁵	no³⁵	ɲi³⁵	hi²¹	ren²¹³	mo²¹	ret²¹,	thən²¹nai²¹³
这样	姑娘	她	呢	就	看	木	洞	这个

thi²¹	dep²¹	kwa³⁵,	at³⁵	ta:u⁵⁵	thit³⁵	no³⁵	bɔŋ²¹³	ta:u⁵⁵	kɔn²¹³
是	帅	过	一	我	喜欢	他	心	我	都

tɯən³¹⁵	no³⁵	kwa³⁵,	ve²¹thi²¹	ve²¹thi²¹,	ve²¹thi²¹	no³⁵	tɔn⁵⁵	the³⁵
想	他	过	这样	这样	这样	她	看	见

rɔi²¹,	ve²¹thi²¹	dem⁵⁵,	no³⁵	ve³⁵	di⁵⁵	ɣo²¹	kɯa³¹⁵	ko²¹	kɔn⁵⁵
了	这样	天黑	她	才	去	敲	门	的	个

ŋɯəi²¹	kɔŋ⁵⁵ɲa:n⁵⁵	nei³⁵	no³⁵	e²¹	ɣo²¹	kɯa³¹⁵	tha:ŋ²¹	dei³⁵	ve³⁵
人	工人	这	（语气）	这样	敲	门	男	这	才

məɯ²¹	kɯa³¹⁵	ra⁵⁵,	kɔn²¹	the³⁵	kɔn⁵⁵bɛ³⁵	dei³⁵	dɛp²¹.
开	门	出	都	见	姑娘	这	漂亮

　　从前，有一户富裕的人家，家里只有一个女儿，只是女儿已经二十几岁了，父母还没有给她找着老公。有一天，她父母请了一个工人来家里帮忙做凳子、桌子，等等。他就在旁边的房间，这样姑娘就从木板洞里看，真是帅，一看就喜欢上他了，她看见了以后，天黑了，她才去敲这个工人的门，像这样敲门，这男的就开门出来，见到这个姑娘真漂亮。

ha:i⁵⁵	ŋɯəi²¹	ve³⁵	i:u⁵⁵	ɲa:u⁵⁵	ve²¹thi²¹	thau⁵⁵	biət³⁵	lai²¹³	ma:n⁵⁵	rɔi²¹,
两	人	这样	爱	相	这样	后来	知道	来	怀孕	了

no³⁵	khɔŋ⁵⁵	biət³⁵	ha:i⁵⁵	ba⁵⁵	tha:ŋ²¹	rɔi²¹.	ve²¹thi²¹	bo³⁵
她	不	知道	两	三	月	了	这样	父

mɛ²¹	no³⁵	thi²¹	hɔi³⁵	biu³⁵:	"ma:i²¹	ve³⁵	ai⁵⁵	ko³⁵	ma:n⁵⁵	dei⁵⁵
母	她	就	问	说	你	和	谁	有	怀孕	的

ma:i²¹	nɔi³⁵	ra⁵⁵."	ve²¹thi²¹	no³⁵	nɔi³⁵	ra⁵⁵	ŋa:i²¹	dei³⁵	ve³⁵
你	说	出	这样	她	说	出	天	那	和

tha:ŋ²¹	dei³⁵	ŋu³⁵	ve³⁵	ɲa:u⁵⁵	thi²¹	ko³⁵	ma:n⁵⁵	dei³⁵.	"ma:i²¹
男	那	睡	和	互相	就	有	怀孕	了	你

tɕet³⁵	rɔi²¹	no³⁵!	ta:u⁵⁵	re²¹re²¹	da:n⁵⁵	lɔŋ²¹	nən²¹³	tɕo⁵⁵	ma:i²¹
死	了	（语气）	我	（停顿）	织	笼	猪	给	你

nɛm³⁵	ɕon³⁵	thəŋ⁵⁵."	ve²¹thi²¹	kɔn⁵⁵ɣa:i³⁵	no³⁵	səɯ²¹	rɔi²¹,	ve²¹	no³⁵
抛	下	河	这时	女儿	她	怕	了	（发语词）	她

səɯ²¹	thi²¹	ve²¹thi²¹,	no³⁵	ve²¹	di⁵⁵	tɯ²¹³that³⁵	oi³⁵,	kɔn³⁵ɣa:i³⁵	no³⁵
怕	就	这样	她	这样	去	自杀	了	女儿	她

di⁵⁵ tɯ²¹³that³⁵ oi³⁵, ve²¹thi²¹ tɯ²¹that³⁵ ne³⁵. ve²¹thi²¹ hoŋ⁵⁵ dei³⁵ bo³⁵mɛ²¹
去　自杀　了　这样　自杀　呢　这样　那天　父母

no³⁵ biu³⁵ den³⁵ ŋa:i²¹ nau²¹³, ve²¹thi²¹ jəɯ²¹ nau²¹³ thi²¹ nɛm³⁵
她　说　到　天　哪　这样　时辰　哪　就　抛

kɔn⁵⁵ɣa:i³⁵ di⁵⁵ khoŋ⁵⁵ thi²¹ mət³⁵ mat²¹, ban²¹ ŋɯɛi²¹ mət³⁵
姑娘　　去　不　就　面　子　等于　人　丢

kai³⁵ ja⁵⁵fa:ŋ⁵⁵ ko²¹ khak³⁵mi:n²¹ dei³⁵ di⁵⁵ thoi⁵⁵, ve²¹thi²¹ den³⁵ dei³⁵
个　家风　的　自己　　这样　算　了　这样　到　这

ni³⁵, ve²¹thi²¹ kɔn⁵⁵bɛ³⁵ ŋe⁵⁵ den³⁵ bo³⁵ mɛ²¹ nɔi³⁵ ve²¹thi²¹
语气　这时　姑娘　听　到　父　母　说　这时

no³⁵ khɔk³⁵wo⁵⁵wo⁵⁵ di⁵⁵, no⁵⁵ di⁵⁵ ra:i³⁵ ɕon³⁵ thəŋ⁵⁵
她　哭哭啼啼　的　她　去　跳　下　河

tɯ²¹that³⁵ thoi⁵⁵, ve²¹thi²¹ dem⁵⁵ hoŋ⁵⁵dei³⁵ kon²¹ ko³⁵ mɯə⁵⁵,
自杀　　了　这样　晚上　那天　都　有　雨

thi²¹ ve²¹thi²¹ no³⁵ ə²¹ bin⁵⁵ thəŋ⁵⁵ kai³⁵ kəu²¹³, ə²¹ kai³⁵
就　这样　她　在　边　河　座　桥　在　条

thəŋ⁵⁵ ten⁵⁵ ko³⁵ kai²¹ kəu²¹³ dei³³ ve²¹ dei³⁵ kai³⁵ kəu²¹³ dei³⁵,
河　上　有　座　桥　的　这样　的　座　桥　这

no³⁵ tɕɔn²¹bi²¹³ ra:i³⁵ dei³⁵, kai³⁵ khi⁵⁵ ra:i³⁵ dei³⁵, thi²¹ la²¹ tha:ŋ²¹
她　准备　跳　呢　个　时　跳　的　就　是　小伙子

dei³⁵ la²¹ ve³⁵ no³⁵ ŋu³⁵, dei³⁵ la²¹ tɕɔn²¹, ji⁵⁵ ma²¹ tɕɥə²¹³ fai³⁵
这　是　和　她　睡　这　是　老公　但　是　没　是

tɕɔn²¹, thi²¹ la²¹ tha:ŋ²¹ ja:i⁵⁵ dei³⁵ ve³⁵ no³⁵ ŋu³⁵ dei³⁵ tɕɥə²¹³ fai³⁵
老公　就　是　小伙　子　这　和　她　睡　这　没　是

tɕɔn²¹, ji⁵⁵ ma²¹ ve³⁵ no³⁵ tot³⁵ dei³⁵ thi²¹ ve³⁵ ra:i³⁵ ve³⁵ om⁵⁵
老公　但　是　和　她　好　的　就　就　跳　就　抱

va:u²¹³ ha:i³⁵ kai³⁵ lən⁵⁵ thi³⁵ ve²¹, ve³⁵ ha:i⁵⁵ ŋɯəi²¹ na:ŋ²¹³
入　两　个　胯　这　样（发语词）两　人　重

kwa³⁵ khoŋ⁵⁵ keu³⁵dɯək²¹ tɯən²¹ keu³⁵, jɯ⁵⁵ma²¹ khoŋ⁵⁵ keu³⁵ dɯək²¹
过　不　救得　　想　救　但是　　不　救　得

thot³⁵, ve²¹ ra:i²¹ ɕon³⁵ thəŋ⁵⁵ ne²¹ ha:i⁵⁵ ŋɯəi²¹ kon²¹ tɕet³⁵ roi²¹
（语气）（发语词）跳　下　河　呢　两　人　都　死　了

ve³⁵ bi:n³¹⁵ nə⁵⁵ kɔn⁵⁵ tha:m⁵⁵. ve²¹thi²¹ kɔn⁵⁵ tha:m⁵⁵, ve²¹ bi:n³¹⁵
（发语词）变　了　只　鲨　这样　只　鲨　（发语词）变

nə⁵⁵	kɔn⁵⁵	tha:m⁵⁵	thi²¹	no³⁵	kɔn²¹	ket³⁵	ɲa:u⁵⁵	ve²¹.
了	只	鲨	就	他们	都	连	互相	这样

两人这样相爱了。后来她知道怀孕了，她都不知道已经怀孕两三个月了。这样她父母就问她："你和谁怀孕的？你说出来。"这样她就说那天和那个男的一起睡了就怀孕了。"你去死掉算了，我给你织个猪笼，把你抛下河。"这时他女儿就怕了，她怕就这样，她就去自杀了，他女儿去自杀了，这样就自杀。那天她父母说到哪天哪个时辰就抛姑娘下河去，姑娘让他们没有面子，等于丢了自己的家风，这样做算了。这时这姑娘听到父母这么说，她哭哭啼啼的，她去跳河自杀了。那天晚上有雨，就这样她到了河边的一座桥上。她在桥上准备跳的时候呢，这个和她睡的小伙子，这是老公，但是又不是老公，就是这个和她睡过，不是老公，但是和她好过的就跳下去救，就这样抱着两个胯。两个人太重了，没有救成，想救但是没有救成，跳下河呢两个人都死了，就变成了鲨。这样变成了鲨，他们就这样相互连在一起。

kɔn⁵⁵	tha:m⁵⁵	ne²¹	ve²¹thi²¹	no³⁵	kɔn⁵⁵	ɣa:i³⁵	dei³⁵,	kɔn⁵⁵
只	鲨	呢	就是	她	女	儿	的	只

nɯ³¹⁵	dei³⁵	no³⁵	biu²¹³	ka:m³⁵	ən⁵⁵,	no³⁵	thi²¹	ve²¹	no³⁵	ve³⁵	bi²¹³
女	的	她	说	感	恩	他	是	为	她	为	被

hai²¹	no³⁵	tɕet³⁵	thoi⁵⁵,	ve²¹	ve²¹	bi²¹³	hai²¹³	no³⁵	tɕet³⁵	thoi⁵⁵	ve³⁵
害	他	死	了	（停顿）	被	害	他	死	了	才	这样

kɔ:ŋ³⁵	tɕən²¹	di⁵⁵,	thi²¹	nɯək³⁵	len⁵⁵	kɔn²¹	kɔ:ŋ³⁵	tɕən²¹	len⁵⁵
背	老公	去	就	水	上	都	背	老公	上

nɯək³⁵	rak²¹	thi²¹	kɔn²¹	kɔ:ŋ³⁵	tɕən²¹	bo²¹	rak²¹	dei³⁵
水	退	就	都	背	老公	爬	退	这样

bo²¹	bo²¹	bo²¹,	den³⁵	tha:ŋ³⁵	ba⁵⁵	bat³⁵dau²¹	thi²¹	bo²¹	den³⁵
爬	爬	爬	到	月	三	开头	就	爬	到

tha:ŋ³⁵	tha:ŋ³⁵	ta:m³⁵	ve²¹,	thi²¹	bo²¹	den³⁵	jo³⁵	thu⁵⁵	çɔn³⁵	jo³⁵
月	月	八	（语气）	就	爬	到	风	秋	下	风

bək³⁵	çɔn³⁵	rɔi²¹	thi²¹	ve³⁵	ep³⁵iŋ⁵⁵.	ve²¹	ep³⁵iŋ⁵⁵	thi²¹
北	下	了	就	才	趴定了	（发语词）	趴定	就

mot²¹	la:m⁵⁵	thi²¹	bɔn³⁵	muə²¹	thi²¹	kɔn²¹	ko³⁵	kɔn²¹	ko³⁵
一	年	就	四	季	就	都	有	都	有

təŋ³⁵,	dei³⁵	la²¹	ve²¹thi²¹	kɔn⁵⁵ɣa:i³⁵	dei³⁵	jɔi²¹	la²¹	tha⁵⁵toi²¹³,
蛋	这	是	这样	姑娘	这	叫	作	赎罪

no³⁵	ve²¹	ve²¹	ve²¹	kɔn³⁵	ɣa:i³⁵	dei³⁵	no³⁵	tɕən²¹	kɔn⁵⁵ja:i⁵⁵
他	为	为	为	姑娘	这	她	老公		小伙子
thi²¹	ve³⁵	tɕet³⁵,	ve²¹thi²¹	no³⁵	ta²¹toi²¹³	thi²¹	no³⁵,	no³⁵	bo²¹
才	会	死	这样	她	赎罪	就	她	她	爬
den³⁵	mot²¹	la:m⁵⁵	tɯ³¹⁵	kwe³⁵,	ve²¹thi²¹	ɕən⁵⁵	ha²¹³	thu⁵⁵	
到	一	年	四	季	这样	春	夏	秋	
tɕɯ³¹⁵	ve²¹	bo²¹	di⁵⁵	bo²¹	lai²¹³	bo²¹	len⁵⁵	bo²¹	ɕon³⁵
冬	这样	爬	去	爬	来	爬	上	爬	下
ve²¹thi²¹	kon²¹	den³⁵	bai⁵⁵jɯɯ²¹³	thi²¹	ve³⁵	den³⁵	jo³⁵	bək³⁵	ɕon³⁵
这样	都	到	现在	就	是	到	风	北	下
ve³⁵	den³⁵,	no³⁵	kon²¹	la²¹	ep³⁵iŋ⁵⁵,	ɣɔi²¹	la²¹	doŋ⁵⁵min²¹³.	dei³⁵ la²¹
才	到	它	都	是	趴定	叫作		冬眠	这是
la²¹	khwaŋ²¹	la²¹	la:m⁵⁵	tha:ŋ³⁵	ve²¹	thoi⁵⁵,	no³⁵	ep³⁵iŋ⁵⁵,	
是	大	约	是	五	月	这样	她	趴定	
ep³⁵iŋ⁵⁵	ə²¹	i⁵⁵dan³⁵	dei³⁵	thi²¹	iŋ⁵⁵iŋ⁵⁵thit³⁵	thit³⁵	ve²¹	thoi⁵⁵,	tɕa:n³⁵
趴定	在	淤泥	这	就	静悄悄		这样	了	没
bo²¹	di⁵⁵	dəu⁵⁵	kwa⁵⁵,	ve²¹	la²¹,	kɔn⁵⁵tha:m⁵⁵	ka:i³⁵	dei³⁵	la²¹
爬	去	哪	过	这样	是	鲨	母	这	是
kɔn⁵⁵	ɣa:i³⁵	dei³⁵,	hi²¹	no³⁵	bo²¹	ta²¹toi²¹³	tɕo⁵⁵	nən²¹	ʔoŋ⁵⁵ dei⁵⁵
只	姑娘	的	就	它	爬	赎罪	给	个	男 这
khoŋ⁵⁵	ve²¹	no³⁵	thi²¹	no³⁵	khoŋ⁵⁵	tɕet³⁵	dɯək²¹,	dei³⁵	la²¹
不	为	她	就	他	不	死	得	这	是
kai³⁵	ku²¹tit³⁵	la²¹	nɔi³⁵	thet³⁵.					
个	故事	是	说	这样					

  这鲨就是那富人的女儿，她说感恩男子是为了她才被害死了，他被害死了她就背老公，涨潮的时候背老公上滩，退潮的时候背老公退回海里，这样爬爬爬，从三月开始一直爬到八月，爬到秋风下北风下才趴定了。趴定了，鲨一年四季都有蛋。这姑娘把这叫作赎罪，小伙子为了这姑娘，他才会死，这样她为了赎罪她就一年四季地爬，就是春夏秋冬，这样爬来爬去爬上爬下，到现在就是到北风下它才趴定，叫作冬眠。大约是持续五个月这样子，她趴定，就这样静悄悄地趴定在淤泥里，没爬去哪。鲨母是这个姑娘，它爬着给这个男的赎罪，不为了她，他就不会死，这个故事就是这样的。

5. 尿床

da:i³⁵ jəm²¹
尿　　　床竹

an²¹ bai⁵⁵jəɯ²¹ nɔi³⁵ kai³⁵ ku²¹tit³⁵ la²¹ da:i³⁵jəm²¹, kai³⁵ ku²¹tit³⁵ dei³⁵ la²¹
俺　现在　　说　个　故事　　是　尿床　　个　故事　　这　是

ŋa:i²¹ɕɯɯ⁵⁵, thi²¹ la²¹ ko³⁵ ko³⁵ mot²¹ ha:i⁵⁵ və²¹tɕən²¹ ko³⁵
从前　　　　就　是　有　有　一　　两　　婆公　　有

mot²¹ duɯə³⁵ kɔn⁵⁵ thi²¹ dem⁵⁵ thi²¹ no³⁵ ka³¹⁵ŋa:i²¹ kon²¹ da:i³⁵jəm²¹,
一　　个　　孩子　是　晚上　就　他　整天　　都　　尿床

ve²¹thi²¹ ko³⁵ mot²¹hoŋ⁵⁵ kɔn⁵⁵ hum²¹³ ne³⁵e²¹ tɯən³¹⁵ lai²¹ an⁵⁵thit²¹,
这样　　有　一天　　　只　　老虎　　语气　想　　来　吃肉

bat³⁵ kɔn⁵⁵ bo²¹³ ve²¹thi²¹ hoŋ⁵⁵ dei³⁵ thi²¹ lai²¹³ ko³⁵ mɯə⁵⁵
抓　头　牛　这样　　天　那　是　又　有　雨

mɯə⁵⁵ roi²¹ no³⁵ lai²¹³ jot²¹ va:u²¹ do:ŋ³⁵kɯən²¹ tha:ŋ²¹kɔn⁵⁵
下雨　了　　它　又　漏　进　　裆裤　　　男孩

no³⁵ ve²¹, bo³⁵ mɛ²¹ no³⁵ biu³⁵: "teu³⁵mɛ²¹ma:i²¹, ma:i²¹
他　这样　父　母　他　说　　×××　　　　你

ma:i²¹ma:i²¹ kɯ⁵⁵nau²¹ kon²¹ da:i³⁵jəm²¹, thi²¹ ta:u⁵⁵ nem³⁵ tɕo⁵⁵ kɔn⁵⁵
天天　　　时哪　　都　尿床　　　就　我　扔　给　只

hum²¹³ an⁵⁵ thit²¹ ne²¹," kɔn⁵⁵ no³⁵ nɔi³⁵ biu³⁵: "ta:u⁵⁵ hai³⁵ ʔi⁵⁵
老虎　吃　肉　（语气）儿　他　说　　说　　我　怕　什么

hum⁵⁵? ta:u⁵⁵ wən³⁵ la²¹ hai³⁵ jot²¹ thoi⁵⁵." bo³⁵ mɛ²¹ no³⁵ lai²¹³
虎　　我　只　是　怕　流水　罢了　父　母　他　又

khoŋ⁵⁵ heu³⁵ thi²¹ no³⁵ mɯə⁵⁵ jot²¹ ɕon³⁵ do:ŋ³⁵kwən²¹ no³⁵ thi²¹,
不　　知　是　它　下雨　流　下　裤裆　　　他　是

thau⁵⁵ thi²¹ biu²¹³: "ve²¹thi²¹ jot²¹ ta:u⁵⁵ nem³⁵ ma:i²¹ di⁵⁵. "ta:u⁵⁵
后来　就　说　　这样　流　我　扔　你　去　我

khoŋ⁵⁵ səɯ²¹ dəu³⁵ hum²¹³ ta:u⁵⁵ khoŋ⁵⁵ səɯ²¹³ ta:u⁵⁵ wən³⁵ la²¹ hai³⁵
不　怕　了　老虎　我　不　怕　我　只　是　怕

jot²¹."
滴水

现在说的故事是尿床，这个故事是从前的故事，就是有一对夫妻有一个孩子，他整天晚上都尿床。有一天一只老虎想来吃肉，想抓头牛。那天又有雨，下雨了，雨水又漏进男孩的裤裆。他又这样裤裆湿了，他父母说："×××，你每天时时刻刻都尿床，我就把你扔给老虎吃掉。"他儿子说："我怕什么老虎？我只是怕滴水罢了。"他父母又不知道是下雨滴进他裤裆。后来就说，"这样尿床，我扔你出去。""我不怕，老虎我不怕，我只是怕滴水。"

ve²¹	thau⁵⁵	thi²¹,	thau⁵⁵	thi²¹	ə²¹	na²¹	ə²¹	bin⁵⁵	thau⁵⁵	na²¹	dei³⁵
这样	后来	就	后来	就	在	家	在	边	后	屋	那

ko³⁵	kɔn⁵⁵	hum²¹³	tuən²¹	an⁵⁵	thit²¹	kɔn⁵⁵	bo²¹,	lai²¹³	kɔn²¹	ko³⁵	mot²¹
有	只	老虎	想	吃	肉	头	牛	又	还	有	一

tha:n²¹jak²¹,	dei³⁵	lai²¹³	tuən²¹	an⁵⁵tom²¹³	kɔn⁵⁵	bo²¹,	ve²¹thi²¹	no³⁵
贼	这	又	想	偷到	只	牛	这样	他

the³⁵	kɔn⁵⁵	hum²¹³	ep³⁵	ə²¹	dei³⁵	no⁵⁵,	no³⁵	ep³⁵	ə²¹	dei³⁵	ni³⁵,	thi²¹ve²¹
见	只	老虎	趴	在	这	（语气）	它	趴	在	那	呢	这样

kai³⁵	tha:n²¹jak²¹	dei³⁵	khoŋ⁵⁵	ŋe³⁵	la²¹	kɔn⁵⁵	hum²¹³,	la²¹	kɔn⁵⁵	bo²¹
个	贼	这	不	想	是	只	老虎	是	只	牛

khoŋ⁵⁵	kəi³⁵	len⁵⁵	bo²¹	lo⁵⁵,	kɔn⁵⁵	hum²¹³	ve³⁵	səɯ²¹³	roi²¹
（语气）	骑	上	牛	呢	只	老虎	就	怕	了

ve³⁵	bo³⁵,	tɕa:i²¹,	tɕa:i²¹,	tɕa:i²¹,	ve²¹thi²¹	den³⁵	ku⁵⁵	thau⁵⁵	ne³⁵,
就	跑	走	走	走	这样	到	时	后来	呢

thi²¹	the³⁵	kɔn⁵⁵	khi³⁵,	kɔn⁵⁵	khi³⁵	ɣɔi²¹:	"an²¹,	an⁵⁵	hum²¹³	e³⁵,
就	见	只	猴子	只	猴子	叫	哎	哥	虎	呃

ə²¹	ma:i²¹	bo³⁵	ʔi²¹	dei³⁵?	ə²¹	ma:i²¹	bo³⁵	ʔi²¹	dei³⁵?"
（语气）	你	跑	什么	（语气）	（语气）	你	跑	什么	（语气）

"teu²¹³	mɛ²¹	ma:i²¹,	ma:i²¹	kɔn²¹	hɔi³⁵,	ma:i²¹	khoŋ⁵⁵	biət³⁵	thən²¹
×	×	×	你	还	问	你	不	知	贼

nai²¹	no³⁵	kon³⁵	həŋ⁵⁵	həŋ⁵⁵	ta:u⁵⁵,	no³⁵	biu²¹³	hum²¹³	khoŋ⁵⁵
这	他	还	强	过	我	他	说	虎	不

səɯ²¹³	nə⁵⁵."	ve²¹,	kɔn⁵⁵khi³⁵	nɔi³⁵	biu³⁵:	"khoŋ⁵⁵thau⁵⁵	ko³⁵
怕	语气	这样	猴子	说	说	没问题	有

ta:u⁵⁵	ə²¹	dei³⁵,	ta:u⁵⁵	kɔ:ŋ³⁵	ma:i²¹	len⁵⁵	kəi⁵⁵	bo²¹
我	在	这	我	背	你	上	树	爬

len⁵⁵	kəi⁵⁵,	no³⁵	la:m²¹	deu³⁵	ʔi²¹	la²¹?"	ve²¹thi²¹	no³⁵
上	树	他	做	鸟	什么	是	这样	它

kon²¹	kɔ:ŋ³⁵	ve²¹	kɔ:ŋ³⁵,	kɔn⁵⁵	khi³⁵	kɔ:ŋ³⁵	kɔ:ŋ⁵⁵	hum²¹³	be³⁵	thoi⁵⁵,
都	背	就	背	只	猴	背	背	虎	小	了

ve²¹	kɔn⁵⁵	khi³⁵	khoŋ⁵⁵	kɔ:ŋ³⁵	len⁵⁵	kɔn⁵⁵	hum²¹³,	ve²¹	thən²¹
这	只	猴	不	背	上	只	虎	这时	贼

kai³⁵thən²¹,tɛ³⁵kɔn⁵⁵		biu²¹³		no³⁵	bo³⁵	no³⁵	nem³⁵	ra⁵⁵
贼 小孩		说		他	父	他	丢	出
bin⁵⁵	ŋa²¹	dei³⁵,	dei³⁵	tɕo³⁵	kɔn⁵⁵	hum²¹³	dei³⁵	thi²¹
边	屋	的	这	给	只	虎	这	就
kon²¹	teu²¹	len⁵⁵	kəi⁵⁵,	ve²¹thi²¹	no³⁵		teu²¹	len⁵⁵ kəi⁵⁵
都	爬	上	树	这是	他		爬	上 树
tɯək³⁵ roi²¹,		ve²¹thi²¹ kɔn⁵⁵		hum²¹³	ve³⁵	bo²¹	len⁵⁵,	hai³⁵
先 了		这样 只		虎	才	爬	上	吓
te³⁵	nɯək³⁵	da:i³⁵	ra⁵⁵	re⁵⁵,	ve²¹thi²¹ nɯək³⁵		da:i³⁵	dei³⁵
尿（动词）	水		出	（语气）	这样 尿		水	这
jot²¹	va:u²¹	mat³⁵	kɔn⁵⁵	hum²¹³,	mat³⁵	kɔn⁵⁵	hum²¹³	khoŋ⁵⁵ ɕot³⁵
滴	进	眼	只	虎	眼	只	虎	不 辣
di⁵⁵?	no³⁵	ve³⁵	rap³⁵	rap³⁵, ə²¹,	thi³⁵ve²¹ nai²¹		no³⁵	ve³⁵ məɯ³¹⁵
吗	它	就	合眼	合眼（语气）	这样		他	才 开
bo³⁵,	bo³⁵	bo³⁵	bo³⁵.	"teu³⁵	me²¹	no³⁵,nən²¹ nai²¹	bo³⁵	ro²¹re²¹."
跑	跑	跑	跑.	×	×	× 次	这	跑（语气）
kɔn⁵⁵	khi³⁵	ve³⁵	nɔi³⁵	biu³¹⁵:	"ʔoŋ⁵⁵	teu³⁵	me²¹	ma:i²¹,
只	猴	才	说	说	×	×	×	你
ma:i²¹	tɕa:i²¹	ʔi²¹	dei³⁵?"	mot²¹	than²¹	mat²¹	moi³⁵ ta:i³⁵	ɕa:n⁵⁵,
你	跑	什么	（语气）	一	个	脸	鼻 蓝	青
mot²¹	than²¹	thi²¹	ŋa:n⁵⁵	ra:n⁵⁵	ma²¹	kɯəi²¹.		
一	个	就	露	牙齿	停顿	笑		

　　后来这样，后来就在房后那里有只老虎想吃牛的肉。还有一个贼，想偷头牛。那贼见老虎趴在那呢，这贼没想到是只老虎，以为是头牛。他骑上牛呢，这只老虎就怕了，就跑，跑跑跑，到后来呢，就看见一只猴子，猴子叫道："哎，虎哥呃，你跑什么？你跑什么？""×××，你还问我，你不知道这贼他比我厉害，他说不怕老虎。"这猴子说："没问题，有我在这，我背你上树。爬上树，他能够对你做什么呢？"这样它就背，这只猴子就背小老虎了。这只猴子背不上这只小老虎。这时那贼，小孩父亲说把他丢在房外给这只老虎的，都爬上树了，他先爬上树的。这时这只老虎才爬上来，他吓出尿来了，这尿液滴进这只老虎的眼睛，这只老虎的眼睛不辣吗，它就闭上眼，呃，这样他就开跑，跑跑跑。"×××，这次跑了。"这只猴子就说："×××，你跑什么？"一个碰得鼻青脸肿，一个就露出牙齿笑。

ve²¹ thau⁵⁵ kai³⁵ ku²¹tit³⁵ dei³⁵ den³⁵ bai⁵⁵jɤu²¹ kon²¹ la²¹ mot²¹ təu²¹ tɕe:n³⁵
这　后来　个　故事　这　到　现在　都　是　一　代　传

than⁵⁵ mot²¹ təu²¹, mot²¹ təu²¹ tɕe:n³⁵ than⁵⁵ mot²¹ təu²¹, ve²¹thi²¹ tɕɯ³¹⁵
到　一　代　一　代　传　到　一　代　这样　这样

nɔi³⁵ ve²¹thi²¹ den³⁵ dəi²¹¹ bai⁵⁵jɤu²¹ thi²¹ nɔi³⁵ the³⁵, ve²¹
说　这是　到　代　现在　是　说　这样　这

thi²¹ kai³⁵ ku²¹tit³⁵ dei³⁵ kon²¹ la²¹ ŋɯəi²¹ rən³¹⁵ lai²¹ thoi⁵⁵,
样　个　故事　这　都　是　人　引　来　的

khoŋ⁵⁵ fai²¹ ko²¹ khak³⁵mi:n²¹ biə²¹³ ra⁵⁵ rəu⁵⁵.
不　是　的　自己　编　出　（语气）

后来这个故事到现在都是一代传一代，一代传一代，传到现在还是这样。这个故事是大家传下来的，不是我自己编出来的。

6. 蛇吸奶的故事

kɔn⁵⁵ ra:ŋ³⁵ bu³¹⁵ thɯə³¹⁵
条　蛇　吸　奶汁

dei³⁵ la²¹ nɔi³⁵ kai³⁵ ku²¹tit³⁵ la²¹ kɔn⁵⁵ ra:ŋ³⁵, kɔn⁵⁵ ra:ŋ³⁵ to⁵⁵ dei³⁵ bu³¹⁵
这　是　说　个　故事　是　条　蛇　条　蛇　大　这　吸

thɯə³¹⁵. kɔn⁵⁵ me²¹ ŋoi²¹ ʙep³⁵ ne³⁵. ve²¹thi²¹ la:m⁵⁵ tɕin³⁵bai³⁵ ha⁵⁵ tɕin³⁵
奶汁　个　母　生　月子　呢　这是　年　九七　（语气）九

ta:m³⁵ kai³⁵ la:m⁵⁵ dei³⁵. ve²¹thi²¹ ə²¹ biət²¹na:m⁵⁵ ko³⁵ mot²¹ ŋɯəi²¹ ŋoi²¹ ʙep³⁵,
八　个　年　（语气）这是　在　越南　有　一　人　坐　月子

ve²¹thi²¹ kɔn⁵⁵ no³⁵ thi²¹ mɛ³⁵ no³⁵ thi²¹ ȵiu²¹ thɯə²¹ kwa³⁵, no³⁵ an⁵⁵ dəu²¹ ha:i⁵⁵
这是　儿　她　是　母　她　是　多　奶水　过　她　吃　豆　还

la²¹ an⁵⁵ kai³⁵ ʔi²¹ ȵiu²¹ thɯə²¹ kwa³⁵, mot²¹ ŋa:i²¹ vət³⁵ la:m²¹
是　吃　个　什么　多　奶水　过　一　天　出　（语气）

me³⁵ ʔoŋ³⁵ ra⁵⁵ kai³⁵ tɯən²¹ ŋwa:i²¹ dei³⁵.
几　筒　出　个　墙　外　的

这个故事是说有条蛇，这条大蛇在这吸奶汁。一位母亲生了孩子坐月子，这是一九九七年还是一九九八年左右。在越南有一个人坐月子，这个孩子的母亲奶水很多，她吃了豆子还是什么，所以奶水很多，一天要倒几筒到墙外面去。

thi²¹ve²¹ thi²¹ kɔn⁵¹, kai³⁵ kɔn⁵⁵ ra:ŋ³⁵, kai³⁵ kɔn⁵⁵ ra:ŋ³⁵
这样　就　只　条　只　蛇　个　只　蛇

to⁵⁵ dei³⁵ tɕɯ³¹⁵ ŋei³⁵ kai³⁵ ʔi²¹ la²¹ ŋɔt²¹ ve²¹
大 这 常 闻 个 什么 是 甜 这么
ve²¹thi²¹ ve²¹ thi²¹ dem⁵⁵ ne³⁵, ve²¹thi²¹ dem⁵⁵ no³⁵
这样 这样 晚 上 呢 这样 晚上 它
ve³⁵ va:u²¹ bo²¹ va:u²¹. bu³⁵ ko²¹ kɔn⁵⁵ mɛ²¹ dei³⁵ kai³⁵
才 进 爬 进 吸 的 个 母 那 个
thɯə³¹⁵ ko²¹ kɔn⁵⁵ mɛ²¹ dei³⁵ ŋɔt²¹, no³⁵ bu³⁵ ve²¹thi²¹ kɔn⁵⁵
奶水 的 个 母 这 甜 它 吸 这样 个
mɛ²¹ dei³⁵ ŋe³⁵ la²¹ kɔn⁵⁵ mɛ²¹ ŋe³⁵ la²¹ kɔn⁵⁵ no³⁵ bu³⁵
母 这 想 是 个 母 这 想 儿 她 吸
ko⁵⁵ thi²¹ khoŋ⁵⁵ khoŋ⁵⁵ biət³⁵ dɯək²¹, den³⁵ kɯ⁵⁵thau⁵⁵ tɕɔn²¹
的 就 不 不 知 得 到 后来 老公
no³⁵ ve²¹ ve³⁵ the³⁵ ha:n²¹thau⁵⁵ ko³⁵ kɔn⁵⁵ ra:ŋ³⁵ to⁵⁵ thi²¹ bu³⁵
她 回 才 见 怎会 有 条 蛇 大 是 吸
və²¹³ no³⁵ dei⁵⁵ ve³⁵ ɣɔi²¹³: "a⁵⁵, tɕet³⁵ rɔi²¹ tɕet³⁵ rɔi²¹ tɕet³⁵
老婆 他 的 才 叫 叹 死 了 死 了 死
rɔi²¹, ra:ŋ⁵⁵ to⁵⁵ an²¹ thit²¹ və²¹³ rɔi²¹³." ve²¹ no³⁵ ha:n²¹thau⁵⁵ tot³⁵
了 蛇 大 吃 肉 老婆 了 这样 他 怎么 好
ne³⁵ ve²¹thi²¹ no³⁵ ŋe³⁵ di⁵⁵ ŋe³⁵ lai²¹³, "o⁵⁵, ɣən²¹ dei⁵⁵ ko³⁵
呢 这样 他 想 去 想 来 哦 近 这 有
mot²¹ kai³⁵ bo²¹dɔi²¹³, ta:u⁵⁵ di⁵⁵ tim²¹³ bo²¹dɔi²¹³ lai²¹³ ho²¹³."
一 个 部队 我 去 找 部队 来 帮
ve²¹thi²¹ kai³⁵ bo²¹dɔi²¹³ dei³⁵ ko³⁵ mot²¹ ŋɯəi²¹ ko⁵⁵ bak³⁵ɕi³⁵,
这样 个 部队 这 有 一 个 女 医生
ve²¹thi²¹ no³⁵ ve³⁵ lai²¹³ ren²¹, tɕet³⁵ kɔn⁵⁵ ra:ŋ³⁵ na:u²¹³
于是 她 才 来 看 死了 条 蛇 哪
lai²¹³ to⁵⁵ the³⁵, ve²¹thi²¹ ha:n²¹ thau⁵⁵ dɯək²¹? no³⁵ lai²¹³,
停顿 大 这样 这样 怎 么 得 她 又
mi:n²¹ ma²¹ jɔt²¹ kɔn⁵⁵ ra:ŋ³⁵ dei³⁵ thi²¹ thi²¹ jɔt²¹ ka³⁵
你 如果 打 条 蛇 这 就 就 打 整个
ŋɯəi²¹ thi²¹ khoŋ⁵⁵ dɯək²¹ no³⁵ ŋe³⁵ di⁵⁵ lai²¹³ ŋe²¹ lai²¹³,
人 就 不 得 她 想 去 又 想 来
bak³⁵ko⁵⁵ɕi²⁵ dei³⁵ ŋe²¹ di⁵⁵ ŋe²¹ lai²¹³, "o⁵⁵, tɔi⁵⁵ nei³⁵ tiəm⁵⁵
女医生 这 想 去 想 来 哦 我 拿 针

lai²¹³	tiəm⁵⁵	no³⁵."	no³⁵	la²¹	ko³⁵	kai³⁵	ɕɯə³⁵	thok³⁵	rɔi²¹ la²¹
来	针	它	她	是	有	个	种	药	叫作
tiəm⁵⁵	me⁵⁵	dei³⁵,	tiəm⁵⁵	me⁵⁵	dei³⁵	no³⁵	ve³⁵	tiəm⁵⁵	mot²¹
针	麻醉	的	针	麻醉	的	她	就	针	一
ʔoŋ⁵⁵	to⁵⁵,	kai⁵⁵	thok³⁵	me⁵⁵	dei³⁵	va:u²¹	ve²¹	kɔn⁵⁵	
筒	大	个	药	麻	这	进	才	条	
ra:ŋ³⁵	thi²¹	thən⁵⁵	tha³⁵	thən⁵⁵	tha³⁵	thən⁵⁵	tha³⁵		
蛇	就	慢	慢	慢	慢	慢	慢		
thən⁵⁵	tha³⁵	thən⁵⁵	tha³⁵	ve³⁵	me²¹,	ve⁵⁵	ha³⁵	mi:n²¹	
慢	慢	慢	慢	才	麻	才	开	嘴	
ra⁵⁵	rɔi²¹,	ha³⁵	mi:n²¹	ra⁵⁵	vu³⁵ra⁵⁵	rɔi²¹,	thi³⁵ve²¹	kɔn⁵⁵	mɛ²¹
出	了	开	嘴	出	奶头	了	这样	个	母亲
dei³⁵	mət³⁵	hoŋ²¹³	mət³⁵	viə³⁵	rɔi²¹,	mət³⁵	hoŋ²¹³		
这	失	魂	落	魄	了	失	魂		
mət³⁵	viə³⁵	thau⁵⁵	thi²¹	thi²¹	thi²¹	thi²¹	thi²¹	thi²¹	
落	魄	后来	是	是	是	是	是	是	
me³⁵	ŋa:i²¹	no³⁵	kon²¹	di⁵⁵	ȵa²¹thɯən⁵⁵	dei³⁵	kha:m³⁵	ne³⁵	
几	天	她	都	去	医院	的	挖走	呢	
khoŋ⁵⁵	thi²¹	viə³⁵	no³⁵	li:n⁵⁵	hon²¹	no³⁵	bai⁵⁵	len⁵⁵	
不	是	魂	她	灵	魂	他	飞	上	
jəi²¹	het³⁵,	dəu⁵⁵	lai²¹³	ko³⁵	kɔn⁵⁵	ra:ŋ³⁵	to⁵⁵	ve²¹	bu³⁵,
天	完	哪	来	有	条	蛇	大	这么	吸
kho³⁵	rɔi²¹,	bo²¹doi²¹³	dei³⁵	ve³⁵	dɛm³⁵	kɔn⁵⁵	ra:ŋ³⁵	dei³⁵	thi²¹
难	了	部队	这	才	带	条	蛇	这	就
dɛm⁵⁵	di⁵,	dɛm⁵⁵	di⁵⁵	nou³⁵.					
带	走	带	去	煲					

    这样就有一条大蛇常常闻到什么东西这么甜，到了晚上呢，晚上它就爬进来，吸那个母亲的甜奶水，它吸奶水呢这个母亲还以为是她孩子在吸，不知道是条蛇在吸，后来她老公回来就看见怎么有条大蛇在吸他老婆，他就叫起来："啊，死了死了死了，大蛇吃老婆的肉了。"他怎么办呢，他想来想去，"哦，这附近有一个部队，我去找部队来帮忙。"这个部队有一个女医生，于是她就来看，该死，哪来这么大的蛇，那么她又怎么办，你如果用枪打这条蛇就打着整个人，这样不行，她想来想去，这女医生想来想去，"哦，我拿针来打它。"她是有种药叫作麻醉针的，她就打了一大筒，这麻药进了这条大蛇，它慢慢就麻木了，就张开口了，开口吐出奶头了，

这个母亲就失魂落魄了，失魂落魄了后她几天都去医院，她灵魂飞上天去了，哪来条这么大的蛇吸奶，难了，这部队就带这条蛇走了，带去煲汤了。

kɔn⁵⁵	ra:ŋ³⁵	to⁵⁵	thi³⁵ve²¹	khwaŋ²¹	thi²¹	thau³⁵	mɯəi⁵⁵	me³⁵	kən⁵⁵
条	蛇	大	这样	大约	是	六	十	几	斤

nei³⁵	kɔn⁵⁵	ra:ŋ³⁵	thi³⁵	thau³⁵	mɯəi⁵⁵	me³⁵	kən⁵⁵,	ve²¹thi²¹
呢	条	蛇	是	六	十	几	斤	所以

den³⁵	bai⁵⁵jəɯ²¹	thi²¹	ŋɯəi²¹	n̥a²¹	no³⁵	ə³⁵	ə²¹	kai³⁵	kai³⁵
到	现在	是	人	家	他	生	在	个	个

kai³⁵	tɕən⁵⁵	rən²¹³	dei³⁵.	kai³⁵	tɕən⁵⁵	rən²¹³	dei³⁵	ə²¹	ten⁵⁵
个	脚	山	的	个	脚	山	那	在	上

rəm²¹³	rəm²¹³,	ə²¹	tɔ:n⁵⁵	ko³⁵	haŋ⁵⁵	ko³⁵	lo³⁵	ra:ŋ³⁵	thi²¹
密	密	在	里	有	坑	有	洞	蛇	是

kon²¹	n̥iu²¹,	i⁵⁵ma²¹	n̥a²¹	no³⁵	la²¹	ŋɯəi²¹	da:n³⁵	ka³¹⁵,	la²¹
都	条	要是	家	他	是	人	打	鱼	是

ə²¹	ɣan²¹³	dei⁵⁵	thoi⁵⁵,	khoŋ⁵⁵	ba⁵⁵n̥iu⁵⁵	sa⁵⁵	dəu⁵⁵	liə²¹	dei⁵⁵
在	近	的	了	不	多少	远	没	离	这

mot²¹	ta:m²¹	ke:i⁵⁵ɕo³⁵	ɣɔi²¹	la²¹	ɣən²¹,	thai³⁵	bin²¹³	la²¹
一	百	公里	叫	作	近	太	平	是

kɯe⁵⁵	no³⁵	ə²¹	dei³⁵,	ve²¹	kɔn⁵⁵	ra:ŋ³¹⁵	nei³⁵,	thau⁵⁵	thi²¹
故乡	她	在	那	这样	条	蛇	呢	后来	是

dɯə³⁵	te³⁵kɔn⁵⁵	dei³⁵	ve³⁵	thek³⁵ɣe²¹³,	khɔk³⁵	"wɛ³⁵wɛ³⁵wɛ³⁵"	i⁵⁵ma²¹
个	小孩	这	才	醒	哭	哇哇	但是

ra:ŋ³¹⁵	no³⁵	da³⁵	bat³⁵	di⁵⁵	rɔi²¹,	me²¹	no³⁵	thi²¹	thi²¹
蛇	他（部队）	已	抓	走	了	妈	他	是	是

di⁵⁵	n̥a²¹	bak³⁵ɕi³⁵	rɔi²¹,	ve²¹thi²¹	tu²¹	jəɯ²¹	di⁵⁵	no³⁵	lin⁵⁵hoŋ²¹³
去	家	医生	了	这样	从	现在	开始	她	灵魂

mət³⁵viə³⁵	rɔi²¹,	den³⁵	bai⁵⁵jəɯ²¹	kɔn²¹³	kɔn²¹³	ŋu⁵⁵,	no³⁵	səɯ²¹³	la²¹
丢	了	到	现在	还	有	愚蠢	他	怕	是

səɯ²¹	kɔn⁵⁵	ra:ŋ³¹⁵	to⁵⁵,	dei³⁵	thi²¹	bu³⁵	thɯə³¹⁵	no³⁵,	an²¹
怕	条	蛇	大	这	是	吸	奶	她	唵

la²¹	ve²¹.
是	这样

这条大蛇是六十几斤呢，到现在他们家住在那个山脚，在山脚那密密的有蛇坑有蛇洞，蛇到处都是。要是她家人打渔在附近的话，没有多远，没离这一百公里叫作近，太平是她故乡，这样那条蛇呢，后来这个小孩就

醒了,"哇哇"哭。但是部队已把蛇抓走了,他妈去医院了,这样从现在开始她灵魂丢了,到现在还有点愚蠢,她是怕那条大蛇,它吸过她的奶,就是这样。

7. 我的爱好

kai³⁵ thit³⁵ ko²¹ toi⁵⁵
个　喜欢　的　我

toi⁵⁵ la²¹ ŋo⁵⁵ven²¹³ tiu²¹³, la²¹ kai³⁵ thit³⁵ la²¹ la²¹ hat³⁵, ə²¹ ə² thoi²¹
我　是　吴永　　　就　是　个　喜欢　是　是　唱歌（语气）（语气）吹

kwen³⁵, lai²¹³ thoi³⁵ kɛn²¹, lai²¹³ nɔi³⁵ thən⁵⁵li:u²¹³, ve²¹thi²¹ toi⁵⁵ la²¹ nət³⁵
笛　　又　吹　口琴　又　说　顺口溜　　　这样　　我　是　很

thit³⁵ hat³⁵ ka⁵⁵ khok³⁵ viət²¹na:m⁵⁵ ve²¹ hat³⁵ biət²¹na:m⁵⁵ koŋ²¹ biət³⁵ ba⁵⁵
喜欢　唱　歌　曲　越南　　　（语气）唱　越南　　　都　懂　三

bon³⁵ muɯi⁵⁵ bai²¹³ viət²¹na:m⁵⁵ la²¹ dak²¹biət³⁵ hat³⁵ rən⁵⁵ ka⁵⁵ va²¹ tɕen²¹, hat³⁵
四　十　首　越南　　　是　特别　　唱　民　歌　和　谣　　唱

ko²¹³, hat³⁵ hɛŋ²¹³dai³⁵ hat³⁵ a²¹ hat³⁵ ka⁵⁵ ɕin⁵⁵, va²¹ hat³⁵ tɕuŋ⁵⁵kwok³⁵
古　　唱　现代　　　唱（语气）唱　歌　情　　和　唱　中国

koŋ²¹ dɯək²¹, hat³⁵ viət²¹na:m⁵⁵ koŋ²¹ dɯək²¹, tɕu²¹ iu³⁵ la²¹ hat³⁵ kai³⁵
都　得　　唱　越南　　　都　得　　主　要　是　唱　个

ka⁵⁵ khok³⁵ la²¹ tiŋ²¹ i:u⁵⁵, dət³⁵nɯək³⁵, kɯe⁵⁵na²¹. tɕu²¹iu³⁵ la²¹
歌　曲　　是　情　爱　国家　　　故乡　　　主要　　是

thit³⁵ hat³⁵ kai³⁵dei³⁵, ha:n²¹thau⁵⁵ lai²¹³ thit³⁵ ŋe⁵⁵ kai³⁵dei³⁵ ni³⁵?
喜欢　唱　这些　　　为什么　　又　喜欢　听　这些　　　呢

我是吴永就,是个喜欢唱歌的人,吹笛子,又吹口琴,又说顺口溜,我还很喜欢唱越南歌曲,越南歌曲都懂三四十首,特别是民歌和民谣,唱古歌,唱现代歌和情歌,中国歌也唱,唱越南歌都行,主要是唱爱情歌,有关国家和家乡的。为什么主要唱这些,为什么喜欢听这些呢?

ve²¹la²¹ bai⁵⁵jəɯ²¹ toi⁵⁵ ja²¹ roi²¹ la²¹ ve²¹ ka:m³⁵ən⁵⁵ to²¹kwok³⁵. ka:m³⁵ən⁵⁵
因为　　现在　　　我　老　了　是　为　感恩　　祖国　　　感恩

kɯe⁵⁵na²¹, ka:m³⁵ən⁵⁵ kɯe⁵⁵hɯən⁵⁵, ve²¹la²¹ toi⁵⁵ la²¹ koŋ²¹ sa:ŋ³⁵tak³⁵ mot²¹
家乡　　　感恩　　　故乡　　　　这样　　我　是　总　创作　　一

thi³⁵ ka⁵⁵ nak²¹, ve²¹ la²¹ ɛm⁵⁵ i:u⁵⁵ ŋɯai²¹ thəm⁵⁵ thit³⁵ ŋɯai²¹ ə:i⁵⁵,
些　歌　乐　　为　是　妹　爱　人（哥）深　切　人（语气）

"toi⁵⁵ mat²¹ nɔn³⁵nan³⁵ i⁵⁵ thau⁵⁵ ten⁵⁵ jəi²¹, an⁵⁵ i:u⁵⁵ ŋɯai²¹
我　眼　闪亮　　　像　星　上　天　　哥　爱　人

thəm⁵⁵	thit³⁵	ŋuəi²¹	ə:i⁵⁵,	miən²¹³	kuəi²¹	nɔn³⁵nan³⁵	kɔ³⁵	dɔi⁵⁵
深切		人	(语气)	口	笑	闪亮	有	对

dɔn²¹tiən²¹",	tɕu³⁵iu³⁵	la²¹	hat³⁵	kai³⁵	kai³⁵	kai³⁵	viət²¹na:m⁵⁵	ve³⁵	ban²¹diə²¹³
酒窝	主要	是	唱	个	个	个	越南	和	本地

dei⁵⁵	ka³⁵	khɔk³⁵.	an²¹	la²¹	səɯ³¹⁵	ha:i⁵⁵,	la²¹	kɔn²¹	thit³⁵	thoi²¹	kuen²¹³	dei³⁵,	kai³⁵
的	歌	曲	(语气)	是	第	二	是	都	喜欢	吹	笛子	的	个

tiən³⁵	kwen³⁵	la²¹	ha:i⁵⁵hɔ:ŋ³⁵	dei³⁵.	kai³⁵	tiən³⁵	kuen³⁵	tɔi³⁵	dem⁵⁵	ma²¹
声音	笛	是	动听	的	声	音	笛	晚	里	(语气)

thoi²¹	kwen³⁵	dei³⁵,	kai³⁵	ɕɔn³⁵	dei³⁵	kɔn²¹	ŋe⁵⁵	den³⁵,	dak²¹biət²¹
吹	笛	的	个	村	这	都	听	到	特别

la²¹	kai³⁵	kwen³⁵	ma²¹	kɔ³⁵	bəŋ⁵⁵	kwen³⁵	dei³⁵,	ma²¹	ma²¹	mɔ:n³⁵
是	个	笛	(语气)	有	封	笛	的	语气	语气	薄

dei³⁵,	ma²¹	məi³⁵	thi²¹	thoi³⁵	thi²¹	dak²¹biət²¹	ha:i⁵⁵,
的	(语气)	开	(语气)	吹	(语气)	特别	好听

nə²¹	səɯ³⁵	ba⁵⁵	la²¹	thi³⁵	thoi³⁵	ke:n²¹,	ke:n²¹	la²¹	ke:n²¹	khəu³⁵
(语气)	第	三	是	喜欢	吹	口琴	琴	是	琴	口

dei³⁵,	la²¹	ŋa:i²¹tɯək³⁵	la²¹	kɔn⁵⁵ja:i⁵⁵	dei³⁵,	thoi³⁵	thi²¹	ŋuəi²¹	kɔn²¹	lai²¹³
(语气)	是	以前	是	小伙子	的	吹	是	人	都	来

ɕen⁵⁵	ɲiu²¹³,	ve²¹thi²¹	səɯ³⁵	tɯ⁵⁵,	la²¹	thit³⁵	təp²¹tɕɔn⁵⁵	ve³⁵	kak³⁵	ku²¹ja²¹
看	多	这样	第	四	是	喜欢	集中	和	各	长老

kɔn²¹	kɔn²¹	tɔi³⁵	ve³⁵	na:u³⁵	dei³⁵,	ve²¹thi²¹	mɔt²¹	tən²¹	mɔt²¹	tɕu³⁵nat²¹
月	月	岁	和	大家	的	这样	一	礼拜	一	星期

kɔn²¹	təp²¹	tɕɔn⁵⁵	ha:i⁵⁵	ba⁵⁵	ŋa:i²¹,	dei³⁵	təp²¹tɕɔn⁵⁵	kɔn²¹na:u⁵⁵	vuə²¹	la²¹	ʔuŋ³⁵
都	集	中	两	三	天	的	集中	大家	边	是	喝

reu²¹³	vuə²¹	la²¹	nɔi³⁵	tiən²¹³,	vuə²¹	la²¹	ŋe³⁵	sɯə⁵⁵,	vuə²¹	la²¹	hat³⁵
酒	边	是	说	话	边	是	想	以前	边	是	歌

muə³⁵,	dei³⁵	la²¹	la²¹	la²¹	vu:i⁵⁵	lɔ:ŋ²¹	dɛ³⁵	kɔn²¹na:u⁵⁵,	dɛ³⁵	thɯən³¹⁵	thɔ³⁵
舞	这	是	是	是	欢	心	给	大家	给	长	寿

mɔt²¹	tit³⁵,	dɛ³⁵	ə²¹	vu:i⁵⁵ve³⁵,	mɔt²¹	tit³⁵.
一	点	给	呃	愉快	一	点

    因为现在我老了，这样做是感恩祖国，感恩家乡，感恩故乡，这样我总创作一些乐曲，都是些妹爱哥、哥爱妹的，"我眼睛像天上的星星一样闪亮，哥深深地爱着人，嘴巴笑起来有一对酒窝"，这样唱，主要是唱越南和本地的歌曲。第二是喜欢吹笛子，笛子的声音很动听。晚上吹笛子的声音，

整个村都听得到，特别是有笛膜的笛子，薄的那种，吹起来特别好听。第三是喜欢吹口琴，琴是口琴。以前我还是小伙子时，吹起来看的人很多。第四呢，是喜欢和各位老人聚会，和各位同龄的老人，这样一礼拜都集中两三天，大家集中是一边喝酒一边聊天，一边回忆过去，一边唱歌跳舞，这是让大家高兴，让大家长寿一点，让大家愉快一点。

e^{21},	da^{21}	den^{35}	$bai^{55}jəu^{21}$	roi^{21},	da^{21}	$thau^{35}$	bai^{35}	$muɐi^{55}$	toi^{35}	$thəp^{35}$	den^{35}	roi^{21},
呃	已	到	现在	了	已	六	七	十	岁	快	到	了
thi^{21}	$khoŋ^{55}$	$vu:i^{55}ve^{35}$	thi^{21}	$dəu^{21}$	$kɯ^{55}$	$na:u^{213}$?	$thə:i^{21}$	$ja:n^{55}thi^{21}$	kep^{35}	roi^{213},		
就	不	快乐	就	等	时	哪	时间	是	深	了		
$ve^{21}thi^{21}$	$koŋ^{21}$	$thit^{35}$	$ȵiu^{213}$	$sɯ^{315}$,	lai^{213}	$thit^{35}$	$to:n^{55}$	$that^{35}$,	lai^{213}	$thit^{35}$	$thit^{35}$	
这样	还	喜欢	多	样	又	喜欢	看	书	又	喜欢	喜欢	
$hɔk^{21}$	$that^{35}$,	a^{21},	lai^{213}	$thit^{35}$	kai^{35}	$tɕɯ^{315}$	$na:m^{55}$	ko^{21}	$rən^{55}$	tok^{21}	ta^{55},	
学	书	(语气)	又	喜欢	个	字	喃	的	民	族	我	
lai^{213}	$koŋ^{21}$	$thit^{35}$	$thɔ:ŋ^{35}$	den^{35}	ja^{21}	$hɔk^{21}$	den^{35}	ja^{21},	$ve^{21}thi^{21}$			
又	还	喜欢	生	到	老	学	到	老	于是			
$ȵat^{35}$	la^{21}	$vu:i^{55}$	$lɔ:ŋ^{35}$,	ve^{21}	thi^{2}	$tɕwak^{35}kwa^{55}$	$koŋ^{21}$	la^{21}	$hɔk^{21}to^{21}$			
最	是	欢	心	这	样	以前	还	是	学生			
dei^{35},	$koŋ^{21}$	$hɔk^{21}$	hat^{35}	$hɔk^{21}$	$muɐ^{35}$	thi^{21}	$koŋ^{21}$	la^{21}	$hɔk^{21}$	hat^{35},		
的	还	学	唱	学	舞	是	都	是	学	唱		
hat^{35}	$tɕɯ^{21}j:u^{35}$	la^{21}	$rən^{55}$	ka^{55}	va^{21}	$tɕiu^{21}$,	$nəi^{21}$	$lo^{21}ko^{35}$,	hat^{35}	$kə:i^{35}$,		
唱	主要	是	民	歌	和	谣	谚语	古代	唱	结婚		
hat^{35}	$doi^{35}dap^{35}$	dei^{35},	$koŋ^{21}$	la^{21}	hat^{35}	kwa^{55},	$ve^{21}thi^{21}$	$koŋ^{21}$	$i:u^{55}$,			
唱	对答	的	都	是	唱	过	这样	都	爱			
$koŋ^{21}$	$thit^{35}$,	$koŋ^{21}$	$mo:n^{35}$,	hat^{35}	kai^{35}	$kwe^{55}huən^{55}$	$dət^{35}nɯək^{35}$,	va^{21}	$to^{21}kwok^{35}$			
都	喜欢	都	想	歌唱	个	故乡	祖国	和	祖国			
ko^{21}	$tɕun^{35}ta^{55}$,	$ə^{21}$,	$diəp^{21}$	$ȵat^{35}$,	la^{21}	$vu:i^{55}ve^{35}$,	$khei^{55}lok^{35}$	di^{55}	$thiən^{21}$	dei^{35},		
的	我们	呃	美丽	最	是	欢喜	那时	去	船	的		
di^{55}	$ta:u^{21}$	dei^{35},	di^{55}	man^{35}	dei^{35},	$koŋ^{21}$	la^{21}	$kha:k^{35}mi:n^{21}$	$thoi^{55}$,	$ve^{21}thi^{21}$		
去	船	的	去	竹排	的	都	是	自己	是了	这样		
$kha:k^{35}mi:n^{21}$	tom^{213}	hat^{35}	be^{35}	$tiən^{35}$	$va:i^{21}$	$khok^{35}$,	ka^{55}	$khok^{35}$				
自己	偷	唱	小	声	几	曲	歌	曲				
$dɛ^{35}$	$tɕo^{55}$	$vu:i^{55}lɔ:ŋ^{21}$.	$dɛ^{35}$	$tɕo^{55}$	$tha:i^{21}ja:n^{55}$	$tɕəm^{213}$	mot^{21}	tit^{35}				
留	给	欢	留	给	时间	慢	一	点				

de³⁵	tɕo⁵⁵	tət³⁵ka³¹⁵	koŋ³⁵	dɯək²¹	ŋe⁵⁵,	koŋ³⁵	dɯək²¹	vu:i⁵⁵	
留	给	大家	都	得	听	都	得	愉快	
ve²¹	la²¹,	bai⁵⁵jəɯ²¹	koŋ³⁵	ja:i²¹	kak³⁵	tɕa:u³⁵	dei³⁵	koŋ²¹	ja:i²¹	və²¹³
这	是	现在	都	教	各	孙	这	都	教	老婆
ja:i²¹	kak³⁵	tɕa:u³⁵	thi²¹	hat³⁵	rən⁵⁵	ka⁵⁵	va²¹	tɕiu²¹.	hat³⁵	viət²¹na:m⁵⁵	ve²¹
教	各	孙	是	唱	民	歌	和	谣	唱	越南	和
dei³⁵	koŋ²¹	la²¹	khak³⁵mi:n²¹	thit³⁵	hat³⁵	ve²¹	thoi⁵⁵,	dei³⁵	la²¹	the³⁵.
这	都	见	自己	喜欢	唱	这样	罢了	这	是	这样

到现在，我已经快六七十岁了，现在还不快乐，到什么时候才快乐？年龄是太老了，但还有很多爱好，又喜欢看书，又喜欢书法，又喜欢我们京族的喃字，喜欢活到老学到老，这样最开心了。以前我还是学生的时候，还学唱歌学跳舞，什么都学，唱歌主要是民歌、民谣和古代谚语，结婚礼仪，情歌对唱，都唱过，这些我都爱，都喜欢，都想唱，歌唱家乡和我们的祖国，呃，最美好，很喜欢，那时行船，行船，放排，都是自己单独一个人，这样自己小声偷唱几首歌，给自己带来点欢乐，让时间过得慢一点，让大家都有歌听，都愉快，这样，现在我都教孙子们教老婆，教孙子们唱民歌和民谣，唱越南歌，这都是自己喜欢唱而已，就是这样。

8. 传统节日

tet³⁵　tiən²¹thoŋ³⁵
节日　传统

bai⁵⁵	jəɯ²¹	nɔi³⁵	kai³⁵	tet³⁵	tha:ŋ³⁵	thau³⁵	bon²¹	tɕin⁵⁵	tha:ŋ³⁵	thau³⁵	la²¹
现	在	说	个	节	月	六	初	九	月	六	是
ko²¹	rən⁵⁵tok²¹	kin⁵⁵	lai²¹	den³⁵	ko⁵⁵	me³⁵	ta:m⁵⁵	la:m⁵⁵	roi²¹,	ve²¹	thi²¹
的	民族	京	来	到	有	几	百	年	了	就	是
bat³⁵dəu²¹	to³¹⁵tin⁵⁵	koŋ²¹la²¹	tɕu³¹⁵ɕa⁵⁵	nəi⁵⁵	lai²¹³.	la²¹	kai³⁵	tha:ŋ³⁵	thau³⁵
开头	祖先	都是	地方	很远	来	是	个	月	六
dei³⁵	nət²¹	la²¹	na:ŋ⁵⁵tɕoŋ²¹³,	ve²¹	ha:n²¹thau⁵⁵	na:ŋ⁵⁵tɕoŋ²¹³.	ve²¹	bon²¹	tɕin³⁵
那	最	是	隆重	为	什么	隆重	为	初	九
dei³	tɯək³⁵	la:m⁵⁵	mɯəi²¹	ŋa:i²¹	fai³⁵	təp²¹	tɕoŋ⁵⁵,	an²¹,
那	前	五	十	天	要	集	中	（语气）
kap³⁵	doi²¹³	doi²¹³tɕɯaŋ³¹⁵,	kei³⁵doŋ³⁵	la²¹	kak³⁵	tiu²¹³doi²¹³	liŋ²¹dau²¹³	lai²¹³
各	队	队长	会计	是	各	小队	领导	来
hop²¹	ə²¹,	thau²¹lən²¹³	ha:n²¹thau⁵⁵	la:m²¹	dɯək²¹	tot³⁵,	kai³⁵	ŋa:i²¹	tet³⁵	ko²¹
开会	（叹词）	讨论	怎样	做	得	好	个	天	节	的

tha:ŋ³⁵　thau³⁵　ko²¹　tɕun³⁵ta⁵⁵,　ve²¹thi²¹　hop²¹　kon²¹　fai³⁵
月　　　　六　　　的　　我们　　　　　所以　　开会　共　　要
hop²¹　ha:i⁵⁵ŋa:i²¹　dei³⁵,　ʔit³⁵　nət³⁵　kon²¹　fai³⁵　ha:i⁵⁵ŋa:i²¹.
开　　　两天　　　　的　　少　　　最　　　都　　　要　　两天
ve²¹thi²¹　ha:ŋ³⁵　thau³⁵　la²¹　tha:ŋ³⁵　thau³⁵　la²¹　la²¹　bəu²¹³　ŋa:i²¹,　bəu²¹³　ŋa:i²¹
这样　　　月　　　六　　　是　　月　　　　六　　　是　　是　　选　　　日子　　选　　　日子
kai³⁵ʔi³⁵　la²¹　bəu²¹　ŋa:i²¹　nau²¹³　ŋɯəi²¹　nau²¹³　dɯək²¹　ŋoi²¹　məm⁵⁵,
个　　　　意思　是　　选日　　　哪　　　人　　　哪　　　得　　　坐　　　托
va²¹　ŋɯəi²¹　nau²¹　khoŋ⁵⁵　dɯək²　ŋoi²¹　məm⁵⁵,　ve²¹　bəu²¹　ha:n³⁵hɔi⁵⁵　rɔi²¹.
或　　人　　　哪　　　不　　　得　　　坐　　　托　　　为　　选　　　清楚　　　了
ve²¹　bəu²¹　ha:n³⁵　hɔi³⁵　thau⁵⁵　thi²¹　ve³⁵　den³⁵　bon²¹　tɕin³⁵　dei³⁵　thi²¹　la²¹
为　　选　　　清　　　楚　　　后　　　就　　才　　到　　　初　　　九　　　那　　就　　是
ɯək³⁵həŋ⁵⁵　bon²¹　tɕin³⁵,　məi²¹　fa³⁵thiəp³⁵　məi²¹　kak³⁵　ŋɯəi²¹　ə²¹　ɕa⁵⁵,　ŋɯəi²¹
提前　　　　初　　　九　　　请　　　法贴　　　　请　　　各　　　人　　　在　　远　　　人
kəɯ⁵⁵kwan²¹　ə²¹　ɕa⁵⁵,　ŋɯəi²¹　kəɯ⁵⁵kwan²¹　ə²¹　ɣən²¹³,　kak³⁵
机关　　　　　在　远　　　人　　　机关　　　　　在　近　　　　　各
dən⁵⁵ve²¹　liŋ²¹dau²¹³,　va²¹　kak³⁵　ŋɯəi²¹　liŋ²¹dau²¹　va²¹　kak³⁵　ʔoŋ⁵⁵tɕu³⁵
单位　　　　领导　　　　或　　各　　　人　　　领导　　　或　　各　　老板
ə²¹　kwan³⁵　dei³⁵,　ʔoŋ⁵⁵tɕu²¹　kwan³⁵　khat³⁵ɕa³⁵.　ʔoŋ⁵⁵tɕu²¹　kwan³⁵　kəm⁵⁵,
在　店　　　的　　　老板　　　　店　　　　客舍　　　　老板　　　　　店　　　饭
ve²¹　kon²¹　tɕa:u²¹　məi²¹　den³⁵　kak³⁵ɕon⁵⁵　liŋ²¹dau²¹³,　kon²¹　tɕa:u²¹
这样　都　　叫　　　请　　　到　　　各村　　　　领导　　　　　都　　叫
məi²¹　den³⁵　kak³⁵　kak³⁵　ɕon⁵⁵　la:n²¹　tɕi²¹ɛm⁵⁵　ba²¹kon⁵⁵,　ve²¹　thi²¹
请　　　到　　　各　　　个　　　村　　屯　　　姐妹　　　　大小　　　　为　　是
hoŋ⁵⁵　bon²¹tɕin⁵⁵　dei³⁵　kak³⁵　n̥a²¹ŋɯəi²¹　ŋɯəi²¹　kon²¹　ra⁵⁵　fok²¹mu²¹³
天　　　初九　　　　那　　　各　　　家人　　　　　人　　　都　　出　　服务
ŋɯəi²¹　khat³⁵,　tiəp³⁵dai³⁵　ŋɯəi²¹　khat³⁵,　kon²¹　la²¹　la:m²¹　ta:m⁵⁵
人　　　客　　　接待　　　　人　　　客　　　　共　　是　　做　　百
me³⁵　ha:i⁵⁵　ta:m⁵⁵　məm⁵⁵　ne³⁵,　kon²¹　dɛm⁵⁵　ra⁵⁵　ŋwa:i²¹　kɯə³¹⁵
几　　两　　百　　　托　　　呢　　都　　　带　　　出　　外　　　　口
diŋ²¹　an⁵⁵　wuŋ³⁵,　ve²¹thi²¹　hoŋ⁵⁵ŋa:i²¹　dei³⁵thi²¹　ə²¹　tɯək³⁵　kɯə³¹⁵　diŋ²¹
亭　　　吃　　喝　　　就是　　　天天　　　　　那是　　　　在　前　　　口　　　亭
dei³⁵thi²¹　ŋɯəi²¹rən²¹ŋɯəi²¹be³⁵　di⁵⁵　ŋɯəi²¹　n̠iu²¹　kwa³⁵.　ve²¹thi²¹　ŋa:i²¹hoŋ⁵⁵
那是　　　　人山人海　　　　　　　　的　　　人　　　多　　过　　　　这样　　　　明天

bon²¹tɕin³⁵ dei³⁵thi²¹ kon²¹ la:m²¹ ta:m⁵⁵ me³⁵ məm⁵⁵ dei³⁵ thi²¹ kon²¹
初九　　那是　　都　做　百　几　托　的　是　都
la²¹ la²¹ la²¹ ŋɯəi²¹ khat³⁵ lai²¹thoi⁵⁵, kon²¹ ma²¹ thei⁵⁵ŋɯəi²¹ lai²¹³ nou³⁵
是　是　是　人　　客　　来了　　都　是　请人　　来　煮
an⁵⁵, nou³⁵ an⁵⁵dei³⁵ an⁵⁵ wuŋ³⁵ dei³⁵ kon²¹ ko³⁵ mɯəi²¹kai³⁵ ɲa:m³⁵,
吃　　煮　　吃的　　吃　喝　　的　都　有　十个　　　菜
mot²¹su³¹⁵ kan⁵⁵dei³⁵, ə²¹ su³¹⁵ kan⁵⁵ dei³⁵ kon²¹ an⁵⁵. ve²¹ thi²¹
一样　　　汤（语气）（语气）样　汤　那　都　吃　这样　是
hoŋ⁵⁵ bon²¹tɕin³⁵ kon²¹ la²¹ khwaŋ²¹, tɕin³⁵ jəɯ²¹ den³⁵ mɯəi²¹jəɯ²¹,
天　　初九　　　都　是　大概　　九　点　到　十点
ve²¹ thi²¹ tɕoŋ²¹³ kai³⁵ jəɯ²¹ tot³⁵, ra²¹ di⁵⁵ doŋ³⁵thən²¹³.
就　是　选　　个　时辰　好　出　去　等神

现在说的这个节日叫六月节，六月初九是京族的节日，京族来到这里已经有几百年的历史了，祖先是从很远的地方迁来。这个六月节很隆重，怎么隆重？六月初九前五十天要集中各队队长、会计等领导来开会，讨论怎么办好我们的这个六月节，所以开会要开两天，最少要开两天。六月里要挑日子，挑日子的意思是哪天开始，安排哪些人正式就座，哪些人不能正式就座，日子挑好了，人选清楚后，就在初九那天的前几天送请柬，请远处的客人和远处的机关部门，近处的机关部门，各单位领导或各位老板，旅店老板、饭店老板和各村领导都要请到。各个村子的大小姐妹，在初九那天每家都要出人来服务客人，接待客人，客人大概有两百台车那么多，都带到哈亭外吃喝，每天哈亭前面都是人山人海，人很多。这样初九那天就做几百个托盘的食物，等客人来了，就请客人们来吃，吃的共有十个菜一个汤。汤也是一样大家喝。初九那天大概是九点到十点，选个好时辰就去等神。

doŋ³⁵thən²¹³ la²¹ the³⁵lai²¹³, doŋ³⁵thən²¹³ la²¹ ko³⁵ kai³⁵ keu²¹³ la²¹ keu²¹dau²¹
等神　　　　是　这样　　等神　　　　是　有　个　轿　是　轿头
roŋ²¹³ dei³⁵la²¹ la²¹ di⁵⁵ doŋ³⁵thən²¹, dei³⁵la²¹ kon²¹ la²¹ ta:m³⁵ŋɯəi²¹ khen⁵⁵ len⁵⁵
龙　　那是　　是　去　等神　　　那是　共　是　八人　　　抬　上
va:i⁵⁵ dei³⁵la²¹ di⁵⁵ doŋ³⁵thən²¹, doŋ³⁵thən²¹ kai³⁵ keu²¹ ə²¹ ten⁵⁵ dei³⁵ ko³⁵ ru²¹³,
肩　　那是　　去　等神　　　　等神　　　　个　轿　在　上　的　有　伞
ko³⁵ kai³⁵ ru⁵⁵ ne³⁵ ko³⁵ kai³⁵ ru²¹³ doŋ³⁵thən²¹ de³⁵ tɕe⁵⁵tɕo⁵⁵ thən²¹, ve²¹thi²¹ kon²¹
有　个　伞　呢　有　个　伞　　接神　　　　留　遮给　　神　　这样　都
ko³⁵ hwa⁵⁵kwa³⁵, an²¹, ko³⁵ tɕui³⁵ dei³⁵ ɣoi²¹ la²¹ hwa⁵⁵kwa³⁵. ve²¹thi²¹ doŋ³⁵thən²¹
有　花果　　　（叹词）有　香蕉　的　叫　是　花果　　　　这样　等神

tɕiə⁵⁵ra⁵⁵ ko³⁵ ta:m³⁵kai³⁵ fuəŋ⁵⁵doi²¹³ ta:m³⁵kai³⁵ fuəŋ⁵⁵doi²¹³ la²¹. tɯək³⁵ la²¹
分出　　　有　八个　　方队　　　八个　　　方队　　　是　　先　是

ɣo²¹ toŋ³⁵ fuəŋ⁵⁵doi²¹³. ɕəɯ³⁵ha:i⁵⁵ la²¹ hak²¹to²¹³ ko⁵⁵ɣa:i³⁵ fuəŋ⁵⁵doi²¹³, ɕəɯ³⁵
敲　鼓　　方队　　　第二　　是　学生　　姑娘　　方队　　　第

ba⁵⁵ la²¹ non³⁵kwe²¹³ fuəŋ⁵⁵doi²¹³, ɕəɯ³⁵tɯə⁵⁵. ɕɯ³⁵tɯə⁵⁵ la²¹ la²¹ ʔok³⁵fuəŋ⁵⁵
三　是　帽葵　　　　方队　　　第四　　　第四　　　是　是　海螺方

doi²¹³, ɕəɯ³⁵la:m⁵⁵ la²¹ tɕɯ³¹⁵na:m⁵⁵ fuəŋ⁵⁵doi²¹³, ɕəɯ³⁵thau³⁵ la²¹ kwən²¹tɕun³⁵
队　　第五　　是　字喃　　　方队　　　第六　　是　群众

fuəŋ⁵⁵doi²¹³, ɕəɯ³⁵bai³⁵ tɔn²¹ la²¹ hak²¹ɕin⁵⁵ fuəŋ⁵⁵doi²¹³, ɕəɯ³⁵ta:m³⁵ la²¹ ŋɯəi²¹
方队　　　第七　　全　是　男学生　方队　　　第八　　是　人

ja²¹ fuəŋ⁵⁵doi²¹³, tɕiə⁵⁵ra⁵⁵ ta:m³⁵kai³⁵ fuəŋ⁵⁵doi²¹³ la²¹ ŋen²¹tiək³⁵ thən²¹tiən⁵⁵
老　方队　　　分出　　　八个　　　方队　　　是　迎接　　神仙

ve²¹ dei³⁵, ve²¹thi²¹ ɣo²¹ ton⁵⁵fat³⁵ thi³⁵nai²¹: "toŋ²¹vu⁵⁵, toŋ²¹vu⁵⁵ tɕhiaŋ⁵⁵" la²¹
回　的　　这样　敲锣鼓　　这样　　（拟声）（拟声）锵　　是

ɣo³⁵ ve²¹dei³⁵ la²¹ tiəp³⁵thən²¹ ve²¹dei³⁵. ve²¹thi²¹ tha:n⁵⁵tha³⁵ di⁵⁵, di⁵⁵ den³⁵ mat²¹
敲　这样的　是　接神　　　回的　　　这样　　慢慢　　走　去　到　海

bai³⁵ roi²¹, thi²¹ ra²¹ dɔŋ³⁵thən²¹ dei³⁵ thi²¹ kon²¹ɲa:u⁵⁵ ə²¹ bin⁵⁵bai³⁵ dei³⁵ thi²¹ thi²¹
边　了　　就　出　等神　　　的　就　大家　　在　海边　　的　就　就

nɔi³⁵: "kəu²¹khən³⁵ thən²¹ ve²¹ fu²¹ho²¹ tɕo⁵⁵ tɔn²¹rən⁵⁵ ta⁵⁵, ɕon⁵⁵ ta⁵⁵ ŋɯəi²¹
说　　祈求　　　神　回　保佑　给　全民　　我们村　我们　人

ŋɯəi²¹ bin²¹an⁵⁵, e²¹. fat²¹ta:i²¹³. ve²¹thi²¹ ka³⁵ ɲiu²¹³." ve²¹thi²¹ ko³⁵ ha:i⁵⁵kai³⁵ əm⁵⁵
人　平安　（叹词）发财　　这样　鱼　多　　　这样　有　两个　阴

riən⁵⁵ ma²¹ bo³⁵ mot²¹nən²¹ ma²¹ dɯək²¹ thi²¹ thən²¹ den³⁵ roi²¹, thi²¹ ɣɔi²¹ thən²¹
阳（语气）抛　一次　　　如果　得　　就　神　　到　了　就　叫　神

len⁵⁵keu²¹³, thi²¹ khen⁵⁵keu²¹ ve²¹, thi²¹ khen⁵⁵keu²¹³ ve²¹ dei³⁵ thi²¹ ha:i⁵⁵bin⁵⁵
上轿　　　就　抬轿　　　回　就　抬轿　　　　回　的　就　两边

ɲa²¹ kɯa³¹⁵ ai⁵⁵ ə³⁵ ə²¹ ha:i⁵⁵bin⁵⁵ dei³⁵ thi²¹ ban⁵⁵fau³⁵ keu⁵⁵ wan⁵⁵ ka³¹⁵la:ŋ²¹³,
屋　口　　谁　住　在　两边　　　的　就　放炮　　响　震　全村

ban³⁵fau³⁵ keu⁵⁵, dei³⁵ la²¹ ɣɔi²¹la²¹ ŋen⁵⁵thən²¹, kon²¹la²¹ kon²¹la²¹ dot³⁵fau³⁵ dei³⁵
放炮　　　响　　那　是　叫作　　迎神　　　就是　　就是　　烧炮　　的

keu⁵⁵ "bi²¹bi³⁵bəŋ²¹³bəŋ²¹³" diək³⁵ ka³¹⁵ ta:i⁵⁵ dei³⁵ ɣɔi²¹la²¹ dɔŋ³⁵thən²¹,
响　　（拟声）　　　　　　聋　整个　耳朵　那　叫作　　迎神

no³⁵ kon²¹ ko³⁵fən²¹³ ə³⁵ə²¹ tɕu³⁵ nai²¹ no³⁵ kon²¹ tiəp³⁵thən²¹ ve²¹, no³⁵ ban³⁵fau³⁵
他　也　　有份　　　住　在　这里　他　都　接神　　　回　他　烧炮

kai³⁵ ʔi³⁵ la²¹ hwan⁵⁵ŋen⁵⁵ thən²¹ ve²¹ bau²¹³ho²¹ tɕo⁵⁵ no³⁵, ma:n²¹khui³⁵.
个　意思是　欢迎　　神　回　保佑　　给　他　健康
la:m²¹an⁵⁵ fat³⁵ta:i²¹. ə²¹ kɯə³¹⁵ ban²¹diə²¹³ nai²¹ la:m²¹an⁵ fat³⁵ta:i²¹,
做吃　　　发财　　在　门　本地　　　这　做生意　　发财
bau²¹ho²¹ no³⁵ n̪a²¹ kɯə³¹⁵ bin²¹ in⁵⁵, la:m²¹ an⁵⁵ fat³⁵ta:i²¹³ kai³⁵ ʔi³⁵ la²¹ the³⁵.
保佑　　他　家　全　　平　安　做　　生意　发财　　个　意思是　这样

　　等神是这样等的，等神是用一台轿头有龙的轿子去等神，需要八个人抬在肩上去等神，等神的轿上有把伞，伞是接神的时候给神遮挡太阳的，还有花、果之类。等神时分出八个方队，第一是敲鼓方队，第二是女学生方队，第三是葵帽方队，第四是海螺方队，第五是喃字方队，第六是群众方队，第七全是男生方队，第八是老人方队，这样分出八个方队，敲锣打鼓地迎接神仙回来。这样大家慢慢走，走到海边，出来等神的人们就说："祈求神回来保佑我们大家，保佑我们大家人人平安，保佑我们发财，保佑我们打很多的鱼。"说完后就拿出两个阴阳卦抛一次，如果结果满意就说神到了，就叫神上轿，然后就抬着神回去。谁家在抬神回去的路边谁家就放鞭炮，放鞭炮震得全村都响，就叫作迎神，放炮的响声震得耳朵都聋了就叫作迎神。他出生在这里他就有本分接神回来。他放鞭炮是欢迎神回来保佑他身体健康，做生意发财，在本地做生意发财，保佑他家平安，做生意发财，意思就是这样。

ve³⁵thi²¹ doŋ³⁵thən²¹ den³⁵ kɯə³¹⁵ diŋ²¹, ve²¹thi²¹ kon²¹ ko³⁵ ŋɯəi²¹ dɔk²¹:
这样　　等神　　　到　口　　亭　　这样　都　有　人　读
"thən²¹ bau²¹ho²¹ tɕun³⁵ ta⁵⁵ton²¹rən⁵⁵ ŋɯəi²¹ŋɯəi²¹ bin²¹an⁵⁵,
神　　　保佑　　　我们　所有人　　　　人人　　　　平安
la:m²¹ an⁵⁵ fat³⁵ta:i²¹." va:u²¹ diŋ²¹ roi²¹. thi²¹ thən²¹ va:u²¹
做　　吃　　发财　　　　进　　亭　了　　就　神　　　进
den³⁵ tɕu³⁵ ve²¹ thən²¹ roi²¹, thi²¹la²¹ ve³⁵ kɯə⁵⁵ dei³⁵ŋɯəi²¹ an⁵⁵ da³⁵ tan⁵⁵roi²¹, lai²¹
到　地方为　神　　了　　就是　　这样时　那人　　　　　吃　已　散了　　　来
ve²¹ ai⁵⁵ lai²¹ dau⁵⁵ ve²¹ dei³⁵, thi²¹ thau⁵⁵ thi²¹ ve³⁵ dɔk²¹, tiəp³⁵thən²¹ dɛ³⁵thən²¹
回　谁　来　哪　回　那　　就　　后来　就　才　读　　接神　　　谢神
hoŋ⁵⁵dei⁵⁵ di⁵⁵ ve³⁵ dɔk²¹, dɛ³⁵vən⁵⁵. dɛ³⁵vən⁵⁵ la²¹ the³⁵nai²¹, la²¹ ɣoi²¹ la²¹: "ken³⁵
那天　　　去　才　读　　　祭文　　　祭文　　是　这样　　　是　叫　是　尊
thɯə⁵⁵ kak³⁵ ku²¹ kak³⁵ the:i²¹, kwan⁵⁵ viən⁵⁵ kak³⁵ tɕuk³⁵, thɯən²¹ ha²¹, ken³⁵
敬　　　的　各　老　各　师傅　官员　各　职　　上　　下　　敬
tɕau²¹ ton²¹the³⁵ton²¹bau²¹³, rən⁵⁵ta⁵⁵ ken³⁵ tɕau²¹ kak³⁵ liŋ²¹dau²¹³, va²¹ ŋɯəi²¹
请　　全体同胞　　　　　　人们　　　我们　敬请　各　领导　　　或　人

kak³⁵ ku²¹³, ve²¹ ŋa:i²¹nai⁵⁵, toi⁵⁵ tha:i⁵⁵ mat²¹ tən²¹the³⁵ doŋ²¹bau²¹ ta⁵⁵, tin³⁵bo³⁵:
各　老人　发　语词　　　今天　我　代表　全体　　　同胞　　我们　宣布
'thi²¹ thi²¹ bai⁵⁵jəɯ²¹ thi²¹ tɛ³⁵thən²¹ bat³⁵dau²¹.' ve²¹thi²¹ nɔi³⁵ra⁵⁵ kəu⁵⁵ dei³⁵ thi²¹
是　是　现在　　就　祭神　　开始　　　这样　说出　句　这　就
la²¹ ɣo²¹ toŋ³⁵, ve³⁵ ɣo²¹toŋ³⁵ e²¹ baŋ²¹ ŋɯəi²¹ dɛ³⁵thən²¹ dei³⁵ ɣɔi²¹la²¹
是　敲　鼓　　这样　敲鼓　　（语气）等于　人　　祭神　　　那　叫作
"toŋ²¹toŋ²¹toŋ²¹toŋ²¹" ne³⁵, la²¹ la²¹ dɛ³⁵thən²¹ bat³⁵dau²¹,
咚……　　　　　　　（语气）是　是　谢神　　　开始
thau⁵⁵ thi²¹ ɣo³⁵ ma³⁵la⁵⁵toŋ²¹faŋ²¹³ ɕiaŋ²¹³, thi²¹³ dɯək²¹
后来　是　敲　钹　　　　　　　响　　　就　得
kon³⁵ ɕa:n⁵⁵ dɯək²¹ əm⁵⁵rieŋ⁵⁵. ve²¹ den³⁵ toi³⁵ lai²¹ ve³⁵ ko⁵⁵da:u²¹³
拜　完了　得　圣卦　　　这样　到　晚上　又　和　哈妹
dei³⁵ ɣɔi²¹ la²¹ ko⁵⁵da:u²¹³ dei³⁵ hat³⁵mu³⁵ mot²¹ toi³⁵, ve³⁵ den³⁵ hoŋ⁵⁵thau⁵⁵
那　叫　是　哈妹　　　的　歌舞　　　一晚　一（发语词）到　明天
ve³⁵ ʔit³⁵nən²¹³ dɛ³⁵thən²¹, ko³⁵ɣa²¹, ko³⁵nən²¹, ko³⁵ban³⁵, ko³⁵kwa³⁵, ve²¹
才　杀猪　　祭神　　有鸡　　有猪　　有饼干　有果　（发语词）
ko³⁵kəm²¹ɕoi⁵⁵, ve²¹thi²¹ la²¹ ve³⁵ koŋ³⁵thən²¹, koŋ³⁵thən²¹ hoŋ⁵⁵ dei³⁵ nət²¹ la²¹
有饭糯　　　这样　是　为　拜神　　　拜神　　天　那　最　是
na:ŋ⁵⁵tɕɔŋ²¹³ dei³⁵, ve²¹thi²¹ koŋ³⁵ŋwa:i³⁵ ve²¹ thi²¹tha:ŋ³⁵ hoŋ⁵⁵dei³⁵ ko⁵⁵da:u²¹³
隆重　　　的　这样　供拜　　　这样　早上　　这天　　哈妹
kon²¹ hat³⁵, ve²¹thi²¹ tɯə⁵⁵ thi²¹ kon²¹ hat³⁵, toi³⁵ thi²¹ kon²¹ hat³⁵, mot²¹ŋa:i²¹hat³⁵
都　唱　这样　中午　是　也　唱　晚上　是　也　唱　一天　唱
ba³⁵tən²¹, ve²¹thi²¹ ve³⁵ den³⁵ hoŋ⁵⁵thau⁵⁵, hoŋ⁵⁵thau⁵⁵ la²¹ mɯəi²¹mot²¹, mɯəi²¹
三轮　　这样　才　到　明天　　　明天　　是　十一　　十
mot²¹ kon²¹ hat³⁵, kon²¹ hat³⁵ ba⁵⁵tən²¹ kon²¹ joŋ³⁵ hoŋ⁵⁵tɯək³⁵, ve²¹ den³⁵ mɯəi²¹
一　也　唱　也　唱　三轮　都　同　前天　　这样　到　十
ba⁵⁵ kon²¹ hat³⁵ ba⁵⁵tən²¹ kon²¹ joŋ³⁵ hoŋ⁵⁵ təɯk³⁵, ve²¹ den³⁵ mɯəi²¹tɯ⁵⁵ thi²¹
三　也　唱　三轮　都　同　天　前　又　到　十四　（语气）
kak³⁵na²¹ thi²¹ kon²¹ ai⁵⁵ dɯək²¹ ŋoi²¹məm⁵⁵ dei³⁵ thi²¹ kon ə²¹na²¹ nou³⁵kwo³¹⁵,
各户　（语气）都　谁　得　坐托　　的　就　都　在家　煮东西
bɛ:i³⁵ ra⁵⁵ diŋ²¹ koŋ²¹nəi²¹, mot²¹na²¹ thi²¹ mot²¹ mən⁵⁵, dɛ³⁵ ba⁵⁵ na²¹ mot²¹ mən⁵⁵,
捧　出　亭　供拜　　一家　是　一　托　合　三家　一　托
ba⁵⁵na²¹ mot²¹ mən⁵⁵ ra⁵⁵ diŋ²¹ koŋ²¹nəi²¹, ra⁵⁵ diŋ²¹ dei³⁵ thi²¹ ʔe³⁵ra⁵⁵ an⁵⁵, bɛ:i³⁵
三家　一　托　出　亭　供拜　　出　亭　那　就　拿出　吃　捧

ra⁵⁵tɕiu³⁵ dei³⁵ ŋoi²¹ ɕon³⁵ thoi⁵⁵, thi²¹ ŋoi²¹ra⁵⁵ an⁵⁵. vɛ²¹thi²¹ an⁵⁵ ha:i⁵⁵ɲa:i²¹,
出席   那   蹲   下   了   就   坐下来   吃   这样   吃   两天

mot²¹ɲa²¹ mot²¹ŋɯəi²¹ la²¹ na:m⁵⁵dei³⁵, nɯ³¹⁵ khoŋ⁵⁵dɯək²¹ ŋoi²¹, vɛ²¹ mot²¹ɲa²¹
一户   一人   是   男的   女   不得   坐   这样 一家

mot²¹ŋɯəi²¹ ra⁵⁵dei³⁵ la:m²¹ mən⁵⁵ ŋoi²¹ mən⁵⁵, ŋoi²¹ ɕon³⁵ thoi⁵⁵ khoŋ⁵⁵dɯək²¹
一人   出的   做   托   坐   托   蹲下   罢   了   不得

ŋoi²¹ da:ŋ³⁵dəu⁵⁵, lai²¹ den³⁵ mɯəi²¹tɯ⁵⁵, vɛ²¹thi²¹ mɯəi²¹tɯ⁵⁵ kon²¹vɛ²¹, kon²¹
坐   凳的   又   到   十四   这样   十四   一样   也

mɯəi²¹tɯ⁵⁵ thi²¹ kon²¹ koŋ²¹ɲa:u⁵⁵ ə²¹ ɲa²¹ ɕat³⁵ra⁵⁵, nou³⁵tɕin³⁵ ɕat³⁵ra³⁵ thi²¹ra⁵⁵
十四   是   都   大家   在 家   提出   煮熟   提出   就出

diŋ²¹ dei³⁵ dɛ³⁵, dɛ³⁵ra⁵⁵ dei³⁵ bai³⁵ra⁵⁵ tɕu²¹ hwa⁵⁵ dei³⁵ thi²¹ an⁵⁵wuŋ³⁵ ko³⁵
亭   那   放   放出   那   摆出   地方 花   那   就   吃喝   有

reu²¹³ ko³⁵tɕɛ²¹ kai³⁵ ʔi²¹ɲa:m³⁵ ʔi²¹ ɲət³⁵tot³⁵ thi²¹ kon²¹ ə²¹ ɲa²¹ nou³⁵thoi⁵⁵,
酒   有菜   个   什么菜   什么 最好   就   也   在 家   煮了

ɲa:m³⁵ʔi²¹ ɲət³⁵tot³⁵ kon²¹ dɛ³⁵thən²¹ tɯək³⁵, thau⁵⁵ thi²¹ ŋɯəi²¹ vɛ³⁵an⁵⁵, dɛ³⁵thən²¹thi²¹
菜   什么   最好   都   祭神   先   后来   是   人   才吃   谢神   是

kon²¹ dɛ³⁵thən²¹ joŋ³⁵ ŋa:i²¹tɕɯə⁵⁵, vɛ²¹ hoŋ⁵⁵ ra:m²¹³. ŋa:i²¹hoŋ⁵⁵ ra:m²¹ la²¹ toŋ³⁵
都   谢神   同   前几天   又   天   十五   明天   十五   是   送

thən²¹dei³⁵, toŋ³⁵thən²¹ la²¹ dɯə⁵⁵thən²¹ ə²¹ tɕu³⁵nau²¹ vɛ²¹ tɕu²¹dei³⁵, thi²¹ toŋ³⁵
神的   送神   是   送神   在 哪处   回   那里   就   送

thən²¹ dei³⁵ kon²¹ hat³⁵, mɯə³⁵bəŋ⁵⁵ nɛ³⁵, ma²¹ hat³⁵ mɯə³⁵bəŋ⁵⁵ dei³⁵thi²¹ no³⁵ ɣo²¹
神   那   也   唱   舞花棍   （发语词）唱 舞   花棍   那是   他   敲

toŋ³⁵, "toŋ²¹toŋ²¹..." . ŋɯəi²¹ mɯə³⁵bəŋ⁵⁵ dei³⁵ thi²¹ ka:n³⁵ kai³⁵ mɯə³⁵ bəŋ⁵⁵hwa⁵⁵
鼓   （拟声）   人   舞花棍   的   是   咬   个   舞   棍花

dei³⁵. mɯə³⁵bəŋ⁵⁵ thi²¹ ka:n³⁵ kai³⁵ kan²¹bəŋ⁵⁵ thi³⁵vɛ²¹, vɛ²¹ la²¹ kan²¹bəŋ⁵⁵ ha:i⁵⁵
那   舞花棍   是   咬   个   棍子   这样   这样   是   花棍   两

bin⁵⁵ ko³⁵ hwa⁵⁵ dei³⁵, ŋəm²¹ kai³⁵ kan²¹hwa⁵⁵ dei³⁵, mɯə³⁵ thi³⁵vɛ²¹, baŋ²¹ ŋɯəi²¹
边   有   花   的   街   个   花棍   那   舞   这样   等于   人

doi³⁵ ma⁵⁵kwe³⁵ tɕa:i³⁵, ma⁵⁵kwe³⁵ ma²¹ ə²¹ dei³⁵ thi²¹ doi³⁵ ma⁵⁵kwe³⁵ vɛ²¹, thən²¹
赶   鬼野   走   鬼野   如果 在 这   就   赶   鬼野   回   神

thi²¹ thən²¹ ma⁵⁵kwe³⁵ ma²¹ ə²¹ tɕu²¹dei³⁵ thi²¹ doi³⁵ ma⁵⁵kwe³⁵ vɛ²¹, ko³⁵thi²¹ ma⁵⁵
是   神   鬼野   如果 在 这里   是   赶   鬼野   回   有些   鬼

kwe³⁵ ə²¹ tɕu²¹dei³⁵ thi²¹ fai³⁵ doi³⁵ ma⁵⁵kwe³⁵ vɛ²¹, dɛ³⁵ kai³⁵ tot³⁵ li:u⁵⁵lai²¹³,
野   在 这里   是   要   赶   野鬼   回   留   个   好   留来

dε³⁵　tɕo⁵⁵　kon²¹ȵau⁵⁵　fu²¹ho²¹　tɕo⁵⁵　kon²¹ȵa:u⁵⁵.
留　给　大家　保佑　给　大家

等神到了哈亭口，就有人诵读："神仙保佑我们所有人人人平安，做生意发大财。"进亭了，进到神住的地方了，这时大家都已经吃完喝完散了。从哪里来就回哪去，后来才说接神谢神，那天读祭文，祭文是这样写的："尊敬的各位父老乡亲，各位老板各位领导们，敬请全体同胞，各位领导各位老人，今天我代表全体同胞宣布：'现在祭神开始！'"说出这句话就敲鼓，敲鼓就是"咚咚"地祭神，也是谢神开始，然后是敲钹，拜完神就得到一个圣卦。到了晚上又和哈妹们载歌载舞一整晚，到第二天才杀猪祭神，还有鸡有猪有饼干有水果有糯米饭，这些都是为了拜神用的。拜神那天最隆重，这天哈妹们一直在唱歌，中午唱晚上也唱，一天要唱三轮。然后才到第二天，第二天是十一，十一这天也唱，也像前几天一样唱三轮，到了十三也像前几天一样唱三轮，到了十四，这天有资格就座的每家都要在家煮东西，捧去亭子供拜，一家一个托盘，把三家合在一起又作为一份拿去哈亭那里供拜，供拜完后就拿出去吃，捧到桌子那里蹲下来，坐下来吃，这样要吃两天。一户去一个人，全部是男的，女的不能坐在那里，这样一家一人做托盘就座，只能蹲下，不能坐在凳子上。又到了十四那天，十四那天也一样。十四那天是大家都是在家里煮饭菜，煮好后提出来放在亭子那摆好就开始吃喝，有酒有菜，有什么最好的菜，都是在家里煮了先祭神,然后才是人吃，谢神前几天都是这样。然后到十五那天了，十五那天送神，送神就是从哪里请的神就把神送回哪里去，送神也唱歌，边唱边舞花棍，舞花棍的人还"咚咚"敲鼓，他咬着一根花棍，舞花棍是像这样咬住棍子，花棍两边有花，在街上像这样舞花棍，表示人在赶走野鬼，野鬼如果在这里就把野鬼赶回去，神是神，野鬼如果在这里就把野鬼赶回去，野鬼如果在这里必须把野鬼赶回去，要留个好鬼来保佑大家。

ve²¹thi²¹　ŋa:i²¹hoŋ⁵⁵　ra:m²¹　dei³⁵la²¹　toŋ³⁵thən²¹，　toŋ³⁵thən²¹　kai³⁵
这样　明天　十五　那是　送神　送神　个

jɯ²¹　dei³⁵　khoŋ⁵⁵dɯk²¹　ŋɯəi²¹　ə²¹　leu³⁵　di⁵⁵　dou⁵⁵,
时辰　那　不得　人　在　路　行　走

ȵiu³⁵ma²¹　thən²¹　thən³⁵　ma²¹dap²¹　va:u²¹　thi²¹　dəu⁵⁵　kwa³⁵dei³⁵，　ko³⁵bin²¹
如果　圣神　如果　踩进　就　疼　过　的　有病

dei³⁵，kho²¹na:ŋ²¹　dəu⁵⁵　kwa³⁵　dei³⁵　ko³⁵bin²¹dei³⁵，　khoŋ⁵⁵　ko³⁵　ai⁵⁵　ȵa:m³⁵　ra⁵⁵　ə²¹
的　可能　疼　过　的　有病的　不　有　谁　敢　出　在

bin⁵⁵　leu³⁵.　ve²¹thi²¹　den³⁵　hoŋ⁵⁵thau³⁵　la²¹　thən⁵⁵ha²¹，　thən⁵⁵ha²¹　kai³⁵　ʔi⁵⁵　la²¹
边　路　这样　到　明天　是　春河　春河　个　意思　是

di⁵⁵ miu³⁵ ma:u²¹³ nau²¹ dei³⁵ mot²¹ tiən³⁵ doŋ²¹ho²¹ dei³⁵ no³⁵ ko³⁵ ko⁵⁵da:u²¹³
去 庙 助理 哪 的 一 小时 钟头 的 他 有 哈妹
la:m⁵⁵ thau³⁵ ŋɯəi²¹, ha:i⁵⁵ŋɯəi²¹ mot²¹tɕu²¹ di⁵⁵ miu³⁵ hat³⁵dei³⁵ mot²¹lu³⁵ thi²¹
五 六 人 两人 一组 去 庙 唱的 一回 就
ve²¹, hoŋ⁵⁵thau³⁵ thi²¹ ja:i²¹tan³⁵ roi²¹, thi²¹ ja:i²¹tan³⁵ het³⁵roi²¹ hwaŋ²¹thaŋ²¹
回 明天 就 解散 了 就 解散 完了 完成
ɲa:m²¹mu³⁵ dei³⁵la²¹ the³⁵ thoi⁵⁵.
任务 这是 这样 算了

　　到了第二天十五那天是送神,到了送神的那个时辰人不能在路上行走,如果被神仙踩到的话就会很疼,就会生病,可能很疼又会生病,这样就没有谁敢在路边。到第二天是"春河",春河的意思是去辅庙那里大概待一个小时,五六个哈妹分作两人一组的去庙里唱歌,唱一次就离开。哈节过到十六那天就可以散了,散了就是完成了任务,表示这个节日已经过了。

9. 京族结婚

kəi³⁵ ko²¹ rən⁵⁵tok²¹ kiŋ⁵⁵
结婚 的 民族 京

nɔi³⁵ kɯə²¹ ə²¹, kəi³⁵ ŋa:i²¹ tɯək³⁵ la²¹ thi³⁵ve²¹, kai³⁵ ŋa:i²¹ tɯək³⁵ la²¹ ha:i⁵⁵
说 结婚(语气)结婚 天 前 是 这样 个 天 前 是 双
bin⁵⁵ na:m⁵⁵ nɯə³¹⁵, na:m⁵⁵ de³⁵ nɯə³¹⁵ de³⁵, ja:i⁵⁵ de³⁵ ɣa:i³⁵ de³⁵ kəi³⁵ de³⁵, nei³⁵
方 男 女 男 的 女 的 男 的 女 的 结婚(语气)嫁
tɕən²¹ nei³⁵ və²¹³ kon²¹ la²¹ bo³⁵ mɛ²¹ hɔi³⁵ thoi⁵⁵, bo³⁵ mɛ²¹ diŋ²¹³ fən³⁵ bo²¹³, ko²¹
老公 娶 老婆 都 是 父 母 问(语气)父 母 订 婚(语气)的
ɲa²¹ bin⁵⁵ ja:i³⁵ bin⁵⁵ ɣa:i³⁵ thoi⁵⁵, la²¹ bo³⁵mɛ²¹ ma²¹ doŋ²¹ʔi³⁵ thi²¹ dɯək²¹. khoŋ⁵⁵
家 方 男 方 女 (语气)是 父母 (语气)同意 就 得 不
doŋ²¹ʔi³⁵ thi²¹ thoi⁵⁵. bo³⁵ mɛ²¹ hɔi³⁵ la²¹ fa:n⁵⁵dok²¹ təp²¹kwan³⁵ la²¹ khi⁵⁵ɕɯə⁵⁵
同意 就 算了 父 母 问 是 风俗 习惯 是 以前
ve²¹ ɲiu³⁵ma²¹ doŋ²¹ʔi³⁵ roi²¹ no³⁵ dat²¹ kai³⁵ ɣa:i²¹ tot³⁵ ɣa:i²¹ tot³⁵ jəɯ²¹ tot³⁵
(发语词)如果 同意 了 他 定 个 日子 好 日子 好 时辰 好
de³⁵ tɕo⁵⁵ kon⁵⁵ɣa:i³⁵ thi²¹ ra⁵⁵ kɯə³¹⁵. ve²¹thi²¹ kai³⁵ ŋa:i²¹ tɕɯə³¹⁵ ra⁵⁵ kɯə³¹⁵,
呢 给 姑娘 就 出门 这样 个 日 没 出 门
tɯək³⁵ ra⁵⁵ kɯə³⁵ tɯək³⁵ ha:i⁵⁵ ŋa:i²¹ tɯək³⁵ ha:i⁵⁵ ŋa:i²¹ de³⁵ ha:i⁵⁵ den⁵⁵dei³⁵,
前 出 门 前 两 天 前 两 晚 两 晚 (语气)
la²¹ kon⁵⁵ɣa:i³⁵ no³⁵ kon²¹ khak⁵⁵ ha:i⁵⁵ toi³⁵ la²¹ de³⁵ khak³⁵ kai³⁵ ʔi³⁵ nə²¹ la²¹
是 姑娘 她 也 哭 两 晚 是 留 哭 个 意思 呢 是

la²¹ ka:m³⁵ ən⁵⁵ bo³⁵ mɛ²¹ ka:m³⁵ ən⁵⁵ bo³⁵ noi⁵⁵ ka:m³⁵ ən⁵⁵ mɛ²¹ thi²¹ tɕo⁵⁵
是 感 恩 父 母 感 恩 父 养 感 恩 母 是 给
buɯ³⁵ thɯə³¹⁵ buɯ³⁵ dei³⁵ thi²¹ khau²¹ khak³⁵ e²¹. khak³⁵ re²¹ ha:i⁵⁵ toi⁵⁵, ve²¹ den³⁵
汁 奶 汁 的 是（停顿）哭 （语气）哭 （停顿）两 晚 （发语词）到
ŋa:i²¹hoŋ⁵⁵ tha:ŋ³⁵ thau⁵⁵ khwaŋ²¹ la²¹ mɯəi²¹ jəɯ²¹ dei³⁵ dei³⁵, mɯəi²¹ jəɯ²¹
明天 早 后 大约 是 十 点 （语气）（语气）十 点
dei³⁵ dei³⁵ la²¹ la²¹ va²¹ jəɯ²¹³jəɯ²¹³ dei³⁵ no³⁵ kon²¹ la²¹ bou²¹ kai³⁵ ŋa:i²¹ jəɯ²¹
那 那 是 是 （语气）时候 那 他 也 是 定 个 日 时
tot³⁵ dei³⁵ thi²¹ ra⁵⁵ kɯə³¹⁵. kai³⁵ jəɯ²¹ ra⁵⁵ kɯə³¹⁵ dei³⁵ thi²¹ ma²¹ ra⁵⁵ kɯə³¹⁵ thi²¹
好 的 就 出 门 个 时辰 出 门 那 是 （停顿）出 门 是
fai³⁵ ma²¹ ko³⁵ a:n⁵⁵ja:i⁵⁵ va²¹ ɛm⁵⁵, thi²¹ thi²¹ fai³⁵ ko³⁵ a:n⁵⁵ja:i⁵⁵ va²¹ ɛm⁵⁵, thi²¹
要 是 有 哥哥 或 弟 就 是 要 有 哥哥 或 弟 就
ka:ŋ³⁵, ka:ŋ²¹ e²¹ ka:ŋ³⁵ ra⁵⁵ kɯə³¹⁵, ve²¹thi²¹ kai³⁵ ʔi³⁵ la²¹ khoŋ⁵⁵ dɯək²¹
背 背 （语气）背 出 门 就 是 个 意思 是 不 得
bɯək³⁵ kwa⁵⁵ a²¹, bɯək³⁵ kwa⁵⁵ a²¹ kai³⁵ min²¹kɯə³¹⁵ dei³⁵, ma²¹ ɲiu³⁵ ma²¹
跨 过 （语气）跨 过 （语气）个 门槛 那 （语气）是 如果
dap²¹ va:u²¹ min²¹kɯə³¹⁵ thi²¹ thi²¹ baŋ²¹thi²¹ bin⁵⁵ ɣa:i³⁵ dei³⁵ la²¹ khoŋ⁵⁵ tot³⁵,
踏 进 门槛 就 就 等于是 方 女 那 是 不 好
ve²¹thi²¹ khoŋ⁵⁵ tot³⁵. ve²¹thi²¹ bat³⁵dau²¹ thi²¹ kon²¹ ma²¹ bin⁵⁵ ɣa:i³⁵ ko³⁵ thi²¹
所以 不 好 就是 开始 时 都 是 方 女 有 就
kon²¹ la:m²¹. la:m²¹ ba⁵⁵ bon³⁵ məm⁵⁵ bon³⁵ la:m⁵⁵ məm⁵⁵ ve²¹ tɕo⁵⁵ khat³⁵ la²¹
都 做 做 三 四 托 四 五 托 （语气）给 客 是
thən⁵⁵thi³⁵, kwen⁵⁵ thok²¹ ə²¹³ thən⁵⁵ de³⁵, la²¹ an⁵⁵ thoi⁵⁵. jɯ⁵⁵ma²¹ khoŋ⁵⁵
亲戚 熟 悉 呢 亲 的 是 吃 吧 都是 没
ko³⁵ ban²¹ ŋoi²¹ dau⁵⁵ kon²¹ la²¹ ŋoi²¹ məm⁵⁵ ja:i³⁵ tɕiu³⁵ ra⁵⁵ thi²¹ ŋoi²¹. ja:i²¹ tɕiu³⁵
有 桌 坐 的 都 是 坐 托 摆 席 出 是 坐 摆 席
ra⁵⁵ ŋoi²¹ ə²¹ ŋwa:i²¹ ve²¹thi²¹ an⁵⁵ wuŋ⁵⁵ thoi⁵⁵.
出 坐 在 外 就是 吃 喝 罢了

　　说起结婚，从前结婚是这样，从前结婚是男女双方，男的女的，嫁老公娶老婆，都是父母帮求婚、父母帮订婚的，男方父母同意就可以，不同意就不行。父母求婚是以前的风俗习惯，如果男方父母同意了，父母就定个好日子好时辰，给女儿出嫁，没出嫁前的两天两晚，姑娘她就哭两晚，表示留恋的意思，是感恩父母，感恩父母养育，感恩母亲喂乳，就要哭两晚，到第二天早上大约是十点，那是定个好日子好时辰十点就出嫁，出嫁是要有哥哥或弟弟背，出嫁就是不要跨过那个门槛，如果踏进门槛的话对女方不好,所以要背过去。那时候女方一般就做三四托四五托给客人、给亲人吃,那时都是没有桌子和座位的,都是把托盘摆出来坐在外面吃喝而已。

ve²¹ kai³⁵ ra⁵⁵ kuɯə³¹⁵ thi²¹ theu⁵⁵ kai³⁵ duɯən²¹ ŋa:i²¹tuɯək³⁵ la²¹ duɯən²¹
(发语词)个 出 门 是 跟 条 路 以前 是 路
bɛ³⁵ thoi⁵⁵, e²¹ ma²¹ ko³⁵ juɯən³¹⁵ dei³⁵, thi²¹ kɔn⁵⁵ya:i³⁵
小 罢了(语气) 如果 有 水井 的 就 姑娘
thi²¹ fai²¹ e²¹ kɔn⁵⁵ rəu⁵⁵məi³⁵ dei³⁵ thi²¹ fai²¹ ə²¹ nem³⁵
是 要(语气)个 新娘 的 是 要(语气) 扔
ə²¹ nem³⁵ me³⁵ ɕou⁵⁵ ɕon³⁵ kai³⁵ juɯən³¹⁵ dei³⁵ e²¹ kai³⁵ ʔi³⁵ la²¹ ve²¹
语气 扔 几 铜板 进 个 水井 那(语气) 个 意思 是 为
ka:m³⁵ən⁵⁵ kai³⁵ nuɯək³⁵ nai²¹ noi⁵⁵ ruɯən³¹⁵rok²¹, noi⁵⁵ruɯən²¹ roi²¹, bai⁵⁵jəuɯ²¹ tha:ŋ²¹
感恩 个 水 这 养 养育 养育 了 现在 成
ŋuɯəi²¹ roi²¹ bai⁵⁵juɯə²¹ di⁵⁵ nei³⁵ tɕən²¹ roi²¹ thi²¹ nei³⁵ tɕən²¹ ka:m³⁵ ən⁵⁵ kai³⁵
人 了 现在 去 嫁 老公 了 是 嫁 老公 感 恩 个
nuɯək³⁵ ruɯən³⁵rok²¹. ȵiu³⁵ma²¹ di⁵⁵ kwa⁵⁵ miu³⁵, di⁵⁵ kwa⁵⁵ diŋ²¹, di⁵⁵ kwa⁵⁵
水 养育 如果 去 过 庙 去 过 亭 经过
tɕuɯə²¹³, thi²¹ kɔn²¹ fai²¹ nem³⁵ me³⁵ dɔŋ²¹ ɕou⁵⁵. va:u²¹ kuɯə²¹ diŋ²¹, va²¹ kuɯə³¹⁵
庵 就 都 要 丢 几 块 铜板 进 门 亭 或 门
tɕuɯə²¹, kai²¹ e²¹ vuə²¹³ kuɯə miu³⁵, kai³⁵ ʔi³⁵ la²¹ duɯə²¹ diŋ²¹. ə²¹ duɯək²¹ tɕuɯə²¹³
庵 个(语气)和 门 庙 个 意思 是 得 亭(语气)得 庵
duɯək²¹ miu³⁵ ma:u²¹ bau²¹ ho²¹ tɕo⁵⁵ no³⁵ tha:ŋ²¹ ȵən⁵⁵ roi²¹, thi²¹ bai⁵⁵jəuɯ²¹
得 庙 助理 保 佑 给 她 成 人 了 是 现在
nei³⁵ tɕən²¹ roi²¹, thi²¹ no³⁵ kɔn²¹ la²¹ bau³⁵ dap³⁵ kai³⁵ kai³⁵ kai³⁵ ən⁵⁵, ən⁵⁵ tiŋ²¹³
嫁 老公 了 是 她 都 是 报 答 个 个 个 恩 恩 情
ko²¹ diŋ²¹ da:m³⁵ a²¹ miu³⁵ ma:u³⁵, ma:u³⁵. ve²¹thi²¹ di⁵⁵ rən³⁵ di⁵⁵ wən³⁵ la²¹
的 亭 左右(语气) 庙 左右 左右 这样 去 引 去 都 是
ko³⁵ ŋuɯəi²¹ bin⁵⁵ na:m⁵⁵ lai²¹³ dei³⁵ dɔn³⁵tɕak³⁵ dei³⁵ kɔn³⁵ ko³⁵ mot²¹ kai³⁵
有 人 方 男 来 这 等接 的 都 有 一 把
ru²¹³, mot²¹ kai³⁵ hɔŋ²¹³ thoi⁵⁵, kai³⁵ ru²¹³ tɕe⁵⁵ nei³⁵ rəu⁵⁵məi³⁵ dei³⁵. kai³⁵ hɔŋ²¹
伞 一 个 箱子 个 伞 接住 新娘 这 个 箱
la²¹ dɛn⁵⁵ kuɯən²¹au³⁵ ko²¹ rəu⁵⁵məi³⁵ dei⁵⁵ tɕo⁵⁵ va:u²¹ kai³⁵ hɔŋ²¹ dei³⁵. thi²¹ la²¹
是 接 衣服 的 新娘 的 给 进 个 箱 那 就 是

di⁵⁵ na²¹ tɕən²¹ roi²¹ thi²¹, na²¹ tɕən²¹ dɛn⁵⁵ kai³⁵ hoŋ²¹ lai³⁵ doŋ³⁵ kuuən²¹au³⁵
去 家 老公 了 是   家 老公 带   个   箱 来   接   衣服
dei³⁵ ve²¹thi²¹ den³⁵ hoŋ⁵⁵toi³⁵, den³⁵ hoŋ⁵⁵dei³⁵ thi²¹ na²¹, rəu⁵⁵məi³⁵ den³⁵ na²¹
的   就是   到   这天晚   到   这天   是   家   姑娘   到   家
bin⁵⁵na:m⁵⁵ dei³⁵, ə²¹ fəŋ⁵⁵na:m⁵⁵ dei³⁵, la²¹ kon²¹ ko³⁵ ŋuəi²¹ ra⁵⁵ tiək³⁵ luk³⁵dei³⁵
男方   的 (语气) 男方   那   是   都   有   人   出 接   那时
kon²¹ khoŋ⁵⁵ ko³⁵ keu²¹³dəu⁵⁵, kon²¹ la²¹ di⁵⁵ tɕən⁵⁵ thoi⁵⁵ di⁵⁵ bo²¹ thoi⁵⁵,
都   没   有   轿子   都   是 行 脚   罢了   走 步   了
thon⁵⁵ tha³⁵ rən³⁵ rən³⁵ rən³⁵, tuuək³⁵ thi²¹ kon²¹ ko³⁵ ŋuəi²¹ rən²¹ noi³⁵, rən²¹
慢   慢   引   引   引   前   是   总   有   人   引   路   引
rən²¹ rən²¹ den³⁵ na²¹ roi²¹ thi²¹ bin⁵⁵na:m⁵⁵ kon²¹ ko³⁵ ŋuəi²¹ ra⁵⁵ doŋ³⁵tɕak³⁵,
引   引   到   家   了   时   男方   都   有   人   出   等接
thi²¹ va:u²¹ boŋ²¹ faŋ²¹ məi³⁵ dei³⁵ thau⁵⁵ thi²¹ bin⁵⁵na:m⁵⁵ dei³⁵ ma²¹. bin⁵⁵na:m⁵⁵
就   进   房   房新   那   后来   就   男方   的   了   男方
kon²¹ ko³⁵ la:m²¹ reu²¹³ thi²¹ la:m⁵⁵ muuəi²¹ məm⁵⁵, kon²¹ la²¹ toŋ⁵⁵ na²¹ khoŋ⁵⁵
都   有   做   酒   就   五   十   桌   都   是 里   屋   没
ko³⁵ tɕu³⁵ ŋoi²¹ dəu⁵⁵. ŋoi²¹ tuuək³⁵ kuuə³¹⁵ dei³⁵ la:m²¹ məm⁵⁵ thoi⁵⁵. juɯ⁵⁵ma²¹
有   地方 坐   的   坐   前   门   那   做   托   罢了   就是
nəi²¹ ɕin⁵⁵hwat²¹ nuk³⁵ dei³⁵ kon²¹ la²¹ ŋeu²¹ doi³⁵ dei³⁵, la²¹ ŋeu²¹ doi³⁵ kwa³⁵
话   生活   时   那   都   是   穷   饿   的   是   穷   饿   过
kon²¹ la²¹ ko³⁵ thit²¹ thi²¹ ʔit³⁵ thoi⁵⁵, kon²¹ ko³⁵ la²¹la²¹la²¹ rəu⁵⁵ ve³⁵ juuə⁵⁵
都   是 有   肉   是   少   罢了   都   有   是是是   菜   和   菜
thi³⁵ve²¹ thoi⁵⁵, ve⁵⁵ ka³⁵, ma:m³⁵ ve²¹ thoi⁵⁵, thi²¹ ho²¹ nəi²¹ɕon³⁵ khoŋ⁵⁵ baŋ²¹.
这样   罢了   和   鱼   鱼露   这样 罢了   就   和   生活   不   一样
bai⁵⁵jəɯ²¹, ve²¹thi²¹ bin⁵⁵nuɯ³⁵ dei³⁵ den³⁵ na²¹ məi²¹ tɕən²¹ məi²¹ thi²¹, nəi³⁵
现在   就是   女方   的   到   家 (语气) 老公 (语气) 停顿 拜
ʔoŋ⁵⁵ŋwa:i³⁵ nəi³⁵ tɕa⁵⁵ nəi²¹ mɛ³⁵ nəi³⁵ ʔoŋ⁵⁵ŋwa:i³⁵ nəi³⁵ ba⁵⁵ nən²¹, ba⁵⁵ nən²¹
祖宗   拜   父   拜   母   拜   祖宗   拜   三   拜   三   遍
ve²¹dɛ²¹ ʔoŋ⁵⁵ŋwa:i³⁵ lai²¹³ dei³⁵ ve²¹thi²¹ thi²¹ no³⁵ fu²¹ho²¹ tɕo⁵⁵, dɛ³⁵ kon⁵⁵
等于   祖宗   来   这   所以   是   他   保佑   给   生儿
thi:n⁵⁵ ja:i⁵⁵ dɛ²¹ ɣa:i³⁵, lai²¹³ fu²¹ho²¹ tɕo⁵⁵ bin²¹³jin⁵⁵ thəŋ³⁵nou⁵⁵ ma:i²¹ma:i³⁵,
生   男   生   女   来   保佑   给   平安   长寿   永久
fu²¹ho²¹ tɕo⁵⁵ tok³⁵ bak²¹ den³⁵ ja²¹, dei³⁵ la²¹ kai³⁵ ʔi³⁵ la²¹ ve²¹. ve²¹thi²¹
保佑   给   发   白   到   老   这   是   个   意思 是   这样   所以

no³⁵ nəi³⁵ ʔoŋ⁵⁵ŋwa:i³⁵ ɕa:n⁵⁵ ve²¹thi²¹ thi²¹ ve³⁵ va:u²¹ boŋ²¹ məi³⁵. boŋ²¹
她　　拜　　祖宗　　　　　完　　这样　　是　　才　　进　　房　　新房

məi³⁵ thi²¹ ve³⁵ ra⁵⁵ nə:n²¹³ khat³⁵ ə²¹ khuɯ³⁵, nə:n²¹ khat³⁵khuɯ³⁵ dei⁵⁵
新　　是　　才　出　　认　　　客　（语气）客人　　认　　客客　　　　这

la²¹ tɕi²¹³, khat³⁵ khuɯ³⁵ ko⁵⁵, khat³⁵ khuɯ³⁵ ʔi²¹ dei⁵⁵ dɛ³⁵ tɕo⁵⁵ rəu⁵⁵məi³⁵
是　姐　　这　　是　　姑　　这　　是　　什么的　　留　给　　新娘

biət³⁵ neu³⁵ ɣɔi²¹, thau⁵⁵ dei³⁵ thi²¹ nən²¹ ɕau⁵⁵ rɔi²¹ ve³⁵ məɯ³⁵ tiəp²¹
知　　怎么　称呼　　后来　（语气）是　　认　　完　　了　　才　开　席

wuŋ³⁵ reu²¹³, wuŋ³⁵ reu²¹³ rɔi²¹ ko³⁵ ŋɯəi²¹ kin³⁵ reu²¹³ tɕo⁵⁵ rəu⁵⁵məi³⁵
喝　酒　　　喝　酒　　了　　有　　人　　敬　酒　　给　　新娘

rəu³⁵məi³⁵ va²¹ re²¹³məi³⁵, ve²¹thi²¹ ve²¹thi²¹ den³⁵ dei⁵⁵ la²¹ kiət³⁵ thok³⁵
新娘　　　或　新娘　　　　这样　　　这样　　到　　这　是　结　束

rɔi²¹, ve²¹thi²¹ den³⁵ bai⁵⁵jəɯ²¹ wuŋ³⁵ ɕau⁵⁵ rɔi²¹ kiət³⁵ thok³⁵ rɔi²¹.
了　　这样　　　到　现在　　　喝　　完　　了　结　　束　　了

　　出嫁是顺着以前的路走，以前是小路而已，如果有水井，姑娘就要扔几个铜板进水井，意思是感恩这水养育了她，现在成人了，现在去嫁老公了，是感恩水的养育。如果经过庙经过亭经过庵，都要丢几块铜板进亭门或庵门和庙门，意思是得到亭、庵和庙的保佑才成人，现在嫁老公了，她是报答亭啊庙啊左右两边保护神的恩情。给新娘引路都是男方的人来接，有一把伞一个箱子，伞是接新娘用，那个箱子就是送去老公家的，是老公带个箱子来装新娘衣服的。这天晚上姑娘到男方家了，男方那里都是有人出来迎接，那时都没有轿子，都是走路而已，走路是慢慢引导，前面总是有人引路，一直引到家了时男方都还有人出来迎接，后来就进男方的新房了。男方摆酒席，有五十桌，都是摆屋子里，但是没有地方坐，只是在门前蹲着吃罢了。那时都是又穷又饿，很穷很饿，酒席有肉，只是少了点，大都是青菜罢了，还有鱼露，和平时的生活不一样。现在是女方到了老公家了，拜祖宗拜父母，拜祖宗拜三拜拜三遍，等于祖宗来到这里，保佑生儿生女，保佑平安永久，保佑白头到老，就是这个意思，所以她拜祖宗完了后就进新房，进了新房才出来认识客人，认识客人这位是姐这位是姑这位是什么，让新娘知道怎么称呼，后来认识完了才开席喝酒，喝酒了有人敬酒给新娘，或新娘给客人敬酒，这样就结束了，到这里喝完了就结束了。

ve²¹ den³⁵ bai⁵⁵jəɯ²¹ thi²¹ ŋɯəi²¹ kəi³⁵ thi²¹ vu:i⁵⁵ve²¹ kwa³⁵ dei³⁵,
这样　到　　现在　　　是　　人　　结婚　是　　欢乐　　过　　的

ha:n²¹thau⁵⁵ vu:i³⁵ve²¹ kwa³⁵. bai⁵⁵jəɯ²¹ thi²¹ kon²¹ la²¹ na:m⁵⁵ nɯ³¹⁵ tu²¹
为什么　　　欢乐　　　过　　现在　　　是　　都　　是　　男　　女　　自

ro⁵⁵ thoi⁵⁵ kwə³¹⁵ kon²¹ la²¹ na:m⁵⁵ nɯ³¹⁵ tu²¹ ro⁵⁵ thoi⁵⁵, khoŋ⁵⁵ la²¹
由　　了　　结婚　　也　　是　　男　　女　　自　　由　　了，　不　　是

joŋ³⁵ ŋa:i²¹ɕɯɯ⁵⁵, la²¹ bo³⁵ mɛ²¹ hɔi³⁵ dei³⁵, ȵiu³⁵ma²¹ bo³⁵mɛ²¹ hɔi³⁵ thi²¹ no³⁵
同　　以前　　　　是　父母　　问　的　　　如果　父母　　问　　是　他

dɯək²¹ khoŋ⁵⁵ doŋ²¹ʔi³⁵ thi²¹ thi²¹ bo³⁵mɛ²¹ khoŋ⁵⁵ ko³⁵ tiən³⁵ta:m⁵⁵, bai⁵⁵jəɯ²¹
得　　不　　同意　　　就　就　父母　　没　　有　面子　　　　现在

kon²¹ la²¹ ja:i²¹ ɣa:i³⁵ ə²¹ ŋwa:i²¹ dei³⁵, thi²¹ tha:m²¹ ha:n²¹thau⁵⁵ kon²¹ dɯək²¹ tu²¹
都　　是　男　女　　在　外　　　的　　是　谈　　什么　　　都　　得　　自

ro⁵⁵. jɯ⁵⁵ma²¹ bin⁵⁵ ȵiu³⁵ma²¹ bin⁵⁵ nɯ³⁵ ma²¹ ko³⁵ tiən²¹³ dei³⁵ thi²¹. no³⁵ fai³⁵
由　　如果　　边　　如果　　边　　女方　如果　有　　钱　的　　是　　她　要

ŋa:i²¹ kɯə³¹⁵ dei³⁵ tɕən²¹bi²¹³ kɯə³¹⁵ dei³⁵ no³⁵ fai³⁵ ɕen⁵⁵ ŋa:i²¹ ha:n⁵⁵hɔi⁵⁵,
天　　结婚　　那　准备　　　结婚　　的　她　要　　看　　日子　清楚

thi²¹ ŋa:i²¹ nau²¹, jɯə²¹ nau²¹ thi²¹ kɯə³¹⁵ dei³⁵, thi²¹ kon²¹ fai³⁵ bin⁵⁵na:m⁵⁵kon²¹
是　　天　　哪　　时辰　哪　　是　结婚　　的　　是　都　　要　男方　　都

tɕo⁵⁵ bin⁵⁵nɯ³¹⁵ kon²¹ la²¹ ha:i⁵⁵wan²¹ thoi⁵⁵. jɯ⁵⁵ma²¹ bin³⁵nɯ³¹⁵ no³⁵ kon²¹
给　女方　　　都　　是　　两万　　　　了　　如果　女方　　　她　也

nei³⁵ mat²¹, baŋ²¹ ŋɯəi²¹ nei³⁵ mat²¹ tɕo⁵⁵ kɔn²¹ɣa:i³⁵ no³⁵, no³⁵ kon²¹ tɕo⁵⁵ ȵiu²¹
要　　面子　等于　人　　要　　面子　给　　女儿　　　他　　他　也　　给　多

tiən²¹³ ne³⁵. ko³⁵thi³⁵ ko³⁵ tiən²¹³ ne³⁵. ja:u³⁵ko³⁵ dei³⁵ kon²¹ tɕo⁵⁵ ɕe⁵⁵ kɔn⁵⁵, lai²¹
钱　　　语气　有些　　有　钱　　的　　富有　　　都　给　　车　小　　又

tɕo⁵⁵ tu²¹³ lai²¹ kai³⁵ ʔi²¹ kon²¹ tɕo⁵⁵ kon²¹ la²¹ khwaŋ²¹ dei³⁵, ma²¹ ŋɯəi²¹ ja:u³⁵
给　　衣柜　来　个　　什么　都　　给　　共　　是　估计　　　的　　如果　人　　富

dei³⁵ no³⁵ tɕo⁵⁵ tɕo⁵⁵ ɕe⁵⁵ dei³⁵ khwan⁵⁵ kon²¹da:n³⁵ dɯək²¹ mɯək²¹ me³⁵
的　　他　给　　给　车　的　　大概　　总价值　　　得　　十　　几

ha:i⁵⁵ mɯəi⁵⁵ van²¹³. lai²¹ tɕo⁵⁵ kai³⁵vat²¹. dei³⁵ ŋɯəi²¹ kəi³⁵ dei³⁵ ȵiu²¹, kon²¹ la²¹
二　　十　　万　　还　给　　其他物品　那　　人　　结婚　那样　　多　　共　是

ba⁵⁵ bon³⁵ tɕok²¹ van²¹³ dei³⁵. jɯ⁵⁵ma²¹ bin⁵⁵na:m⁵⁵ la²¹ tɕo⁵⁵ bin⁵⁵nɯ³¹⁵ dei³⁵
三　　四　　十　　万　　的　　要是　　男方　　　是　给　　女方　　　那

ȵiu²¹ kon²¹la²¹ ha:i⁵⁵ van²¹³ ve²¹thoi⁵⁵, ha:i⁵⁵ van²¹ dei³⁵ kai³⁵ ʔi³⁵ la²¹ bu²¹³ tɕo⁵⁵
多的　共是　　　两　　万　　这样　　　两　　万　　的　　个　　意思　是　补　给

kəm⁵⁵ noi⁵⁵ rəŋ³¹⁵ rok²¹, kɔn⁵⁵ɣa:i³⁵ no³⁵ nəŋ³¹⁵ roi²¹ tɕo⁵⁵ ha:i⁵⁵ van²¹ thoi⁵⁵.
吃　　养　　养　　育　　姑娘　　　　她　长大　了　　给　两　　万　　算了

　　　现代人结婚是欢乐的，为什么很欢乐呢，现在都是男女自由了，结婚也是男女自由了，不是同以前一样是父母做主的了，如果父母做主了他不同意，父母就没有面子，现在都是男女在外，是谈什么都自由。女方如果

是有钱的，她那天结婚，她要看清楚是哪天结婚，哪时辰结婚，就要男方给两万了。如果女方也要面子，等于给他女儿面子，他也给很多钱。有些富有的都给小车又给衣柜，什么都给，估计富有的人都给汽车了,汽车大概总价值十几二十几万，还给其他物品，那时结婚多是这样，共是三四十万。男方给女方的大多数是给两万，意思是补偿吃喝，养育他女儿长大，给两万就算了。

ve^{21}	den^{35}	ŋa:i^{21}	kəi^{35}	dei^{35}	ni^{35}	ŋa:i^{21}	kəi^{35}	dei^{35}	ni^{35},	bin^{55}ja:i^{55}	thi^{21}
（发语词）	到	日子	结婚	那	语气	日子	结婚	那	语气	男方	就

koŋ^{21}	ko^{35}	me^{35}	tɕiək^{35}	ɕe^{55}	koŋ^{55}	deu^{55}	hwa^{55}	di^{55}	doŋ^{35}.	doŋ^{35}	rəu^{55}məi^{35}	dei^{35}
共	有	几	辆	车	小	带	花	去	等	等	新娘	呢

koŋ^{21}	ko^{35}	me^{35}	tɕiək^{35}	ɕe^{55}	məi^{35}	lai^{21}	koŋ^{21}	ko^{35}	mɯəi^{21}	me^{35}	ha:i^{35}	mɯəi^{55}
共	有	几	辆	车	新	又	还	有	十	几	二	十

ŋɯəi^{21}	kon^{55}ɣa:i^{35}	di^{55}	doŋ^{35}	doŋ^{35}	bai^{55}jəɯ^{21}	khoŋ^{35}	joŋ^{35}	ŋa:i^{21}təuk^{35},	bai^{35}jəɯ^{21}
人	姑娘	去	等	等	现在	不	同	以前	现在

koŋ^{21}	la^{21}	tən^{21}	la^{21}	nei^{35}	ɕe^{55}	thoi^{55},	di^{55}bo^{213}	thi^{21}	khoŋ^{55}	ko^{35}	roi^{21},	koŋ^{21}	la^{21}
都	是	全	是	用	车	罢了	步行	就	没	有	了	都	是

nei^{35}	ɕe^{55}	ve^{21}thi^{21}	nei^{35}	ɕe^{55}	di^{55}	doŋ^{35}.	den^{35}	ŋa^{21}na:m^{55}	roi^{21}	thi^{21}	koŋ^{21}	nɯə^{31}
用	车	这样	用	车	去	等	到	家男	了	是	都	拜

ʔoŋ^{55}ŋwa:i^{35},	ə^{21}	nəɯ^{315}	bo^{35}	mɛ^{21},	ve^{21}thi^{21}	nəɯ^{315}	ɕa:n^{55}	bo^{35}	mɛ^{21}	ve^{35}
祖宗	（发语词）	拜	父	母	这样	拜	完	父	母	和

ʔoŋ^{55}ŋwa:i^{35}	ve^{35}	ra^{55},	nən^{21}	nai^{21}	thi^{21}	ra^{55}	tɕu^{35},	tɕu^{35}	kwan^{35}an^{55}	dei^{35}	thi^{21}
祖宗	才	出	次	这	就	去	屋前	地方	饭店	那	就

la:m^{21}	tiəp^{21},	la:m^{21}	koŋ^{21}ɲiu^{21}	bai^{55}jəɯ^{21}	ʔit^{35}	koŋ^{21}	la^{21}	ba^{55}	bon^{35}	mɯəi^{55}
办	席	做	很多	现在	少	都	是	三	四	十

məm^{55}	ba^{55}bon^{35}mɯəi^{35}	ban^{21}	ɲiu^{21}	dei^{35}	koŋ^{21}	ko^{35}	thau^{35}	bai^{35}	mɯəi^{55}	məm^{55}
托	三四十	桌	多	那	共	也	六	七	十	托

ve^{21}thi^{21}	koŋ^{21}	məi^{21}	thən^{55}thit^{35},	bau^{21}ban^{213},	va^{21}	tɕi^{21}ɛm^{55},	a:n^{55}ɛm^{55},	va^{21}	hak^{21}ɕin^{55}
就是	帮	请	亲戚	朋友	或	姐妹	兄弟	或	学生

va^{21}	doŋ^{21}hak^{21}.	ve^{35}na:u^{55},	thi^{21}	tɕak^{35}la^{21}	koŋ^{21}	ko^{35}	la:m^{55}	thau^{35}	mɯəi^{55}	məm^{55}
或	同学	原来	是	共是	都	有	五	六	十	桌

dei^{35},	wuŋ^{35}	bɛ^{55}bɛt^{35}	di^{55}	jɯ^{55}ma^{21}	ŋa:i^{21}	hoŋ^{55}dei^{35}	no^{35}	di^{55}	ə^{21}kwan^{35},	khat^{35}ɕa^{213}
那	喝	烂醉	去	要是	天	那天	他	去	在店	宾馆

dei^{35}	la:m^{21}tiəp^{21}	dei^{35}	məɯ^{315}	an^{55}	dei^{35}	thi^{21}	no^{35}	koŋ^{21}	ko^{35}	ŋɯəi^{21}	tu^{35}thɯ^{213}
的	做席	那	开	饭	那	就	它	也	有	人	主持

la²¹ nɔi³⁵ vu:i⁵⁵bɐ³⁵ nɔi³⁵ hai⁵⁵ dei³⁵ lai²¹³ ko³⁵ ŋɯei²¹ hat³⁵ muə³⁵, ma²¹lai²¹rəu⁵⁵
是 说 好话 说 好听的 又 有 人 歌 舞 也来 娘

thi²¹ rəu⁵⁵məi³⁵ kon²¹ bai³⁵ bin⁵⁵na:m⁵⁵ bo³⁵mɛ²¹, lai²¹ tɯa²¹ an⁵⁵ tun²¹ wuŋ⁵⁵
是 新娘 都 拜 男方 父母 又 慢 吃 慢 喝

den³⁵ tun²¹məm⁵⁵ tun²¹məm⁵⁵ thi²¹ ɲa:n²¹³ thən⁵⁵thit³⁵, ə²¹ ɲa:n²¹³ tɕi²¹ɛm⁵⁵
到 每桌 每桌 是 认 亲戚 （发语词） 认 姐妹

ɲa:n²¹³ ba⁵⁵ kɔn⁵⁵, ve²¹thi²¹ ɲa:n²¹³ ɕa:n⁵⁵ roi²¹ thi²¹ wuŋ³⁵ an⁵⁵no⁵⁵ wuŋ³⁵tha:i⁵⁵
认 大娘儿子 这样 认 完 了 就 喝 吃饱 喝足

thi²¹ kon²¹ rɯa⁵⁵ na:m⁵⁵ɲa:p³⁵ dei³⁵ thi²¹ kon²¹ɲau⁵⁵ fən⁵⁵foi³⁵ bau⁵⁵ ve²¹ thi²¹ ban²¹
就 还 剩 菜 那 就 大家 分配 包 回 就 桌

nəu²¹ ta²¹³ ban²¹ dei³⁵ thi²¹ kai³⁵ na:m⁵⁵ɲa:p³⁵ dei³⁵ khoŋ⁵⁵ laŋ⁵⁵fei³⁵ thi²¹ ɕat³⁵ ve²¹
哪 分 桌 那 是 个 菜 那 不 浪费 就 提 回

thoi⁵⁵, ve²¹thi²¹ dei³⁵ thau⁵⁵ lai²¹³ ŋɯəi²¹khat³⁵ na²¹ nau²¹ ve²¹ ŋɯəi²¹ dei³⁵ jɯ⁵⁵ma²¹
了 这样 那 后来 人客家 哪 回 人 那 要是

ŋɯei²¹ rəu⁵⁵məi³⁵ rəu⁵⁵məi³⁵ thi²¹ lai²¹³ ve²¹ den³⁵ na²¹ tɕən²¹ dei³⁵ thi²¹ thi²¹
人 新娘 新娘 就 又 回 到 家 老公 这 就 就

thoi⁵⁵ thoi⁵⁵ tɯək³⁵ fai³⁵ ve²¹ na²¹ tɕən²¹ nəu³¹⁵ ʔoŋ⁵⁵ŋwa:i³⁵ roi²¹ ve³⁵ den³⁵
完了 完了 先 要 回 家 老公 拜 祖宗 了 才 到

khat³⁵ɕa³⁵ an⁵⁵ wuŋ³⁵, ve²¹thi²¹ an⁵⁵ wuŋ³⁵ ɕa:n⁵⁵ ve³⁵ ve²¹ na²¹. ve²¹ na²¹ thi²¹
宾馆 吃 喝 就是 吃 喝 完 才 回 家 回 家 就

thoi⁵⁵thoi⁵⁵, la²¹ the³⁵.
结束 是 这样

到了结婚那天，结婚那天男方一共有几辆小车带着花去等新娘，一共有几辆新车，另还有十几二十几个姑娘一同去等，现在不比以前，现在全部都是用车接新娘，步行的情况是没有了，都是全部用车接，用车接到男方家了就拜祖宗拜父母，拜完祖宗和父母才出去，就去饭店办酒席，现在很多都是三四十个托盘三四十桌，加起来总共也是六七十个托盘，就是请亲戚朋友或兄弟姐妹，或学生或同学，以前都是有五六十桌，喝到烂醉去，要是那天他去宾馆饭店置办酒席，开饭时也会有人主持，都是说些好话，说些好听的，另有人歌舞，新娘也来拜见男方父母，然后慢吃慢喝，到每桌去认亲戚、认姐妹、认大娘和小孩，认完以后，就吃饱喝足了，大家还要把剩菜分配好打包回家，坐在哪桌就分哪桌的，不浪费，提回家去了，客人家在哪就回哪，新娘就又回到了老公家，这样仪式就结束了。这是要先回老公家拜了祖宗才到宾馆吃喝，吃喝完了才又回家，回家以后婚宴就这样结束了，就是这样。

参考文献

北京大学中文系汉语教研室编：《语法修辞讲义》，北京电视大学，1962年。
陈增瑜主编：《京族喃字史歌集》，民族出版社2007年版。
戴维·克里斯特尔编：《现代语言学词典》，沈家煊译，商务印书馆2004年版。
房玉清：《实用汉语语法》，北京语言学院出版社1992年版。
傅兴尚：《现代俄语事格语法》，军事谊文出版社1999年版。
广西壮族自治区地方志编纂委员会编：《广西通志·少数民族语言志》，广西人民出版社2000年版。
黄伯荣等编：《汉语方言语法调查手册》，广东人民出版社2001年版。
黄成龙：《蒲溪羌语研究》，民族出版社2007年版。
蒋光友：《基诺语参考语法》，中国社会科学出版社2010年版。
康忠德：《居都仡佬语参考语法》，中国社会科学出版社2011年版。
李春风：《邦朵拉祜语参考语法》，中国社会科学出版社2014年版。
李英哲等编：《实用汉语参考语法》，北京语言学院出版社1990年版。
刘丹青：《语序类型学与介词理论》，商务印书馆2003年版。
马庆株编：《二十世纪现代汉语语法论文精选》，商务印书馆2005年版。
马庆株：《汉语动词和动词性结构》，北京语言学院出版社1992年版。
欧阳觉亚、程方、喻翠容编著：《京语简志》，民族出版社1984年版。
齐莉莎：《鲁凯语参考语法》，（台湾）远流出版社事业股份有限公司2000年版。
[日]桥本万太郎：《语言地理类型学》，余志鸿译，北京大学出版社1985年版。
韦景云、何霜：《燕齐壮语参考语法》，中国社会科学出版社2011年版。
韦茂繁：《下坳壮语参考语法》，广西人民出版社2014年版。
韦树关：《京语研究》，广西民族出版社2009年版。
邢福义：《复句与关系词语》，黑龙江人民出版社1985年版。
徐杰：《普遍语法原则与汉语语法现象》，北京大学出版社2004年版。
余金枝：《矮寨苗语参考语法》，中国社会科学出版社2011年版。

赵燕珍：《赵庄白语参考语法》，中国社会科学出版社 2012 年版。
中央民族学院少数民族语言研究所编：《中国少数民族语言》，四川民族出版社 1987 年版。
周建新、吕俊彪等：《从边沿到前沿——广西京族地区社会经济文化变迁》，民族出版社 2007 年版。
朱一之、王庆刚编：《现代汉语语法研究的现状和回顾》，语文出版社 1987 年版。
程方：《京族双语制考察纪实》，《民族语文》1983 年第 3 期。
李锦芳：《中国濒危语言研究及保护策略》，《中央民族大学学报》（哲学社会科学版）第 3 期。
罗美珍、邓卫荣：《广西五色话——一种发生质变的侗泰语言》，《民族语文》1998 年第 2 期。
王连清：《京语和越南语虚词的比较》，《民族语文》1983 年第 6 期。
王连清：《三岛京语和河内京语语音初步比较》，《语言研究》1984 年第 6 期。
韦家朝、韦盛年：《京族语言使用与教育情况调查报告》，《中央民族大学学报》（哲学社会科学版）2003 年第 3 期。
韦树关：《中国京语的变异》，《广西民族学院学报》（哲学社会科学版）2006 年第 2 期。

调查手记

"民族语言调查·广西防城港京语"是 2016 年度中国语言保护工程濒危语言调查项目之一，本课题调查过程分两个阶段进行。

2016 年 7 月 15 日至 8 月 5 日，调查组一行七人前往广西防城港市东兴市万尾村进行第一阶段语言数据采集，万尾是一个 4A 级旅游风景区，也是我一直向往的调查地点之一。当初我读研时，韦树关教授经常带领学生去万尾调查，我就特别神往，后来我工作了，也曾顺便去万尾进行过一个星期的语言调查，也算圆了一次梦，同时也结识了万尾的龚振兴老人。龚振兴老人是万尾为数不多的京族语言文化传承者之一，凡是前往万尾调查，必定要调查龚振兴老人，他京语熟练，是喃字传承人，曾任哈亭亭长，待人热情，我的第一次京岛语言调查在老人的帮助下开展得很顺利。这次京语濒危语言调查是我第二次前往万尾调查，有了第一次的经历，这次调查对万尾感到亲近了许多。

前往万尾调查之前，按照语言调查的经验，我也事先联系了有关单位帮忙寻找合适的发音合作人，东兴市政协的毛共钦副主席、东兴市团委的黄迎迎书记均给予了大力支持，毛副主席还亲自到万尾来协调调查工作，联系村委村支书帮助寻找合适的发音合作人，给我们的工作带来了极大的便利。

调查工作一般都会有些许插曲，我们这一次也不例外。在调查合作人的选拔上，前期工作稍微有点挫折。第一位参与调查的调查对象是京族独弦琴技艺传承人，是土生土长的京族人，本以为特别适合本次调查工作，后来才发现存在两个问题：一是年龄过小，达不到语保中心的要求；二是京语平时交流没问题，正式调查时，对调查手册的词汇不熟练，要不断地打电话询问别人，因此调查工作非常不顺畅。鉴于以上情况，我们只好另外寻找发音人合作人。在各方力量的帮助下，我们找到了理想的发音合作人吴永就老先生。老先生特别热情，也特别客气，工作非常积极主动，因为我们的调查场所在万尾村里公路边的宾馆，汽车声、鸡鸣狗吠，经常此起彼伏，严重影响调查工作，但是老先生特别有耐心，经常一遍一遍地重复劳动。因为工作进度较慢，老先生还主动要求加班，中间还时不时说一个笑话调节气氛。同学们跟他在一起调查，觉得特别轻松愉快。

词汇摄录完成后，语法和长篇话语材料的摄录成了一个大问题。因为词汇可以趁安静的间隙摄录，同学们都掌握了摄录技巧，公鸡叫一声后会停那么几秒，在这一个过程当中可以摄录，所以公鸡叫声一停，马上开始摄录。但是语法和长篇故事就没法这么操作了，我挖空心思寻找地方，首先是想租用另一个宾馆的 KTV 包厢，但是灯光问题没法解决，要价也特别高。后来我同我们住宿的宾馆经理谈妥借用楼顶的办公室进行摄录，经理特别客气大方，免费给我们使用，但是房间空荡，有回声，因此我就自制录音棚，把床单从房间吊灯上垂下来，把房间的废沙发架起来，总之，把各种废旧物品放置在不同角落，尽量吸收和阻断回声，效果比较理想。经过二十来天的紧张劳动，我们圆满完成了第一阶段的摄录工作。摄录工作完成后，我们调查组和村支书、吴永就老先生座谈，老先生非常客气，给女同学们买来各种饮料，两杯酒下去，老先生话就多起来了，情绪也放开了，特别健谈，给大家演唱京族歌曲。我开玩笑说："早知道酒有这个效果，我们调查时就应该喝两口啊。"老先生回答："调查时没想到大家这么随意开朗啊，工作又那么正式，所以放不开啊，现在喝酒了，可以随意点了。"

2017 年 1 月 15 日至 23 日，调查组一行四人再次前往万尾村，进行了为期一周的长篇话语材料采集与语法例句调查工作。调查前询问老先生有没有时间，老先生非常热情，欢迎我们前去。这一次调查没有以前那么严格的摄录参数与环境要求，自然便利了许多，并且有了前一阶段的调查基础，调查工作进展非常顺利，圆满完成了调查任务。老先生还带我们买海鱼、海鸭蛋，我们已经建立起了很深的友谊。

京语是中国使用人口较少的民族语言之一，即使万尾是京族三岛京族人口较多的岛屿，汉族人口数量也远远超过京族，当地汉族所操日常语言为白话，对京语的使用构成了巨大的挑战。京族人都会说白话，而汉族人则不会说京语，白话成为当地流行的日常使用语言，京族人和汉族之间交往使用白话进行交际，京族人之间互相交际也常常使用白话，京语的使用率显著下降，再加上万尾京岛旅游区的开发，外地游客越来越多，普通话又成了京岛居民与外地游客之间交流的桥梁，进一步压缩了京语的使用空间。京族人一般不教小孩说京语，现在流行和小孩用普通话交流，以便让小孩入学后能更顺利地进入汉语学习当中，京语代际传承危机已然显现。这一切，均显示了京语潜在的危机，京语保护工作刻不容缓。单就这一次濒危语言调查来说，想要找到一个理想的发音合作人就非常不容易。数年前我找龚振兴老人调查时，老人身体还很健康，带着我们去海滩游泳，一脸的豪迈，说过去当兵时带着枪游很远。这一次去调查时，老人牙齿也掉了几颗，耳朵听力也下降了，已然没法胜任语言调查工作，年轻一点的则没有理想的京语语言能力，这让我们语言工作者感到很有压力。更危险的是，京语在这种不知不觉的退化进程当中，绝大多数京族人尚不自觉，当我们问起京语的前途时，一般都坚信京语不会消亡，会继续使用下去，只有部分从事京族语言文化传承的老人家才会感到京语的使用危机，尽力传播京族语言文化，我们也相信，在京族人们和社会各界的大力支持下，京语的使用会走上良性发展的道路。

照片 1　调查合作人吴永就

（东兴市江平镇万尾村/2017.8.8/樊飞摄）

照片 2　调查工作场景

（东兴市江平镇万尾村/2017.8.8/岳茜茜摄）

照片3 万尾海滩广场

（东兴市江平镇万尾村/2017.8.17/樊飞摄）

照片4 京族喃字广场里的喃字

（东兴市江平镇万尾村/2017.8.17/岳茜茜摄）

后记

本书是国家语保工程2016年度课题"濒危语言调查·防城港京语"成果之一，前后历时三年，在此对所有关心与支持本课题的同行及朋友表示感谢。

首先感谢语保中心对本课题的立项与资助。京语是濒危语言，语言使用前景堪忧，找到几个合适的发音合作人尚实属不易。当初村支书和吴永就老先生就说："我们这个话是三不准，一是普通话不标准，二是白话不标准，三是京语不标准。"言外之意就是京语不是纯粹的京语了，已经深受汉语的影响。语保中心的适时立项，使得语言的全面记录成为可能，为中国语言研究留下了另一份珍贵的材料。

其次要感谢孙宏开先生、黄行先生、李锦芳教授、丁石庆教授和李大勤教授等先生学者们，感谢他们一直以来对本课题的关注、支持和指导，使得本课题能持续进展，并得以把本书展示在大家面前。特别要感谢戴庆厦先生，他欣然把本书纳入参考语法系列丛书，并对本书进行全文审订。

再次要感谢防城港市东兴市政协毛共钦副主席、防城港市东兴市团委黄迎迎书记对本课题的支持，毛副主席还亲自前来万尾协助选拔合适的发音合作人，感谢他们对民语工作的热爱与对本课题的大力支持。

最后要感谢发音合作人吴永就老人和我的调查研究团队成员们，他们是樊飞、岳茜茜、余姣、宋苗佳、陈慧玲、陆世初、罗永腾等，经受住了酷暑的考验，他们全力以赴开展语言摄录工作和语料的整理工作，为本课题如期顺利结项付出了艰辛的劳动。

由于时间仓促，水平有限，书中不免有错误、不当和不足之处，恳请专家学者批评指正，在此一并致谢！